Samuel Wells Williams
1812-1884

卫三畏与晚清中国

黄 涛 ◎ 著

海峡出版发行集团
福建教育出版社

图书在版编目（CIP）数据

卫三畏与晚清中国/黄涛著. —福州：福建教育出版社，2024.7
ISBN 978-7-5334-9507-7

Ⅰ.①卫… Ⅱ.①黄… Ⅲ.①卫三畏（Samuel Wells Williams 1812—1884）—人物研究 ②中国历史—研究—清后期 Ⅳ.①B979. 971.2②K252.07

中国版本图书馆 CIP 数据核字（2022）第 163213 号

Wei Sanwei yu Wanqing Zhongguo

卫三畏与晚清中国

黄 涛 著

出版发行	福建教育出版社
	（福州市梦山路 27 号　邮编：350025　网址：www.fep.com.cn）
	编辑部电话：0591-83781433
	发行部电话：0591-83721876　87115073　010-62024258）
出 版 人	江金辉
印　　刷	福州万达印刷有限公司
	（福州市闽侯县荆溪镇徐家村 166-1 号厂房第三层　邮编：350101）
开　　本	710 毫米×1000 毫米　1/16
印　　张	25.25
字　　数	387 千字
插　　页	1
版　　次	2024 年 7 月第 1 版　2024 年 7 月第 1 次印刷
书　　号	ISBN 978-7-5334-9507-7
定　　价	68.00 元

如发现本书印装质量问题，请向本社出版科（电话：0591-83726019）调换。

自　序

选定卫三畏作为学者理想的起步研究，着实源起于一种巧合。2004年秋在收集清代各国驻华使领资料时，发现 Samuel Wells Williams（1812—1884）这个美国人很有意思。此人汉名为卫三畏，在中国生活了四十三年（1833—1876），曾为美国驻华使馆秘书兼中文翻译，其间有九次代理公使之职。虽是才能出众，见多识广，却不是公使，让我疑惑，也让我多了探索的渴望。卫三畏做过传教士，却没有受洗的信徒，让我对基督教的知识及其在华传教史有很多想法。卫三畏晚年出任耶鲁大学汉语讲座教授，是美国第一位汉学家，汉学学科有怎样的发展史，让我疑窦丛生。一个美国人，有如此丰富的人生经历，自是不可多得的研究对象。然而，如何找到切入点，是选题至关重要的环节。从每个层面和关键点出发，列举好多标题，都感到不如人意。最后，我想到用《卫三畏与晚清中国》为题来构建研究框架，以卫三畏三种身份的历史事实为经，以每个阶段与晚清中国发生的关系为纬，来全面阐述卫三畏的文化思想和中美关系观。当然，这个标题也参考了众多研究传教士、汉学家的著作，并认为"物以类聚"应无伤大雅。

探究卫三畏与晚清中国的关系，自然离不开对域外汉学（或称中国学）的研究，这是从20世纪80年代以来中国学术界一个普遍关注的领域。研究域外汉学，不仅是研究西方文化，也是研究西方文化话语下的中国文化，两者相得益彰。就汉学的阶段性而言，美国汉学同样经历了"游记汉学""传教士汉学""专业（学院式）汉学"三大阶段。拙书选择卫三畏个案研究，原本就是从汉学史的学科视角来定调的。在深入研读美国历史上众多汉学家（中国学家）的相关资料过程中，笔者愈加感到卫三畏、费正清等人的历史传承关系和学术贡献。在华生活四十三年的卫三畏是当时住在中国时间最长的西方人，曾亲见或亲历了两次鸦片战争、太平天国运动和外国公使进驻北京等重大政治与社会变迁，对中国的了解应该较其他西方人广泛而深入。他从美国最早汉学刊物《中国丛报》(The Chinese Repository)的印刷工作开始，后胜任编辑和以此为依托的汉学研究，不仅以基督教文化来审视中国文化和社会，而且以汉学代表作《中国总论》《汉英韵府》奠定了美国早期汉学的基础。他退休后成为美国耶鲁学院汉学教授，也是美国第一位汉学教授，见证了美国汉学从业余走向专业的历史。《中国总论》不仅是美国早期汉学的奠基之作，反映了卫三畏汉学研究的自身特色和撰写模式，也是卫三畏中国观的载体，其中不乏他对中美关系的考量和展望。早期传教士的中国研究，尽管在内容、方法和取材上具有自己的特点，但由于其中国研究的主要出发点是为传教和母国利益服务的，所以有关中国的介绍也会不时因总体旨趣的变化而变换对象，中国研究的层面虽很宽泛，但多显示出零落散漫、系统性不强。相较而言，《中国总论》是作为一般性学术著作来撰写，在布局上显得较为细密，注重中国研究的完整性和系统性。

　　卫三畏一生有两个故乡——出生地美国和"收养地"中国，中美关系是他潜在关注的重点。首先作为传教士的他，在近代中西方关系史上比较前卫而有效地推进了中美关系，主要表现在三个方面：一是比较客观而公允地评价中国、中国人及中国文明；二是比较切实地加强和推动中美文化交流，并有所成效；三是比较认真而诚心地关注中国的发展和进步，希望中美关系健康而和谐。在写作《中国总论》过程中，他确立了两个目标：一是涵盖演讲中论述的所有主题，并进一步详述和阐明其中的内容，为此他为著作选取了一些"最确实、最重要、最新进的信息"，二是"要为中国人民及其文明洗刷掉如此经常地加予他们的那些奇特的、几乎无可名状的可笑印象"，要破除那些嘲笑和讽刺造成的关于中国的错误认识。可以这样说，第一个目标基本实现，《中国总论》征引的文献数量庞大，结合自己的考察认识，全面论述中国可谓尽量详尽，颇具一种百科全书的文学功底。第二个目标恐怕并没有完全实现，也是无法完全实现的，这不仅仅在于当时中外实力和国际地位的悬殊，中国的落后和被动态势，还有就是卫三畏本人的写作目的处在一种矛盾之中，这个矛盾的核心就是他认为中国需要基督教拯救，无论他笔下的中国如何文明，都只是"半文明"国家。

卫三畏生平事迹的存世资料异常丰富，包括他在内的传教士研究近几十年来也有很大发展，研究成果中的新资料逐渐增多，这为本书写作提供了极大的史料便利。然而，笔者认为卫三畏整体性研究尚属尝试阶段，在很多细节方面没有深入，其深层次原因就是史料的不完整或纷乱的各种倾向结论。卫三畏至少有三种身份——传教士、外交官和汉学家，也有一定明晰的阶段性呈现，同时又有很深的内在关联，他的基本思想比较固定而且具有时代特征——传播基督福音，而深入现实生活中又是形式多样——外交活动和汉学研究等。研究的广度和深度是会随着史料的不断发掘而得到拓展，因而一时一事的结论都不会是对卫三畏的全面定论。换言之，无论是传教士群体研究还是传教士个案研究，现在都还不够成熟。因此，推动卫三畏学术研究的纵深发展，鼓励着笔者尽可能把握机会，多方位搜集与此相关的资料。除了《中国丛报》外，藏于耶鲁大学图书馆的卫三畏家庭文件，和藏于哈佛大学图书馆的美部会档案，对于笔者而言，都难以目睹真容。故勉力而成的《卫三畏与晚清中国》，暂多引自其他先生的学术成果，这里谨表谢意。当然，书稿完成也为笔者对今后有机会前往耶鲁学府查获卫三畏档案资料预留下一份期待，为今后修订拙书提供更全面而准确的资讯。

十年前着墨而成的《卫三畏与晚清中国》《殊途同归：裨治文卫三畏与早期中美关系》两部书稿是笔者在汉学（中国学）研究领域里的最早作品，成为导师引领进入汉学之门的一个历史见证。而先期出版的《美国汉学家卫三畏研究》脱胎于上述两部书稿，是一种学术体例繁复的中外（文化）关系研究，但在面世过程中需要删繁就简，不得不省略了很多有价值有意义的材料和研究心得。为减少卫三畏研究的缺憾，笔者索性承续《卫三畏与晚清中国》之名，在保持基本体例结构的状态下，对正文内容做些简化，同时又保留重要史料与研究观点的完整性。

耕读之家的源流，在笔者之辈只能以书为生，而执着于农业文化的人文精神，如同道德至上主义信仰一样，构成一种匹夫不可夺志的人生旨趣，而唯一能够发挥在学问一途，势必应该做大做强，不仅为着中华文化的世界大格局，而且在于木秀于林风不可摧之的胸怀。就像拙书中的卫三畏那样的身居两种异质文化之间而能游刃有余，笔者所要做的并且能够做的就是在追寻中华文化之髓的同时，叩问人类文化化合一种交错互惠的新文明何时成为一种必然的趋势或现实的秀色可餐。

历时十年，终将《卫三畏与晚清中国》草撰完毕和付梓，笔者深感冷板凳上的学术艰辛，但亦深含人生的清逸淡然，一种青年时代的朦胧文字梦在不惑之年后变成了切实而行的实务：学问人生！正是在这个"无丝竹之乱耳"的写作过程中，笔者找到了余生或可慰藉的全部生存意蕴。拙稿是笔者老骥伏枥的多部书稿之一，如期草成，是著才自检和此后写作的信心奠基，也是人生道路另番正确抉择的恭喜从命。如今回想，自从高中时代开始埋头书堆的经验升华和日复一日的笔耕不辍，笔者坚信自己能够实现这样的文字期待，既作为高校教师的一份成果档案，也能回报虽隔两地而心心相印的妻女辛劳。

目 录

导 论 ·· 1

第一章　卫三畏与广州《中国丛报》·································· 8
第一节　美国对华经贸发展与传教使命 ······························· 9
第二节　卫三畏赴华前基督认识与信仰 ····························· 21
第三节　卫三畏在广州的印刷传教工作 ····························· 33
第四节　卫三畏与《中国丛报》的兴衰 ····························· 43
第五节　《中国丛报》与卫三畏中国研究 ···························· 55

第二章　卫三畏与美国对华条约外交·································· 68
第一节　谴责鸦片贸易与鸦片战争 ···································· 69
第二节　见习顾盛《望厦条约》谈判 ································· 82
第三节　中立评价太平天国运动 ······································· 94
第四节　卫三畏政治外交与耶稣入华 ······························· 103

第三章　卫三畏与北京美国外交使馆······························· 119
第一节　卫三畏从事职业外交官的原因 ··························· 120
第二节　卫三畏职业外交官的重要活动 ··························· 130
第三节　卫三畏与北京使馆体制的建立 ··························· 150
第四节　传教士介入美对华外交的影响 ··························· 162
第五节　卫三畏外交官活动的自我作用 ··························· 176

第四章　卫三畏与美国耶鲁汉学 185
　第一节　卫三畏的汉学成果概述 186
　第二节　卫三畏与美国汉学奠基 215
　第三节　卫三畏与中西文化交流 229

第五章　卫三畏的中国观及其评析 246
　第一节　卫三畏的宗教信念和现实关怀 247
　第二节　卫三畏中国观形成和重要内容 265
　第三节　卫三畏中国观之历史评析 279

结　语 291

余论：从卫三畏想到中美关系的前景 298

参考文献 323

附　录
　附录一：卫三畏年谱 337
　附录二：卫三畏的主要著作一览 354
　附录三：美国来华新教传教士名录表（1830—1851） 368
　附录四：美国驻晚清中国公使表 372
　附录五：美国早期汉学家名录简表（晚清部分） 379

后　记 389

导　论

中美关系发轫于1784年美船"中国皇后"号抵达广州。这无疑是商人的创举,"商人对于以前一切都停滞不变,可以说对于世袭而停滞不变的社会来说,是一个革命要素。……现在商人来到了这个世界,他应当是这个世界发生变革的起点"。[1] 早期中美关系主要是平等和互利的贸易关系,却给了美国人急切了解中国的愿望,这种美好的愿望最初成为推动中美文化交流的原动力。美国方面的主动性和迫切性,有力地推动了对华贸易的发展,更将商务因素逐步扩大到历史、政治、地理各方面。美国新教传教士来华,就是在这样的商贸活动中发生的,中美关系进入一种文化层面的交流。马礼逊(Robert Morrison,1792—1834)是英国基督教新教传教士,1807年受伦敦传教会派遣赴华,是中国第一位新教传教士,这也被视为新教入华的开始。[2] 如果把利玛窦看作是第一次中西文化交流的开创者,那么第二次中西文化交流的开拓者当属马礼逊,而且由马礼逊入华导致的这次中西文化交流的层次更深,影响更久远。[3] 在马礼逊的邀请和影响下,1830年2月裨治文(Elijah Coleman Bridgman,1801—1861)和雅裨理(David Abeel,1804—1846)到达广州,开启了美国新教传教士来华的序幕。此后,美国传教士卫三畏、伯驾等人相继来华。美国传教士来华,使中美交流在商贸、宗教、文化、政治、体

---

[1] 马克思:《资本论》第3卷,《马克思恩格斯全集》第25卷,北京:人民出版社1975年版,第1019页。

[2] 关于基督新教入华时间,龙基成主张应以17世纪荷兰新教传教士在台湾土著人中传道为始(见《基督教新教在中国的最早传播——17世纪的荷兰传教士与台湾平埔族》,《文史知识》1990年第2期)。但大多数学者认为新教入华以马礼逊为开始,国内学者顾长声等人均持此说,美国学者保罗·科恩也认为"不算17世纪中叶荷兰新教徒在台湾传教的失败在内",主张马礼逊为新教来华第一人(参见费正清主编《剑桥中国晚清史》上卷,北京:中国社会科学出版社1993年版,第604页)。

[3] 谭树林:《马礼逊与中西文化交流》,杭州:中国美术学院出版社2004年版,第4页。

制、种族等诸方面和诸层次尽可能地展开，不仅使两国关系变得更为复杂，也潜在地影响着中国的近代化进程。然而，遗憾的是，在此后的一百多年的民族解放斗争和意识形态斗争过程中，美国传教士在华活动的历史陈迹没有得到很好地留存，这对当前的来华传教士和中美关系研究都是一个损失。

随着中国改革开放的纵深，对传教士在华活动的研究逐渐在学术界展开，出现了新的研究热潮，陆续出版了一些有价值的研究成果，包括资料汇编、翻译著作、单篇论文等。其中对拙书极有影响的译作是复旦大学教授周振鹤先生主编的"基督教传教士传记丛书"，包括《卫三畏生平及书信》（卫斐列著，顾钧、江莉译，2004年）、《千禧年的感召：美国第一位来华新教传教士裨治文传》（雷孜智著，尹文涓译，2008年）、《伯驾与中国的开放》（爱德华·V.吉利克著，董少华译，2008年）、《马礼逊回忆录》（马礼逊夫人编，顾长声译，2004年）、《花甲记忆》（丁韪良著，沈弘等译，2004年）、《李提摩太在中国》（苏慧廉著，关志远等译，2007年）等。凡此种种成果都为传教士在华活动及其与中国关系的进一步研究提供新的学术视角和史料来源，也有利于中美学术界更加相互认识、理解合作，推动基督教在华传教史、中美文化交流史和中美关系史的研究的发展。

对于较早来华的美国传教士卫三畏的研究，不仅是传教士研究的一个重要内容和个案典型，也是早期中美关系和中美文化交流研究的一个重要组成部分。卫三畏是早期来华的美国新教传教士，从1833年10月26日抵达广州，直到1876年辞去驻华使馆职务返美，在华生涯近43年。初协助美国第一位新教传教士裨治文负责《中国丛报》的编辑、印刷和发行工作，1856年起出任美国驻广州领事馆秘书，走上长达二十余年的外交生涯，历任美国驻华使馆秘书、翻译，曾9次代理公使职务，参与了近代中外关系的许多重大活动。同时他一生都致力于研究和介绍中国文化，写作了为数甚多的汉学著作。回美后的1878年受聘担任耶鲁大学第一任汉学讲座教授，曾任著名的美国东方学研究权威机构美国东方学会会长。卫三畏是美国汉学史上第一位汉学大家，也是美国汉学史上极少数几个未读过大学而成为汉学教授的天才学者之一。① 国外关于卫三畏研究的主要论著是其子卫斐列编的《卫三畏博士的生平和书信：传教士、外交官、汉学家》（*The Life and Letters of Samuel Wells Williams：Missionary，Diplomatist，Sinologue*）一书。② 该书于1972年分别在纽约、伦敦再出版，简称《卫三畏札记》。③ 此书之后，除出版了短篇的卫三畏小传外，西方学者对于卫三畏专题研究没有论著出现，只是在一些出版物中常常提及卫三畏的汉学著作《中国总论》等书，却没有专著系统地研究过卫三畏的汉学历程；只是在一些西文著作中谈及卫三畏的传教活动和外交活动，却没有专著系统地研究过卫三畏与中国关系的全部历程。对卫三畏的研究多是零碎和分散的，依附中美关系史研究的宏观需要。中国学者关注到卫三畏，最早要数鲁迅。据顾钧教授的研究，"鲁迅在其文章《华盖集续篇·马上支日记》中提到了'威廉士的著作《中国》'，指的就应该是卫三畏的《中国总论》。鲁迅提到这本书，是因为日本作者安冈秀夫在讨论中国菜时引用了该书有关中国人'好色'的结论。……有理由相信，《中国总论》这本书曾被翻译成日文，鲁迅可能读过日文本，但没有看过英文原作。检索全书，我们发现卫三畏指责中国人'好色'的那段话出现在下卷中：'这个沉溺于感官享受的民族寻求的许多食物，都是因为它们具有刺激性欲的性质，而且大多数从国外买进的用做食物的产品也是为了这种性质。'"④ 将《中国总论》看作美国汉学兴起的标志是符合历史事实的，真正把这部著作当作汉学著作来研究始于莫东寅的《汉学发达史》。《汉学发达史》最初为民国三十二年（1943）莫东寅先生所作，1949年1月由北平文化出版社印行，

---

① 张静河：《无言谁会凭阑意：耶鲁教授卫三畏父子》，《书屋》2018年第4期，第4页。

② 卫斐列（Frederick Wells Williams，弗雷特利克·卫廉士，又名卫福德，1857—1928），传教士、汉学家、外交官卫廉士（卫三畏）之子。出生于中国澳门。早年随其父来北京。1867年离华回美。1879年耶鲁大学毕业，后任该校图书馆助理。1893—1925年历任耶鲁大学远东史讲师、副教授、教授，耶鲁大学远东史专家。除协助其父修订《中国总论》外，还于1888年著《传教士、外交官、中国学家卫廉士传记和信札》（*The Life and Letters of Samuel Wells Williams：Missionary，Diplomatist，Sinologue*），1912年著《蒲安臣与中国第一次赴外国的使团》（*Anson Burlingame and the First Chinese Mission to Foreign Powers*）。见孙越生、陈书梅主编：《美国中国学手册》（增订本），北京：中国社会科学出版社1993年版，第489页。

③ 谭树林：《马礼逊与中西文化交流》，杭州：中国美术学院出版社2004年版，第331页。

④ 顾钧：《卫三畏与〈中国总论〉》，《汉学研究通讯》（21：3，总83期），2002年第3期，第16页。

1989 年由上海书店出版竖排影印本。该书给美国汉学的篇幅有限，粗略地介绍卫三畏和他的《中国总论》，并将《中国总论》列为美国汉学的开篇之作，"有卫三畏者，纽约人，本神学者，于一八三三年（清道光十三年）由公理会派来华布教，曾编刊《中国宝库》（The China Repository）。乃由教会援助，于一八三二年（清道光十二年）创刊《广东》之月刊杂志，一八五一年（清咸丰元年）停刊。一八五七年（清咸丰七年）至一八七六年（清光绪二年）为美国驻华使馆秘书，晋至代理公使。归国后授中国语文于耶鲁大学，著《华语字典》及《读本》等。其《中国总览》（The Middle Kingdom，1848）一书，凡两巨册二十六章，叙述中国地理、历史、人民、政治、文学、社会、艺术等概况，后由其子为复刊，流传甚广，为美人中国研究之见端。"[①] 短短几行论述，也有一些错误，书中已有中文书名，而不是《中国总览》的"览"字，而且《中国总论》有两个版本，1848 年出版的只有 23 卷，1883 年第二版才扩充到 26 卷。

当前，在卫三畏研究方面用力更勤、成果更多的要数顾钧博士，他不仅倡议对卫三畏和《中国总论》进行系统的研究，还首先发表论文《卫三畏与〈中国总论〉》，指出《中国总论》是 19 世纪最重要的汉学著作之一，中国学者对这一著作的关注和研究则到了 20 世纪，但直到今天，国内学术界对卫三畏其人其作的认识还基本停留在五十多年前《汉学发达史》的水平上，没有什么突破。[②] 从 2004 年开始，顾钧博士又为《卫三畏与美国早期汉学》的写作进行资料的收集和知识的准备，其中大部分章节是 2007 年至 2008 年他在美国耶鲁大学访学时完成的。该著在 2009 年 4 月由外语教学与研究出版社出版，它从"中学西传"角度展开域外汉学研究，客观地再现了卫三畏"美国汉学第一人"的历史形象。在该著中，他揭示出卫三畏在"商人""印刷工""外交家"之外，常为学界所忽略的另一种身份——"博物学家"。[③] 与此同时，另一项巨大的翻译工程告捷，2005 年 12 月上海古籍出版社出版了历时数

[①] 莫东寅：《汉学发达史》（海外汉学研究丛书），郑州：大象出版社 2006 年版，第 104 页。

[②] 顾钧：《卫三畏与〈中国总论〉》，《汉学研究通讯》（21：3，总 83 期），2002 年第 3 期，第 16 页。

[③] 顾钧：《卫三畏与美国早期汉学》，北京：外语教学与研究出版社 2009 年版，第 12—22 页。

载翻译的卫三畏1883年修订版的《中国总论》，该两卷皇皇巨著的译者是陈俱先生，校译者是他的叔父、复旦大学教授陈绛先生。从翻译的角度来说，质量堪称上乘，从学术的角度来说，译者的注释达到研究的深度，这些都充分体现了中国学者的认真学术态度，也反映出卫三畏研究在中国学术界得到越来越多重视的结果。毋庸讳言，尽管《中国总论》常被学术界提及和引用，但本身仍然需要进行系统和完整的研究，同时由于对《中国总论》研究的不足，又造成了对卫三畏其他汉学成果有意或无意的忽视。因此，从文化交流的意义上来说，卫三畏汉学成就的研究空间很大，而且从中美文化比较研究上也有重要的历史借鉴作用。

正是在前人学术成果铺垫的基础上，笔者勉力著就《卫三畏与晚清中国》一书，希翼自己粗糙的学术努力能够为卫三畏研究多一点新鲜的成分，也想使拙书成为自己的历史学研究（侧重中美关系研究）途中的一本学术代表作。选取卫三畏作为研究对象，主要是因为卫三畏在华时间很长，集传教士、外交官、汉学家于一身，在早期中美关系史和中外文化交流史研究的一个典型个案。本着相对宽容的学术视界和实事求是的政治态度，抛弃简单地将基督教视为帝国主义侵华的工具、将外国传教士一概作为帝国主义侵略急先锋的做法，从历史事实的原则和人类文化交流的主旨层面来对传教士进行细节性的纵深研究，不仅有利于探究基督教在近代中国社会的作用具有特殊的历史意义，"对晚清中国基督教新教的探讨，必须注重对传教士的活动和工作加以考究，洞悉他们与中国社会的关系，才能了解基督教在近代中国各方面所发挥的影响和贡献"，[1] 而且有利于当前中国在继承传统文化和创造现代文明的社会主义建设过程中能与西方文明进行友好而双赢的交流。卫三畏的多重身份和众多活动，不仅具有比较明晰的阶段性，也有内在的关联性，贯穿到早期新教在华传教史、鸦片战争前后西方人对华的认知过程史、早期中美关系史以及中西文化交流史等研究领域中，其蕴含的丰富史料和多重角度，使卫三畏学术研究论题可以不断深化，而且兼及其他，从而推动中美关系史整体性和专题史的研究。

---

[1] 李志刚：《百年烟云，沧海一粟：近代中国基督教文化掠影》，北京：今日中国出版社1997年版，自序。

正是站在上述的思想和认知基础上，拙著意欲将卫三畏的办报传教、文化交流（汉学研究）和外交活动三个论题有序而有机地结合起来，来探讨卫三畏与晚清中国的关系，即从"卫三畏眼光"来审视他在华看到和想到的中国形象，以及他离华在美所念想到的中国形象。这两个部分组成的框架，展开五章的论述，前三章是卫三畏在华的活动事迹和他对中国的认识，第四章是卫三畏在美国的职业汉学家道路和他在中美文化关系上的贡献，最后一章综述了卫三畏的中国观，这种中国认识既有一定的历史合理性，也有很好的现实借鉴性，具有"有则改之无则加勉"的文明互鉴的话语意义。简单地说，卫三畏对中国的感情是有爱有恨的矛盾心理。一个在华生活43年的美国人，他既是当时中国社会的见证者，也是当时中国历史的参与者，费正清曾说卫三畏是一个天才的业余历史学家，[①] 你能说他一点都不爱中国吗？但他毕竟不是中国人，让他绝对地爱中国是不可想象的，他来华至少有两个目的，传教以"救"中国和研究中国以利其国，但却自觉不自觉地将中国带向了美国和其他地方，客观上有利于中国走向世界，也有利于世界走进中国。从总体上而言，卫三畏不像一些对中国抱有成见和偏见的狂热传教士，而是比较客观地看待中外的差异，比较中肯地给予意见："修订版以同一的目标，坚持初版序言中所述的观点——为中国人民及其文明洗刷掉古怪的、模糊不清的可笑形象，这种印象是如此通常地由外国作家加给他们的。我致力于展示他们民族性格中更美好的品质，迄今为止他们没有机会学习那些现在他们正在迅速领会的东西。……他们将会变得适应于自己着手处理问题，并且和外国文明以多种活动形式结合起来。"[②]

卫三畏并不是第一个研究中国的美国人，但他却是中美关系早期的研究中国最深刻的人。与同时代其他西方学者的类似著作相比，《中国总论》在观察的广度与认识的深度上跨进了一大步。它建立了一个宏大的叙事框架，按章节所确定的主题，通过不同视角不同层面的社会观察和叙写，把中国社会的制度结构、宗教信仰、行为特征、文化传统以及这个泱泱大国的地形地貌、

---

① John K. Fairbank：" Assignment for the '70's", American Historical Review, Vol. 74, No. 3, February 1969, p. 864.

② ［美］卫三畏著，陈俱译：《中国总论》，上海：上海古籍出版社2005年版，第4页。

物产分布、人口比例、生产方式，如同立体拼图一般展示给英语读者。[①] 贯穿在《中国总论》中的卫三畏的客观、公允和文化互鉴的先进思想，本应该成为中美文化交流的基础和主调，但中美关系的历史却让人不能喜闻乐见地感受其中的美好，两国政治高层和普通人民之间总是在不断摩擦的、不和谐中走过了一两百年，这些问题的解决，如果有了卫三畏那样的平静而平和的心态，是于双方均有利益的好事。

[①] 张静河：《无言谁会凭阑意：耶鲁教授卫三畏父子》，《书屋》2018年第4期，第6页。

第一章　卫三畏与广州《中国丛报》

　　新生美国必然走向远东之中国,这引导了年轻的卫三畏义无反顾地随着基督福音布道于东方土地的潮流,来到晚清的中国。《中国丛报》是他立足中国的首站,并对他的中国研究产生了深刻的影响。《中国丛报》旧译《澳门月报》,或译《中国文库》,也有译为《中华见闻录》或《中华丛刊》,创刊于1832年5月,直至1851年12月停刊,坚持办刊20年,刊出20卷。[①] 正是在编辑发行丛报的过程中,卫三畏学习汉语,研究中国,涉足外交,潜心汉学,成绩斐然,集传教士、外交官和汉学家于一身,不仅成为晚清中国社会转型的见证者,也是近代中美关系史的参与者。如此经历,无疑是一座联通中美关系的桥梁,而铺架这座桥梁的过程,正是他本人对中华民族和中国人民逐步了解进而成为一名"中国通"的过程,而且他对中国传统文化和晚清中国现实的研究,成就了他作为美国汉学第一人的历史地位。因此,研究卫三畏应当从他赴华从事《中国丛报》编辑发行工作开始。出于传教目的而编辑发行《中国丛报》,堪称他赴华初期在华活动的中心事务,是将中学西传和西学东渐的有机结合,也是一种创造互识和改变相互偏见的巨大工程。卫三畏和《中国丛报》一起成为体现物质的、客观的和史料价值重大的历史性成果,也是精神的、主观的和人文思想深远的人类文化财富。

[①] 侯建峰:《〈中国丛报〉近五年研究综述》,《教师》2011年第6期,第126页。

第一节 美国对华经贸发展与传教使命

中美关系肇始于经济关系的展开，而经济关系的开始又起自民间贸易的兴起。北美人民通过英国东印度公司和荷兰走私而来的茶叶、瓷器、丝绸和棉布间接了解亚洲、了解中国，"就像随着首次直接的开拓性航运而来的商业信件所传递的形象一样，通过普通的手工艺品传播而来的中国形象是积极的"。① 1783 年 9 月《巴黎和约》签订，美国脱离英国获得真正的独立。独立后百业待兴的美国，不仅要解决经济困难，还要确定一个新兴独立国家的外交原则和基本政策。其中，自由贸易外交活动充分体现了新生美国致力于发展海外贸易和摆脱卷入欧洲大国争霸的危险而欲求建立和平、民主和安全的北美强国的决心和迫切愿望。1784 年 2 月 22 日—8 月 28 日（历时 6 个月零 6 天），作为美国第一艘成功到达中国的"中国皇后号"商船之行，进一步激发了美国人对于东方中国的神往和兴趣。"中国皇后号"在 8 月 28 日抵达广州的黄埔港，当即鸣礼炮 13 响（代表的是美国 13 州之数）。美国商人在广州的商业活动达三个月之久，由于这次试探性的对华贸易大获成功，全船上下各人都在不同程度上得到好处，以致乐而忘返。② 12 月 28 日，"中国皇后号"启程回美，次年 5 月 12 日到达纽约，亦以 13 响礼炮结束了这次航程（行程 26689 英里）。这一创举历时 15 个月，总投资额为 12 万美元，获纯利 30727 美元，约为投资额的 25%。③ 正是这艘"中国皇后号"首航中国的成功，打通了太平洋两岸"最古老的与最年轻的"两个国家的商途，揭开了中美关系发展的序幕，开创了中美之间直接经贸和文化关系的先河，也为刚刚取得独立的美国经济发展注入了强烈的兴奋剂，因而被纽约《独立杂志》称赞为一

---

① Jonathan Goldstein, *Philadelphia and the China Trade 1682—1846*, Pennsylvania University Press, 1978, p.40.

② Josiah Quincy, *The Journals of Major Samuel Shaw*, *The First American Consul at Canton*, Taipei, 1968, p.200.

③ 同上，p.218.

次"远见卓识、功勋卓著的行动,取得极其丰硕的成果"。① 据统计,1786 年到 1833 年的 48 年间,美国来华的船只就有 1104 艘,几乎达到英国来华总船数的 44%,而超过其他欧洲国家来华船只总数。② 美国东海岸的一些重要港口,也在对华贸易中得到发展,费城曾在一段时期占据对华贸易额的首位,塞勒姆和波士顿以船主多而著名,纽约成为各地对华贸易的投资和交易中心。到 1790 年时,全美国进口货物中,来自中国的占 1/7。③

正是在包括对华早期贸易的基础上,美国国内的原始资本获得积累,并促进了资本主义经济发展和西进运动。早期美国对华贸易,虽给中国带来一定的经济效益,但对美国经济的发展影响更大:"早期对华贸易提供了一个资本积累的手段,使大笔资金在几年之内得以积累起来,供迅速发展中的各州的迫切需要之用。"④ 1789 年就任美国第一任总统的华盛顿,在其任内要求美国政府对从事中美贸易的商人实行保护和优惠政策,"对华贸易商享有 1789 年颁布的航海法和每年公布的税则法的保护;禁止非美国船载运茶叶进口,茶叶关税可延期两年缴纳,如复出口可以退税;对茶叶以外的货物给予美国进口商以 12.5% 的优惠"。⑤ 因此,中美史学界通常将"中国皇后号"商船首抵广州,到 1844 年中美两国政府签订第一个不平等条约《望厦条约》这 60 年交往的过程,称为早期中美关系,也有一些美国学者将这段时期称为"约前时代"。早期的中美关系基本上是平等的商业贸易关系,是两国人民之间相互友善、双方获利的民间贸易关系。当美国商人涉足广州口岸时,比葡萄牙晚 268 年,比西班牙晚 209 年,比荷兰晚 180 年,比英国晚 147 年,比法国晚 124 年,比俄国晚 217 年。⑥ 这种迟到的贸易,使得来粤的美国商人不像英国

---

① Foster Rhea Dulles, *China and America: The Story of their Relations since 1784*, Princeton University Press, 1946, p. 3.
② 齐文颖:《美国"中国皇后号"来华问题研究》,《环球时报》2005 年 10 月 10 日,第 23 版。
③ Foster Rhea Dulles, *The Old China Trade*, Boston: Houghton Mifflin Company, 1930, p. 211.
④ [美] 泰勒·丹涅特著,姚曾廙译:《美国人在东亚:十九世纪美国对中国、日本和朝鲜政策的批判的研究》,北京:商务印书馆 1959 年版,第 83 页。
⑤ 梁碧莹:《龙和鹰:中美交往的历史考察》,广州:广东人民出版社 2004 年版,第 18 页。
⑥ 同上,第 20 页。

等国商人那样傲气和霸气,从而赢得了中国当局的信任,被认为"循分守法"。①而受到优待的美国商人也是抱着与华贸易平等的心态,"其后来舶甚多,几与英吉利相埒,其舶较他国差小,随时可至,非如他国必八九月始抵口也"。②不少赴华贸易的美国商人获利甚巨,成为百万富翁,其中有的兼营国内企业,有的投资本国工商业,对美国的经济发展有着重要的促进作用,如1844年来华签订《望厦条约》的美国专使顾盛,1803年来华,在广州经商三十余年,来时两袖清风,去时家财万贯,积累60万美元的资产,而他去世后,240万美元财产中约有30万美元投资在制造业的证券上,其他大部分财产是其他形式的国内资产。③

早期平等互利的对华贸易关系,也是新生美国谋求对外开放与世界贸易的一部分。商业关系发展引起了美国政府的注意,并采取了一些具体措施。1819年11月,美国派巡洋舰"国会号"访问澳门,停泊在伶仃洋海面上,这是到中国海面上的第一艘美国军舰。按照清政府的海关规定,外国军舰是不准到中国海面的,由于美国商人在华表现良好,所以清政府作了例外处理,把它看作商船的护船舰,只要求它在商船驶出后"不得在沿海停留"。"国会号"虽两次离开了,几个月后又返回,一直逗留到1821年初。1832年初美国又派出"泼托马克号"巡洋舰访问广州,11月再派出"孔雀号"和"拳师号"两艘军舰到达广州,稍后又有"芬胜纳号"抵广州,1836年"孔雀号"再来广州,这些访问战舰都没有得到清政府地方当局的接待而被迫回航,致使美国政府在推进对华贸易方面没有取得效果,但也可看出,到鸦片战争前,美国商人和代表美国政府的军舰都是服从中国当局的法律和命令的,两国之间的贸易互利正常进行着。尽管早期六十年的中美贸易中,两国商人之间也会出现不少问题,如税收、贸易顺逆差、走私鸦片等,但主流仍然是平等互利的贸易关系。不幸的是,早期平等互利的中美贸易在不久以后发生了性质上

---

① 文庆等编:《筹办夷务始末》(道光朝)第6卷,北京:中华书局1964年版,第2808页。
② 梁廷枏:《粤海关志》,粤东省城龙藏街业文堂刊,台北:文海出版社1975年版,卷24,第19页。
③ [美]吉尔伯特·C.菲特、吉姆·E.里斯著,司徒淳、方秉铸译:《美国经济史》,沈阳:辽宁人民出版社1981年版,第267页。

的转变。欧美国家和晚清中国毕竟是不同社会性质的民族国家，在不同的起跑线上，这就决定了中国和美国的不同前途："18世纪中国和西方存在多方面的差距，这决定了两者文明的不同性质，一个是资本主义的青春，一个是封建主义的垂暮，也决定了两个社会的不同前途。18世纪以后，西欧出现了持续、高速的经济和社会发展，而中国则由于外国侵略与内部动荡而一蹶不振，陷于贫困、落后和长期危机之中。"① 这样的分道是人类历史的必然，只是主动或被动的区别。而费正清则这样认为，美国在亚洲发现了中国，最后引起了美国的贪婪心："我们在那里发现的，不是能让我们随意开垦的土地和自然资源，而是古老的中国。这个新的陌生的人类社会引起了我们的好奇心，终于也引起了我们同贪婪一样多的同情。我们开始对中国采取了在国内业已养成的态度。这就是锐意扩张、冒险进取和孜孜谋利的态度。在这种态度的支配下，个人主义、进步、发达、改善一切等思想成为人生的规律。在上海的美国商人侈谈通商对人类的好处，传教士则大讲其怎样把异教徒从罪孽状态中拯救出来。美国向中国的扩张不仅是经济的、宗教的或民族主义的，而且是所有这些扩张性质的总和。"② 《望厦条约》签订就是平等和贪婪的一个分界线，而条约的本身就"破坏了中国的独立和主权，是美国外交史上极不光彩的一页"。③ 为了获得更多的商业利润，同时缩减对华贸易逆差，一些美商无耻地参与了欧洲或独自从事罪恶的鸦片走私活动。美商主要将这些产量有限、质量低劣、价格最贱的土耳其鸦片贩运到中国的澳门和广州等地销售，"1804年第一批从地中海直接载运鸦片的船只到了中国"。④ 到1840年前，美商在广州承揽代销，或美国船贩运到华的鸦片，数量与每年走私到中国的鸦片总数相比，比例虽然不过十分之一左右，⑤ 但这种影响已超过鸦片本身的危害，而危及中美正常关系了。更严重的是，随着美国国力的增加和海外扩张野心的

---

① 戴逸：《十八世纪的中国和世界》，《语冰集》，南宁：广西人民出版社1999年版，第13页。
② [美]费正清著，张理京译：《美国与中国》（第四版），北京：世界知识出版社2002年版，第293页。
③ 杨生茂：《美国外交政策史（1775—1989）》，北京：人民出版社1991年版，第116页。
④ [美]迈克尔·韩德著，项立岭、林勇军译：《中美特殊关系的形成：1914年前的美国与中国》，上海：复旦大学出版社1993年版，第7页。
⑤ [美]泰勒·丹涅特著，姚曾廙译：《美国人在东亚：十九世纪美国对中国、日本和朝鲜政策的批判的研究》，北京：商务印书馆1959年版，第103页。

膨胀，美国政府顺从一些无视中国法律和国际关系准则的不法商人的"压力"，追随英国的侵华政策，在1840—1842年鸦片战争中向广州当局和满清政府提出了美国的最惠国待遇和治外法权等不合理要求，直到1844年《望厦条约》的签订，早期中美间的平等互利关系走向了终结。

立国之初的美国脱胎于殖民地，在对华外交上不完全类似于欧洲侵华列强，又因实力远逊于西欧，在华利益攫取方面采取比较柔性或隐蔽的商业手段，来扩大在华利益的范围和深度，颇具搭英国便车之嫌。与此同时，在美国立国信念中有一种强烈的民族优越感，它源于美国人所信奉的清教思想，它与自由主义意识形态掺杂在一起，使美国人不仅在地理上，而且更在意识上把北美视为与欧洲完全不同的新大陆，由此也就有了新世界和旧世界之分："上帝已经给予了旧世界罪孽深重的人们以机会，但他们失败了。欧洲是如此罪孽深重，以至于上帝适时地打开了新世界之门，以便为他的杰作有一个更为适宜的安置。"[①] 到19世纪美国国力不断增强，工业发展令人瞩目。1820年，美国的工业总产值占全世界的6%，1860年所占比例增加到15%，工业总产值达18.85亿美元，居世界第四位，仅次于英法德三国。到19世纪下半叶，美国已经完成了工业化。[②] 美国大陆扩张也已悄然进行，到19世纪50年代初，美国在北美大陆上连成一片的领土扩张宣告结束。美国大陆版图的不断扩大，反过来加强了美国"天定命运"等意识形态的说服力："（美国）把人民、民主、政府为民谋取幸福的责任与西进之路是通往幸福、自由和独立之道路的梦想全部联结在一起。"[③] 实际上，美国在大陆扩张的同时，海外扩张已在微弱地进行中了，虽然没有国家名义或政府的直接海外行动，但美国的商人和新教传教士已经先行一步。

跟随美商和传教士入华的步伐，美国对华外交悄然启动。与政府性的扩大对华贸易相适应，美国单方面派遣驻华领事的外交活动也随之展开。1786年1月，"中国皇后号"商务总管山茂召被任命为美驻广州领事，一任就是五

---

① Loren Baritz, *City on a Hill*, *A History of Ideas and Myths in America*, New York, London and Sydney: John Wiley & Sons, Inc., 1964, p.64.
② 顾学稼等著：《美国史纲要》，成都：四川大学出版社1992年版，第132页。
③ ［美］詹姆斯·罗伯逊：《美国的记忆》，转引自常冬为编：《美国档案：影响一个国家命运的文字》，北京：中国城市出版社1998年版，第36页。

年。这位首任驻华领事,事实上只是美国商人在广州的代理人,替到中国的美商销购货物收取佣金,而没有任何法律意义上的外交权利。而且晚清政府因为闭关而不予承认任何外国来华的领事身份,他们只能以美商首领的资格与行商周旋。所以,从1808年到1814年,美国没有领事派驻广州,而到1824年为止,美国派驻广州的领事全是由商人兼任,这些商人不领薪金,每年的办公费不超过500元,不太像样的领事馆中也少有中文翻译人员,在华的美国人当中通中国语言的人极少,更是忙于经商而不能去搜集有关情报,很少向美国国务院汇报贸易情况。到1840年,美国驻广州的领事先后更换了六个,而国务院也从未向广州领事下达任何训令,任其自便。[1] 因此,确切地说,早期中美交往六十年间,美国派往中国的商人领事从来没有起到过外交官的作用,而且美国方面就没有向中国派驻过真正的外交官。个中原因在于晚清对外关系上的种种限制使得入华外商人数有限,1832年侨居广州外国人达165人,1838年有307人,其中1832年英国有88人,属于10家公司,1838年有158人,属于31家公司,而1832年美国人约有20人,属于7家公司,1838年人数达到44人,属于9家公司,其他国家的人就更少。[2] 到19世纪上半期,美国对华贸易额仅次于对英国、法国和古巴的贸易,居第四位。随着商业资本和工业资本的不断增大,美国的金融财阀也大量涌现出来,在商业资本家集中的马萨诸塞州,形成了波士顿财团,19世纪40年代,这个财团曾控制了全国20%的纱锭,马州30%的铁路,39%的保险资金和40%的银行资本。它不仅操纵着马省的政治与经济,而且对联邦政府也有一定的影响。[3] 鉴于美国政府对华外交漠视态度,美商和传教士大感不满,直到英国在鸦片战争中胜利,美国对华外交政策迅速启动。1842年12月,美国派遣参议院外交委员会委员卡莱布·顾盛为来华签约专使。1844年《望厦条约》签订,连美国学者也认为这是一个侵略性的条约,"美国在望厦条约中第一次显现了

---

[1] 乔明顺:《中美关系第一页:1844年〈望厦条约〉签订的前前后后》,北京:社会科学文献出版社1991年版,第15页。

[2] [美]马士著,张汇文等译:《中华帝国对外关系史》第一卷,上海:上海书店出版社2005年版,第79页。

[3] 乔明顺:《中美关系第一页:1844年〈望厦条约〉签订的前前后后》,北京:社会科学文献出版社1991年版,第9页。

帝国主义的色彩"。① 中美两国正式的外交关系是以美国把不平等条约强加于中国开始的，而公使入驻北京等外交诉求也最终在 1858 年《中美天津条约》中得以实现。

对华商业扩张和对华不平等外交，与新教在华传播几乎同步而生，互为辩护，进一步强化了美国人尤其是清教徒们的美国例外论和"天定命运"的宗教意识，"作为清教徒，他们富有特殊的精神和政治使命，当他们改造自己时，他们也将在新世界建造一个向欧洲所有国家提供样板的教堂和社会。……美国人和美国是特殊的和例外的，因为它们负有拯救世界的责任，同时，美国和美国人必须维持对这一例外命运的精神、政治和道德上的高度责任，必须向世人显示美国是一座山巅之城"。② 这就为独立后的美国对外扩张披上了"神圣"的外衣，以至于鸦片战争前美国国内主张尾随英国在华扩张时，美国基督教领袖阿伯特就曾直言不讳地辩称："有人认为我们无权进入未开化民族的土地，并且干涉他们的生活，也有人认为他们已经习惯了那种野蛮的生活，并且有权保持他们现有的生活方式。我不承认一个野蛮的民族在当今世界上有保留自己领地的权利，我愿意重申我的观点：野蛮不能享受被文明尊重的权利，文明人虽然应该尊重野蛮人很多权利，但对他们保持野蛮生活的权利，则没有尊重的必要。"③ 作为新兴的基督教民族国家，上帝已然成为美国人的信仰和美利坚民族的价值尺度。1789 年美国第一任总统华盛顿在其就职演说中就指出："上帝统摄宇宙万物，主宰各国的治国大政，其神圣援助将可以弥补人类的所有缺失。"即使到 1945 年，最强调世俗权利的罗斯福总统在第四次就职演说中也把上帝置于美国事业的首位，"全能上帝……赋予我们的国家一直信仰，在一个苦难深重的世界里，这种信仰已成为各国人民的希望"，美国基督新教徒更是把一切都归于上帝。④ 诚然，宗教是社会

---

① 王东、闫知航：《让历史昭示未来：中美关系史纲》，上海：东方出版中心 2006 年版，第 9 页。

② Deborah L. Madsen, *American Exceptionalism*, Edinburgh: Edinburgh University Press, 1998, p. 9.

③ 周琪：《"美国例外论"与美国外交政策传统》，《中国社会科学》2000 年第 6 期，第 30 页。

④ 董小川：《上帝：体悟美国文化的钥匙》，《东北师大学报》（哲学社会科学版）2001 年第 5 期，第 53 页。

文化价值观的重要源泉之一,它对人类生活的意义具有深远的心理导向作用,正如爱因斯坦所言:"仅凭知识和技巧并不能给人类的生活带来幸福和尊严。人类完全有理由把高尚的道德标准和价值的赞颂置于客观真理的发现者之上。在我看来,释迦牟尼、摩西和耶稣对人类所做的贡献远远超过那些才智之士所取得的一切成果。如果人类要保持自己的尊严,要维护生存的安全以及生活的乐趣,那就应该竭尽全力地保卫这些圣人所给予我们的一切,并使之发扬光大。"①

作为美国文化的一个独特源头,清教主义深刻地影响了美国社会,奠定了美国文化的基石,铸就了美利坚民族的灵魂,"没有对美国清教思想的了解,就不可能理解美国社会。"② 基督新教的拓殖精神和美国的民主思想结合起来,在美国历史上曾发生过四次"大觉醒运动",分别是第一次大觉醒运动(1730—1740 年)、第二次大觉醒运动(1800—1830 年)、第三次大觉醒运动(1880—1900 年)、第四次大觉醒运动(1960—1970 年)。大觉醒运动亦被视为美国的宗教复兴,延续基督新教的宗教改革精神。在宗教觉醒时期,纷纷出现一些传教组织,其中美部会是全美第一个组织和指导美国传教士进行海外宣教的,所以在美国,"美部会被认为是一个官方的宗教事业团体"。③ 1812 年美部会就得到了马萨诸塞州的法律认可,纽约州、新泽西州和宾夕法尼亚州都派委员加入该会,成员主要来自公理会、长老会以及其他经过革新的教会组织。这样,美部会在实质上就成为一个派系联合和国家级的组织。在卫三畏到达中国的 1833 年,美部会已经建立了 30 个海外传教站点,所属传教士及其当地助手达到 200 人。④ 继美部会之后,长老会、美以美会、圣公会的海外传教机构于 1817 年至 1820 年相继成立。同时为了培养传教士,各类教育机构也纷纷成立,比较著名的如公理会建立的安多弗神学院(1808)、长老会建立的普林斯顿神学院(1812)、浸信会建立的汉密尔顿神学院,另外美国

---

① 孙雄:《当代基督教与科学关系的新变化》,《世界宗教文化》1995 年第 2 期,第 15 页。
② Bass H. J., George A. B., Emma J. L.: *Our American heritage*, Morristown: Silver Burdett Company, 1978, p. 40.
③ Perry Miller, *The Life of the Mind in America*, New York, 1965, p. 2.
④ "Table of Stations, Missionaries, Churches, and Schools", *Missionary Herald*, Vol. 30, No. 1, Jan. 1834, p. 8.

两大名校哈佛、耶鲁也于 1819 年和 1822 年建立了神学院。到 1860 年，这类学校已经达到 50 家。[①] 美国基督教传播史专家赖德烈教授在《基督教扩张史》中，认为 1842 年前是基督教在华传播的准备时期，1842 年至 1895 年是逐步发展时期，1895 年以后为迅猛发展时期。[②]

1829 年赴华的裨治文是美国新教传入中国的第一人，开启了基督教新教在华发展的新时代。马礼逊在广州暂以东印度公司雇员身份，从事传教译经等活动，裨治文在广州以《中国丛报》英文刊为传教手段，至 1840 年，在华新教传教士仅 20 人，代表四个差会，三十余年中所收信徒不满百人。由于东西方巨大的文化差异、观念与行动上的误解与冲突以及现实利益等因素，中国社会进行了比较普遍的激烈抵制，教案频发，以致"耶教之入我国数百年矣，而上流人士从之者稀。"[③] 尽管在中国近代史上留下了种种抹不掉的罪恶劣迹，但新教传教士的历史进步作用同样被关注，如同西方史学家指出，那时外国人到中国来，商人是为了谋求经济利益，外交官和军人则谋求特权和让步，"唯有传教士不是为了获取利益，而是要给予利益，不是为了追求自己的利益，而至少在表面上是为中国人的利益效劳"；在近代政治方面，"基督教传教士在最初唤醒中国人使之感到需要变法这一方面，曾起过重要作用；此外，他们还帮助形成了改革派自己的方法、思想甚至世界观。"[④] 在教育方面，所有这些教会学校的设立，为介绍西方先进的科技文化和人文学术，引进西方新式教育体制，造就一代新式人才，无疑起了开先河的作用，其对几千年的旧式封建教育，形成巨大的冲击力，客观上加快了中国现代化的进程，"这几十年来，教会在中国设立了很多优良的大学和中学，它们对于近代的学

---

① Williston Walker, *A History of the Christian Church*, fourth edition, New York: Charles Scribner's Sons, 1985, p. 611—614, 652—660.
② Kenneth Scott Latourette, *A History of the Expansion of Christianity*, New York and London: Harper&Brothers, 1937—1945, p. 261.
③ 梁启超：《保教非所以尊孔论》，引自杨天宏：《基督教与近代中国》，成都：四川人民出版社 1994 年版，第 27 页。
④ ［美］费正清主编：《剑桥中国晚清史 1800—1911》（上卷），北京：中国社会科学出版社 1985 年版，第 584、633 页。

术实在有很多的贡献和影响"。① 据此，可以肯定的是，美国传教士裨治文、卫三畏、伯驾等人在西学东渐的过程中都发挥着重要的历史作用。

　　卫三畏是继裨治文和雅裨理之后来华的美国第二批传教士，他的赴华不仅是美国政治和新教海外传播的大势所趋，还与他虔诚的基督教信仰和其特殊的个人品质密切有关。卫三畏的福音价值观在赴华前的美国生活中就已经形成并逐渐成熟，"他开始用心中永恒的上帝规范自己每天的言行举止，他看待上帝就像苏格拉底看待他的守护神一样"。② 在美国现代文明的熏陶下，卫三畏作为一名传教士，怀着对基督教的虔诚信仰和传播上帝福音的强烈愿望来到了中国。③ 此后，围绕着《中国丛报》影响力的在美扩张，慕名前来中国的传教士逐渐增多，逐渐形成了美国对华传教的新局面。据《中国丛报》上的记载，1807—1843年间来华的英美等新教传教士共64人，其中美国传教士35人。而到1851年底，来华的基督教传教士人数达150名之多，其中有88名美国人，47名英国人，其余来自欧洲其他国家。④ 又据马士的统计，在1855年来上海的30个传教士中，就有美国人21个，英国人9个；来厦门的有美国传教士10人，英国传教士4人；来广州的有美国传教士7人，英国传教士4人。⑤ 可见，在来华传教士潮流上，美国是后来居上的，而且越来越表现出在华影响的强势。但是有一点必须强调，来华传教士竭力在中国未开放和开放的通商口岸，使用各种手段开展传教活动，但效果甚微，原因不外乎有两条：即基督教宗教信仰与中国传统思想的异质文明之间不可调和的差异性，以及传教士主要在炮舰和条约的后盾下强行传播耶稣信仰，而不是像先前佛教和伊斯兰教那样潜移默化地渗入中国文化之中。因此在19世纪末引发的教案和文化冲突很多，加剧了中外关系的对峙和矛盾。

---

　　① 胡适：《谈谈大学》，《胡适作品集25·胡适演讲集（二）》，台北：远流出版公司1986年版，第220页。
　　② ［美］卫斐列著，顾钧、江莉译：《卫三畏生平及书信》，桂林：广西师范大学出版社2004年版，第4—5页。
　　③ 王安：《美国现代文明熏陶：浅析卫三畏观察中国出发点》，《考试周刊》2008年第48期，第233—234页。
　　④ *The Chinese Repository*, Vol. 10, p520; Vol. 12, p233; Vol. 20, pp. 514—517.
　　⑤ ［美］马士著，张汇文等译：《中华帝国对外关系史》第1卷，北京：生活·读书·新知三联书店1957年版，第400、404、412页。

美国差会派遣的早期（1830—1844）来华传教士简表

传教士姓名	差会名称	到华时间	在华传教地点
裨治文（Elijah Coleman Bridgman）	美部会（公理会）	1830	广州　上海
雅裨理（David Abeel）	美部会（公理会）	1830	广州　厦门
特雷西（Ira Tracy）	美部会（公理会）	1833	广州
卫三畏（Samuel Wells Williams）	美部会（公理会）	1833	广州　澳门
约翰逊（Stephen Johnson）	美部会（公理会）	1833	福州
伯驾（Peter Parker）	美部会（公理会）	1834	广州
史蒂芬（史蒂文斯，Edwin Stevens）	美部会（公理会）	1835	广州
邻为仁（William Dean）	美国浸礼会真神堂	1835	香港
骆亨利（骆武，Henry Lockwood）	美国圣公会	1835	广州
韩法兰（汉森，Francis R. Hanson）	美国圣公会	1835	广州
叔未士（J. Lewis Shuck）	美国南浸信会	1835	澳门　香港　广州
罗孝全（I. J. Roberts）	美国南浸信会	1836	澳门　香港　广州
罗啻（Elihu Doty）	美部会（公理会）	1836	厦门
文惠廉（W. J. Boone）	美国圣公会	1837	厦门　上海
波乃耶（鲍尔，Dyer Ball）	美部会（公理会）	1838	广州
卜尔蒙（波罗满 William J. Pohlman）	美部会（公理会）	1838	厦门
高德（Josiah Goddard）	美国浸礼会真神堂	1839	宁波
弼来门（弼，Lyman B. Peet）	美部会（公理会）	1839	福州
德威（戴弗，William B. Diver）	美部会（公理会）	1839	澳门
马赖德（Thomas L. McBryde）	美国北长老会	1840	厦门　澳门
合文（James C. Hepburn）	美国北长老会	1841	厦门
娄理华（Walter M. Lowrie）	美国北长老会	1842	澳门　宁波
玛高温（Daniel J. Macgowan）	美国浸礼会真神堂	1843	宁波
裨雅各（James G. Bridgman）	美部会（公理会）	1844	香港　广州
科理（Richard Cole）	美国北长老会	1844	澳门　宁波　香港

续表

传教士姓名	差会名称	到华时间	在华传教地点
麦嘉缔（Davie B. McCartee）	美国北长老会	1844	宁波
韦理哲（Robert Q. Way）	美国北长老会	1844	宁波
地 凡（T. T. Devan）	美国浸礼会真神堂	1844	香港　广州
劳埃德（John Lloyd）	美国北长老会	1844	厦门
哈巴安德（Andrew P. Happer）	美国北长老会	1844	澳门　广州
克陛存（M. S. Culbertson）	美国北长老会	1844	宁波
罗密士（A. Ward Loomis）	美国北长老会	1844	宁波
休·勃朗（Hugh A. Brown）	美国北长老会	1845	厦门

[资料来源：梁碧莹：《龙与鹰：中美交往的历史考察》，广州：广东人民出版社 2004 年 10 月版，第 159—161 页；仇华飞：《早期中美关系研究（1784—1844）》，北京：人民出版社 2005 年 6 月版，第 428—435 页。）]

美商和传教士最先沟通的早期中美关系中，文化交流占据突出位置，称得上真正的中美文化交流活动，则主要是来华新教传教士进行。这批来华传教士的文化素质普遍较高，"大部分美国传教士毕业于自己教派的大学或神学院"。[①] 有统计资料证明，1855 年前来华的 110 位美国传教士中绝大部分受过高等教育，其中获得博士学位的就有 23 人，约占总数 21%。[②] 虽然，早期中美之间的文化联系和文化交流的规模和成果都是极小的，但是，美国新教传教士来华传教和相关活动，成为早期中美文化交流的重要渠道和社会力量。这些年轻气盛的美国传教士，受所谓"传教冲动"的驱使，自觉不自觉地成为福音的传播者。为了表示对万能的造物主上帝的虔诚，他们远涉重洋来到中国。他们坚信"上帝的智慧必将产生无法抗拒的力量"，决心使"中华归主"。[③] 美国的基督教传教事业比它在华的贸易发展要快，后来居上，跃居各

---

① [美]杰西·卢兹著，曾钜生译：《中国教会大学史》，杭州：浙江教育出版社 1987 年版，第 53 页。

② [美]卫三畏著，史其志译：《派往中国的全部传教士名单》，载北京太平天国历史研究会编：《太平天国史译丛》第 2 辑，北京：中华书局 1983 年版，第 131—144 页。

③ *Chinese Repository*, Vol. 13, p. 651.

国之首。虽然受到清政府禁教的限制，先期来华传教士的活动多在广州、澳门一代的沿海乡村，无法进入中国社会的政治上层，不得不通过出版书籍、建立教育与医疗机构等，致力于将传教与认识中国联系起来，同时向中国传播西方文明，使中美两国人民之间有了相互了解的机会，还将他们对中华文明的认识介绍回国内，促进了美国人对华的了解。鸦片战争前后，特别是《望厦条约》签订后，一些美国传教士大肆为本国的扩张政策辩护，裨治文、伯驾等人甚至充当美国政府谈判代表，将不平等条约强加给中国人民，"正是资本主义浪潮力图把非资本主义国家卷入世界经济漩涡这个趋向的反映"。[①] 对此，是要予以坚决反对的。当然将传教士传播的西学一概定性为"以奴化思想为核心的帝国主义文化"，也与历史实际不符；传教士也不全都是"文化帝国主义者"和"帝国主义侵略的急先锋"。到 20 世纪末叶，中国学术界渐次形成一种共识："对传教士在中国的活动，无论做出绝对肯定或者绝对否定的评价，都是片面的、极端的。"[②] 这就为研究者们运用相对宽容和求实的态度审视来华传教士问题，确定了"文化侵略"以外的全新视角，有助于全方面地研究传教士及其在中国研究和中外关系等方面的历史过程。

第二节　卫三畏赴华前基督认识与信仰

卫三畏这位平凡的美国人，在其短短 72 年生涯中就有 43 年是在中国度过，其间虽有四次回美，但并没有也不会割断这个连续过程。这是一种精神，也是一种奉献，动力之一就是基督教的救赎伦理在他身心上所起的重要作用。从抱有成为一位博物学家的梦想，到接受基督信徒的父亲的推荐赴华担任印刷工，再到在中国近二十年的传教活动，及其后二十多年政治外交过程中的

[①] 忻剑飞：《世界的中国观：近二千年来世界对中国的认识史纲》，上海：学林出版社 1991 年版，第 298 页。

[②] 齐小新：《口述历史分析：中国近代史上的美国传教士》，北京：北京大学出版社 2003 年版，第 6 页。

有关活动，无不反映了卫三畏与基督教几乎与生俱来的情缘。伴随着他一生的这种坚定不移的基督信仰，决定了他与中国及其文化之间的不解之缘，诚心将中国视为自己的第二故乡，并对中国寄予极大的希望："我确信汉人的子孙有着伟大的未来。……无论如何，这个国家已经度过被动时期，这是肯定无疑的。……这一花团锦簇之乡的人民被列入不文明的国度，这样的日子已迅速消逝。"① 因此，探究卫三畏决定赴华前的基督认识和逐渐养成的宗教信仰，有助于理解他日后在华的一系列活动中的基督关怀和中国研究动力的活水源头。

西方世界的兴起是近代以来人们讨论的一个长盛不衰的话题，学术界对此主要有三种解释，有西方经济制度合理化之说，有英国清教与清教徒的科学成就推动之说，有财富积累和创造动力产生资本主义之说等。② 但无论从什么角度来说，基督教文化的历史和现实作用都是其中不可忽视的影响因素。新教作为基督教的一个重要组成部分，从思想、精神和政治意识等方面改变了西方世界的面貌。当今社会，举凡信奉耶稣基督为上帝和救主之教义，且不属于天主教、东正教系统的基督教各派别，均属新教的范围。新教尽管宗派众多，没有统一的领导机构，但其基本神学信仰与天主教、东正教一致，都信奉新旧约全书，不过新教所承认的《旧约全书》较天主教与东正教少7卷，只承认39卷的希伯来本的，而天主教则承认46卷的希腊文译本。新教反对教皇的绝对权威，主张人人皆有解释《圣经》的权利，而对《圣经》的不同理解与阐释，就产生了各不相同的派别，主要有路德宗（信义宗）、长老宗（加尔文宗）、圣公宗（安立甘派）、公理宗（公理会）、浸礼会、监理宗（卫斯理宗、循道宗）、内地会系统、基督复临派等。这些派别在教义上基本相同，但对教义的解释和崇拜仪式上各有侧重和差异，经济上也各自为政。美国基督教宗教团体多元化的这一历史特点，说明美国不是像英国等国那样有统一国教的国家。对美国人来说，新教派别的多元化就是自由和民主的精神底蕴，在上帝面前，信仰之人可获得良心的无限自由，也意味着各个教派

---

① [美]卫三畏著，陈俱译：《中国总论》，上海：上海古籍出版社2005年12月版，第4页。
② 张佳生：《基督教伦理与西方世界的兴起》，《南华大学学报》（社科版）2008年第1期，第21页。

之间的平等。早在独立战争前一年（1775），一份调查估测了殖民地美国的基督教团体：公理会教徒 57.5 万人，英国国教徒 50 万人，长老会教徒 41 万人，荷兰改革派教徒 41 万人，德国教会教徒 20 万人，教友派信徒 4 万人，浸信会教徒 2.5 万人，罗马天主教徒 2.5 万人，卫理公会教徒 0.5 万人，犹太教派教徒 0.2 万人。① 信奉基督新教与美国新社会相向而生，令美国人习以为常："必须记住美国教会与欧洲的不同，其教会之众多并非随某一国教的崩溃而来，而几乎是一种从来就有的状况，且与新社会同时发生。于是在美国，宗教多元主义不仅是历史和政治现实，在美国人的脑海中它还是事务的最初状态，是美国生活方式的主要方面，因而其本身也就成了宗教信仰的一部分。换句话说，美国人认为宗教团体的多元性是一种正确的理所当然的状况。"② 在这样的多元化宗教状态下，美国人的自由精神得到张扬，"关于给予所有人宗教自由这一问题，在这些教会中有多种意见，但有一点所有教会几乎是一致的：即各教会均要求得到自身的自由。到这时已经变得很清楚要获得自身自由的惟一途径就是给予所有其他人自由"。③ 这种状况也就使得美国在外的传教群体之间形成了既相互牵制又相互依赖的互动关系，殊途同归地为着基督教的福音事业和美国社会的整体利益做出贡献。

基督救助苦难的重要思想，确实有助于基督教的海外传播。在基督徒之间，彼此的安慰和帮助是必不可少的。因此，基督教最根本的精神就是爱，一种无私的关怀他人的积极行动。要成为上帝之子，就得救济和帮助穷人，"基督在哪儿？只在基督的穷人中间"。④ 起源于欧洲的基督教新教，在其理论建构中保留了这种救助思想，只是救助对象有所扩大，将全世界的异教徒国家及其人民都纳入救助的范畴。源自英国的福音复兴运动自 18 世纪 90 年代末逐渐扩大到新生美国，被称为"第二次大觉醒运动"，一直延续到 19 世纪

---

① ［美］史蒂文·苏本等著，蔡彦敏等译：《美国民事诉讼的真谛》，北京：法律出版社 2002 年版，第 5 页。
② ［美］艾伦·D. 赫茨克著，徐以骅等译：《在华盛顿代表上帝》，上海：上海人民出版社 2003 年版，第 24 页。
③ ［美］西德尼·米德：《生动的实验》，纽约：哈珀与罗出版公司 1963 年版，第 35 页。
④ Diana Wood, *Medieval Economic Thought*, Cambridge: Cambridge University Press, 2002, p. 44.

30年代，使美国宗教进入了一个相对成熟的阶段，大规模群众式的宗教复兴已逐渐为正常稳定的教会生活取代。① 从历史上来讲，基督教新教的影响已经超出了人们的日常生活，延伸到美国人生活的方方面面，无不证明美国就是一个基督教民族国家："美国不仅是国家的典范，而且将是世界的保护者，控制着其他国家的行为，代表了拯救世界的最后的和最佳的机会。"② 1829年10月14日，28岁的裨治文受到美部会派遣赴华，由此拉开了长达一个多世纪的美国对华传教运动的序幕。在给裨治文的训示信中，美部会坚信这位传教士将点燃美国在华传教的星星之火："终有一天，福音将在中华帝国获得胜利，它那众多的人民将归向基督。要牢记你的首要任务，是在中国人中间推广福音。"③ 这种福音传播几乎不带任何功利色彩，只是将美国基督教思想传播到中国，以求实现上帝之福祉，正如柯文所言："19世纪时，商人们来到中国谋求利益。外交官和军人来到中国则谋求特权和让步。外国人中唯有基督教传教士来到中国不是为了获得利益，而是要给予利益；不是为了追求自己的利益，而至少在表面上是为了中国人利益效劳。"④ 可见，美国向外扩张，以及传播基督教，都是上帝的主旨，是不可逆转的神圣使命。卫三畏等新教传教士来华布道，也是这样的使命使然。

美国基督教国内传播的官方主流和海外传播的商教结合方式，成为卫三畏基督宗教观的社会认识基础和时代背景。美国新教对华传布的发生与发展，与美国国内政治、经济和宗教热情的关系密切。首先，美国移民的宗教热情与美国政治的水乳交融，决定了美国新教传教士具有强烈的宗教热忱和对外传教福音的使命感。新教传教士认为，他们是奉上帝的召唤来到尘世的，北美大陆的发现和开拓是上帝的旨意，而且"美国的未来不仅有其自身的未来，

---

① 刘澎：《当代美国宗教》，北京：社会科学文献出版社2001年版，第64页。
② Deborah L. Madsen, *American Exceptionalism*, Edinburgh: Edinburgh University Press, 1998, p. 37.
③ 钱满素：《爱默生和中国：对个人主义的反思》，北京：生活·读书·新知三联书店1996年版，第49页。
④ [美]费正清主编：《剑桥中国晚清史1800—1911》（上卷），北京：中国社会科学出版社1985年版，第559页。

而是人类的未来、世界的未来，甚至是宇宙的未来"，①"世界是他们的责任，他们有按其清教理想改变世界的义务"。② 因此，把他们尊奉的自由和文明推向荒野、推向世界就成了他们的"神圣的使命"。

其次，早期中美贸易的迅速发展，促使了美国对华传教士事业的兴起，并为美国传教士在华早期传教活动奠定了坚实的物质基础。在美国政府尚未对华建立外交关系之前，美商和教会日益结合，后者是前者发展的需要，而前者为后者的发生和活动提供了重要基础。没有美商的无私捐助，美国传教士很难顺利到达中国，遑论美国对华传教事业的开展了。1876年卫三畏最后一次离开中国时，谈到了传教团从美国最杰出的商人奥立芬先生那里得到的巨大帮助："美国的对华传教工作是根据奥立芬先生的建议于1829年开始的。他支持鼓励这项事业，尽管当时它的费用惊人、前途黯淡。他和他的合伙人为传教团在广州提供了一间房子，13年没有收一分钱房租。他所属的一家纽约的教会，在他的建议下于1832年送来了一整套印刷设备（用一位去世的牧师布鲁恩的名字命名）。当《中国丛报》创办的时候，他主动要求承当失败的风险，以避免美部会的资金遭受损失。为此他在广州建了一间办公室，这间办公室一直用了24年。他的公司的船只为往返中国的传教士及其家属提供了51人次的免费航程。所有这一切以及其他善事都是他乐意做的，只要它们有益于传教事业的发展。回忆他这样的人以及他们的德行是让人幸福的。"③

最后，还须看到新教的世界性海外布道运动对于美国对华传教活动兴起的推动作用。19世纪以前，新教只在欧洲殖民地的沿海几个据点有其踪迹，在传教活动方面远远落后于天主教。基督新教迟迟未有东扩，主要原因在于外派差会在新教内部是个新鲜事物，"直到十八世纪末叶，新教对海外传教事业尚无多大兴趣。"④ 与欧洲的海外殖民活动相互推进，新教传布活动由是蓬勃发展起来，"伦敦传教会于1795年成立之后，英国基督教徒的呼吁对于我

---

① ［美］M·亨利：《力量的陶醉：有关意识形态的公民宗教的分析》（英文版），霍兰，1979年，第47页。
② ［德］M·韦伯：《经济与社会》（英文版），纽约，1968年，第542页。
③ ［美］卫斐列著，顾钧、江莉译：《卫三畏生平及书信》，桂林：广西师范大学出版社2004年版，第32页。
④ 李定一：《中美早期外交史》，北京：北京大学出版社1997年版，第44页。

们的教堂具有电流一般的影响。教会的出版物引起一种在我们现在的环境中难于体会的兴趣。"① 美国国外传教会在 19 世纪初期也相继成立,主要有 1810 年成立的美国传教事务局(美部会,后改称公理会),1814 年成立的浸礼会,1820 年成立的圣公会和美以美会等。其中,美部会成立后的第一个计划,就是准备和英国伦敦教会协同工作,商讨两个教会之间的关系,交换彼此间关于传教准备工作和管理工作的情报。第一位新教传教士马礼逊赴华后,不仅为新教在华传播做了大量开创性的贡献(如翻译《圣经》,编纂《华英字典》,在南洋华侨社区建立宣教基地,与米怜在马六甲设立英华书院,并创办《察世俗每月统计报》等刊物),而且常常在美国传教会的刊物上发表有关对华传教的文章,并且一再敦请美国教会参加他们的事业,从而引起了美国各界的兴趣和反响,美部会的机关报《教士先驱报》曾于 1828 年 10 月载文说:"为什么不派人去帮助他,为什么美国的教会不应当派人去,这是没有充分理由的。"② 1829 年,美国海员教友会在其年度报告中也呼吁有关方面注意,每年有三千名美国或英国海员访问中国广州港口,并且决定一俟有合适人选就立刻派往广州。不久,美部会和海员之友会分别物色到了两位合适的赴华人选,是 28 岁的裨治文和 25 岁的雅裨理。是年 10 月,这两个年轻的牧师乘坐"罗马号"商船从纽约出发,在四个多月的海上颠簸后,于 1830 年 2 月抵达广州,开始了近代美国对华的传教事业。

卫三畏出生在基督色彩浓厚的新生美国,血液里就先天地具备了基督信仰的基因。赴华前,他自身对于基督认识和有关宗教言行活动,在很大程度上准备了他日后义无反顾地来华传播福音的巨大心理动力。

首先,卫三畏的家庭给了他最初的基督信仰的熏陶。被派往中国之前没有接受过正规的神学教育,这是卫三畏和其他美国早期来华传教士很大的不同点。像裨治文、雅裨理和伯驾在派到中国之前,分别曾在安多弗神学院、新布伦斯威克神学院和耶鲁神学院接受了正规的神学训练。卫三畏的神学训练主要来自家庭和幼年的教育。威廉斯家族有着深厚的宗教传统,曾经出过

---

① [美] 赖德烈著,陈郁译:《早期中美关系史(1784—1844)》,北京:商务印书馆 1963 年版,第 80 页。

② 同上,第 83 页。

许多牧师，数量超过当时其他任何家族，"他们都是敬神、正直的男男女女，始终维持着这个家族的荣誉和尊严"，而作为这个家族的第七代人中老大的卫三畏，自然从小感受着虔诚的基督徒家庭的宠爱。虔诚而仁慈的母亲由于体弱，无法照顾刚出生的小卫三畏，好几年时间他是由母亲的姨妈达纳照看的，达纳姨妈给予卫三畏的关爱如同生母，令卫三畏一辈子都深切地感激她的抚育和教诲。卫三畏的快乐童年是在外婆家的农场中度过的："在这儿（外婆家的农场）我度过了孩提时代最愉快的日子。……外婆家给我的印象异常深刻，无法抹去。确实，正是在那段无忧的日子里我的思想逐渐成形，在我周围的人和事当中，她（指外婆）最能吸引我的目光，也对我发挥了最积极的影响。"①

而父亲威廉·威廉斯对他的影响更为巨大。威廉是个典型的美国早期清教移民后裔，继承了祖先的虔诚、节俭、勤劳，有热忱的爱国心、使命感，对于公益事业非常热心。虽然他不是牧师，但却是一个不知疲倦的基督教长老会教徒。在卫三畏前往中国之前，父亲的影响至关重要的，"对父亲的感情和对他品质的尊崇一直深藏在他的心中"。② 对于父亲的爱，卫三畏总是用上帝的意志来体会着血缘亲情，就在《中国丛报》即将停刊前，他接到了继母告知其父病逝的来信后，在悲痛中回信再次表达对父亲的敬重："因为他终于摆脱了痛苦和黑暗的折磨，走向了快乐和光明；告别了死亡，走向了新生。我失去的是一个对我来说如此重要的亲人和朋友，这叫我又如何不悲痛呢！……我对父亲的记忆总是停留在很久很久以前，当我得知他去世的噩耗时，清晰地浮现在我脑海里的是他17年前的音容笑貌，而不是他几个月前的样子。……让我们欣慰的是，虽然这些年来父亲已经完全退出了社交圈，人们却没有忘记他，有那么多的朋友去祭奠他。"③ 可以这样说，卫三畏青少年时代的基督信仰和赴华生活的道路就是由其父直接给他指引和铺就的。在六七岁时，卫三畏开始接受正式的学校教育，就是在其父亲组织建立的主日学校里。卫三畏

---

① ［美］卫斐列著，顾钧、江莉译：《卫三畏生平及书信》，桂林：广西师范大学出版社2004年版，第2页。
② 同上，第12页。
③ 同上，第102页。

在这所学校里唱赞美诗,练习教义问答,并全文背诵《新约》;上中学后他则每个周日去教堂,并在周日晚上参加查经班。正是在主日学校里,卫三畏年轻的心灵找到了活动的空间,宗教感情越发稳定了,信仰也更加虔诚了。在该校建校五十周年之际,在中国已经生活了33个年头的卫三畏深情回忆他在该校的学习概况:"最先想到的是,我和许多其他孩子站成一排进行教义问答,并唱沃茨的一首尔特赞美诗。……早晨的课程八点半开始,下午的课程则在礼拜仪式结束以后,加起来共四个小时。早晨老师在每个班级讲解课文并让学生背诵课文,下午学校的主管向所有的学生提问。……我记得有一次我意想不到地得到一本书,那是因为我记住了《新约》的全文。"① 1827年秋,卫三畏被送到埃利·伯查德牧师创办的一所传统学校里继续学习。在这所学校里,卫三畏开始酝酿着自己的从事传教士工作的信念。

卫三畏的生母索菲亚·韦尔斯同样出身于清教徒家庭,虔诚、勤奋、节俭的品质从小就在她身上体现出来。她的皈依是在结婚一年刚生下卫三畏后,当时她得了一种严重的疾病,但正是在这个过程中她实现了自我的觉醒,在丈夫的帮助下找到了一种稳固的精神生活,又将这种精神的影响施加到孩子们的心中,"在她身上,祈祷、榜样和实践是连在一起的。她不仅对自己的孩子和他们的伙伴好言相劝,也救助自家门口的乞食者。她不仅参加宗教集会,也出现在受难者的床前。……这一方面是因为她的丈夫参与其事,另一方面则是她在塑造孩子灵魂的工作中感到了莫大的快乐。虽然身体很弱,她还是坚持在每个星期六的晚上为第二天全家人去主日学校做各种准备工作——并且是用很快的速度:将衣服叠放整齐、预习课文、整理好书本和《圣经》。"②对于温柔而贤德的生母,卫三畏同样深怀感动,特别是1831年秋生母的去世,似乎剥夺了卫三畏生活中最后的一点愉快和美丽,此后他的转变更大了:"那个圣洁的妇人的某种和蔼可亲好像进入了他的性格:小时候的毛病消失了,他的心胸更加宽阔,气质更加深沉,他开始用心中永恒的上帝规范自己

---

① [美]卫斐列著,顾钧、江莉译:《卫三畏生平及书信》,桂林:广西师范大学出版社2004年版,第3页。

② Frederick Wells Williams, *The Life and Letters of Samuel Wells Williams*: *Missionary*, *Diplomatist*, *Sinologue*, New York: G. P. Putnam's Sons, 1889, pp. 9—10.

每天的言行举止。……对他来说，这种体验中蕴藏着宗教的真正含义和他整个事业的动力。"① 父母的言传身教无疑坚定了卫三畏的信仰。1831年2月，卫三畏在弟弟弗雷德里克·威廉斯的陪同下作了入教宣誓，加入了家乡伊萨卡的第一长老会。对于此时不足20岁的卫三畏来说，加入教会，不仅是家族基督信仰的影响，更是他对于基督教认识的重要步骤，"他感到有必要公开表明自己长期信仰的一个真理。他的这一行动受到上帝的祝福，具体表现为他在性格上的彻底改变。人们注意到，他能够比以前更好地控制自己天生的急脾气。"②

其次，离开家乡后的独立生活成为卫三畏走向成熟的基督教道路的重要精神力量。就在他理想投身上帝福音事业的思想准备过程中，父亲在印刷公司投资上的失误，造成出版事业的一蹶不振，引发了家庭生活的困境，母亲的逝世在信仰上坚定了卫三畏的上帝事业之志，也阻碍了他学业和个人发展："父亲的收入不够送他上大学，卫三畏只好非常失望地看着自己的朋友达纳离去，当时他的失望程度可能还不如后来，多年后卫三畏后悔自己当年没有坚持要求上耶鲁（大学）并通过半工半读的方式完成学业。"③ 卫三畏青少年时代没能到耶鲁大学求学的遗憾，却换成了在45年后他到耶鲁大学工作的现实，人生变迁实难为个人意志为转移的，可谓是造化弄人。在为母亲送葬后不久，卫三畏就收拾起衣物和珍藏的植物和石头标本坐船沿着运河离开家乡前往特洛伊镇，在镇上的伦塞勒学院求学。正是伦塞勒学院和伊顿教授，使卫三畏的人生道路有了新的内容选择，学校的生活培养了他独立学习的习惯，也加强了他原本就具有的自力更生的品格。卫三畏没有最终实现成为一名植物学家的梦想，但他很小时就有与自然界打交道的天赋和才情，"在巴黎山附近村子的家中，卫三畏接受了严格的早期教育。孩提时代，他就是一个异常喜欢追根究底的人，具有勤学的天性。他与最好的朋友达纳一起对奥奈达人的村庄进行了彻底的探索，以寻找矿石和植物标本。这些方面的科学研究是

---

① [美]卫斐列著，顾钧、江莉译：《卫三畏生平及书信》，桂林：广西师范大学出版社2004年版，第5页。
② 同上，第4页。
③ 同上，第5页。

他最初的职业倾向。"① 从学生时代起,卫三畏培养起了对植物的喜好几乎伴随着此后的生活。在广州传教期间,卫三畏曾随同美国海军准将佩里第二次叩关日本后返航途经琉球时,停留探查稀有植物,并制作标本,有一种植物"威廉铁线莲",就是以这种植物的发现者、广州的卫三畏先生的名字命名的。② 在随同蒲安臣公使进驻北京后,在秘书兼翻译或者公使代理工作之余,卫三畏总是带着饱满的热情去寻找一种新的植物或者与别人一起收集和研究标本,曾发现四五个新物种,其中有一种是接骨木,被称为"威廉斯接骨木"。这种收集的热爱和成果,成为卫三畏《中国总论》中"中国博物志"一章写作中的必要素材。③

1832年春,当纽约长老会教堂要求威廉寻找一位能够前往中国管理美国在华传教团印刷所的年轻人时,父亲立刻推荐了长子卫三畏,因为他相信儿子对传教工作并不陌生,而且对印刷工作也有接触,故而很快写信到伦塞勒学院通知卫三畏,敦促肯定应诺。对于这个重大问题,卫三畏显得异常谨慎,在回复父亲的信中他比较冷静地阐释着自己的见解:"在这一切结束以后,如果我能够完全学会我现在还是一无所知的那门印刷技艺,我愿意去,而且非常荣幸自己能够这样为耶稣的事业效力。对印刷我一无所知,也非常担心学不好。我为什么这样说,你最清楚。如果给我的时间是15个月,那么实际上只有9个月的时间用来学习那门技术。时间够吗?"尽管有如此顾虑,卫三畏还是遵从父亲意愿,迅速承诺愿意前往中国,"一旦作出承担这项工作的决定,我就丝毫没有怀疑过最终的胜利,或者后悔做这件事。感谢上帝!"④ 这个重大决定,对年仅20岁的卫三畏来说,是相当不容易的。先完成学业并接受印刷业务培训的要求后来得到了美部会的同意,卫三畏此后走上了一条新的道路,他的人生不再属于熟悉的实验室和广阔的田野,而是一个陌生的、

---

① 贝利(James Muhlenberg Bailey):《卫三畏博士》,《纽约美国地理协会杂志》(*Journal of the American Geographical Society of New York*),第16卷,1884年,第186页。卫三畏曾是纽约美国地理协会的通讯会员,贝利是卫三畏逝世前后的该协会通讯秘书。
② [美]卫斐列著,顾钧、江莉译:《卫三畏生平及书信》,桂林:广西师范大学出版社2004年版,第135页。
③ 同上,第250页。
④ 同上,第6—7页。

封闭的国家和一间狭小的印刷作坊。万里之遥和十年才能回国的情状,令人不寒而栗。

在卫三畏去世后,他所属的伊萨卡第一长老会为志纪念而专门举行了追思布道会,巴士曼牧师在布道中回顾了卫三畏作为基督教徒的一生事工,特别盛赞了他大学时代的赴华传教的人生选择:"第二点值得我们注意的是他如何放弃自己的雄心和为了耶稣基督而克服种种困难。……在学院读书时,他收到了美部会提议他前往中国担任传教士印刷工的信函。他如果接受这一邀请,将不得不放弃人生的许多计划和志向。……但在考虑这个提议时,似乎只有一个问题等待他的决定——责任问题。……对这些问题他没有长时间犹豫不决。母亲的祈祷将被应答。主日学校老师的教导将开花结果。24 小时内他对这一重大问题做出了决定,他的决定不是为自己打算,而是为耶稣基督和中国。"① 将远赴中国效力于耶稣基督的决定,也急速地改变了卫三畏的性格,变得愈发成熟起来,"他的善良和慷慨后来给很多人留下了深刻的印象,但他们绝不会误以为这是他天生的品质,他们知道,这使他和自己富于反抗的本性进行多次交锋后的结果,他是通过强大的自我控制才把自己从一个粗野的少年变成了一个'可爱和声名卓著的'男人的。"②。在 1832 年 7 月 20 日致信回复美部会秘书,卫三畏明确了赴华的坚定志向:"我已经在上帝的指引下考虑了这个问题,就我对自己的了解来说,我知道我愿意去。离开那些从小就熟悉的环境去到一个遥远的国家,我将面对很多不确定的因素和困难,但我也看到了事情的另一面,世界的四分之三处于异教和半偶像崇拜之中——我的天平倾向于这一面。虽然我想了很多,但'责任'二字始终清晰地印在我的脑海里。……也许我对这件事的考虑还不够真切,但它确实是我经常考虑的问题,我想,有圣灵的帮助,我一定可以看清自己的道路。"③

最后,赴华准备期间对于基督的认识,更加坚定了卫三畏来华传教的使

---

① R. L. Bachman, *In Memoriam*, *A Sermon Delivered in the First Presbyterian Church*, NY, *upon the Life and Labors of Samuel Wells Williams*, L. L. D., April 20, 1884, Utica, N. Y.: Press of Curtis&Childs, 1884, pp. 7—8.

② [美]卫斐列著,顾钧、江莉译:《卫三畏生平及书信》,桂林:广西师范大学出版社 2004 年版,第 11 页。

③ 同上,第 10 页。

命观。从 1832 年底到次年四月底，卫三畏在其父的印刷所中进行了六个月的关于书籍制作各个环节的训练。赴华工作不同寻常的重要性，促使他在枯燥而重复的训练中进行着持续不断的努力，他随着排好的铅字从排字间来到印刷厂，从那儿随着印出的校样来到负责校对的地方，然后学习使用折叠机、缝纫机，以及装订的整个过程，从而彻底地完成训练，同时也做好了作长途旅行的准备了，包括行李、书籍和植物标本等方面的资料。其间，卫三畏还接触一些传教士，以便更多地了解远东及其中国的情况，"弗雷泽先生向我谈了不少关于中国的事情（他在广州生活了一年），包括在那里生活的危险、诱惑、享乐、贫困和艰难，我非常感谢他告诉我种种细节。只要一个人有不达目的不罢休的精神，在依赖上帝的帮助，这些问题都不难克服。……要抵挡所有的危险需要上帝的恩赐，需要他每天、每小时给予的帮助——那种人间没有的精神的帮助。到目前为止，我要去中国这件事让我将信将疑，随着时间的临近，这件事不断闪现在我眼前，它的真实性有时几乎让我心惊肉跳。"[①]

与波士顿美部会的联络也有重大进展，商人奥立芬先生将为他以及同行的传教士特雷西牧师提供旅费，而他们乘坐的"马礼逊号"商船将航行推迟到 1833 年 6 月中旬，这又使得他得以在纽约停留一个多月，受到了纽约基督徒们的慷慨招待，更多地获得有关中国的信息。6 月 15 日，卫三畏一行登上了航向中国广州的"马礼逊号"，他写下了离开美国前最后一封给其父母亲的信，在信中深情抒发了对家乡的留念和遵从上帝意旨赴华宣教的殊荣："当我写这封信的时候，蓝色、宽阔的海洋就在眼前。现在我逐渐看清了自己的道路和即将工作的领域，我相信是救世主派我去那里的。我知道他不会抛弃我，而且会在艰苦的长途旅行中给我力量。……现在，当我向故土投去最后一眼时，我知道我心中充满了上帝给予我的热忱，这比任何保佑都好。……再见，长时间无法再见面了，但希望再次见面时是在天堂，如果不是在人间的话。"[②] 这样的信件，就是今天读起来，仍然让人百味杂陈，令人感慨当时中美之间的遥远与模糊而引起的恐慌心境。对时年 20 岁的卫三畏来讲，恰似是

[①] ［美］卫斐列著，顾钧、江莉译：《卫三畏生平及书信》，桂林：广西师范大学出版社 2004 年版，第 12 页。

[②] 同上，第 14—15 页。

一种恍世之隔的感觉，而对上帝的信仰和像奥立芬一样热忱的基督徒的帮助，极大地安抚着卫三畏的精神世界和宗教心理。至此，卫三畏从精神和信仰上将自己的人生与上帝的事业紧密地联系在一起了，义无反顾地奔向陌生的泱泱大国。

第三节　卫三畏在广州的印刷传教工作

　　1833年10月25日，卫三畏肩负着美部会赋予的传教使命抵达广州，受到了美国第一位来华传教士裨治文的热烈欢迎。从此开始，卫三畏加入了西方在华传教的阵营。裨治文很快将美部会的一切印刷机构和发行事务都交给卫三畏打理，第二年秋天，卫三畏搬进了新建成的位于奥立芬商馆后面的美部会广州印刷所，专门负责印刷出版各种传教书籍、传单和宗教有关的各种出版物，包括《中国丛报》。由于清政府对传教活动的查禁，1835年12月，卫三畏将印刷所迁往澳门，不仅从事印刷工作，还经常跟随澳门的各国传教士去散发他所印的宣教品，逐渐地学会了向人们讲经布道，成为一个不拿薪水的兼职传教士。第二年，卫三畏还正式加入了由美部会传教士组成的"中国传道团"，其成员都拥有同等表决权。后来裨治文等发往总部的信件文书中，不仅有各来华传教士的签名，大多时候都会有卫三畏的签名，尤其是有关《中国丛报》的文书，更是不能少了卫三畏的认可。[①]

　　卫三畏到华后从事印刷出版工作，首先归属于新教在华福音传播的范畴，是在中国外围的沿海地区建立传教基地，逐渐向内地渗透，播扬西方文明，希翼建立基督的一统天下。因为满清政府的禁教政策，南洋（如马六甲）、澳门和广州首先成为传教士对华拓教的基地，后逐步地向大陆渗入。自西方第一位新教传教士马礼逊牧师来华前，"伦敦布道会从一开始就有意将英国具有影响力的马来半岛，作为对华传教活动准备阶段的据点和实验场所，且将华

---

① 雷雨田：《近代来粤传教士评传》，上海：百家出版社2004年版，第238—239页。

侨聚居并已成为英国殖民地的槟榔屿作为首选。"① 1813 年，马礼逊和米怜在认真研究当时对华传教形势后，向伦敦布道会总部提出了十项传教建议，被称为新教关于南洋传教工作的最早计划书，意义相当重大，它不仅揭开了新教在南洋对华拓教的序幕，也规范了对华传教的内容与模式，为新教对华的逐次渗入和发展奠定起"孔子加耶稣"传教策略的基石。这些策略主要有建立印刷基地来出版发行中英文报刊和书籍、创建文化教育机构、医疗医药辅助传教等。其中，出版中英文报刊和书籍是马礼逊等新教传教士在华传教的最主要的方式，又被称为"文字传教"，即是通过掌握中国语言文字，出版书刊单张进行分发，使人在阅读中接受宗教信仰，有学者将这种传教方式称为"无声传教"。② 在考察中国佛教翻译佛经、儒家伦理以著书传播的情况后，马礼逊坚信书籍传教的重要作用，多次极力要求英国和美国的基督教会派遣能著述和印刷书籍的传教士来华，他还自费设立两个印刷所，澳门的英格兰印刷所即是其中之一。③ 卫三畏来华，是对马礼逊"无声传教"呼吁的一个回应。卫三畏不仅精通印刷业务，而且文化素质较高，对于文字传教也是心得深笃。在卫三畏看来，语言知识是获取人们信任的敲门砖，当外国人学习中文时，中国人就会放弃对外国人存有的偏见和蔑视；而传教士掌握了中文，就可以向他们展示另一个世界的奥秘，使他们认识到遵守上帝箴言的义务，接受救世主赐予的恩惠；这些益处将足以回报为了帮助如此多的人皈依基督而学习中文的传教士所付出的辛劳，甚至掌握部分的中文知识就能够使人做许多事。④

基督新教在广州的传播活动，较之南洋和澳门对中国大陆的影响更为重大和深远。从 1807 年 9 月到 1949 年 10 月，基督教新教在中国的传播经历了四个重要时期，作为前沿哨所的广州更加表现出明显的阶段性特征。简单地分为：1807 年 9 月马礼逊入华到 1840 年鸦片战争爆发是新教对华传播的探索

---

① ［新］卓南生：《中国近代报业发展史（1815—1874）》（增订版），北京：中国社会科学出版社 2002 年版，第 10 页。
② 李志刚：《基督教早期在华传教史》，台北：商务印书馆 1985 年版，第 268—269 页。
③ 谭树林：《马礼逊与中西文化交流》，杭州：中国美术学院出版社 2004 年版，第 150 页。
④ Samuel Wells Williams, *The Middle Kingdom*, Vol, I, p. 501.

期，1840年到1900年义和团运动是新教差会在华格局基本定型期，1901年到1937年7月抗日战争爆发是新教在华传播的快速发展期，1937年7月到1949年10月广州解放是新教在华发展的困难与短暂复员期。① 在对华传教的探索期里，共有8个欧美国家的新教差会向中国派出了传教士，最终在广州立足且有所作为的只有英国伦敦会和美国的美部会。② 而到1949年10月为止，曾光顾过广州的新教差会的数量难有准确的统计，但最终能在广州立足并建立了教会的西方差会组织为21个，其中，来自美国的有12个（美南浸信会、美北长老会、美部会、基督同寅会、播道会、金巴仑长老会、基督复临安息日会、华南水面传道会、神召会、基督会、远东宣教会、约老会），占差会总数的57%，英国有3个（伦敦会、圣公会、循道会），占总数的14%，德国有2个（信义会、礼贤会），加拿大有2个（加拿大长老会、救世军），新西兰1个（长老会），瑞士1个（崇真会）。③

由此可见，美国的在华教会实力最强，而且是后来居上的。这种趋势，是与美国国内的政治经济实力不断增强的状况密切相关的，也与广州的传教环境有利于美国传教士有关。来自美国的"福音"比来自英国等欧洲国家的似乎更受中国人欢迎。美国在两次鸦片战争中没有扮演侵略主角，美国传教士的文化活动（如传教士伯驾的医疗服务）又给广州民众留下了好印象，因此广州社会更能宽容美国传教士。美部会传教士裨治文、卫三畏、伯驾等人几乎全身心投入文化、医疗活动中，没有发展一个像样的中国信徒。裨治文到华后传教五年，无一信徒；另一位美国传教士夏克虽然传教一年后就收到了一位信徒，但这名信徒十八个月后就叛离而去了。④ 卫三畏也曾在日记中写道："传教团的记录中直到1850年还没有皈依者。一个可怜的空白记录。"⑤但是，这些在华的美国传教士却在中美文化交流方面做出了杰出的贡献，他

---

① 伍玉西：《基督教新教在广州传播述论》，《韩山师范学院学报》2005年第1期，第29—31页。
② 吴义雄：《在宗教与世俗之间：基督教新教传教士在华南沿海的早期活动研究》，广州：广东教育出版社2002年版，第89页。
③ 《广州宗教志资料汇编》（第五册），广州宗教志编纂委员会1995年版，第25页。
④ 杰特：《夏克夫人回忆录》（J. B. Jeter, Memoir of Mrs. Shuck），波士顿1846年英文版，第103、121页。
⑤ [美]卫斐列著，顾钧、江莉译：《卫三畏生平及书信》，桂林：广西师范大学出版社2004年版，第35页。

们创办的学校、医院、印刷所、中文期刊，以及向西方介绍中国的研究成果，都在中美关系史上留下了深深的历史印迹，不仅为鸦片战争前后先进的中国人了解与认识西方提供了必要的知识来源，也是"十九世纪的大部分期间，美国人是通过传教士的眼睛来观察亚洲的"。①

若从广州的政治地位来看，没有广州的传教经历，美国传教士就难以有进入中美政治关系的快车道，又正是这样的快车道使裨治文、卫三畏和伯驾等美国传教士参与或直接介入美国对华政治关系的拓展活动。这些通晓中国语言的传教士，多半被任命为美国来华使团的秘书及翻译，甚至是驻华公使或代办，为美国制定对华政策，充当了侵华的工具，特别是《望厦条约》《天津条约》带给中国的严重危害，使中国人将之视为侵略中国的文化急先锋，这也是不可回避的历史事实。从广州的传教地位来看，能够成功居留广州的美国传教士当然是少数，他们是最深入中国内地的人，对中国国情进行了长期的调查，掌握了大量第一手资料，为后来的传教士提供参考，而且他们在兴办学校教育、建立医院与慈善机构、创办报刊、开展汉学学术研究，并以此作为传教手段与内容，积累了一些传教经验，为新教在华的纵深传播打下了较为坚实的基础。

1842年鸦片战争以后，中国国门洞开，上海、福州、厦门、宁波等地的开埠通商，使得新教传播的重心逐渐北移，广州的地位有所下降。但在不平等条约庇护下的大批来华传教士大都经过广州转往中国各地，广州一直是欧美新教差会开展对华传教的试验场和重要基地。裨治文从1830年来广州后，除因为林则徐禁烟运动和中英冲突愈烈而短暂移居澳门、1847年因为翻译圣经而移居上海传教之外，大部分时间都居留广州，创办于1832年的英文月刊《中国丛报》，在二十年存续期间，也绝大部分是在广州刊行的。

卫三畏主持美国对华传教团在广州和澳门的印刷所长达二十多年，除了出版《中国丛报》二十卷和总目录外，还印刷出版了英美传教士的传教著述作品，包括他自己编写的一些著作，累计印刷品三万八千多册。当然，《中国丛报》编辑印刷发行是卫三畏最重要的文字传教实务。丛报虽由裨治文创办，

---

① [美]泰勒·丹涅特著，姚曾廙译：《美国人在东亚》，北京：商务印书馆1959年版，第474页。

但中流砥柱的人物非卫三畏莫属。存续二十年发行二十卷的丛报,详细记录了第一次鸦片战争前后中国的政治、经济、文化、宗教和社会生活等诸方面的内容,具有重要的文献价值。这份刊物的原刊现在已经很难一见,稍微常见的是日本出版社 Maruzen Co., Ltd 在 1941 年出版的影印本,2008 年广西师范大学出版社再次推出了影印本。① 裨治文在丛报的发刊词中,表示希望对中国进行全面的报道,提供更新和"不带任何偏见"的信息。这就成为接手丛报的卫三畏的编辑思想基础。有鉴于包括美国在内的西方国家及其民众对于中国知识的贫乏和主观偏见的日益严重,卫三畏深感中西之间的交流不能仅停留在物质层面上,"思想道德层面的交流少之又少"是不正常的政治文化状态,因此从 1834 年 5 月以后,丛报就不再按照内容划分,而是以第一篇、第二篇、第三篇……来标注文章,书评、文艺通告、时事报道、宗教消息等基本栏目仍予保留。比较显著的变化是宗教消息逐渐减少,而书评和其他有关中国社会、文化的内容不断增多。所刊文章涉及的范围包括中国政治、经济、地理、历史、法律、博物、贸易、语言等。随着时间的推移和中国的开放,丛报的作者队伍逐渐扩大,除传教士之外,外交官、商人、旅行家、军事将领等也纷纷给丛报投稿,美国学者白瑞华指出,二十年来丛报的"作者名单就是当时在华的英美中国研究者的名单"。② 从分量上看,《中国丛报》每卷大约六百页,在内容上更丰富,几乎涵盖了中国的方方面面,它出版后很快成为西方人了解中国的最重要的信息来源。《中国丛报》的诸多历史特点,虽是传承裨治文的文化传教的意志,但更多的是体现卫三畏匠心独运的文化结晶,与在丛报诞生前早已面世的伦敦《皇家亚洲学会通讯》、巴黎《亚洲学刊》等相比,《中国丛报》专注于中国,而非亚洲大范畴。它是西方第一份主要以中国为报道、研究对象的刊物,它的出版无疑具有相当的历史意义,对于当下中国的清史研究者来说尤有极重要的文献价值。③

除了担任《中国丛报》的主要撰稿人和编辑外,卫三畏还写作了一些专

---

① 张西平主编,顾钧、杨慧玲整理:《〈中国丛报〉篇名目录及分类索引》,桂林:广西师范大学出版社 2008 年版。
② 顾钧:《中国的第一份英文刊物》,《博览群书》2011 年第 10 期,第 96—97 页。
③ 同上,第 97 页。

书、词典和商务指南。其中最著名的是 1848 年出版的《中国总论》，这本书是美国人撰写的第一部介绍中国历史、文化的英文版书籍，它概括地叙述了中国政治、地理、人口、民情等状况。尽管书中有一些与史实有出入，甚至是错误的观点，但在当时仍具有较深刻的社会影响，曾被美国许多大学采用为中国史课本长达一个世纪之久，卫三畏同时也因为该书"确立了他作为中国问题权威的地位"。①《中国总论》虽然是在美国出版，但从印刷传教的角度而言，应该是卫三畏在华传教事业的最主要成果，是他的文字传教的成果，也是他力图"让耶稣进入中国"的宗教理想的一项实践成果。与《中国总论》可以相提并论的另一项文字传教成果，是他历时 11 年完成的字典《汉英韵府》。1874 年再版后，褒奖如潮："字典的真正价值在于它的条分缕析、高质量的定义与释义，以及我们认为是检验字典编写者水平的言简意赅。……这本字典就整体来说，是关于中国与中国风俗的知识宝库，是许多年来新教与天主教传教士们工作的集大成。它的作者是现今在中国年纪最长的西方人，回首往昔，尤其是忆及编写字典这 11 年的艰辛（字典中的每个字都是他亲笔书写的，尽管他要同时处理繁重的公务，一人经常身兼公使、秘书、翻译及商务总监等职），他完全可以对自己的成果感到满意，并感谢上帝让他坚持到底。这一崭新的贡献在中国与西方各国的交流中将起到良好的作用，而仅以稍高于初始定价三分之一的价格卖给那些对它着迷的读者，又表明了他对传教事业恒久的挚爱。"而这最后的一句话，正是卫三畏对于基督入华的孜孜以求的感恩心境，正如在字典的前言中所言："付出艰辛努力的动力源自这样一种愿望：协助那些在各个领域里讲真理，尤其是宗教与科学真理传授给大汉子民的人们，这些真理的获得与应用足以让中国人得到教化与品质的提升。怀抱这一追求在中国度过了四十个年头后，我谦卑地感谢上帝，感谢他让我看到了中国所取得的进步，并祈求他护佑人们在这一方向上的努力。"②

除了印刷传教外，卫三畏也参与或自主进行一些福音传教活动。这些活

---

① ［美］韩德著，项立岭等译：《中美特殊关系的形成：1914 年前的美国与中国》，上海：复旦大学出版社 1993 年版，第 30 页。

② ［美］卫斐列著，顾钧、江莉译：《卫三畏生平及书信》，桂林：广西师范大学出版社 2004 年版，第 272—273 页。

动是在印刷《中国丛报》主要工作之外的精神生活,充分满足了卫三畏强烈的传教意愿。早在抵达广州的一周后,卫三畏致信父亲,阐明了自己努力传教以拯救满清子民的心态:"我到这儿已经一周了,在这么短的时间里已经看到无数偶像崇拜的情形,它们足以焕发我所有工作的热情。如果好好计算一下,这座城市(广州)的居民总数应该与整个纽约州大致相同,它在整个帝国有着巨大的影响——一个需要基督徒努力工作的城市。"① 随着汉语读说能力和知识水平的提高,卫三畏传教的欲望与日俱增。除给来华的西方人传教外,他的传教对象首先是身边的中国仆人和传教士们收养的小孩。来华之初,为适应广州的生活环境,传教士们常在河里划船,同时小心翼翼地向沿岸居民散发布道小册子和书籍。1835 年 11 月 23 日,卫三畏陪同英国圣书公会代表李太郭先生登上广州港口的一些舢板船上,到中国水手中间传播基督福音,这次传教活动刺激了卫三畏的工作热情:"异教徒的迟钝和麻木是一直生活在基督教土地上的人们无法想像的,几乎没有什么事情比听到一个经过思考的问题更让我鼓舞的了,因为它说明问话人还活着,还有生命力。……从总体和主要的方面来说,他们做任何事情都是因为他们的祖先曾经这么做过。"② 1836 年,李太郭与卫三畏住在一起,他们在澳门附近进行几次短途旅行,一路上散发了大约 150 册传教书籍,并与中国人交流。这次传教活动再次激发起卫三畏的传教信心和福音胜利的希望:"我知道这是个小数目,但从接受这些书时中国人所表现出的礼貌和兴趣来看,更大规模的散发一定会收到更大的成效。"③ 1843 年和 1844 年,卫三畏还经常代替一位专职牧师在澳门的英国教堂主持礼拜仪式。④

值得大书的卫三畏直接传教成果是他对于《圣经》的日文翻译。1836 年 6 月 25 日,卫三畏认识了住在澳门的英国传教士郭士立家中的华园等 3 位海难中遇救的日本水手。而正是结识这些日本水手,卫三畏获得了多次赴日的机会,而且他从日语学习中获得了对于基督福音传教上的一项成果,即将

---

① [美]卫斐列著,顾钧、江莉译:《卫三畏生平及书信》,桂林:广西师范大学出版社 2004 年版,第 23 页。
② 同上,第 34 页。
③ 同上,第 42 页。
④ 同上,第 66 页。

《圣经》部分内容翻译成日文,"至少使其中的两个日本水手皈依了基督教"。① 卫三畏在之前的《圣经》日译的基础上,从1843年起与郭实猎合作,并在日本水手的协助下,完成了《创世纪》《马太福音》《约翰福音》《约翰二书》《约翰三书》的日文翻译工作。这个成果同样堪比《圣经》中译本的时代意义,至少因为卫三畏参与了1853年美国对于日本门户洞开的历史,"我们真实的意图是要显示一下美国的实力,扬一扬国威。另外,我主基督也希望能通过我们把复印传到世界各地,把他的教诲传给日本民族,这个民族目前对我主基督的认识完全是歪曲的。我坚信,东亚各国的闭关锁国政策是与我主的旨意相悖的,他们把我主的慈悲完全拒之门外。我们应该采取强硬的措施迫使他们打开国门,使那里的人获得自由。朝鲜人、中国人、琉球人和日本人都应该认识到我主基督的存在,视他为唯一的神。我们有责任打破他们自我封闭的堡垒。"②

卫三畏在鸦片战争前十年来华传教,这段时期是中外关系首次要兵刃相见且一决高低的危机时刻。从异教的观点出发,卫三畏仍坚信上帝将要驾临解决中国前所未有的危机:"异教徒的思想是黑暗的,黑暗得无法向你描述,要松动这块毒草蔓生的蛮荒之地,需要长期耐心和坚韧地工作,即使这样也只能取得一般的成效。上帝会给我们足够的力量。如果在我们信奉基督教的美国还有顽固不化的罪人,那么异教徒的良心上有罪恶的烙印又有什么奇怪的呢?所以不要为祈祷的事迟迟无法实现而失望,我们相信,久旱必逢甘霖,让我们共同祈求'上帝增强我们的信仰'吧。"③ 在中国人虎门销烟后,卫三畏感到了上帝在帮助这个民族,更加相信基督入华的前景:"一个人不可能探测未来,这是一件很好的事情。如果我们能够这么做,那么对我来说,这国家(指中国)的前景将会使我们的心中充满恐惧、疑惑和悲伤,我们所有的精力将会耗尽,我们的希望将蒙上阴影,我们的信心将很可能丧失。三亿六千万异教徒的热情不可能一下子释放出来,他们的灵魂不可能被同一样东西

---

① [美]卫斐列著,顾钧、江莉译:《卫三畏生平及书信》,桂林:广西师范大学出版社2004年版,第49页。
② 同上,第118页。
③ 同上,第55页。

震动，他们只能一个个地得救。"①

卫三畏一直不是严格意义上的传教士，但却没有妨碍他为上帝事业的服务和献身精神，而且在文字传教方面成就卓著，超越了直接布道的福音成果。这又可能与他一直不愿意接受教士圣职密切相关。卫三畏不接受圣职，自然有其道理。首先，卫三畏不像裨治文等人那样，是从正规的基督教神学校毕业，他对于基督认识完全出自内心的虔诚，而没有系统的教义训练，他来华的主要目的只是协助裨治文的传教工作，对传教士头衔没有太多的渴求，尽管来华后对基督传教很是热心，对中国及其人民的某些状况表示关切。其次，新生美国是一个典型的西方基督教民族国家，美国人的内心总是憧憬着基督福音一统天下的希望，但美国政府总是宣称政教分离，法律规定神职人员不能担任政府职务，传教士必须放弃正式的传教职务，才能担任政府职务。由于卫三畏精通中文和日文，在美国对华和对日的外交事务中多显身手，作用也越来越大，如果接受圣职将不便于从事政治和文化方面的活动。最后，也是最主要的，就是卫三畏对于福音在华传教问题的看法是多元化的，他认为传教、研究和外交活动是相互依赖相互促进的，只要基督能进入中国的目的实现，身份与方式都是可应时选择的。就在《中国丛报》难以为继的几年，卫三畏依然坚信上帝的事业不可偏废："我就是这样度过每一天的——或多或少地做一些有益的事情，也或多或少地受到打扰。我对现在的工作和职责很满意，但是我真诚地希望环境能够允许我更加全心全意地服务于上帝的事业，希望我能够给中国人更多的爱心和帮助，同时希望自己能够变得更加谦虚和谨慎。"② 只要做上帝安排的事情，每个美国人都在为基督入华做出努力，也就无所谓有无圣职头衔了："行善总是好的，我们所做的这一切就像溪流一样，最终都会汇入神圣事业的海洋之中。每一条溪流都会为自己的奉献而深感欣慰，不会去争论哪条溪流更直更深、哪条溪流的水更为纯净。我对于我所做的工作（印刷传教）似乎有一种与生俱来的使命感。"③

---

① [美] 卫斐列著，顾钧、江莉译：《卫三畏生平及书信》，桂林：广西师范大学出版社 2004 年版，第 62 页。
② 同上，第 100 页。
③ 同上，第 105 页。

在《中国丛报》上，卫三畏只发表了两篇有关宗教的论文，即《皇天上帝的神话以及对他的崇拜》（第 18 卷第 102 页）和《中国人的祖先崇拜和葬礼等》（第 18 卷第 363 页），说明了他对宗教研究并非深入。但在 1848 年和 1883 年两版的《中国总论》中，卫三畏却对宗教表现出深刻的理解。如在《中国宗教》章节中，他认为宗教信仰对于中华民族持续力的作用巨大，因为中国宗教有两个否定性的特征，这是和其他大多数异教国家的信仰不相同的。中国宗教不存在用人当作祭品，也不存在罪恶的神化。……另一点更突出的特征是中国人的偶像崇拜不存在肉体方面的神化，像许多其他异教国家那样，以宗教的名义掩护、鼓励放荡的仪式和狂欢，窒碍崇拜者的思想，污染他们的心灵。……中国人的这些特有品质，还可以加上他们对父母和长辈的关心以及一般地说他们的和平勤劳。……中国人民和中华帝国长期以来就是（即使是部分地）遵从上帝律法取得良好效果的了不起标记，他们只是将其铭刻在心中，而不是用手写下来。① 尽管如此，卫三畏还是认为"中国人之间，宗教的一般情况已老化；皇帝崇拜的庄严仪式，孔子的教义，佛教的礼拜，道教的巫术，已经不能起抚慰和引导的作用。……一切阶级都成为虚幻的恐惧和迷信的俘获物，躲进无知与谬误的迷雾之中，唯有真正宗教与知识之光（指的是基督教）才能将其驱散。"② 所以，卫三畏坚信"前景充满希望，教会在中国的努力不会停止，直到每个汉族的子女都受到《圣经》真理的教育。……教会工作将进行下去，直到政府经过改造，每个人的宗教自由和公民自由有了保障，中国跻身于世界上的基督教国家之中，得到同一信仰的人民给予殷勤的酬答。"③ 可见，从根本上来说，卫三畏对于基督教和中国宗教的认识，是基于中国传统文化的大背景的，或者说，是为从整体上看待中国文化而服务的，而对中国文化的深入研究，又是基于基督文明高于儒家文明的这个假设前提的，目的就是为了说明儒家文化即使再先进，也没有超过基督文明，所以需要基督拯救或者儒耶合一来达到"文明开化"。

---

① [美]卫三畏著，陈俱译：《中国总论》，上海：上海古籍出版社 2005 年版，第 716—717 页。
② 同上，第 767 页。
③ 同上，第 844—845 页。

第四节 卫三畏与《中国丛报》的兴衰

卫三畏在1833年10月抵达广州,立即接管了《中国丛报》全部印刷和发行事务。1834年秋,卫三畏搬进了新建成的位于奥立芬商馆后面的美部会广州印刷所,专门负责印刷出版各种传教书籍、传单和与宗教有关的各种出版物。[①] "负责《中国丛报》印刷出版工作14年,积极为丛报撰稿16年,共撰写114篇文章,是该刊位列第二的撰稿人;他长期参与丛报的编辑工作,并临危受命出任丛报的第三任主编;他负责丛报经营发行工作,取得较好的业绩;卫三畏成为美国在华宗教新闻事业的守护者,他伴随丛报逐步停刊,是丛报停刊的亲历者、见证人。"[②] 实际上,卫三畏是《中国丛报》最终停刊的决定者,他也承担丛报所刊发文章的索引编纂工作。

《中国丛报》由美国传教士裨治文于1832年5月在广州创办,1851年12月停刊,是西方传教士创办的首份以报道中国知识为主的英文月刊。它向英语世界全面而详细介绍了第一次鸦片战争前后晚清帝国的政治、经济、军事、文化和地理等方面的知识,对于清史研究、中外科技史和中外科技交流史研究具有难以估量的文献价值。但《中国丛报》已存世稀少,国内馆藏更是绝无仅有。[③]《中国丛报》原无中文译名,旧译之名很多,如戈公振先生译为《中国文库》(见其著《中国报学史》第82页)、陈恭禄先生亦译为《中国文库》(见其著《近代中国史史料评论》一文,载武汉大学文哲季刊第三卷第三期第546页)、梁嘉彬先生译为《中华见闻录》(见其著《广东十三洋行考》第2页)、王治心先生译为《中国的仓库》(见其著《中国基督教史》第158页)、郭廷以先生译为《西儒耳目资》(见其著《中国近代史事日志》上册第

[①] 雷雨田:《近代来粤传教士评传》,上海:上海百家出版社2004年版,第238页。
[②] 邓绍根:《美国在华早期宗教新闻事业的守护者:卫三畏与〈中国丛报〉》,《新闻春秋》2013年第2期,第34页。
[③] 庄新:《中科院馆藏〈中国丛报〉对博物学典籍的译介》,《中国科技翻译》2020年第4期,第47页。

46 页)、李定一先生译为《华事汇报》(见其著《中美外交史》第一册第 57 页)、黄嘉谟先生译为《中华丛报》(见其著《甲午战前之台湾煤务》第 252 页)、王树槐先生译为《中华丛刊》、日本人译为《支那丛报》(见昭和十六年丸善株式会社影印之 The Chinese Repository)。① 现在,绝大多数学者习惯将 The Chinese Repository 译作《中国丛报》。《中国丛报》为 24 开本的月刊,每期有五百多页。发行 20 年的《中国丛报》开始时并不是每年一卷,而是跨年度的,也并非每卷都是 12 期。② 具体情况大致是:1832 年 5 月创刊为第 1 期,直至 1833 年 4 月为第 12 期,这样第 1 卷(1832 年 5 月至 1833 年 4 月)、第 2 卷(1833 年 5 月至 1834 年 4 月),依次到 1840 年 4 月,共 8 卷。第 9 卷只有 8 期,即 1840 年 5 月至 12 月。从 1841 年即第 10 卷开始,每月 1 期,每年 1 卷,直到 1850 年第 19 卷。1851 年即第 20 卷,该年实际上只出版 8 期,1 月至 7 月每月出版 1 期,从 8 月至 12 月合出 1 期。③

任何一份报纸杂志的问世,都离不开具体的时代大背景,"对《中国丛报》的研究,必须结合东西方的历史背景,以传教为基础动力来考察"。④ 新教传教士开始涌入中国布道和西方资本主义列强开始觊觎中国,构成了《中国丛报》创刊的时代背景。《中国丛报》能够创刊,离不开基督教会的大力支持和美商的慷慨支助,这就决定了《中国丛报》必然要体现西方基督教会和西方商人在内的西方世界的意志。⑤ 据考证,《中国丛报》创办者是美国传教士裨治文,但"《中国丛报》是在马礼逊的倡议下创办的"。⑥ 1826 年 9 月,英华书院出版发行了另一份英文半月刊《马六甲评论与中国新闻》,马礼逊是主笔之一。1827 年 11 月 29 日,该刊刊登其"未来工作"的计划,称它将发行一份初步拟名为《印中丛报》的英文季刊,有关中国历史、文学、哲学、政治、风俗等方面的知识将是该刊物的主要内容,目的是增进西方人特别是

---

① 王树槐:《卫三畏与〈中华丛刊〉》,载林治平主编《近代中国与基督教论文集》,台北:宇宙光出版社 1990 年版,第 186 页。
② 梁碧莹:《龙和鹰:中美交往的历史考察》,广州:广东人民出版社 2004 年版,第 210 页。
③ 谭树林:《〈中国丛报〉考释》,《历史档案》2008 年第 3 期,第 87 页。
④ 陆亨:《〈中国丛报〉的停刊原因初探》,《国际新闻界》2007 年第 6 期,第 79 页。
⑤ 邹朝春:《1832 年〈中国丛报〉的创刊》,《历史档案》2016 年第 2 期,第 122 页。
⑥ Samuel Wells Williams, *The Middle Kingdom*, New York, 1871, Vol. 2, p. 344.

在华西方人对中国的了解,同时也不排斥其他国家如暹罗、日本等国礼仪、风俗方面的知识,另附登时事新闻等。①

1829 年 9 月 23 日,裨治文接受了美部会差遣,与"美国海员之友会"派出的传教士雅裨理一起前往中国广州。次年 2 月,裨治文一行抵达广州,在美商奥立芬的安排下,他们住在黄埔港的美国商行内。马礼逊不仅帮助裨治文熟悉广州情况,很快成为密友,而且把发行《中国丛报》的希望寄托在裨治文身上。为实现传播基督教福音、了解中国的理想,裨治文决心"立意传道,方旷览诸俗,以验生平所学之是,兼以予所见所闻者,播之异土"。② 创办一份英文期刊,就成为裨治文来华后极力筹备的一项重要事务。马礼逊和裨治文的传教思路不谋而合,他们随后联名向美部会请求赠送一套印刷机器。③ 此时恰好有人赠送给纽约布利克街长老会一套机器与铅字,在奥立芬劝说下,长老会将之转赠美部会,美部会同意将这套设备提供给广州布道会使用。印刷机器于 1831 年 12 月运抵广州,而铅字则迟在 1832 年 4 月运到。④ 1832 年 5 月,《中国丛报》就在广州创刊,聘请裨治文为主编,由"广州基督教联合会"负担第一年的费用,奥立芬则免费提供一处楼房,供《中国丛报》编辑印刷之用,并允诺承担出版发行方面的亏损。裨治文在该刊创刊当天的日记中明确记述:"今天开始编辑《中国丛报》,愿它从开始时以及在前进的过程中,全部地成为上帝的工作;愿它所有的印页都充满真理,将能促进上帝的荣耀,和他所造人类的幸福。"⑤ 可见,《中国丛报》创刊时间在 1832 年 5 月,而它的停刊时间,有的学者主张是 1851 年 12 月,有的则认为在 1851 年 8 月。笔者认为谭树林先生的考释可信度高,即《中国丛报》应该在 1851 年 12 月停刊。⑥ 1851 年 12 月 25 日,卫三畏在广州写给 W. F. 威廉斯牧师的信

---

① *The Chinese Repository*, Vol. 5, No. 4, August, 1836, pp. 149—150.
② 裨治文:《大美联邦志略》(Elijah Coleman Bridgman, *Brief History of the United States of America*),咸丰十一年刊(1861 年),序言。
③ Murray A. Rubinstein, *The Origins of the Anglo-American Missionary Enterprise in China, 1807—1840*, The Scarecrow Press, Inc. Lanham, Md., & Landon, 1996, p. 292.
④ *The Chinese Repository*, Vol. 18, p. 435.
⑤ Eliza Bridgman edited, *The Life and Labors of Elijah Coleman Bridgman*,转引自顾长声:《从马礼逊到司徒雷登:来华新教传教士评传》,上海:上海人民出版社 1985 年版,第 27 页。
⑥ 谭树林:《〈中国丛报〉考释》,《历史档案》2008 年第 3 期,第 89 页注(19)。

中明确提道："我最近已经停办《中国丛报》了。等我将《丛报》的索引出版后，我就会开始考虑开办一份新的中文报纸或别的什么刊物。"而卫三畏所说的"最近"，不可能是三四个月前的8月，因为卫三畏是个极其勤奋的人，时间对他来说，不是多了而是不够用，"《中国丛报》在发行20年之后停刊，这在卫三畏的生平事业中是一件大事。自从卫三畏到广州后，他为这份报纸的编辑和出版付出了很多心血。在他旅居中国的日子里，他一直都在为此而忙碌"。①

一般认为《中国丛报》主编只有裨治文和卫三畏二人，其实是曾经三易其人。裨治文、裨雅格、卫三畏是真正的主编人物。作为《中国丛报》的创刊者，裨治文担任主编的时间最长，从《中国丛报》创刊到它出版至第2卷第6期，即1832年5月到1833年10月，裨治文对《中国丛报》负全责，不仅负责编辑，而且还要负责它的全部印刷与发行事务。在初创时期，裨治文得到了史蒂芬的协助。但史蒂芬的协助不很大，因为他不仅定期讲道、学习中文，还要努力成为一名美部会传教士（1835年被按立）。② 史蒂芬曾为《中国丛报》提供了几篇有重要意义的稿件，分别发表在第一至第五卷上。③ 在期刊印刷方面仍然缺乏人手，裨治文多次书信国内美部会，请求派遣印刷工。1833年2月裨治文再信美部会通讯秘书安德森，请求速派"一位献身于宗教的、虔诚的、受过良好教育的印刷工"来华协助他的出版工作。④ 卫三畏的到来，真正满足了裨治文求贤若渴的心愿，而美部会在派出卫三畏赴广州负责传教团印刷事务后，也训示裨治文，命令他停止在《中国丛报》的工作，这样他就可以有更多的时间从事其他工作。⑤ 事实上，卫三畏一接触《中国丛报》，就对它产生了重要而积极的作用。从1833年10月抵达广州到1844年

---

① ［美］卫斐列著，顾钧、江莉译：《卫三畏生平及书信》，桂林：广西师范大学出版社2004年版，第103—104页。
② Murray A. Rubinstein, *The Origins of the Anglo-American Missionary Enterprise in China, 1807—1840*, The Scarecrow Press, Inc. Lanham, Md., & Landon, 1996, p. 295.
③ Alexander Wylie, *Memorials of Protestant Missionaries to the Chinese*, Taipei, 1967, p. 85.
④ Michael C. Lazich, *Elijah Coleman Bridgman（1801—1861）, America's First Missionary to China*, The Edwin Mellen Press, 2000, p. 91.
⑤ Murray A. Rubinstein, *The Origins of the Anglo-American Missionary Enterprise in China, 1807—1840*, The Scarecrow Press, Inc. Lanham, Md., & Landon, 1996, p. 301.

10月返美探亲的11年时间里，卫三畏履行的也完全是《中国丛报》主编的职责，正如美国学者迈克尔·C·拉齐希所言，卫三畏与裨治文一道成为《中国丛报》的联合主编。① 1844年10月卫三畏离开广州回美以后，《中国丛报》的一切事务又落在裨治文身上，直到1847年6月。因为美部会推举裨治文主持修订《圣经》的中文翻译，裨治文旋往上海定居。裨治文走后，《中国丛报》就由他的本家堂弟裨雅格担任主编。裨雅格是1844年抵达香港，次年8月到广州，初为助理传教士，1846年5月31日在广州被按立为美部会传教士。② 1848年9月，卫三畏探亲结束，从美国返回了广州，《中国丛报》改由卫三畏主编，直到该刊停刊。③ 统而言之，《中国丛报》的成就与三位编者裨治文、裨雅格、卫三畏的努力是分不开的。他们严肃虔诚地关注人的生存、智识及其社会状态，同时又富有进步时代的紧迫感。在编者们的努力下，《中国丛报》在当时的外国人社群产生了一定影响，逐步改变着读者的知识环境、中外交往方式和社会格局。④

由于《中国丛报》每期多不注明出版地点，每卷前面所注的出版地又太过笼统，如第13卷（1844全年）注明出版地为香港，第14卷（1845全年）注明出版地为广州。而实际情况不尽如此。首先，《中国丛报》创刊地点为广州，出版一段时间后曾迁往澳门出版。据卫三畏之子卫斐列的记载，律劳卑事件后，美国传教士感到在广州印刷中文材料不安全，传教团决定于1835年12月将卫三畏和他的印刷所迁往澳门，因为澳门属于葡萄牙当局管辖，在那里卫三畏可以不受干扰地开展工作，而且还可以借用东印度公司印刷所的中文字模。⑤ 而《中国丛报》有记载，却在1839年春迁往澳门出版。⑥ 其他说法，有1839年5月、1839年8月等，而且施白蒂在《澳门编年史》中坚称，

---

① Michael C. Lazich, *Elijah Coleman Bridgman（1801—1861），America's First Missionary to China*, The Edwin Mellen Press, 2000, p. 92.
② *The Chinese Repository*, Vol. 1, p. 328.
③ Alexander Wylie, *Memorials of Protestant Missionaries to the Chinese*, Taipei, 1967, p. 71.
④ 石雅洁：《联结中外：〈中国丛报〉三位编者共同视域与立场》，《青年记者》2020年第28期，第90—91页。
⑤ [美]卫斐列著，顾钧、江莉译：《卫三畏生平及书信》，桂林：广西师范大学出版社2004年版，第34页。
⑥ 《中国丛报》（*The Chinese Repository*），Vol. 13, p. 559.

《中国丛报》第 1 卷第 11、12 期曾作为特刊在澳门印刷过。① 但不管怎么说，澳门无疑也是《中国丛报》印刷发行的一个地点。其次，迁往澳门的《中国丛报》虽然避开清政府的阻扰，但作为葡萄牙租借地的澳门却是罗马天主教的势力范围，新教传教士在此也只能暂时栖身。鸦片战争后，与澳门毗邻的香港被割让给英国，新教传教士便把香港作为开展其传教事业的首选之地。在征得美部会同意后，1842 年 7 月，裨治文前往香港，开始修建一个传教会所，到 1844 年 10 月 19 日，裨治文才将《中国丛报》印刷所由澳门迁往香港。最后，作为英国殖民地的香港，也不利于美部会的传教活动，加上 1845 年清政府允准传教士在各通商口岸自由传教后，香港的传教优势逐渐降低，裨治文等传教团决定把传教站从香港迁往广州，打算以后集中精力在那个城市进行发展。② 于是在 1845 年 7 月《中国丛报》迁回广州，直到 1851 年 12 月停刊，未再迁移。③ 可见，《中国丛报》曾历广州、澳门、香港、广州四地的顺序辗转，在这三个地方，以广州的时间最长。这样的移动是与当时鸦片战争前后中国社会的变迁和基督教在华传播形势及传教中心的改变而同步进行的。

《中国丛报》发行 20 多个国家与地区，以中国、东南亚和欧美国家的读者为主要对象，读者多为商人、传教士和希望了解中国的有关人士，因为这些地区多是英语系区域，是英美商人和传教士相对集中的活动地区。《中国丛报》第 1 卷和第 2 卷每期各印刷了 400 册，很快销售一空，故第 3 卷发行时增印一倍，达 800 册，从第 4 卷起每卷都增印到 1000 册。这是个不小的数量，因为当时西方著名的刊物，如《北美评论》和《西敏寺评论》的印刷量在 3000 册左右。《中国丛报》的读者对象主要是在中国、美国和欧洲的西方人士，采取了销售和赠送相结合的发行方式。开始时每卷定价 6 元，第 3 卷时改售 3 元，如在 1836 年，《中国丛报》在中国的发行量是 200 册，美国 154 册，英国 40 册。④ 平均起来，实际销售大概是每期售出 400 多册，所得收入

---

① ［葡］施白蒂著，姚京明译：《澳门编年史》（十九世纪），澳门基金会 1998 年版，第 110 页。
② 吴义雄：《在宗教与世俗之间》，广州：广东教育出版社 2002 年版，第 144 页。
③ *The Chinese Repository*, Vol. 14, p. 352.
④ *The Chinese Repository*, Vol. 5, p. 160.

维持印刷所和编辑部的日常费用。另外赠送 100 册左右，赠送对象主要有英美等西方国家对应的汉学期刊和传教杂志等单位，如上面提及的杂志社和美部会会刊《传教先驱》等，这些期刊也转载来自丛报上的文章，从而使西方国家中许多没有看到丛报原版文章的人也同样能够了解有关中国的情况。而剩下的所有期刊皆库存于《中国丛报》印刷所的库房中。1856 年亚罗号事件发生后，中国人民反对西方侵略的斗争日益高涨，广州居民曾将外国商馆全部焚毁，卫三畏所办的印刷所器材和印成的书籍，也被烧毁，其中有 6500 多册的《中国丛报》，只有马礼逊《英华字典修正本》和卫三畏《商业指南》两书，因事前数小时运到船上而幸免于难。总计印刷所损失 14000 元。[①] 中美《天津条约》签订时，美方要求赔偿 2 万元，中国如数赔偿。[②]

《中国丛报》稿源问题，也是透视《中国丛报》细节的重要方面，更关乎到该刊的内容和主旨。从编辑人数来看，《中国丛报》不是一个人的成果，而是一个作者群的产物，身为编辑，同样也是撰稿人。而其他的撰稿人，不是该刊的发起者、赞助者，就是热心者、支持者。根据卫三畏编撰的《中国丛报》总索引，撰稿人主要有裨治文、卫三畏、马礼逊、马儒翰（马礼逊之子）、郭实腊等五人，他们发表于上的文章数分别是 350 篇、114 篇、91 篇、85 篇、51 篇。其中，马礼逊的文章多是重新刊发的，因为马礼逊于 1834 年 8 月逝世，为《中国丛报》撰文不过两年之久，近百篇文章是他以前在各报上所发表之文，重刊多为纪念。[③] 郭实腊也是《中国丛报》的积极投稿者，文章数量仅次于裨治文、卫三畏和马礼逊父子，是丛报的五大台柱之一。除了五大台柱式的撰稿人之外，《中国丛报》的其他撰稿人还有 W. A. Macy、W. C. Milne、 I. Hedde、 G. Smith、 S. Johnson、 R. Collinson、 C. Shaw、W. M. Lowrie、E. Stevens、J. G. Bridgman 等。所有撰稿主要有四个来源，一是已出版的有关中国之西文书籍，《中国丛报》摘要转载，或为评论，共达 130 种之多；二是个人游历所见所闻；三是华人口述，《中国丛报》据以报道；

---

① *The Panoplist and Missionary Herald*，Vol. 53（1857），p. 164.
② Frederick Wells Williams，*The Life and Letters of Samuel Wells Williams*：*Missionary*，*Diplomatist*，*Sinologue*，New York，1889，p. 242.
③ *The Chinese Repository*，1849，Vol. 18，p. 435.

四是中文书籍,此为素材的最大来源,《中国丛报》将之译成英文,撮要介绍,共达88种之多,此外则就某一问题研究,引证中西文书不少。① 这些撰稿人大多态度认真,考证翔实。但个人持论是否公允,有待深入研究后谋定。《中国丛报》在华发行20年间共刊载论说、书评、报道、时事和宗教消息五大项的文章1378篇,按照内容可细分30大类:

序号	类别	篇数	序号	类别	篇数	序号	类别	篇数
1	地理	63	11	船运	56	21	南洋群岛	36
2	中国政府与政治	81	12	鸦片	55	22	其他亚洲诸国	18
3	财经与海陆军	17	13	广东、夷馆等	36	23	异教	43
4	中国人民	47	14	中国对外关系	34	24	传教	103
5	中国历史	33	15	中英关系	38	25	教会医院	48
6	自然史	35	16	中英战争	74	26	修改圣经	40
7	科学、工艺与艺术	57	17	香港	22	27	学会	31
8	游记	57	18	中美关系	21	28	宗教	29
9	语言文字	124	19	日本、韩国等	24	29	传记	38
10	商业	6	20	交趾支那半岛	21	30	其他	37

将上表的30类内容再粗分归类,可以发现:第一至第九可归之为中国国情类,计514篇;第十至第十八为中外关系类,计396篇;第十九至第二十三为外国类,计142篇;第二十四至第二十九为宗教类,计289篇。与中国有关者约占90%,重点在中国国情方面,是为名副其实的《中国丛报》。② 在丛报创刊号上,作为主编的裨治文发表署名文章,明确指出《中国丛报》出版的宗旨,即"认识中国、了解中国,向海外报道中国各方面情况以及她所发生的变化,变化给中国带来的影响",还概括刊物需要研究四大问题,即研究中国自然经济与地理位置的情况;研究中国商业发展情况,特别是中外通商贸易情况;研究中国社会发展情况,如中国的政治、经济、军事、文化、

---

① The Panoplist and Missionary Herald, Vol. 31 (1835), p. 16; The Chinese Repository, Vol. 21. (1851), p. xi-liv (General Index)
② The Chinese Repository, Vol. 21 (1851), pp. xi-liv (General Index)。转引自王树槐《卫三畏与〈中华丛刊〉》,林治平主编《近代中国与基督教论文集》,台北:宇宙光出版社1990年版,第178—180页。

历史和法律等；研究中国宗教事业发展状况。① 这些与中国密切关联的研究文章，使《中国丛报》主旨非常明晰，就是让西方认识中国和了解中国，同时让中国人接受基督教文明，进而接受西方政治制度与思想意识形态，构建一种理想化的"平等"中外关系。但从本质上来说，这些似乎比较公正的理想，是有一个前提和基础的，就是中国必须开放，理论上是对所有国家，而真正目的却是发展美国在华利益，维护美国的最大利益。因此，从《中国丛报》的办刊主旨和它的文章性质，我们可以看出《中国丛报》具有两大特点：一是丛报中虽然有一些涉及亚洲其他国家的内容，但有关中国的内容占90%，是整份刊物的绝对主体；二是丛报虽然是传教士所办，投稿者也主要是传教士，但宗教内容并不是主要的，重点是对中国国情的介绍。由此可以这样说，《中国丛报》是一份真正的汉学刊物，不仅是"当时唯一的汉学杂志"，而且其刊载的关于中国的研究论文"在今天看来仍有参考价值"。②

作为一份颇具影响力的中国研究丛报，《中国丛报》维持了20年时间，停刊的个中原因自是众说纷纭。但通过深入考察，不外乎多种因素的综合作用，包括西方对华了解日深、当时在华报业竞争加剧和编辑裨治文与卫三畏精力不足等。首先是鸦片战争后东西方社会交往的变迁决定了任何一份外报的存亡，这表现在以下几点：一是西人在华活动限制减少，了解中国更加方便，加上外国人来华人数剧增，他们不再依赖一份像《中国丛报》这样的报纸向他们转述中国，而可以通过自己的观察向西方直接讲述自己的认识，导致《中国丛报》向西方介绍中国的功能相对削弱；二是西方商人、学者对《中国丛报》的关注度降低，传教作为"开化"手段显得太过缓慢而失去了魅力；三是这一时期西方人无暇关注中国，欧洲人在浪漫主义思潮下逐渐从东方转回，关注各自民族历史和特征的文化研究而渐渐失去对中国的兴趣，美国这一时期也因南北矛盾激化而对中国兴趣不大。其次，《中国丛报》自身面临危机也日渐严重，报业间的竞争加剧。鸦片战争后中国的媒体环境发生了巨变，许多相继来华的商人、传教士等纷纷创办报纸或杂志。在1832年《中

---

① *The Chinese Repository*，1832，Vol. 1，pp. 1—5.
② Laurence G. Thompson，"American Sinology 1830—1920: A Bibliographical Survey"，*Tsing Hua Journal of Chinese Studies*，Vol. 2，No. 2，1961，pp. 246—247.

国丛报》创办时中国仅有5家报纸和2份英文报纸,而到1851年它停刊时已经有13家报刊和5份英文报纸,尤其适应性很大的商业报刊的出现,使得偏重学术性的《中国丛报》"不合时宜"。报业环境的竞争激烈还导致了《中国丛报》运营后期的经济困难,报纸发行量锐减引起资金不足,资助人奥利芬去世使得再没有人慷慨给予丛报补贴;加上稿源渐渐减少,中国印刷工素质较差使得报纸刊行也受到阻碍。最后,《中国丛报》编辑裨治文和卫三畏个人活动内容改变也是关系密切,他们精力有限最终放弃丛报工作,主要是鸦片战争后他们参与了美国对华的外交活动,卫三畏还从事翻译和汉学研究,更是无法保证足够的精力和时间来维持《中国丛报》的继续出版。[①]

卫三畏最早发表在《中国丛报》上的两篇文章,是1834年2月第2卷上的《中国人的度量衡》和《广州贸易中进出口的货物种类》。其他文章是连载的,如《图解中国的人和事》《中国人关于自然力量和作用的流行观念》《中国学者用以阐明人类道德行为的一些轶事》《澳门总督阿马拉被暗杀,以及相关文件》等。据王树槐先生统计,卫三畏发表在《中国丛报》上的文章有114篇(详细目录参考附录二)。按照《中国丛报》总目录索引30项分类的原则,卫三畏的114篇文章涉及其中的20个主题,即地理、中国政府与政治、中国人民、自然史、艺术及科学与工艺、旅行或游记、语言与文学、商业、鸦片、广州与洋行等、中国外交、中英战争、中美关系、日本与韩国等、异教、传教活动、医药传教、圣经修订、宗教信徒、传记评论。在每个主题上发表的文章篇数见下表:

主题	篇数	主题	篇数
(1) 地理	17	(14) 中国外交	3
(2) 中国政府与政治	3	(16) 中英战争	1
(4) 中国人民	14	(18) 中美关系	2
(6) 自然史	17	(19) 日本与韩国等	6
(7) 艺术及科学与工艺	11	(23) 异教	2
(8) 旅行或游记	2	(24) 传教活动	4

---

① 陆亨:《〈中国丛报〉的停刊原因初探》,《国际新闻界》2007年第6期,第76—79页。

续表

主题	篇数	主题	篇数
（9）语言与文学	13	（25）医药传教	1
（10）贸易与商业	3	（26）圣经修订	4
（12）鸦片	2	（28）宗教信徒	1
（13）广州与洋行等	5	（29）传记评论	3

卫三畏的114篇文章不曾涉及的主题有财经与海陆军、中国历史、船运、中英关系、香港、交趾支那半岛、南洋群岛、其他亚洲诸国、学会、其他10个领域。其实，卫三畏的中国历史研究并非没有涉及，它是融合在文化、工艺、人文地理等专题史之中，特别表现在他的中国古典文化典籍译介和对当时所见的中国传统工艺知识的考察研究上，因为自《中国丛报》停刊后，卫三畏在中国历史方面的研究大有发展，特别是回美后，撰写出版了《中国总论》《中国历史》《我们同中华帝国的关系》等一系列著作，而这些研究成果，是与卫三畏在《中国丛报》上的努力不可分割的，可以说是一种继承和发展。卫三畏的114篇文章占《中国丛报》总数为1378篇的9%，仅次于创刊人和主编裨治文。从上表可以看出他的文章多是关于中国地理和自然史方面，其次是关于语言文学、工艺制造和中国人社会生活方面。事实上，卫三畏发表在《中国丛报》上的论文主题涉及有关中国研究的各个方面，已经发表在《中国丛报》上的论文成为他1848年出版《中国总论》和1883年出版修订版《中国总论》的重要基础。① 此外，除《中国丛报》第1卷、第12卷和第15、16卷没有卫三畏的文章以外，其他各卷均有文章，比例达80%，每卷上多则24篇，少则1篇。

卷数	篇数	卷数	篇数	卷数	篇数	卷数	篇数
第2卷	2	第6卷	6	第10卷	2	第17卷	3
第3卷	7	第7卷	11	第11卷	6	第18卷	24
第4卷	2	第8卷	6	第13卷	5	第19卷	12
第5卷	2	第9卷	4	第14卷	1	第20卷	21

---

① 孔陈焱：《卫三畏与美国汉学研究》，上海：上海辞书出版社2010年版，第50—51页。

《中国丛报》第2卷第6期之前，卫三畏尚未来华。1834—1844年间，卫三畏在《中国丛报》上共发表文章54篇。1844年10月出发回美探亲，直到1848年秋回到广州，未在丛报上发表文章。1848年后，三年多时间内在17—20卷上发表文章60篇。可见，1848年10月，卫三畏结束休假携妻子回到广州，重新全面负责印刷所的事务，并接替裨治文和裨雅各主编和出版《中国丛报》后，撰文数量明显增多，最后三卷几乎变成了他的专刊。这从另一个方面也说明，《中国丛报》的历史使命即将光荣结束。鸦片战争后，五口通商取代广州一口开放后，来华新教传教士的活动从广州向北方的其他口岸发展，这种中西交往中心的逐渐北移，上海已经变成新的传教中心。① 《中国丛报》的许多支持者在五口通商后大都迁居，稿源锐减，加上丛报学术性增强，订阅减少，开始资不抵债。同时，由于当时英文报刊增多，竞争日益激烈。② 1849年9月12日，卫三畏在给其弟的信中表示："我一直在考虑停办《中国丛报》，腾出时间和精力来办一本中文杂志。我相信，即使《丛报》的确有存在的必要，另一份杂志也应该立即创办。现在这里的商人们对这个的情况不再像从前那样关注了，《丛报》也处于负债运行的状况，这也是我觉得应该停办的理由之一。"③ 为了支撑《中国丛报》的运行，卫三畏常常编辑出版一些有关中外商贸关系的书籍，用出售得到的一点微薄收入来补贴丛报的开支。但各项事务的繁忙，使卫三畏对于《中国丛报》越来越显得力不从心。1850年6月22日在致詹姆斯·达纳教授的信中也说："我很快就可以从繁忙的编辑工作中抽身了，因为几个月之内，《中国丛报》就将停刊。它在读者中受到的冷遇让我们觉得劳而无功。在过去的三四年中，它所带来的亏损都由我们其他业务的赢利来填补。但是现在，我们要开始许多新的工作，这需要投入较多的精力，我们已没有时间来精心料理《中国丛报》了。"④ 此外，卫三畏也已进入美国对华的外交领域，曾于1844出任顾盛专使团的翻译人员，后于1856年出任美国驻广州领事馆秘书，使得他没有太多时间与精力来维系《中

---

① 吴义雄：《在宗教与世俗之间》，广州：广东教育出版社2000年版，第187页。
② Samuel Couling, *The Encyclopaedia Sinica*, Oxford University Press, 1983, p. 459.
③ [美]卫斐列著，顾钧、江莉译：《卫三畏生平及书信》，桂林：广西师范大学出版社2004年版，第98页。
④ 同上，第100页。

国丛报》了。

从 1851 年 12 月《中国丛报》停刊，到 1856 年间，卫三畏仍然利用其印刷所出版其他书籍，如《中国贸易指南》第四版、《英华合历》（1849—1856 年）八本、《华英韵府》等。更重要的是，"对于一个研究中国情况的学者来说，全套《丛报》是一笔极大的财富。因为它记录了当时的重大事件，提供了宝贵的资料。这样一套杂志现在的售价已达 150 至 200 美元。之所以如此昂贵，是因为 1856 年 6500 册《丛报》毁于火灾。《丛报》一共印刷出版了 21000 册，即平均每年的合订本是 1000 册，全部用中国当地的纸张印刷。"①对之付出许多心血的卫三畏，对 20 卷的《中国丛报》自然视为珍宝，此后他就以极大的耐心和力求精确性为它编制了总目录和分类索引，每年度的合订本后都附了一份。总目录将全部文章的题目分类列出，并注明了文章的作者。这份 168 页的总目录，使得以后的研究者不再需要花费大量时间，就可以轻易通过人名、日期或事件等线索在丛报中很快找到所要的资料文章。这份总目录的艰苦编撰，和他在丛报上的作为一样，使得卫三畏名声远播而流布，"它（总目录）具有巨大的价值，这个学者型编辑的名字将被用到它的汉学家和学生们长久而光荣地记住。"②

第五节 《中国丛报》与卫三畏中国研究

卫三畏在《中国丛报》印刷与编辑工作、撰写并发表于上的文章，以及在丛报印刷所里刊印的书册，对于包括美国在内西方国家的对华传教事业和当时的中西文化交流都产生了积极的影响，也为后人研究鸦片战争和近代中外关系史保存和提供了极为珍贵的史料，而来华的西方人对中国社会生活方

---

① ［美］卫斐列著，顾钧、江莉译：《卫三畏生平及书信》，桂林：广西师范大学出版社 2004 年版，第 104 页。

② *Illustrated with Photographs*, Samuel Wells Williams, L.L.D., *The Far East*, New Series, Volume 1, December 1876, pp. 140—142.

方面面的观察报告，对当前西方对中国传统文化的认识与理解更有现实的价值。最初几年只写一些关于中国自然史方面的文章，这是卫三畏从青少年时代学习的伴随终生的兴趣，却成为他的汉学研究的肇始："中国知识作为神秘的东方宝藏，不仅给西方启蒙思想家以深远影响，对于西方传教士、博物学家而言，也始终具有特别重要的意义，而卫三畏正是19世纪来华西人中通过译介中国博物学典籍，获取中国博物学知识并开展汉学研究的代表性人物。"① 随着中文水平的提高，以及自身英文写作能力的增强，特别是得到裨治文的指导，逐步养成了平实持重的写作风格。在《中国丛报》编辑期间，卫三畏勤学苦练，为后来成为一位文笔精练的汉学家奠定了坚实基础，并在他多次编写精练而准确的辞典方面显示了深厚的功底，受到众多学者的称誉。

抵达广州后的卫三畏与特雷西、马礼逊和马儒翰父子、裨治文和史蒂芬六人组成了一个传教小团体。卫三畏一般与裨治文、史蒂芬和特雷西住在一起，组成一个新家庭，"我们四个人住在同一个屋子里，同一张桌子吃饭，站在同一个讲坛上，我们紧密团结，关系融洽。"② 特别是裨治文良好的修养和渊博的知识，给初到广州的卫三畏留下了深刻的印象，而且裨治文在生活、学习、思想和工作各方面对卫三畏给予充分的鼓励和支持，使得卫三畏一直保持着与裨治文的亲密友谊。1861年10月，当得知在上海传教的裨治文英年早逝的噩耗后，在香港的卫三畏深感悲痛和凄凉，多次致信裨治文夫人，深切怀念与这位兄长相处日子的快乐和共同事业的精神互勉："你的丈夫脱离了这个尘世的辛劳和焦虑，得到了休息，但在我却是一个亲爱的兄长的永远离去——他比任何人都与我亲近，多年来我们一起愉快地工作、商量问题、分享快乐。……28年来，他的友好行为、友善的建议、及时的指导，以及耐心的帮助是我不能一一叙述的。……对于他来说，他看到了许多美好的事物，他起初那些模糊的光荣梦想如今已变成了最美的现实，他眼前的救世主的形象是多么完美！"③ 卫三畏对裨治文的尊敬，除上述的个人交往感情外，还与

---

① 庄新：《科技史视域下19世纪美国汉学家对中国博物学典籍的译介》，《自然辩证法研究》2021年第3期，第98—99页。
② [美]卫斐列著，顾钧、江莉译：《卫三畏生平及书信》，桂林：广西师范大学出版社2004年版，第21、43页。
③ 同上，第225页。

这位被美国学界称为"来华传教之父""研究中国学的开山鼻祖"①的传教忠诚和工作成果有关。在所有来华基督教传教士中间，裨治文是最富有组织才能的，他先后在广州发起和成立四个基督教团体"广州基督教会""中华益智会""马礼逊教育会""医学传教会"，与创办的《中国丛报》一起为福音在华传播发挥了重要作用，同时他把《中国丛报》作为研究中国的主要工具，在其上发表大量研究中国的文章，是美国最早从事汉学研究、向西方世界传播中华文明的人，为增强中美两国人民相互了解做出了许多有益的工作。

出身印刷世家的卫三畏一到任后，就接管《中国丛报》全部印刷事务，几个月后便开始为丛报写稿，此后一直没有中断，而且把印刷出版作为自己在华传教的主要内容。卫三畏撰写发表在《中国丛报》上的114篇文章，显然成为对认识卫三畏中国研究的一种视角和分析内容。前已有述，这114篇论文涵盖了卫三畏对中国研究的各个方面，是卫三畏对中国认识的重要成果，也是他努力向西方传播中国文化的主要内容。从1843年在《中国丛报》上发表文章起，卫三畏实际上就已开始了他的中国研究的生涯。汉学（美国早期中国研究）成为他毕生追求的重大事业之一，即使后来担任外交官期间，也不会因为事务繁忙而间断中国研究。《中国丛报》成为他的中国观传播的早期重要渠道之一，没有《中国丛报》，卫三畏的中国研究不可能成为西方世界了解中国、认识东方的一个媒介。这里，仅就卫三畏在中国语言和中国历史的研究方面的文化成果，从个案的角度来说明《中国丛报》及其主旨对卫三畏中国研究的意义。

对近代来华西方人而言，学习与研究中国语言文字，掌握与中国人交流的工具，是他们开展对华事业的前提与基础。无论是外商、传教士还是外交官，对于中文的了解和掌握都是一种自身的急务，但在近代，西人对此研究相当不足，除了清朝限制外人学习中文的政策外，亦有当时来华西人有志于此者甚为稀少，"或是认为它太难学了，或是认为不值得将它作为自己思考和学习的对象"。②但到19世纪三四十年代，来华的新教传教士文化素质较高，

---

① Susan Reed Stifler, "An Early American Sinologue: Elijah Coleman Bridgman", *The American Graduate's Quartly*, Feb. and May, 1935, pp. 1—11.
② Elijah Coleman Bridgman, "The Chinese Language", *The Chinese Repository*, Vol. 3, p. 3.

马礼逊马儒翰父子、郭实腊、裨治文、卫三畏、伯驾、特雷西等都比较通晓中文,作为一个学术研究的群体,他们开始了中国语文研究,不仅出版研究专著、编纂词典等工具书外,还发表大量论文,而进行学术研讨的一个主要阵地就是《中国丛报》。其中,卫三畏发表在《中国丛报》上关于中国语言文学的论文有 13 篇,即《为学习英语的中国人编的词汇表》(卷 6,276 页)、《关于汉字表音系统的评论和改进意见》(卷 7,490 页)、《采茶歌谣的译文》(卷 8,195 页)、《中国三种方言发音对照表》(卷 11,28 页)、《罗伯聘的伊索寓言被戴尔和斯特罗那译成了汕头和潮州口语》(卷 13,98 页)、《毕奥关于中国公共教育历史和文学团体的评论》(卷 18,57 页)、《巴赞的〈中国戏剧选〉(法文本)》(卷 18,113 页)、《关于中国语言学特性、翻译和游记的外国著作清单》(卷 18,402、657 页)、《密迪乐的满语翻译,以及对这种语言的评论》(卷 18,607、617 页)、《徐继畬的〈瀛环志略〉》(卷 20,169 页)、《马高温的中国哲学年鉴,以及对电报的评论》(卷 20,284 页)、《〈榕园全集〉和一个所谓的伪作》(卷 20,340 页)、《关于汉语罗马字化的评论》(卷 20,472 页)。卫三畏的这些中文的研究成果,仍是处于初步阶段,其作品与那些在欧洲尚属凤毛麟角的专业汉学家的著作相比差距很大,但这方面的探讨对于扩大西方人对中国语言文学的深入研究具有一定的开拓和启发作用。首先,卫三畏参与这个作者群的编纂工作,对当时所见的中外有关中国文字的作品和文献进行考察研究,裨治文对《尔雅》《说文解字》《四库全书总目》中有关文字学的部分都在《中国丛报》上作了程度不等的探索和介绍,卫三畏整理的《中国研究书目》402 种当中,则包含了不少历代西人的汉语研究专著、词典等作品。[①] 此外,卫三畏除了赞同裨治文等人有关中国汉字的独特性、中文有自己语法体系等观点外,还在便利于西方人学习中文的汉字注音系统方面做出了自己的贡献。卫三畏从语音学的角度,认为中国方言众多,各方言区(如闽南和广州地区)在发音上存在很多差异,因此建立一套简洁而普适的拼音系统是具有极大难度的,但他仍倾向于在印度语拼音系统之外,根据汉语的特点单独建立拼音系统。1839 年卫三畏提出了一个修正性方案,

---

[①] Samuel Wells Williams, "Works on China", *The Chinese Repository*, Vol. 18, pp. 402—444, 657—661.

主张汉语拼音元音为 12 个（同样分短元音与长元音），二合元音为 12 个，辅音和复合辅音，同意马儒翰的 10 个简单辅音和 6 个复合辅音之方案。① 1842 年，卫三畏制订公布了一个新的汉字拼音方案，列出了新版的 411 个汉字字音（从亚 á 到用 yung）。在这份表中，卫三畏将他的方案作为第一栏，第二栏是马礼逊《华英字典》中的方案，第三至第五栏分别是裨治文的广州拼音方案（出自《广东方言中文文选》一书，1841 年）、麦都思的闽南话拼音方案（出自《福建省土话字典》一书，1837 年）和卫三畏自己的闽南话拼音方案。卫三畏宣称自己的目的是制订一种"对所有方言都适用的拼音系统"。② 但必须指出，包括卫三畏在内的在华传教士，在《中国丛报》上发表有关中国语言文学的论文，只是丛报的一个很小的内容，毕竟丛报是一份综合性英文月刊，而非研究语言学的专门学术刊物。发表在《中国丛报》上的中国语言文学的研讨文章，缺乏系统性，有些则较为浅陋，她的作者中，不少人在中国语言文字研究方面著有专书，他们在该刊发表的文章只是阐述了他们的部分观点或见解。尽管如此，《中国丛报》的相关研究，在近代西方知识界建构关于中国语文的知识系统方面，还是具有相当的意义，她所讨论的问题，是近代以来中国语言文字研究领域长期的关注所在，而她所取得的一些学术进展，对后世研究者也不无启示。③

根据卫三畏编纂的《中国丛报》总目录，我们没有发现他的有关中国历史方面的论文。其实，中国历史之说法亦有广义和狭义之分，卫三畏的中国历史研究是融合在文化、工艺、人文地理等专题史之中的，特别表现在他的中国古典文化典籍译介和对当时所见的中国传统工艺知识的考察研究上。

---

① Samuel Wells Williams, "Remarks on the System of Chinese Orthography Proposed in the Repository", *The Chinese Repository*, Vol. 7, pp. 492—497.
② Samuel Wells Williams, "New Orthography Adapted for Representing the Sounds of Chinese Characters", *The Chinese Repository*, Vol. 11, pp. 28—44.
③ 吴义雄：《〈中国丛报〉与中国语言文字研究》，《社会科学研究》2008 年第 4 期，第 143—144 页。

卫三畏发表在《中国丛报》译介中国历史文化典籍一览表

书名	卷/期/页	说明
二十四孝	6/3/130—142	翻译全部故事
春园采茶词	8/4/195—204	30首全译，有简要介绍
女学	9/8/537—559	评介内容，并加按语，讨论中国道德学说
相国寺公孙合汗衫	18/3/113—155	全译，加按语，介绍元杂剧
家礼帖式集成	18/7/363—384	对该书内容进行撮述
瀛环志略	20/4/169—194	对该书内容全面评介
榕园全集	20/6/340—344	对该书内容简要评介

（资料来源：吴义雄《〈中国丛报〉与中国历史研究》，《中山大学学报》2008年第1期，第89—90页。）

在此，我们从卫三畏的评介《瀛环志略》中可以看出他的中国历史研究的观念与方法。在继魏源的《海国图志》问世后不久，徐继畬的《瀛环志略》就出版了，而《中国丛报》对这两本巨著的评价却迥然不同。时任香港英国殖民政府中文秘书的郭实腊于1847年在丛报上发表了他的关于《海国图志》专题评论文章，除错把作者误认为林则徐而大加指责外，还对《海国图志》的主旨误解甚多，他认为它"可以看作一部外国事务文摘，涉及政治、历史、统计数字、宗教等等，是一部在中国文化史上罕有其匹的编纂物"，"伟大宗旨是讨论夷人的战略才能和优越之处，以及可供采纳以打败他们之武器"，却将魏源的"师夷长技以制夷"的中心思想理解为好战姿态，说"我们宁愿要一部关于维持和平的作品"。[①] 而《中国丛报》上发表的卫三畏评论徐继畬《瀛环志略》的书评，长达26页，不仅翻译了徐继畬的自序，摘译了认为值得注意的一些段落，对全书内容进行逐卷的评介，而且从整体上对该书作出了肯定的评价，对作者多予赞扬之词，"这本书已经被恰当地称为'在正确的道路上迈出的第一步'，而且我们希望它将是中国学者类似著作的序曲，这样的作品将告诉中央帝国的显贵和文人，地球上其他国家的位置、资源和产品"，"我们必须认为，徐继畬阁下正是在其所受带有偏见的教育的背景下，

---

① Charles Gutzlaff,"Hai Kwoh Tu Chi", *The Chinese Repository*, Vol. 16, p. 419.

从如此黑暗的愚昧状态脱颖而出,希望通过考察中外著作,尝试探索出自己的道路,以对他的四海之外的国家形成清楚的了解","徐继畬不像其他中国学者那样,在处理资料时以猎奇志异为目的,而是为了求得真知谨慎选择","他在提到每个外国的人名时,都使用尊敬的称呼,而不加以蔑视或贬低,这样就会提高和纠正他的国人关于远方各国的观念"。① 必须指出,《中国丛报》上刊载的评论文章,无论是英国人郭实腊还是美国人卫三畏的,都无一例外地表现出了西方的价值观和政治利益。《瀛环志略》受到热评,除作者对当时接触的外国人具备明显的友善态度外,就是书中没有对基督教采取一概贬斥的态度,而加以"尊敬",从而获得包括卫三畏在内的传教士或认同基督教文化的中外人士的好感,"它(《瀛环志略》)是他(徐继畬)的研究工作,及其率真和学识的一座丰碑;可以将其看作与英国的战争带来的刺激所产生的第一个果实。我们认为它将极大地摧毁傲慢心态,驱散中国统治者和学究们的愚昧无知,证明他们所属的并非地球上的唯一一个国家"。②

卫三畏在从事《中国丛报》印刷发行和参与编辑的服务期间,还勉力进行著书和印行传教小册子等其他工作,可以说是对裨治文首创《中国丛报》事业的发展,因为有些工作的成果是在印刷和编辑丛报的过程中受到启发后的产物,有些著述曾在丛报印刷所印刷发行,或者发表在丛报之上。其中,卫三畏的有关中国研究的著述主要分为两类:一类属于字典编纂,主要有《汉语拾阶大成》(*Chinese Chrestomathy*,1837)、《英汉对照词汇表》(*The Englishi-Chinese Vocabulary*,1844)、《英华分韵撮要》(*Ying Wá Fan Wan Tsut Iú: A Tonic Dictionary of the Chinese Language in the Canton Dialect*)、《汉英韵府》(*A Syllabic Dictionary of the Chinese Language*,1871、1874),特别是 1874 年再版《汉英韵府》的问世被国外的汉学研究者看作本世纪一件值得大书特书的事件,学识渊博、参透其优点的人给予了高度赞扬;批评者尽管对汉语语言学许多有争议的难点与暧昧之处提出了与作者不同的见解,但仍然是以褒奖为主:"这本字典就整体来说,是关于中国与中国风俗

---

① Samuel Wells Williams,"The Ying Hwan Chi-Lioh",*The Chinese Repository*,Vol. 20,pp. 169,170,173,179.

② 同上,p. 192.

的知识宝库,是许多年来新教与天主教传教士们工作的集大成。它的作者是现今在中国年纪最长的西方人,回首往昔,尤其是忆及编写字典这十一年的艰辛(字典中的每个字都是他亲笔书写的,尽管他要同时处理繁重的公务,一人经常身兼公使、秘书、翻译及商务总监等职),他完全可以对自己的成果感到满意,并感谢上帝让他坚持到底。这一崭新的贡献在中国与西方各国的交流中将起到良好的作用,而仅以稍高于初始定价三分之一的价格卖给那些对它着迷的读者,又表明了他对传教事业恒久的挚爱。"[1] 从汉语言文字学的角度上讲,《汉英韵府》这部重要字典所载的北京话音系确实是北京音,但从其音系所保留的一些古音的特征来说,卫三畏记录的北京音相对比较守旧一点。[2] 此外,他还参与裨治文主编的《广东方言中文文选》。另一类是介绍中国情况的著作,如《华番通志》(*Treaties between China and the Great Britain, the United States, and France*, 1842)、《中国地志》(*The Topography of China*, 1844)、《商务指南》(*Commerical Guide*, 1844)、《中国总论》(*The Middle Kingdom*, 1848、1883)等。

卫三畏中国研究的最大成果,应该是两版的《中国总论》了。《中国总论》全称为《中国总论:中华帝国的地理、政府、教育、社会生活、艺术、宗教,及其居民概观》(*The Middle Kingdom: A Survey of the Geography, Government, Education, Social Life, Arts, Religion & History of the Chinese Empire and Its Inhabitants*)。对此英文书名,学界译法甚多,如《中国总览》《中国》《中国概述》《中华帝国》等。而原英文书的封面有一幅绘画,画的是一个牌坊,牌坊题额所刻四字即为"中国总论",依据此词,定书名为《中国总论》甚为妥当,亦为著者卫三畏的心声。1845 年 10 月 15 日,探亲回美的卫三畏一共作了一百多场演讲。演讲的主题有中国的社会生活、组织制度和习惯风俗等。为了应对美国听众的需求和疑问,卫三畏在连续的演讲过程中不断搜集与整理了不少资料。1846 年秋,卫三畏决定把演讲内容

---

[1] [美]卫斐列著,顾钧、江莉译:《卫三畏生平及书信》,桂林:广西师范大学出版社 2004 年版,第 273 页。

[2] 林琳:《〈汉英韵府〉北京话音系比较研究》,《齐齐哈尔大学学报》(哲社科版)2017 年第 1 期,第 118 页。

付诸文字，编纂成书。为了专心写作，他居住在纽约的堂哥德怀特·威廉斯家中。1847年11月，演讲稿终于定稿，起名《中国总论》。《中国总论》的出版过程非常坎坷，当时几乎所有纽约的出版商都拒绝接受它，却得到了美国民族学会理事巴特利特和广州的美商奈伊的援手。巴特利特说服威利和帕特南公司同意印刷出版，而奈伊则慷慨地表示愿意承担出版此书有可能受到的一切损失。如果没有奈伊的实质性承诺，出版商是不敢冒此风险的。对此，卫三畏甚是感激奈伊，以致《中国总论》第一版的扉页上写有"献给中国广州的吉迪恩·奈伊，以此表达作者的尊敬和友谊"之语。然而，《中国总论》一经出版，好评如潮，反响强烈，几个月内就开始了第二次印刷，甚至不久就出现了盗版的英文本。到第二版之前的三十多年间，《中国总论》一直保持平稳的销量。不迟于1858年，《中国总论》已经有德语译本。《中国总论》的大部分还被翻译成西班牙文出版。从《中国总论》一书引起的反响可以看出当时美国人对中国的兴趣。在此书问世以前，还没有一部作品能提供关于中国的确切可靠的信息，除了曾任英国驻华商务总监的德庇时的《中国人》以外，还没有一部详尽地描述中国的作品可以供人参考查阅。在《中国总论》的序言中，卫三畏曾说他力图使自己的作品介于百科全书和入门书之间，要给人提供一部可供参考的资料而不是一本消遣性的读物。即使在出版近三十年后，远东的外国人还评价："它仍然在其完整性和准确性方面具有指导价值。它包含了有关中国的几乎所有主题，迄今为止仍没有一本书籍能超过它。因此，它仍然是每一个学生和汉学家的标准参考书。"①《中国总论》问世而来的溢美之词，的确给卫三畏带来了莫大的快乐，也带来了很大的荣誉，经诺特博士提议，1848年夏，纽约州的联合学院授予卫三畏法学博士的荣誉学位。获得这一荣誉在当时并不容易，因此受到了人们的极大关注。从此以后，卫三畏的名字后增加了 L. L. D.（法学博士头衔），在各种场合，熟人和朋友们都乐于以此来称呼卫三畏，却不知他对这一头衔的反感，对于生性谦和而

---

① *Illustrated with Photographs*，Samuel Wells Williams，L. L. D.，*The Far East*，New Series，Volume 1，December 1876，pp. 140-142.

低调的传教士来说，过多的被关注成为卫三畏的一种让人苦恼的沉重负担。①

对卫三畏而言，《中国总论》命名为 The Middle Kingdom 这个名称是基于下列两个方面的考虑，其一是符合中国人自称的习惯，"中国是他们称呼自己国家的最常用名称"，其二是卫三畏认为"中国人介于文明与野蛮之间，——中国在现存的制度和文学方面，是最文明的异教国家"。② 第二点正是卫三畏中国观的内隐之语，因为他出版《中国总论》的目的之一就是"用真实的叙述还中国一个公道"。③ 这个"公道"就是中国不是野蛮之国，也不是文明之国，而是两者之间，与文明西方之国差距很大的。这种观点持续他的一生都没有改变，即使1868年"蒲安臣使团"出使西方签约诸国这一历史性的外交举动，也没有促使卫三畏认为晚清中国已经跨入了文明国家的行列，而是必须需要上帝的拯救："尽管从远处看，中国有许多让别国感兴趣的地方，但细察之后很快便会发现，中国实际上是一个异教和半文明的国家，许多我们永远无法赞同的事情发生在这里，对此我们必须抱有极大的宽容态度。中国正试图理解自己在世界上所拥有的权利，并试图维护和扩大这些权利，同时给予别国它所必须给予的特权。中国所接受的教训是惨痛的，它通往开明政治的道路是漫长和困难重重的，像美国南方各州的黑奴一样，中国发现自己虽然可以得到某种平等的待遇，但更多的确是不公。我们很清楚，只有传教团才能帮助中国在国际上提高地位并赢得应有的尊重。"④ 1883年10月新版《中国总论》面世，正好作为几天后卫三畏到达广州五十周年庆祝会的礼物。四个月后，卫三畏平静地辞世。新版《中国总论》的书名与第一版比较稍有改动，英文书名为 The Middle Kingdom：A Survey of the Geography, Government, Literature, Social Life, Arts, and History of the Chinese Empire and Its Inhabitants，译成中文为《中国总论：概览中华帝国及其居民的地理、政府、文学、社会生活、艺术和历史等》。两版都分成上下两

---

① ［美］卫斐列著，顾钧、江莉译：《卫三畏生平及书信》，桂林：广西师范大学出版社2004年版，第91页。
② ［美］卫三畏著，陈俱译：《中国总论》，上海：上海古籍出版社2005年版，第3页。
③ ［美］卫斐列著，顾钧、江莉译：《卫三畏生平及书信》，桂林：广西师范大学出版社2004年版，第91页。
④ 同上，第257页。

卷，初版内容长达 1200 多页，新版更长达 1600 多页，分别为 23 章和 26 章，主题大致包括：帝国区划及特征、东西部各省地理情况、藩属地域地理情况、人口与数据统计、中国的自然史、中国法律和政府设计、法律的执行、教育与科举考试、汉语的结构、中国经典文献、中国人的雅文学、中国人的建筑、服装与饮食、中国人的社会生活、中国人的工艺、中国人的科学、中国的历史与编年、中国人的宗教、中国的基督教传教活动、中国的商业、中国的对外交往、中英第一次第二次战争、太平天国起义、中国近事等。可以说是非常全面而及时地介绍了中国的政治、经济、文化、社会状况及其相关的历史，此为《中国总论》的一大特点，第二个特点是关注现实和当代问题，有五六章的内容，涉及鸦片战争前后中国社会的一系列重大变化和重大事件，并且为了深入探讨问题，还对某些重大事件进行了历史追溯。

任何人的学术成果都不是偶然的，是在前人的学术积累的基础上前进的。《中国总论》也不例外，它实际上是早期美国的中国研究的集大成者，集中了前人对中国问题研究的思想、方法和成果。《中国总论》出版，是当时美国的中国研究的必然趋势，是学术和现实问题研究的必然产物。《中国总论》汇集着丰富的写作资料，其来源主要有卫三畏来华后勤奋阅读的大量中国典籍、人际交往与实地考察得来的记录素材、《中国丛报》上的文章和其本人的撰述、英法美等西方国家有关中国研究的著作成果等。卫三畏从容地融合了前辈们对中国研究的丰富成果，使《中国总论》成为美国公民所写的、最早以学者的眼光来看待中国的研究著作，同时也正是由于这部代表着当时最高水平的中国研究专著，使卫三畏本人无可争议地成为美国第一位伟大的汉学家。[①]《中国丛报》作为《中国总论》的主要来源之一，是卫三畏中国研究的继续和发展，正如当代美国中国学专家费正清所言，"(《中国总论》) 这部书还利用了在广州和澳门出版的《中国丛报》月刊（编者为裨治文和卫三畏，从 1832 年办到 1851 年）"，[②] 而且 1848 年版的《中国总论》的引用量比 1883

---

① Kenneth Scott Latourette, "Far Eastern Studies in the United States: Retrospect and Prospect", *The Far Eastern Quarterly*, Vol. 15, No. 1, Nov., 1955, p. 3.
② [美]费正清主编：《剑桥中国晚清史》（上卷），北京：中国社会科学出版社 1985 年版，第 666 页。

年版的更多。从《中国总论》的引文注释中，我们可以更清楚地看到《中国丛报》的影子，以第 14 章"中国人的社会生活"为例，1848 年版《中国总论》全章共有资料来源引文注释 11 处，直接引自《中国丛报》的就有 6 处，比率超过 54%，说明在初版时卫三畏拥有的资料有限，不得不将自己发表在丛报上的文章大量移植到著作中，而且还直接引用丛报上丰富的内容。例如介绍孔子的生平事迹的内容就大幅度转载自《中国丛报》第 10 卷相关的文章，而《三字经》《百家姓》《千字文》的英文翻译也都来自丛报。显然，还有很多未加注释的转述内容，其信息来源也是丛报的，例如，卫三畏 1844 年出版的《中国地志》一书，曾经汇集了发表在《中国丛报》上有关中国分省区域地理的内容，这些内容又直接被大量移植到 1848 年版《中国总论》之中。这种情况在 1883 年新版《中国总论》中有所变化，因为三十多年来中国社会的变迁和中外关系的变化，学术环境的改善和中国研究成果的积累，加上卫三畏自身修养的提高，不少论述被改写，不仅去掉很多第一次鸦片战争前后的不确切记载和不当记述，还加入了大量取自新信息来源的资料，使新版更加具有时代气息。但是，仍有大量来自《中国丛报》的有效资料被保存下来，且在 1847 年后发表在丛报上的新资料又被补充进去，同时卫三畏于 1848 年从美国返回广州后成为《中国丛报》实际主编者，三年之内在丛报上发表文章数量超过 60 篇，占他在丛报上所有发表文章数量的 52%，这些中国研究的成果自然都进入了新版《中国总论》里了。

在转变为蜚声欧美学界的一代汉学家的过程中，卫三畏对《中国丛报》的重视程度自不待言，他曾在丛报的"总目录"卷的序言中评价她是"有关当时中国与东亚方面事实与意见的记录，这是一部有用的文献"；而在《中国总论》序中，说她"成为这段时间内对外交往和教会的历史"。历史已经证明，《中国丛报》是美国传教士来华后创办的一份影响极大的英文期刊，是 20 年间新教传教士向海外宣传中国的重要阵地，同时也是西方的中国研究的海外平台之一。裨治文、卫三畏就是这个舞台上的主要角色，开创了早期美国的中国研究迥然有别于欧洲的新轨道，它将中国传统文化研究及当时中国政治、经济、社会问题研究，同美国社会发展及其民族利益结合起来，拓展了中国研究的领域和内容，形成了近现代美国中国研究的独特风格，"美国的东方学从一开始就拥有一种与众不同的使命感"。① 这样的使命感，在卫三畏身上非常明显，他不仅有《中国丛报》上出色的工作，使这份传教士月刊在裨治文贡献的基础上蜚声中外的宗教界、报界和学界，而且他更将《中国丛报》的中国研究精神发扬光大，不遗余力地打造《中国总论》，使之成为美国的中国研究史上的里程碑式的奠基之作，成为真正意义上的美国早期汉学的开始。

---

① John K. Fairbank, "Assignment for the 70's", *American Historical Review*, Vol. 74, No. 3, February 1969, p. 866.

第二章　卫三畏与美国对华条约外交

综观中国近代史和基督教在华传播史，可以发现，任何一位新教传教士来华的传教目标都是让耶稣进入中国。无论他们的中国观是褒奖还是诋毁，无论他们传教成就是多是少，传教士们都坚信历史悠久的中国文明里，还是缺乏了基督耶稣的精神。美国新教传教士卫三畏同样不能例外，而且终其一生都在为着这个目标不懈奋斗："毫不足怪的是，我确信汉人的子孙有着伟大的未来；但是，唯有纯粹基督教的发展才是适当的手段，足以拯救在这一进步中的各个冲突因素免于互相摧残。……圣灵的降临今后可以预期，为了降临而应做的准备工作已一直以较过去快得多的速度进行，并且具备日益增进的便利条件以促使其最后的完成。神的允诺将实现以赛亚的预言，这一预言在孔子之前的年代就已作出；上帝的人民将从希尼之地来到，加入阳光下每一部落的赞美大合唱。"① 卫三畏只在少年时代作过入教宣誓，加入了家乡伊萨卡的第一教会（长老会），却一生没有受洗，更未接受牧师之职，不是严格意义上的新教传教士，但他对于宗教的认识和在传布宗教思想的实践上都不逊色于当时一般的来华传教士，甚至在某些方面远远超出，特别是他从一位传教士印刷工到传教士外交官的转变，及其在外交生涯中宗教成就大于政治工作，都让人信服卫三畏虔诚的基督宗教意识和为上帝服务的不悔行为。耶稣入华的宗教目标和美国对华外交政策并行不悖，作为传教士的卫三畏在其中发挥了重要作用，特别是他以美国传教士外交官身份参加的中美谈判行为，使基督教在华传播获得了政治外交和法律的支持。探讨卫三畏在19世纪60年代以前在华的政治外交活动，将有助于理解卫三畏的耶稣入华理想与美国

---

① ［美］卫三畏著，陈俱译：《中国总论》，上海：上海古籍出版社2005年版，第4—5页。

对华外交的密切关系，以及卫三畏的中国认识逐渐提高的潜在文化体验，进而发现他的基督信仰以达于"拯救"中国的思想根源。

第一节 谴责鸦片贸易与鸦片战争

鸦片，对熟悉中国近代史的人来说，这个词本身就包含着复杂的历史因素和痛苦的历史记忆。这些记忆极大地影响了中国人对许多事物的看法，包括很难将鸦片视为一种普通商品，近代的鸦片贸易与其说是商业活动，不如说是一种有组织的犯罪。故时人对禁烟的理解，多如李鸿章后来在1881年曾致函英国禁烟协会所说，"中国从道德的立场看待整个问题，英国则从财政的角度（来看待的）"。而虎门销烟给了英国出兵的借口，英国政府在商人游说下不远万里出兵，维多利亚女王师出有名："我们为自由贸易的原则开战，不是为鸦片而战。"[①] 对鸦片战争发生原因的解释，有学者认为："鸦片战争以前，我们（指清朝）不肯给外国平等待遇（才走私鸦片）；在以后，他们（指西方列强）不肯给我们平等待遇（鸦片贸易合法化）。"[②] 对这些不一的诠释，正说明了鸦片问题一直是一个棘手的课题。按照最朴素的辩证法思想，鸦片这个事物同样具有双重作用，在一定程度上正如马克思在《不列颠在印度统治的未来结果》中所形容英国在印度统治的结果一样。作为破坏，我们可以对比鸦片战争前后中国社会所发生的变化；作为建设，我们认为鸦片的影响在于使中国社会发生质的变化。因此，过分执着于鸦片的道德判断，也可能会遮蔽与鸦片相关联的更复杂而更多线条的历史现实。卜正民《鸦片政权》表明："在一百多年的东亚近代史上，可能没有哪种物品比鸦片更多地与诸多社会、政治、经济等因素纠结在一起了，因此它不失为理解那段历史的一个

---

① 袁腾飞：《历史是个什么玩意儿：袁腾飞说中国史》（下），石家庄：花山文艺出版社2009年版，第2页。
② 蒋廷黻：《中国近代史大纲》，北京：东方出版社1996年版，第9页。

极好切入点。"① 从这个宽广的学术角度来说，鸦片问题对近代中西关系的影响是深刻而深远的。

鸦片，俗名大烟、烟土，又名阿芙蓉、合浦融、阿片、亚荣等，是从罂粟汁液中提炼出来的。作为医药用品，鸦片有止痛收敛作用，公元11世纪希腊的《药物论》一书中已有对鸦片的描述。公元16世纪，我国著名的药物学家李时珍在《本草纲目》中也明确记载了鸦片作为药品的作用。② 然而，鸦片并不仅仅是像丝绸、茶叶和瓷器等一样"道德中立"的普通商品，它的毒害是一个显见的事实。它不仅是晚清中国在近代走向经济破产和政治衰败的一个重要原因，而且极大地损害了中国的国家主权和国际形象。殖民列强先是将鸦片走私输入中国，随后却又认为吸食鸦片是一种"中国传来的恶习"，舶来品竟成了中国文化的负面象征，而晚清政府对鸦片控制不力又被列强视为中国"人种"上的劣根性，这种观点深深地刺痛了许多中国人的心灵。在许多人心目中，鸦片和缠足、迷信等一样，是"旧中国"的象征，同为阻碍中国发展进步的桎梏。然而要根除鸦片远非易事，它牵一发而动全身，关系到一大堆固有习惯和既定利益。这个反对鸦片和鸦片输入中国的正义斗争，历时一个世纪，直到1906年6月，在国际国内反对鸦片力量的推动下，英国议会对鸦片贸易做出如下议案："本议会坚信中印鸦片贸易在道义上是不能维护的，因此要求清政府采取必要步骤使之迅速结束。"③ 这才终于扫除了中国禁烟的最大障碍，并最终在几年后终结了罪恶的鸦片贸易。

在这场严禁鸦片贸易的国际正义斗争的过程中，不少中外基督教传教士及士绅精英卷入其中，并发挥了积极的历史作用。美国在华传教士大多直言不讳地指责以英国为首的鸦片贸易活动，卫三畏是其中重要的代表人物。卫三畏从他的传教士本色出发，不仅认为鸦片及其贸易的严重后果给中国人民甚至中西国家关系带来不可预见的伤害，而且提出了他的基督福音清除法："中国人口数量之大，构成了迄今最大的使用同一语言、由同一个皇帝统治的

---

① [加]卜正民、若林正著，弘侠译：《鸦片政权：中国、英国和日本，1839—1952年》，合肥：黄山书社2009年12月版，中文本序。
② 李时珍：《本草纲目》，北京：人民卫生出版社1982年版，第1459页。
③ 李约翰：《清帝逊位与列强（1908—1912）》，北京：中华书局1982年版，第335页。

人类群体……而基督教慈善家以最强烈的关心来思考这一问题，因为如果有分量的证明倾向于最高数字，那么他就感到自己的责任增加到令人痛苦的程度。由于鸦片贸易，他们的危险性更大大增加，这一贸易，就像地狱里的火河和忘川汇合在一起奔腾，所经之处，带来烈火和毁灭，剩下只是死一般的忘却一切的境地。让我们以这些事实来吁请一切自称为基督徒的人，为这一罪恶的毒品送来解毒药，在他们中间传播福音教义的知识，从而在他们面前指明了死亡，也指明了生命。"[1] 事实证明，尽管有裨治文、卫三畏等传教士和像奥立芬先生一样的商人，他们反对鸦片及其贸易的努力，以及在《中国丛报》上的呼吁，都无法阻止鸦片贸易走私活动。虎门销烟既成为一个时代的终结，又成为一个时代开始的最重大历史事件，中外关系走向了一个需要通过战争来解决问题的历史怪圈。鸦片战争改变了立场不坚定的来华美国人对鸦片问题的道德态度，在欢呼英国胜利的同时逐步转向鸦片贸易合法化的思想认识中。因为"道德"常常是可以被"利益"所扭曲的，这一点，已被近代西方列强一系列的侵华活动所证明。无论传教士裨治文，还是美国驻华领事官员或唯利是图的商人，对于鸦片和鸦片贸易的态度，不是一成不变的反对，而是根据他们各自所关注的既得利益和潜在利益，如传教士多关心对华福音的有利传播，外交官关心美国在华的政治经济权益，商人关心贸易活动中的利润多寡。对传教士来说，这场不对称的战争将他们的福音传播引领到一个新的时代：中国被彻底打败，英国的军事力量让中国人惊叹。由英国人和印度人组成的散兵游勇在两年的时间里击垮了中华帝国的全部防线，"这是一场由一小群拥有科学技术和纪律的人战胜一大群纪律涣散、愚昧无知和互不信任的人的战争，这样的例子在世界上很难找到第二个"。根据 1842 年 8 月签署的《南京条约》，中国同意割让香港，承认和接受外国代表，同意五口通商和建立公平和正常的税收制度。长期以来中国人的无知与骄傲一直顽固地阻碍着一种更高文明的传播，这一屏障由于该条约而被部分推倒，一个民间交往和官方接触的崭新时代开始了。"上帝最终与这个民族开始打交道了，

---

[1] ［美］卫三畏著，陈俱译：《中国总论》，上海：上海古籍出版社 2005 年版，第 205 页。

他会与他们一起进入最后的审判，并会向他们展示仁慈。"① 因此，在《南京条约》《望厦条约》签订后，美国传教士的鸦片贸易观开始发生了根本性的转变，而这种立场转变所寻找到的理论依据是："鸦片贸易合法化可以从根本上杜绝与现行中国禁烟体制相联系的腐败行为，也可以消除中国人对基督教的质疑和防范。"②

鸦片战争结束和诸多不平等条约并没有终止罪恶的鸦片贸易。鸦片走私和泛滥的现实着实令在华美国传教士感到震惊和失望，特别是美国政府从未采取必要的、有效的措施来限制在华美国公民的鸦片走私活动。五口通商开放，又使美国传教士看到了进一步在华传教的希望，在一定程度上弥补了鸦片战争最终未能禁绝鸦片贸易所带来的严重挫折感。这样，美国传教士们对西方鸦片走私者的抨击逐渐减少，虽然没有放弃对于鸦片贸易的道德谴责，但将鸦片战争的不公正结果解释为上帝为中华民族的最终拯救所做出的不可避免、难以预测的安排。③ 为了消除中国人对基督教声誉的诋毁，绝大多数传教士开始从对中国民众遭受鸦片深重危害的人道主义关怀转向到对因鸦片走私而毁坏的西方人整体声誉的关注。自 1847 年以后，《中国丛报》刊发了几篇支持鸦片贸易合法化的文章，其中有一位商人匿名发表的文章，认为现存体制支持了大量海盗和走私者从事最为可怕的、凶残的贸易活动："中国商人在与我们交往过程中，忽视了我们所有的良好行为，却时常谴责我们（鸦片走私）的主要过错。"④

在第二次鸦片战争中，英法联军和美俄的所谓调停，先后迫使清政府签订了《天津条约》和《北京条约》。其中在 1858 年 10 月 13 日的天津条约谈判中，英国全权特使额尔金在中英上海税则谈判中，正式提出了"鸦片贸易

---

① ［美］卫斐列著，顾钧、江莉译：《卫三畏生平及书信》，桂林：广西师范大学出版社 2004 年版，第 64 页。
② 甘开鹏：《美国来华传教士与晚清鸦片贸易》，《美国研究》2007 年第 3 期，第 111—112 页。
③ Clifton Jackson Phillips, *Protestant America and the Pagan World：The First Half-Century of the American Board of Commissioners for Foreign Missions*, 1810—1860, Cambridge, Mass: East Asian Research Center, Harvard University Press, 1969, p. 189.
④ "The Opium Trade：Proposition of a Merchant to Legalize or Abolish the Traffic", *Chinese Repository*, Vol. 16, January 1847, p. 40.

合法化"的要求，清政府接受了这一屈辱条款。同年 11 月 8 日，清政府在上海与英国签订了《通商章程善后条约·海关税则》，其中第 5 款规定："'鸦片'改名'洋药'，准其进口，每百斤缴纳进口税三十两。向来洋药……例皆不准通商，现定稍宽其禁，听商遵行纳税贸易。惟该商只准在口销卖，一经离口，即属中国货物……。其如何征税，听凭中国办理，嗣后遇修改税则，仍不得按照别定货税。"① 这就是中国近代史上臭名昭著的鸦片贸易合法化条约。同月，清政府又与法、美两国签订类似的条款。从此，鸦片贸易合法化了。鸦片贸易合法化为罪恶的鸦片大规模的向中国输入铺平了道路，而中国人民也开始了长达半个世纪的取消"鸦片贸易合法化"的反侵略运动。

与上述一些在华西方人士对鸦片贸易赞成合法化态度相比，卫三畏对鸦片和鸦片贸易坚持一贯性的反对态度。从基督传教的人道主义出发，卫三畏既反对鸦片这种毒品本身，也反对罪恶的鸦片贸易，承认鸦片和鸦片贸易给中国带来了深重灾难。目睹鸦片在华泛滥的现状，卫三畏于 1839 年 5 月 17 日在给美部会秘书安德森的一封信中不仅有较全面的论述，更气愤不平地说："这个国家的财富被吸干，换来的是死亡和灾祸；这种毒品如此有害，鼓吹它的人自己不愿用它，但他们（指外国鸦片贩子）却说鸦片对中国人无害。……鸦片贸易毁灭了数以千计的中国人的身体，使这个国家道德败坏……它对人民的戕害要远远超过我们能够描述的状态，但仅从我们所了解的情况来看，其程度也是很可怕的。"② 卫三畏反对鸦片贸易的思想是坚定不移的，贯穿在此后的生活过程中。第一次鸦片战争前，他就曾尖锐地批评英国的鸦片贸易政策，指出"中国真诚地希望同各国进行除鸦片以外的一切贸易，……英国在异教徒眼里丧失了把道德标准置于商业利益之上的黄金时机，并将永远不能复得"。③ 到晚年退休离华回美定居在纽黑文后，他仍旧关注鸦片对华贩卖的现象，常撰文谴责这种恶毒的行径。1881 年 2 月 9 日他在日记中写道："（我）为《公理会教友》写了一篇论文，批评与中国缔结的条约，总的来说，这是个无用

---

① 王铁崖：《中外旧约章汇编》（第一册），北京：生活·读书·新知三联书店 1982 年版，第 116—117 页。

② Robert Erwin Johnson, *Far China Station: The U.S. Navy in Asian Waters 1800—1898*, Naval Institute Press, 1979, p. 20.

③ Samuel Wells Williams, *The Middle Kingdom*, New York, 1882, revised, ed., 2, p. 327.

的契约，一些条款无法执行。只要鸦片在中国合法，没有一部法律对中国人是有效的。"① 就在美国纽黑文逝世的前一年，即1883年《中国总论》修订出版后，卫三畏仍旧对鸦片、鸦片贸易持否定态度，并认为英国实行的鸦片政策是中国苦难的最终根源："他没有掩饰自己对报纸上评论的兴趣，一有书评便要人读给他听。英语报刊的评论总体来说都是褒奖，这让他很高兴，虽然这些评论很少放过对他的'鸦片偏执'（他坚持认为英国实行的鸦片政策是现今中国苦难的最终根源）的指责。"②

卫三畏在口诛鸦片危害的同时，也笔伐鸦片贸易对中国政治和人民生命的巨大危害。早在出任美国驻华使馆秘书兼翻译前，卫三畏在《中国丛报》上就发表有他对鸦片问题的两篇文章：《郭姓商人因经营鸦片被处决》③ 和《艾伦医师对鸦片贸易的评价》④。此后，在他的一些个人书信、商务书籍和他人著作涉及的片段中，也能发现卫三畏对于鸦片问题的谴责态度。从根本态度上来看，卫三畏对于鸦片问题的总体论述，集中在他的两版《中国总论》的第20章"中国商业"、第21章"中国的对外交往"、第22章"第一次对英战争的起因"以及第23章"第一次英中战争的进程及其结果"之中。在第19章"基督教教会在中国人之中"也有提及"吸食鸦片和贵金属外流"。卫三畏的禁绝鸦片及其贸易的态度，也影响了不少在华传教士。与赴华贸易商不同，不少正义的传教士主要关心的是美国的长远利益和传教利益，而不是鸦片贸易商的利益。他们企图输往中国的，是触及灵魂的"鸦片"，而不是毒害肌体的鸦片。当前者的利益受到后者的损害时，他们无疑是选择前者并对后者采取否定的态度。⑤ 他们的口诛笔伐直接在《中国丛报》等刊物上登出，其中《中国丛报》第20卷目录的主题"鸦片"类中就有直接谈论到鸦片和鸦片贸易的危害的文章，统计达50多篇，其中包括了卫三畏的上述两篇文章。

在《中国总论》第20章中的"中国商业"一节，卫三畏将鸦片输入列为

---

① [美]卫斐列著，顾钧、江莉译：《卫三畏生平及书信》，桂林：广西师范大学出版社2004年版，第301页。
② 同上，第311页。
③ The Chinese Repository, Vol. VI., p. 607.
④ 同上, Vol. XX., p. 479.
⑤ 何大进：《略论早期美国赴华传教士的鸦片贸易观》，《历史教学》1998年第4期，第5页。

晚清中国对外贸易表的第一项商品，国内种植也越发普遍，并指出鸦片贸易的增长已经造成了严重的后果："中国贸易表上引人注意的第一项就是鸦片输入，其增长以及严重后果有必要详加叙述。中国医生对于鸦片作为药品的应用知道得并不很久，《本草纲目》一书提到罂粟，有理由猜想是土生土长的。药品的名称'鸦片'是模仿外语 opium；称这种植物为'阿芙蓉'，则源于阿拉伯语 Afyun 的音译，约于 9 世纪从阿拉伯国家引进到中国。还有许多名称，如：大烟、黑货、黑土、洋药；关税表使用的是洋药一词。《本草纲目》编纂于 200 年前，提到这种植物及其浓缩汁，说这两者以前知道的不多；本书简略描述了提取方法，似乎可以说明这时刚开始用于医疗。其后的几十年间并没有从沿海输入，但是现在每一个省份和满洲全种罂粟，没有一个地方真正禁止种植。人们采集和炼制自用的罂粟汁，其方式就和印度一样；早在 1830 年我们发现有个（中国）官员注意到鸦片种植正在扩大，他认为这样一来'不但给善良人造成损害，而且大大妨碍了农业'。"① 这位中国官员可能指当时江南道监察御史邵正笏，他在上书的奏折中陈述了鸦片贸易和国内种植的危害，奏请皇上降旨严禁内地奸民种卖鸦片。卫三畏追溯了鸦片贸易的历史，指出从 18 世纪葡萄牙人贩卖鸦片到中国开始，鸦片贸易起初操纵在葡萄牙人手中。英国人不久也开始从事鸦片贸易，有时以药品的名义输入。1800 年，嘉庆皇帝下令禁止这种毒品进口，在中国总督的公告和巡抚的文书中，都告诫外国人不得走私鸦片入华，否则将人神共愤，但鸦片贩子贿赂公行，也有一些地方官员收受贿赂，对鸦片走私置若罔闻，无视皇朝禁令。在林则徐禁烟期间，鸦片贸易的危害减小，"商人就在澳门和虎门之间的小岛伶仃设立一个浮动的船只接待站。到了夏季，船只纷纷转移到珠江口外的金星门、急水门、香港和其他锚地，较为安全地躲过台风，这种情况持续到 1839 年为止"。② 虎门销烟一结束，中英矛盾一触即发之际，外国鸦片贩子开始又变得狂妄起来，走私活动不断公开化。鸦片战争后中国国门洞开，鸦片走私活动又在沿海发展起来，开始向内地渗透。

卫三畏还较详细地描述了鸦片吸食的过程和吸食者毒瘾发作时的痛苦丑

---

① [美]卫三畏著，陈俱译：《中国总论》，上海：上海古籍出版社 2005 年版，第 849 页。
② 同上，第 853 页。

75

态,指出当一个人成为这一习惯的受害者,就会体验到身心力量全面衰落,完全不顾一切后果,只想再吸才能过瘾。因此,使用这种毒品的恶果证明了应当更确切地称之为"毁灭性的物品",而不止是"奢侈性的物品",这是没有异议的,几乎找不到一个人坚决地为它说好话。① 可见,卫三畏对鸦片的毒性和鸦片贸易的社会罪恶具有非常清楚的认识,因此他严肃指出1858年后鸦片贸易合法化是打着商品的幌子从事着毒害中国人的可耻行径:"当地社会中的优秀分子从道德立场禁止吸鸦片。鸦片运进国内的方式已经不再使人感兴趣,无非当作历史事件。可以说,这是权力、恶习、技巧和金钱全部结合起来的可悲表演,终于不断消弱以至压倒了异教徒和无知的人们进行的微弱而散漫的抵抗,他们明知事态的进展足以使他们趋于毁灭。这样一场争斗的最后结果几乎不必置疑,1858年海关允许鸦片纳税后输入,鸦片走私绝迹,成了一项特许的商业,本已十分微弱的道义上的反抗好像归于熄灭。"②

在《中国总论》修订版第22章"第一次对英战争的起因"中,卫三畏特别肯定了晚清政府的禁烟立场和虽然大都流于形式的禁烟措施和禁烟努力:"中国最高当局命令沿海官员制止这一贸易,但沿海官员及其下属的贪财受贿,使命令成为一纸空文;然而,并不能因此指责朝廷发布命令的诚意。没有一点证据可以表明,从1800年发布第一个敕令直至1840年鸦片战争爆发,北京朝廷取缔鸦片贸易并不真诚。可是,官方的走私,缉私船在干这一勾当,孤立无援的省级当局假装看不见,这几点理由还不够充分;更重要的是在英国或他处成功地贿赂了海关官员,更证明了财政部门的腐败。贸易'正在增长和赢利'的诱惑,对于蒙昧的异教的中国走私者是那么强烈,对于经常将毒品拿到手的基督徒商人和垄断者一模一样。英国商务监督公然捍卫这一为本国政府提供不止200万英镑收入的贸易,提出这样'正在增长和赢利'的买卖不应予以阻止,这样的态度比起声称'一旦接到命令,他便能够禁阻英国船只,从事这种买卖'要直率得多。"③ 因此,当钦差大臣林则徐在虎门销烟成功后,卫三畏给予高度的评价:"鸦片以最彻底的方式销毁了,……凡是

---

① [美]卫三畏著,陈俱译:《中国总论》,上海:上海古籍出版社2005年版,第855页。
② 同上,第853页。
③ 同上,第928页。

在场观看的人们心中都不会留下任何疑问,他们察看这一行动的每一个过程,看到从英国人手中收到的总共20291箱(其中8箱是澳门送来的)全部销毁——这在世界历史上是独一无二的事例,一个异教的君主宁可毁掉这些伤害自己臣民的东西,而不是将其出售来塞满自己的腰包。和别的事件相比较,这一全部进程是人类历史上最值得注意的事件之一,给中国带来了极大的变化。"①

更重要的是,卫三畏认为鸦片泛滥中国的原因就在于鸦片走私者和支持走私的政府部门:"即使中国人自己图谋规避,或是官员不比人民有更强的道德原则,默许甚至参与违法等等,但外国人故意违犯中国禁烟法律仍然是不可饶恕的。"② 卫三畏指出中英第一次鸦片战争的性质和由此带来的鸦片罪恶:"我们相信世界各国的事务是遵照'全能的主宰'的指示,以实现他的允诺,传播他的真理,那么,英国和中国这两个帝国之间的第一次战争,不但有着重大的历史重要性,而且其后果将不断地影响到千千万万的人们。这次战争是异乎寻常的,它的起因主要出于商业上的误解,在其进程中表现出强与弱之间,自觉的优越感与无知的自负之间的较量,值得注意;令人伤感的是,在战争终结时,强迫弱者一方为了鸦片在其境内的违法行为而付出代价,从而使这一软弱的政府借以保护臣民的些微道义力量陷于瘫痪;……但是,因销毁鸦片而被迫偿还达600万元,使英国的名誉留下耻辱烙印。"③ 在此章的最后,卫三畏还指出外国人在华不遵守中国禁烟令的原因,主要是他们的西方中心主义世界观和商业资本主义的利润最大化性质:"基督教国家对于到他国海岸的本国人民所施行的权力,和对待国内臣民几乎一样,从来没有将这一权力让给非基督教国家,诸如土耳其、波斯或中国;主要因为不可能期望得到安全和公正。……凡是熟悉这些国家的人,对于法律、秩序、正义或礼仪被经常地、最明目张胆地违反,都不会感到惊讶,而且这类行为不论统治者或被统治者都是如此;然而外国人服从所在国法律的义务显然不能仅以所

---

① [美]卫三畏著,陈俱译:《中国总论》,上海:上海古籍出版社2005年版,第945页。
② Samuel Wells Williams, *The Middle Kingdom*, Vol. II, New York & London: Wiley and Putnam, 1848, p.523.
③ [美]卫三畏著,陈俱译:《中国总论》,上海:上海古籍出版社2005年版,第915页。

在国一部分人的服从程度来衡量。"①

而在"第二次鸦片战争"一章中，卫三畏还严厉地指出 1858 年《天津条约》签订前后之于鸦片贸易条款谈判的龌龊行径，表达了他的反对鸦片贸易合法化的正义思想："此事的谈判，控制权理应在英国人手中，因为他们的贸易额多于各国的总和。他们以最自私的方式运用这一力量，像名副其实的鮣鱼紧紧吸附在虚弱而困惑的中华帝国身上，毫无歉意地不停地吸着它的资源。……鸦片贸易合法化，其税率很低，还低于茶、丝进入英国的税率，传遍全中国的不道德和走私的烙印从此被消除。中国人的懦弱无知，使他们备受其他国家强力和诡计的欺凌，而治外法权原则有其固定的错误，但更加非正义的是强迫他们实行这一毒品合法化，从而使人们的道德观念沦丧。走私鸦片的罪恶是不能容忍的，需要以重税来遏制，并加以耻辱的标记。"② 1858 年 11 月，清政府被迫与英法美三国签订《通商章程善后条约》，标志着鸦片贸易的合法化。对此条约，当时已出任美国公使代办兼翻译的卫三畏既表现出同情中国人的无奈和不便指责西方人的调侃："为了不准这种毒品通过海关进口，中国政府曾经进行了长期的抵抗，现在却已让步；以南京条约而结束的鸦片战争终于胜利了。那些可尊敬的英国商人和政府自此以后再也不必为走私这项商品而感到耻辱了。"③ 这实际上也是包括卫三畏在内的美国来华传教士在将鸦片贸易合法化责任推给英国当局时所表现出来的一种矛盾心态，为使他们的良心免受谴责，也可能是为更有效地在中国传播福音，大多数美国传教士都没有坚守他们反对鸦片及其走私贸易的初衷，自觉不自觉地帮助西方列强在华扩张它们从中渔利的罪恶的鸦片贸易。

对于英法列强挑起的两次鸦片战争，卫三畏表现出既谴责又模糊的矛盾态度。针对这场改变中外关系的不正义战争，卫三畏站在基督福音的人道主义和世界人类和平的文化交往的立场上，对战争本身的危害予以严厉批判，同时又站在西方中心主义的立场上，对这场由西方发起的对华战争所带来的

---

① ［美］卫三畏著，陈俱译：《中国总论》，上海：上海古籍出版社 2005 年版，第 947 页。
② 同上，第 1051—1052 页。
③ 齐思和：《第二次鸦片战争》(中国近代史资料丛刊第三册)，上海：上海人民出版社 1979 年版，第 187 页。

基督福音在华传播前景表达了前所未有的激动，而对中国门户开放所引起的列强侵略及其后果避而不语，在道义和强权之间，他选择了上帝的调解。由于参与编辑《中国丛报》的新闻追踪的必要，在广州沿途散发传教小册子的活动，都使卫三畏对于中英贸易上的冲突有着特别的敏感，他似乎预测到中英战争的不可避免性："东印度公司的商业特权于1834年终止，值得注意的是，这一机构靠着上帝的保佑，作为基督教世界在中国人中的主要代表，应继续保持下去；公司从其自身的特点和金钱利益出发，一般倾向于保持和平关系，而这一时期，每个其他重要的亚洲国家和岛屿，从阿拉伯到日本，和外来者之间都不时发生冲突、战争或被征服的现象。"[1] 所以，卫三畏首先批评了英国政府对华政策的不适宜，因为伦敦根本上不了解中国人对英国的看法，而且律劳卑却屡屡强硬进入广州，激怒中国人，"律劳卑曾得到训令，应当亲自用书信向广州总督报告；……（英国）外交大臣巴麦尊的指示，说明英国政府作出委任的意图，也表明了（英国）政府对中国人对外交往的做法和他们对待英国当局的态度完全持着错误的观念"。[2]

其后，卫三畏分析了中国的外交惯例，他援引两广总督上奏清政府的一份奏折，说明大班（商务负责人）和官员的差异，以及中国政府的外交程序，进而指出，律劳卑在内的外国人初与中国交往必须牢记的一点是："总督确信，他的皇帝对于所有派遣使团的外国居于至高无上的地位，他自己的官职使他有责任继续遵行国家对待外国人的法律，这一点我们必须牢记在心。"[3] 当然，对于满清王朝至高无上的天朝上国观念，卫三畏认为具有儿童般的自相矛盾，站在近代化的立场上，他主要针对清王朝的皇帝及官员和他们的闭关国策予以同情的批评："中国人有着如此错误而危险的观念，真是可悯，也是很自然的，由此导致他们误解外国人的每一行动。自从葡萄牙人初次来到中国海岸以来，他们和欧洲人的全部交往，促使他们形成了外国人诡计多端、盛气凌人、贪得无厌、桀骜不驯的看法，为此必须采取一切方法以确保中国人自身安全。皇帝听说战船强行进入时的震怒，夹杂着极大的忧虑，'唯恐有

---

[1] [美]卫三畏著，陈俱译：《中国总论》，上海：上海古籍出版社2005年版，第915页。
[2] 同上，第916页。
[3] 同上，第921页。

其他船只停在附近,准备支援(律劳卑)'。他对北京接纳的外国使节的性质全然不知,对于开展平等交往的图谋可能更为惊恐,依他所见,这不过是武力占领他的领土的先兆。"①

最后,卫三畏从不愿看到中英战争爆发的和平立场出发,认为如果中英双方有相互了解,且采取稳妥的外交方法,相信一场战争本是可以避免的:"毫无疑义,这就是北京统治者的感受;我们必须知道有哪些见解和忧虑在驱使他们,以便了解他们采取的举动。如果伦敦充分理解中国人眼中英国的地位,那么,律劳卑所进行的不对等的斗争可能避免,或者能够指导同中国政府的斗争。……不过这一虚假的观念的确在他们中间继续存在了约 40 年之久,直到 1873 年 6 月五国使节初次觐见同治皇帝,站在御座之前呈递国书之时才宣告结束。"② 然而,第一次鸦片战争还是爆发了。对于战争爆发的中方因素,卫三畏认为是鸦片贸易的不同利益方相互作用的结果:"如果没有统治者的许可,公开进入这个国家是不可能的;同人民交往也很有限,表明了中国人一般将外国人的身份同鸦片贸易联系在一起。紧靠海岸的居民要求扩大贸易,因为会给他们带来很大利益,而主要港口的官员则渴望分沾广州同僚的好处;但是,以国家利益为怀的人(中国有很多这样的人)认为对外贸易的扩展会带来鸦片吸食增多的十足的恶果。"③

对于中国在鸦片战争前后的失利和最后失败,卫三畏认为归结到一点就是晚清中国缺乏近代世界观点和之于近代外交的愚昧无知:"对于一个大帝国的官员和政治家在无助的情况下如此忠诚地为国家服务,不得不予以某些同情,然而他们的无知又是多么可悲。他们虚妄地自认为凌驾于其上的这个国家是他们所约束不了的,他们却不肯承认对方官员的正式地位。他们想用法律和刑罚来制止鸦片贸易,就像企图同心协力来阻挡长江的急流一样。"④ 更重要的是,卫三畏指出英方挑起战争的责任更为重大,因为这是一场力量悬殊的以强凌弱的侵略战争:"这是一场由一小群拥有科学技术和纪律的人战胜

---

① [美]卫三畏著,陈俱译:《中国总论》,上海:上海古籍出版社 2005 年版,第 924 页。
② 同上,第 924—925 页。
③ 同上,第 927 页。
④ 同上,第 937 页。

一大群纪律涣散、愚昧无知和互不信任的人的战争，这样的例子在世界上很难找到第二个。"① 而战争的正义却在中国人一方："可以明显地看到，较量的双方如此不相称，——一方几乎一无所有，但正义却在这一方，另一方有着物质上和人力上有利条件的支持。"② 在卫三畏看来，鸦片战争并不是孤立的一个世界性事件，也是转嫁自1825年以来英国第一次经济危机的必然结果，鸦片战争是"不正义的、使英国永远背上耻辱的战争"。③ 然而，这种情感上同情晚清中国的失败，并不能遏制资本主义和基督教文明的英国列强对于中国的利益索取。

对于英国挑起第一次鸦片战争的非正义和侵略的性质，卫三畏一直坚认，而且严厉谴责了战争过程中侵略者的非人道暴行。但是，卫三畏并没有完全否定鸦片战争的某些积极效应，他对第一次鸦片战争后晚清中国走向近代化的不可避免的历史趋势给予极高的评价："英中战争就其起因而言是鸦片战争，是极端非正义的——甚至英国官员和作家都不试图掩盖缴获鸦片是诉诸武力的真正原由，而义律上校被监禁和其他行动不过是借口——然而，就人们洞察力所能预见，这次战争对这一政府（指清政府）仍是有益的冲击，这个政府过去如此傲慢地拒绝和其他国家平等交往，也不解释自己的行为，禁止臣民同各国人自由来往。"④ 据此，他不仅认为"也许可以说战争是必要的"，还认为这个结果将给基督教传教事业和近代国际商业贸易带来好处，"鸦片战争对于中国来说是灾难性的，但这一猛烈的撞击，将帝国统治者们从天朝十全十美、江山万年永固的幻梦中唤醒。"⑤ 这样的战后心态和窃喜，是几乎所有西方人的对中国败北的一种常态。让古老中国门户开放，也是当时几乎与中国有联系的美国人都具有的心愿，特别是新教传教士更加心急火燎。传教士在华，长期以来遭受清政府禁教和限教之苦，鸦片战争终于帮助他们

---

① ［美］卫斐列著，顾钧、江莉译：《卫三畏生平及书信》，桂林：广西师范大学出版社2004年版，第64页。
② ［美］卫三畏著，陈俱译：《中国总论》，上海：上海古籍出版社2005年版，第935页。
③ 刘春蕊：《鸦片战争前英国对华政策述论》，《青大师院学报》1996年第3期，第81—82页。
④ ［美］卫三畏著，陈俱译：《中国总论》，上海：上海古籍出版社2005年版，第994页。
⑤ Edward D. Graham, *American Ideas of Special Relationship with China 1784—1900*, New York: Garland Publishing, Inc., 1988, p.174.

打开了中国门户,这个结果的最低意义就如浸礼会杂志所宣称的那样"打开一条通道,即使不是进入中国的内地,至少也可进入帝国的一部分,这个顽固的堡垒终于动摇了"。① 尽管有不少美国人出于道德考虑,反对走私鸦片,也抨击英国人用武力迫使中国改变其通商制度的行为,然而正如美国人自己承认的,"在这种愤怒之中还夹杂着一种和这种愤怒很不调和的热情,希望中国开放和开放可能提供的机会。美国人一方面对这种手段表示悲愤,而到底还是欢天喜地的"。② 然而,在一度兴奋于传教解禁之后,卫三畏还是表露出他隐隐的忧虑,即鸦片战争后的中西关系并非就有利于福音在华传播,上帝的事业是很难在列强的政治利益下得到新的发展,而罪恶的鸦片贸易也将合法的泛滥:"这次英军的整个远征在我看来是不正义的,因为它与鸦片贸易之间有密切的联系,但是我们很少能够找到无可指责的同类行为。有这么一种说法,'好事是从坏事中来的,一切都会向好的方向发展',这只是人们不积极朝好的方向努力的借口。就我来说,我很难确定这个事件对传教事业的促进作用能否达到我们想像的一半。英国已经承担起了鸦片贸易,但那会引向好的结果吗?它在这里的军事胜利将有助于其扩大这项罪恶的贸易,而教会在这里的扩散只能是其扩展的万分之一。"③

第二节 见习顾盛《望厦条约》谈判

美国传教士来华后,一直在福音传教方面举步维艰,困难重重,究其根本原因在于中国悠久而积淀深厚的传统文化,及其在这种文化背景下的闭关锁国政策。晚清的封闭、愚昧和自我优越的心理状态,构成了一道道抵御西

---

① Edward D. Graham, *American Ideas of Special Relationship with China 1784—1900*, New York: Garland Publishing, Inc., 1988, p. 169.
② [美]赖德烈著,陈郁译:《早期中美关系史(1784—1844)》,北京:商务印书馆1963年版,第121页。
③ [美]卫斐列著,顾钧、江莉译:《卫三畏生平及书信》,桂林:广西师范大学出版社2004年版,第63页。

方文化渗入的天然屏障，即使是"上帝的福音"也无法迅速打开中国的门户。对于在华传教士来说，要改变这种令人沮丧的局面，使中国皈依基督，前提就是要迫使清政府签订条约，结束其禁教和闭关政策。当和平手段无法达到这个目的时，传教士们便心照不宣地选择了战争和以武力为后盾的外交。自1840年鸦片战争爆发后，美国一些传教士就"弃教"进入美国远东外交的世俗服务中，并在美国对华的一系列签约活动中发挥了重要作用。卫三畏以传教士身份领略一些美国远东外交上重大事件，成为他踏上职业外交官之路前的外交演习，对其后参与美国对华外交实践具有相当重要的心路发展的影响作用。

美国在脱离英国殖民统治而独立初期，"他们尤其穷得可怜"，"事实上，在革命结束的时候，最大多数的人民是穷困的。——穷困，失望，不满意。那些人，参加美国独立战争而且获致胜利的人，回到家里，贫穷不堪，饥病交迫，大多数身无分文，无以为生。"① 而战败的英国更"俨然以敌国和大国的姿态，制定若干航海条例，对美国的对外贸易严加限制。特别是英国政府不允许美国船只驶入英属西印度群岛，只许其他国家的商船载运美国的烟草、食粮和造船器材到这些岛屿等规定，严重打击了新英格兰的航运业、渔业和奴隶贸易，致使新英格兰经济陷入绝蹶境地。与法国和西班牙建立的平等互惠贸易关系也在战后不复存在，法国和西班牙将美国船只排斥于它们的殖民地或本国港口之外。至于美国在殖民地时期所建立的地中海贸易，也因海盗的骚扰，难以顺利进行"。② 为解决经济问题，美国必须寻找新的贸易出路，遥远的对华贸易成为新独立的美国的重要选择对象。1784年2月22日，美国商船"中国皇后号"，挂着簇新的星条旗，驶离纽约港，"穿过大西洋，绕过好望角，航行到印度尼西亚巽他海峡时与两艘法国军舰相遇，并随行于8月28日抵达广州黄埔港，揭开了中美关系的序幕"。③ 更重要的是，"中国皇后号"打开了东方大国中国和西方新兴美国的通道："我们有幸打通同地球极东

---

① 卿汝楫：《美国侵华史》第一卷，北京：人民出版社1957年版，第21、23页。
② 乔明顺：《中美关系第一页》，北京：社会科学文献出版社1991年版，第1—2页。
③ 李长久，施鲁佳：《中美关系二百年》，北京：新华出版社1984年版，第3页。

部地区的联系,这必定是一个令人欣喜的信息。"① 因为这种通道是非常有利于美商在广州的立足,为以后不断来华的包括传教士在内的美国人提供各种帮助,扩大美国在华的影响力。

新生的美国的确是做生意的民族,这可能与它由商业资本向工业资本转化前的社会性质有关。从事商业的资本家主要集中在马萨诸塞州,形成的波士顿财团不仅操纵了麻州的政治和经济,而且对联邦政府也有一定的影响。恩格斯曾深刻地指出:"美国人早就向欧洲世界证明,资产阶级共和国就是资本主义生意人的共和国。"② 在美国,政治也是一种生意,而生意又支配着政治。这种专注做生意的对华关系,制约了美国在针对中国禁烟运动的强烈对抗和武力征服的情形发生,使得来华的顾盛专使秉承和平谈判,以条约形式争取到与英国在《南京条约》中所有权利,可谓技高于英国"其下攻城"上的"其次伐交"。而且,美国关税法的有关内容,也成为谈判签订《望厦条约》中有关通商规则的重要历史依据。

顾盛专使来华,还需要一个前提,即美国政府在对华贸易之外是否需要发展中美正式外交关系。无可否认,建立中美两国之间的正式外交关系,是推动美国对华贸易的重要保证。但囿于清政府坚守闭关政策,拒绝和外国政府发生联系,而且独立后的美国也缺乏向东方发展的海军力量,并与英国有若干纠纷亟待解决,又瞩目于北美洲西部的领土扩张,从而美国联邦政府对遥远中国的问题便漠然处之,没有致力于突破清政府的闭关政策,同中国建立外交关系。虽然在"中国皇后号"直航中国成功后,1786年美国开始单方面向广州派驻领事,但这阶段的驻华领事都没有与中国政府交涉的权力,既无薪金,也无津贴,不过是个荣誉职位。到1840年,美国驻广州的领事更换了6人,他们都是由商人兼任。由于清政府从来不承认任何国家派遣来华领事的外交官身份,美国领事只能以美商首领的资格与广州行商周旋,因此他们既不能定期向美国国务院汇报任何与贸易有关的情报,而且在第一次鸦片战争前美国国务院也从未向广州领事下达任何政府训令。

---

① 李长久,施鲁佳:《中美关系二百年》,北京:新华出版社1984年版,第3页。
② 恩格斯:《致弗·阿·左尔格》1892年12月31日,《马克思恩格斯全集》第38卷,北京:人民出版社1972年版,第561页。

中美之间长期没有外交关系和美国政府对华问题的忽视，引起了在华美商的不满和责难。尽管还没有法律意义上的外交关系，但随着美国对华贸易的发展，中美之间不仅发生了事实上的外交关系，而且还发生了一定的宗教和文化的联系。这种文化上的关系与贸易关系一样，也在随后的日子里，要求美国政府应该与中国发生超越于领事权利的使节关系。美国新教传教士能够披着基督神圣的外衣，深入社会的各个角落，了解各种情况，为本国的经济、政治利益提供各种情报和资料。随着美国对华贸易的发展和需要，传教士来华活动便成为一种内在的需要了。1807年美国国务卿麦迪逊和部分对华商人支持英国伦敦传教会的马礼逊首先来到广州。1830年美国海外布道会之美部会也派遣裨治文和雅裨理来华传播福音。在华美商对传教士前来中国布道予以大力的财政支持，使得此后美国传教士陆续来华。传教士在华除学习中文和传教外，还从事出版、译书、医务和教育等工作。这些工作将中国的政治和经济、历史和文化、民风和宗教等信息向在华美国人和美国政府及民众传播，成为美国社会了解中国的重要情报渠道。因此，从国家政治关系的角度，这些来华传教士实际上成为美国政府发展与华外交关系的最重要的一支力量，正如第一位美国来华新教传教士裨治文所言："我等在中国宣教之人，与其说是由于宗教的原因，毋宁说是由于政治的原因。"①

美国传教士在华传教方面的成果是微不足道的，在清政府严禁基督教流传及基督教教义与中国传统礼教格格不入的情境下，到1839年，领洗者不到一百人，而且主要是给外商服役或经营贸易的所谓下层人士。② 而最终促成美国政府下决心派遣使节来华谋求外交关系的传教士，就是伯驾。彼得·伯驾生于马萨诸塞，1831年毕业于耶鲁大学，1834年被美部会派遣来广州，成为基督教第一个来华传教医生。1835年11月4日，他在广州新豆栏街7号的丰泰洋行内租屋开设"广州眼科医局"，又称"新豆栏医局"。这是中国第一所新式教会医院，西医自此正式传入中国。而这位医务传教士却对政治具有浓

---

① 王子兴：《中国基督教史研究》，北京：中国科学院历史研究所第三所藏，第38页；或《基督教人士的爱国运动》，《人民日报》社论，1950年9月23日。
② W. H. Medhurst，*China: Its State and Prospects, with Especial Reference to the Spread of the Gospel*，London，1842，p. 362.

厚的兴趣。就在第一次鸦片战争爆发后的年底，伯驾回到美国后，到处发表演说。1841年1月，他拜见了即将离任的美国总统范布伦和即将就任的新国务卿韦伯斯特，报告了中国的时局，要求美国政府把握中英战争的时机，立即派遣一位全权使节赴华，强迫清政府签订条约。回华前，他又拜谒了美国新任总统泰勒和国务卿韦伯斯特，再次强调了美国政府应该立即派遣专使前往中国订约。伯驾的鼓动到底还是发挥了重要推动作用，在1844年顾盛使团中，他与裨治文一起充当中文秘书，特别是《望厦条约》中有关领事裁判权和美国人在华社会生活与思想文化活动的条款，集中反映了传教士的利益和要求，因而有美国学者认为，以上两项条款"是为特别优待伯驾而加入的"。[①]美国政府根据当时的国际形势，汇合各方意见，终于决定了第一次鸦片战争期间的对华政策，即尽量避免与中国发生正面冲突，同时利用英国侵华之机，谋取自身的利益。

随着鸦片战争对英国有利局面的出现，美国社会开始关注中国问题。联邦政府在当时仇英的气氛下，尽力避免被卷入中英战争，但站在美国利益的立场上，仍派遣海军准将劳伦斯·加尼率领美国东印度舰队前往中国海域，负责"保护美侨生命财产与防禁美船或他国船只悬挂美国国旗走私鸦片"。中英《南京条约》签订后，刺激了加尼向中国索取特权的欲望，他超越了其职权的范围，俨然以美国全权公使的姿态，于10月8日致函两广总督祁贡，要求美国人享受最惠国待遇。年底，祁贡上报加尼要求的奏折到达北京，清廷断然拒绝。但到1843年春，清政府和广东地方当局都在西方坚船炮利的威胁下，决定对西方各国一视同仁，同样赋予最惠国待遇。1843年5月，美国国会两院通过了总统泰勒的建议，决定派国会外交委员会委员顾盛为专使赴华，并给予顾盛几个训令，如"使美国的船只和货物在同英国商人所享受的同样有利条件下，进入包括四个重要港口对英国商业的开放，就是厦门、宁波、上海和福州；应以断然的辞句和坚定的态度表示，如果任何国家的人民从帝国获得的特权或商业便利较美国人民所获得的为大时，美国政府认为不可能

[①] G. B. Stevens and W. F. Markwicd, *The Life, Letters, and Journals of the Rev. and Hon. Pater Parker*, M.D., Boston, 1896, pp. 170—172, 175, 234.

继续同皇帝保持友好关系,并予以尊重"。① 同时,美国政府正式向清政府提出了威胁口吻的外交照会:"英国在中国的特权是以条约的形式庄严地得到认可的,而美国在华利益则凭皇帝的恩准。即使美国商人愿安于现状,华盛顿却有人不同意。美国曾为了从大不列颠获得独立进行过一场战斗,高傲的美利坚共和国应该有自己的条约。"② 以签约专使的身份来华后,顾盛立即同两广总督程矞采交涉,要求到北京向皇帝呈递国书,希望与中国订立"永远和好条约"。他的要求被拒绝后,就用炮舰相威胁。

1844年7月3日,他同清朝钦差大臣耆英在澳门附近的望厦村签订了《中美五口通商章程》,即《望厦条约》。这个被清帝国政府称为《望厦条约》、被美国政府称为《顾盛条约》的章程,除获得了英国在《南京条约》及其附约中的一切特权外,还为美国人增设了更多的重要权利,范围进一步扩大的治外法权,通商口岸的关税权,以及在此建立教堂、医院的权利。对于该条约的签订,顾盛本人自鸣得意:"美国及其他国家,必须感谢英国,因为它订立了《南京条约》,开放了中国门户。但现在,英国和其他国家,也须感谢美国,因为,我们将这门户开放得更宽阔了。"③ 美国总统泰勒也说过:"《望厦条约》已将美国对华关系,放置在一个崭新的立脚点上,万分有利于美国商务以及其他利益之发展。"④《望厦条约》成了此后清政府和法国以及其他国家订立不平等条约的范本,美国史学家丹涅特就把《望厦条约》看作是一个典型条约,因为它比《南京条约》"要高明得多;而且如此的高明,以致它立即变成为几个星期之后议定的法国条约取法的典型,也变成为1847年3月29日签订的对挪威和瑞典条约的蓝本"。⑤ 当然,从遣使来华到《望厦条约》签订后,我们可以发现美国政府早期对华政策的变化轨迹,清楚看出美国国家利益至上的对华外交原则,同时,这一过程也充分暴露出其在侵华的本质上,

---

① 李长久、施鲁佳:《中美关系二百年》,北京:新华出版社1984年版,第10—12页。
② [美]孔华润著,张静尔译:《美国对中国的反应:中美关系的历史剖析》,上海:复旦大学出版社1989年版,第10页。
③ 卿汝楫:《美国侵华史》(第一卷),北京:人民出版社1957年版,第79页。
④ 同上,第81页。
⑤ [美]泰勒·丹涅特著,姚曾廙译:《美国人在东亚》,北京:商务印书馆1959年版,第150页。

与英国是一致的，区别的只是采取方式的不同罢了。[①]

顾盛专使来华和谈判订约，对于卫三畏走上职业外交官道路具有开创之功，可谓是他目睹了美国对华开展外交活动的第一课，意义自是重大。这些影响作用，主要表现在以下几个方面：

首先，顾盛使团来华的阵容与不达目的不罢休的作为，让卫三畏感到外交事业对其祖国利益的重大意义。顾盛使团以国务卿之子弗莱彻尔·韦伯斯特为使团秘书，赴华舰队司令是福克斯赫尔·A·帕克，由四艘军舰组成了随行舰队，声势浩大。旗舰是蒸汽机火轮护航巡洋舰"密苏里号"，其他三艘为双桅护航巡洋舰"布兰迪瓦恩号"、小帆船炮舰"圣·路易斯号"和方帆双桅舰"佩里号"。"密苏里号"是当时美国最大的两艘火轮军舰之一，装有28英尺的明轮和10英时大炮一门，也是美国第一艘远渡大西洋的火轮。在208天的航行中，顾盛使团曾经先后在直布罗陀、马耳他、埃及、亚丁、印度等地，了解了英国和美国对于这些地区的侵略行径，也听到了一些有关中国的信息，从中领会到一些可用于与中国政府进行交涉的手法和将来所订条约的新内容。为了实现他的中国将对美国开放的目的，在赴华途中和与清廷谈判中，顾盛本人确实发扬了他不达目的不罢休的毅力与勇气，基本实现了赴华前领受"韦伯斯特训令"中的美国利益原则，诸如商业利益原则，这是美国对华政策的基本原则，是中美关系的基础；不占领土原则，这是近代史上美国对华政策的一个特点；谋取更多特权的原则，这条原则的运用，扩大和加深了美国对华侵略。尽管后来美国对华政策有很大的改变，对华关系又融进了许多新内容，但"韦伯斯特训令"所阐述的原则却一直未改变。[②] 自1844年2月开始，顾盛使团首先以"进京""面见皇帝"来恐吓清政府，后来声明除钦差大臣外，不与其他官吏谈判，不承认代署两广总督程矞采为交涉对手，甚至以战争相威胁。到7月初，在四个多月的谈判中，顾盛使团竭尽全力和各种手段，终于迫使清政府同意签约。7月3日下午四时，耆英和顾盛分别在所议定

[①] 赵玉华：《第一次鸦片战争期间美国的对华政策浅析》，《四川师范学院学报》2000年第5期，第41页。

[②] 刘吕红：《试论"韦伯斯特训令"与〈望厦条约〉的关系》，《贵州师范大学学报》（社科版）1995年第4期，第19—20页。

的四份中文和四份英文《五口通商章程：海关税则》上签了字。同时，顾盛将美国总统的国书交给了耆英，请其转呈清帝道光。7月28日，耆英上奏的《望厦条约》到达朝廷，经过军机处的商酌，8月15日清帝就批准了。8月2日，"旗开得胜"的顾盛将条约全文寄往华盛顿，之后就于27日率使团自澳门乘"佩里号"东渡太平洋，在墨西哥的圣布拉斯登陆，后于次年1月4日抵达华盛顿。1845年1月16日，美国参议院批准了总统泰勒送达的《望厦条约》。换约一节，美国政府先委任义华业为驻华公使来华办理，不幸他在赴华途中因病滞留巴西的里约热内卢，遂交托给新任东印度舰队司令璧珥代办。璧珥到达广州后，于1845年12月31日在中方代表潘仕成的公馆中举行了换约仪式。至此，《望厦条约》的签订便完全结束，正式生效。

  总的看来，《望厦条约》的订立进程是迅速的，中美双方自开始到结束，共用了10天的时间，只是后来换约因为通讯和交通的不便而拖延了。如此"顺利"，在近代中西关系史上是不多见的。清廷被迫与西方列强签订了不平等条约，却一再千方百计阻止外国使节进京与清廷"换约"，这种不符合西方流行的国际法的外交行为又为第二次鸦片战争埋下了祸根。对中国而言是屈辱的《望厦条约》，却使美国在条约的保护下，其在华的政治、经济和文化利益不断扩张，影响力越来越大，成为美国今后逐步取代各国列强和独霸中国而走出了非常成功的第一步。《望厦条约》签订后带来的期待性利益，几乎让美国上下欢欣鼓舞，也让在华的美国传教士们欣喜若狂。卫三畏作为使团中文帮办，是一种幕后的工作，但他对专使顾盛的赞扬和对《望厦条约》的评价，都显示出他从顾盛使团在华谈判等外交活动中得到的乐趣和启蒙，是一个典型的美国人心态，而不是一个纯粹的福音传教士世界观。对签订《望厦条约》"功臣"的顾盛，卫三畏是不吝赞美之辞，夸奖他"在进行这些谈判中，解决'世界上最年轻和最古老的两个帝国之间'订立条约的问题，顾盛显示了他的能力和知识"。[1] 而对《望厦条约》的评价，卫三畏曾在《中国总论》第一版中有一段评论，而在修订版中已被删减，也可以说明他是后来才意识到该条约对中国的伤害和不正义性。这段评论是："《望厦条约》体现了

---

[1] Samuel Wells Williams, *The Middle Kingdom*, Vol. II, New York & London: Wiley and Putnam, 1848, p. 590.

英国人签订的两个条约和商务协定的所有重要约定；不仅如此，还得到在五口建立医院、礼拜堂和墓地的额外权利。领航税和人参税降低，从一个口岸到另一个口岸载货的船舶吨位税不必重复交纳。这些特权都让美国以外的其他国家利益均沾。顾盛先生已经达到了他使命的目的。"[1] 卫三畏这里提及的"利益均沾"实际上是美国第一个使团来华谈判签约所要赢取的一个根本性原则和特权，也是美国早期一个很重要的对华政策。顾盛作为美国首任来华公使，他无疑成为这个政策的最早执行者，不仅通过"利益均沾"获得了在《南京条约》中国的所有权益，而且还订有享有最惠国待遇条款，保证了美国以后也同样享受别国从中国得到的权益，从而为以后"利益均沾"政策的执行又提供了保证。从顾盛来华签约这个过程中，卫三畏体会到了外交事业的历史作用，开启了他后来献身对华外交的思想意识。

其次，卫三畏在顾盛使团中帮办中文事宜，使他感到外交活动对他了解中国社会和从事汉学研究的意义所在。顾盛专使准备赴华前，曾就使团的中文翻译人选咨询美国政府。国务卿韦伯斯特授权他可在欧洲、中国或者任何地方物色和聘任。美部会的安德森秘书推荐裨治文或卫三畏为译员，介绍伯驾为使团医生，因为他的中文水平不高，只适于做医务工作。[2] 当顾盛到达澳门时，伯驾正在澳门养病，还是希望帮助顾盛，源于顾盛答应伯驾不仅作为他的中文秘书，而且作为一名机要顾问，他们之间将没有秘密。此后顾盛安排了使团的译员职务，即伯驾和裨治文将组成美国公使馆的中文秘书组，而裨治文还担任该公使馆的牧师。卫三畏对这种安排颇不以为然，认为伯驾转变了工作方向，想要加入顾盛使团，这或许因为卫三畏觊觎伯驾的位子，或许因为他原本打算与裨治文组成一组。卫三畏的确以非正式的身份提供过帮助，而且作为一名翻译，他比伯驾更适合一些。[3] 卫三畏作为裨治文的助手来华，比伯驾稍早些，而且在中国文化研究和中文及语言学习上进步很大。裨治文加入顾盛使团，必然对卫三畏而言是一个机会，与伯驾的抵触自是情理

---

[1] Samuel Wells Williams, *The Middle Kingdom*, Vol. II, New York & London: Wiley and Putnam, 1848, p. 591.
[2] 乔明顺：《中美关系第一页》，北京：社会科学文献出版社1991年版，第75页。
[3] [美] 爱德华·V. 吉利克著，董少新译：《伯驾与中国的开放》，桂林：广西师范大学出版社2008年版，第104—105页。

之中。不过，从美国国家利益出发，卫三畏并没有将这种不满扩大化，而是平静地接受了顾盛公使的人事安排：裨治文和伯驾聘为使团的中文秘书，后来卫三畏也参与到顾盛使团中来帮办有关中文事宜。① 对于这三人能鼎力帮助顾盛使团，美国史学家丹涅特给予很好的评说："这是一件多么令人安心的举动，因为这几个人具有比当时在广州的其他任何欧洲人都更好的语文知识，具有对中国礼仪和思想方法以及美国对华关系早期历史的更好了解。"②

比较公正地说来，襄助顾盛谈判的传教士主要是裨治文和伯驾。卫三畏参与不多，也没有出席《望厦条约》的签订，但是在资料收集与翻译事项、条约文字的起草与修改、谈判技巧与方式的建议等方面，做了很多工作，所谓后台的工作亦是不容忽视的，前台与后台的工作其实是一个整体运作的过程，不可或缺。顾盛使团在澳门期间就曾利用过卫三畏主持的印刷所和他的有关中国资料的翻译作品。此外，作为精通中美双方语言文化的局内人和最近旁的观察记录者，卫三畏对于公使来华、谈判过程以及条约签订后的国际反映，都有比较详细的记录，不管这种记载是否公正和完备，都无疑给后人留下了一份曾经的历史印迹。时由裨治文和卫三畏联合主编的《中国丛报》，在使团谈判期间登载耆英和顾盛的来往函件，并刊发讨论文章，一些条约的内容都直接出自这些讨论的结果。对于谈判期间发生的历史事件，卫三畏也在《中国丛报》上发表出来。而《望厦条约》里的若干条款，也在《中国丛报》上刊登，成为时人观察中外关系发展的重要资料。总之，在华美国传教士们竭力对顾盛使团出谋划策，终于使《望厦条约》得以顺利签订。该条约的条款清晰，对在华外国人的权利规定明确，成为处理中外纠纷时的主要依据，这一情况一直维持到第二次鸦片战争后外国人被允许进入北京。这样的"成果"，公使顾盛很满意，对参与使团的官方中文翻译裨治文和伯驾等人极为赞许，对卫三畏也诚致感谢："我请求您接受我对您未来的个人幸福和事业发展的最美好祝愿。您尊敬和真诚的顾盛。除此之外我还想说，与您短暂的交往使我感到非常满意，对您为（美国）政府所做的工作以及从更大的方面

---

① William J. Donahue, "The Caleb Cushing Mission", *Modern Asian Studies*, Vol. 16, No. 2, 1982, p. 202.
② ［美］泰勒·丹涅特著，姚曾廙译：《美国人在东亚》，北京：商务印书馆1959年版，第126页。

说为中国的宗教和文明事业所做的工作表示崇高的敬意。"①

当然,《望厦条约》签订,也直接有益于在华的传教士。基督教在华问题首次被载入《望厦条约》之中,其中的第17款和第18款,就为不平等条约中加入传教内容开辟了道路,传教士在华的传教活动有了方便之门。更重要的是,它由此开创了一百多年来帝国主义把基督教作为侵略中国的工具的先例。尽管卫三畏在这场改变中美关系的谈判签约的历史进程中,没有发挥太大的作用,但却为他此后深入了解中国社会和中国人提供了契机,因为不能尽可能地了解和掌握中国的语言、历史、文化和民俗,就不能为这样的西方对华政策提供任何"高明决策",特别是美国在华利益。在华生活了十一年后,卫三畏在1845—1848年回美探亲并结婚的期间,开始了他在美国许多城市的巡回演讲,内容是关于中国的社会生活、历史和社会制度。从1846年秋开始,卫三畏决定将演讲内容付诸文字,编纂成书。翌年夏,这本脱胎于演讲稿的书定名为《中国总论》,"我相信促使我出一本关于中国的书的动机是正确的。我的动机之一就是想使我的教友们更多地关注中国的命运"。②很明显,这部著名的汉学著作《中国总论》,同样记载着《望厦条约》签订前前后后的中外交往事件。或者说,《望厦条约》签订的这个重大外交事件,成为卫三畏《中国总论》中关于中美关系发展的历史见证。

最后,卫三畏在顾盛使团对华外交上成功的基础上看到了在华福音传教事业的光辉前景,相信外交力量将会把在中国传教的大门打开得更宽广。美国新教传教士来华以后积极从事教育事业,发展出版工作,还兴办医院等慈善机构,这些都是为他们的传教目的服务的,也为1842年以后美国的对华关系奠定了基础。就在中英战争一触即发之际,绝大多数传教士都赞成英国军队的武力行动,甚至希望本国政府参与或使用武力威吓来共同迫使清政府放弃禁教和闭关政策。就连强烈谴责英国主宰下的鸦片贸易和认为英国远征中国是不正义的卫三畏,也在战争爆发后以上帝名义确信"对待中国人需要严厉的措施,以便把他们从无知、自负和偶像崇拜中拯救出来。何必谴责达到

---

① [美]卫斐列著,顾钧、江莉译:《卫三畏生平及书信》,桂林:广西师范大学出版社2004年版,第66页。

② 同上,第86页。

这一目的的手段，以至于忽略了上帝的事业通过这些方法得到的推进。这些方法中的错误，上帝自然会在他认为合适的时间来进行惩罚"。① 于是，美国在华传教士积极参与中美外交，出谋划策甚至亲自介入具体操作。包括卫三畏在内，这些传教士都是以传教士身份从事本国的对华外交活动，这是19世纪早期美国在远东外交史上的一个显著特点。在第二次鸦片战争之前，美国在中国、日本和朝鲜等国的政治外交活动，不是依靠当地翻译人员，就是依靠本国传教士或其他国籍的外国人。来华专使或其他使节与中国政府间往来文件的翻译与谈判的传译工作，都是由本国传教士担任，他们名义上是译员，实际上担负起公使或领事的职责。可见，顾盛使团到达中国，面临的最重大问题就是语言沟通问题，其次是与西方不同的交往礼仪问题。已在中国生活多年的裨治文、卫三畏和伯驾等传教士就成为美国政府值得青睐的译员人选，裨治文和伯驾被聘为使团秘书兼翻译，卫三畏任帮办。顾盛圆满完成签订《望厦条约》"使命"后返回美国前，曾致辞感谢传教士的工作。美国公使列卫廉来华与清政府签订《中美天津条约》后也致谢美国在华传教士："我应该向在华从事传教工作的我国传教士表示敬意。虽然我对这一话题并无太大的兴趣，我还是不得不说，传教工作在中国起到了稳固和保护这个国家的作用。……从更实际一些的角度来看，我认为，传教士们在中国的工作和研究直接关系到我们在华的利益。如果没有他们担任翻译，我们的各项工作都无法进行；如果没有他们的帮助，我在这里既不能读，也不能写，无法与中国人信函往来，更无法与中国人谈判。总之，如果没有他们，我根本无法开展工作。他们为我们解决了很多困难。1844年顾盛先生在中国的时候，为他做翻译和帮助他的都是传教士；1853年马沙利先生和1854年麦莲先生在中国任职时，为他们担任翻译的也都是传教士。"②

传教士和外交官在华是各有所求，各取所需，相得益彰。从《望厦条约》到《中美天津条约》，传教权利的获得是那么的容易，远快于传教士在华潜心

---

① Frederick Wells Williams, *The Life and Letters of Samuel Wells Williams, L. L. D.: missionary, diplomatist, Sinologue*, Reprint edition published in 1972 by Scholarly Resources, Inc. Wilmington, Delaware, p. 325.
② [美]卫斐列著，顾钧、江莉译：《卫三畏生平及书信》，广西师范大学出版社2004年版，第178—179页。

布道的辛苦多年，使美国在华传教士看到了强权外交的巨大力量。这给了卫三畏极大的心灵震撼，使他在英法挑起第二次鸦片战争前就开始逐渐放弃那种艰苦的布道方式，考虑脱离美部会而加入美国来华使团，并在其后的中美谈判签约过程中发挥了积极和重要作用，也从此以后置身于对华外交领域，一直担任美国驻华使馆的秘书兼中文翻译，还曾多次代理驻华公使之职，直到退休回美。在长达20年的外交生涯中，卫三畏为美国在华利益的获取做出了巨大"贡献"，更为基督教在华传播创造了有利的条件。在《中美天津条约》签订后，卫三畏曾致信威廉斯牧师，表达了外交签约对传教发展的意义："在这次天津之行中，我和中国的高级官员接触很多。他们当中有大学士、将军、总督及其他达官显贵。我发现，虽然他们对基督教一无所知，但是都非常尊重我们的这一神圣信仰，至少在我们面前表现得是如此。……如果说中国就像一个处于蒙昧、野蛮状态的城堡，那么我们现在可以说已经打开了这座城堡的大门。我祈求上帝授意他的信徒马上来占领这座城堡，改变它落后的状态；我祈求上帝降福中国人，并抚慰他们，使他们归顺我主。"[①] 1876年退休回美的卫三畏在晚年曾撰写一篇题为《新教传教事业在中国》的文章，表述了条约签订为基督教在华传播创造了有利条件："我们与中国签订的条约规定，在中国有传播基督教和信仰基督教的自由，也有公开举行宗教活动和仪式的自由。这极大地促进了教会组织的扩大。它标志着我们在发展我们神圣事业的道路上取得了又一个重大进步，意味着我们在中国普及基督教的计划正在逐步得到实现。"[②]

第三节　中立评价太平天国运动

古今中外，无数的外交活动证明，外交的成功可以带领国家成功，而外

[①] ［美］卫斐列著，顾钧、江莉译：《卫三畏生平及书信》，广西师范大学出版社2004年版，第183—184页。

[②] 同上，第179—180页。

交的失败最终甚至可能导致亡国。在早期中美外交的舞台上，曾涌现了一批传教士外交官，他们不仅能够冷静地观察中美各自发展态势、正确地把握满清王朝的内忧外患，在重大的政局变动中比较客观而公正地发挥一名外交官的历史作用。卫三畏以"耶稣基督拯救中国"为己任，以美国在华最大利益为杠杆，以对中国历史和文化的深邃见解为依托，更以外交官冷静而准确的判断力感知中国的变化，从而做出适合其传教士和外交官双重身份的有利于中美关系的事情来。对太平天国运动的判断和态度，比较恰当地反映了踏上职业外交官之前的卫三畏所具有的学识和外交才能，即他既反对以传教士为首的西方人对太平天国的拥戴，又反对一些美国外交官仇视和援助清王朝剿灭太平天国的做法，认为这是中国的内政问题，是上天意志的表现，正确的政策就是外交中立。

卫三畏来华后虽然主要从事包括传教小册子在内的印刷工作，但很自然地频繁地接触到中国文化和社会的纵深层面，加强了他对中国历史的理性认识，以至于在华生活十一年后回美探亲期间，就能够在巡演讲稿的基础上撰写出版《中国总论》。《中国总论》不仅是一本研究中国的学术著作，更是卫三畏对华外交见解的最有力载体，因为他对中国传统国情和现时国民性的认识是相当深刻的："通过这本书，他还是尽了全力要打消人们对中国的嘲弄和偏见。他对这种普遍存在的偏见十分不满，'仿佛人们觉得他们只会邯郸学步，他们的社会制度、文学艺术、政府政治都只是对基督教世界的拙劣模仿'，为此，卫三畏要'用真实的叙述还中国一个公道'。"[①]"还中国一个公道"的勇气和行动，足以说明此后的卫三畏，显然已经具备了一名外交官的最重要的内在素质。从1848年秋返回广州后，卫三畏更加全身心地投入传教印刷工作，编辑一部英汉对照词汇表（即后来的《英华分韵撮要》），同时努力学习中文，以至他在广州可以用汉语主持定期和公开的礼拜仪式了。[②] 就在他主编的《中国丛报》即将停刊之际，中国爆发了太平天国运动。这场对大清王朝影响至深的带有基督教色彩的反封建运动，也是对当时在华外国人的

---

① ［美］卫斐列著，顾钧、江莉译：《卫三畏生平及书信》，桂林：广西师范大学出版社2004年版，第91页。

② 同上，第94页。

一次严峻考验，尤其对传教士和外交官的冲击力很大。

太平天国运动发生在第一次鸦片战争和五口通商之后，外国资本主义势力已经侵入中国，中西之间的激烈碰撞，使阶级矛盾与民族矛盾交织在一起而更加激化。太平天国在承担反封建任务的同时，必须担负起反侵略的历史重任，这是过去的农民战争所没有的。太平天国运动因其明确的革命纲领和奋斗目标，把中国农民战争推到了最高峰，不仅加速了清王朝和整个封建制度的衰落与崩溃，也配合了19世纪中叶在亚洲出现的第一次民族解放运动高潮，共同打击了西方殖民主义者。这是包括中国在内的东方国家对这段历史的主要解说。而当时在华的西方人对这场运动则是另一种解说，例如卫三畏在修订版《中国总论》第24章中说明了太平天国起义原因："这场在海外称为太平军叛乱的持久骚乱，延续时间之长，原因在于政府内部腐败，对外斗争中软弱；同时还有其他原因在起作用。大多数中国人民完全明白，统治者比起他们自己，在道德、诚实、爱国等方面并不高出一筹；他们在抢劫、征税、勒索、审判不公之类坏事归咎于当局。统治者知道，国人对于逃税、在无碍自身安全时反抗衙役、对抗而不是协助维护法律和秩序，这些都是顶体面的事。基督教国家视为社会秩序和公道政府的根基——道德心的力量和遵守法律的义务，在中国没有这样的基础。"① 这段话没有涉及西方入侵对中国人民的心理挫伤，对中国统治者责任的评论也是推诿口气，偏颇之处显而易见，但还是让我们知道了西方人的视角和思考问题方式：基督之心和法律规范，不同于中国的人治原则。

在对太平天国运动的基督教色彩的评论上，卫三畏认为这是一种附会，指出金田起义以来，确实得到贫苦无告的人们的集合和拥护，但是，到攻占永州后，"洪秀全越来越相信他的神圣使命来自'天父'，他称为'天兄'的就是耶稣，并开始脱离追随者的注视目光，给他们这样的启示，他受权驾驭武力来廓清地面上全部偶像崇拜和压迫，使献身这一光辉事业的人衷心欢呼。对于基督教的全部特有信条来说，这样的方针是破坏性的。……这一方针的主要特征，是从摩西和亚伦撒进帐幕圣堂时的行为抄袭来的，未受教导的追

---

① ［美］卫三畏著，陈俱译：《中国总论》，上海：上海古籍出版社2005年版，第1001页。

随者很容易得到这样的印象,他个人以同样方式反复讲述就等于是上天的意志。他的做法恰当地说明了为什么他从来不请外国传教士帮助,用耶稣基督的真理来教育追随者,他完全清楚,传教士不可能赞成这样的欺骗行为"。①正是从不同于西方真正基督教教义的这一点出发,卫三畏感到太平天国最终失败是必然的,是上天力量使然:"作为一场革命,理应包括按基督教原则重组中国,明确规定统治者和人民各自的权利与义务,这在占领南京后的一年内已完全失败了。这一运动的任何一个领导人都没有发展自己的能力去创建持久而适宜的管理制度,没有一个人学到成立临时政府来治理已占领地区的必要经验,也没有这样的机智使居民能持久信任他们。"② 而对北京满清政权的苟延残喘和继续维持闭关的外交政策,卫三畏也不吝批判:"他(两广总督叶名琛)的隔绝态度是北京既定方针的一部分,也就是说,同可怕的外国人保持一定距离,以维持完全的闭关自守。没有别的做法更有可能给政府带来它所害怕的坏事,同时更加确实地表明昏庸无知所造成的后果。这种状况不可能长久维持下去,沿海有那么强大的势力使合法贸易趋于瓦解,使所有官员遏制臣民胡作非为的一切努力受到挫败。五口开放至今,十年时间过去了,中国人陷于自从满人征服以来未有过的悲惨不幸的混乱局面。然而,外患内乱没有使骄傲的北京官僚主义吸取教训,这些人既不愿寻求治疗之方,也不能理解困扰国家的难题的真正性质所在。"③

卫三畏对太平天国的上述认识,充分反映了他对中国历史与文化的深切认识,以及对以汉族为主的中国人性格的理解,与当时某些传教士的狂热和一些外交官的敌视相较而论,是迥然不同的理智与现实。卫三畏从来没有访问过太平天国都城天京,也没有过多评说,但他的"中立"态度十分坚定,因为在他看来,只要基督福音能够在华散播,上帝拯救中国的伟大计划在执行,就不在乎哪个中国的种族(汉族或满族)组织政府和统治人民。"这场战斗不论谁赢,起维护作用的无疑是上天的力量"。④ 在卫三畏提出坚守中立政

---

① [美]卫三畏著,陈俱译:《中国总论》,上海:上海古籍出版社2005年版,第1008—1009页。
② 同上,第1013页。
③ 同上,第1036页。
④ 同上,第1011页。

策的看法后的第十一天，佩里将军就向美国政府呈送了一份报告，主张美国政府正确的对华政策应该是"保持沉默，等待适当机会的到来，然后再采取行动"，而且在报告的开头就开宗明义地宣称：这些建议是综合了美国商人的意见和"普遍的评论"而提出的。① 而与卫三畏式的传教士看法相左的是美国政府对太平天国的敌视或摇摆政策。其实，早在1853年3月19日太平军攻克南京前，江苏巡抚杨文定命令上海道台吴健彰向上海的英法美领事求援，希望他们的兵船开进长江，帮助守卫南京。英法美三国的基本考虑，是在中国的社会变革中保住已取得的条约权益，如有可能则进一步扩大权益，而清政府请其出兵助战，是将活动范围深入内地的好机会，可是支持清朝就意味着与太平天国处于敌对地位。因此，在太平天国起义第一阶段，美国政府根据来自中国的不同报告和在全局不明朗的情况下，决定不接受吴健彰的要求，不介入双方的战事，执行"中立政策"："美国决定维持中立，可择可为者而为之。惟必须尊重条约的规定。对中国的统治者与其人民之间所发生的一切争执，尤须保持美国的不干涉政策，若不违反此种行为之规律，自可以尽量设法使中国处此危机之下放弃其加于中外关系的不智之束缚。"② 1853年4月2日，新任美国驻华公使马沙利便乘"色士奎哈那号"兵舰去天京，这比英国公使文翰离沪去天京要早二十天。不过马沙利这次天京之行未能如愿，只好垂头丧气地折回上海。尽管如此，面对太平军的凌厉攻势，马沙利也觉得太平军最后成功已不成问题，冒犯太平天国不是上策，而且太平天国信奉某种形式的基督教新教，信奉同一个宗教就有接近的可能，外交和贸易有可能打开新局面。然而，战斗瞬息万变，定都南京的太平天国开始裹足不前，北伐也是孤军深入，西进虽一时进展，其后就受到了地方团练的阻截，再加上英法两国公使先后访问天京，英俄两国准备帮助清政府干涉进而瓜分中国，令马沙利感到疑惧。5月30日，马沙利给美国国务院马西的信中，明确地表达了援助清政府的意向："美国一旦面临一件现在很像是瓜分中国这样的大事发

---

① 《急件：培理致海军部长函》(*Dispatch, Perry to Secreary of Navy*)，1853年8月31日，载戴维兹编《美国外交和政府文件，美国与中国》第1辑第4卷，第194页。
② 李抱宏：《中美外交关系》，北京：商务印书馆1940年版，第94页。

生，究将如何自处方为得计，应当未雨绸缪。"① 在马沙利看来，从全局和长远考虑，力主全力支持满清政府的主张："一旦英国和俄国为他们的贪心或野心所驱使，企图肆行掠夺，亚洲的命运也就从此注定，除非现在美国能以健全的政策挫败这种不幸的结果于事先，未来中美关系的长期断绝是可以想象的"，"美国的最高利益所寄，是在于支持中国——维持此间的秩序"，"而不是坐视中国变成无政府状态蔓延的场所，致终成为欧洲野心的牺牲品。"② 马沙利认定的"中国的稳定是美国最大利益所在"这句话，就是所谓的"马沙利纲领"。由于"美国对华事务不了解，且通讯不便，使华外交人员享用极大行事之权"。③

马沙利的这种政策很显然遭致美国商人的反对，在美国国内也没有得到多数人的支持。美国总统皮尔斯鉴于"马沙利先生在中国事务中的行动，引起了内阁的不快和麻烦"，④ 不得不作出撤换马沙利而代之以麦莲作为新任驻华公使。鉴于前任马沙利的教训，麦莲在来华之后采用了既与太平天国接触，又和清政府交往的"双管齐下"的"两面手法"。1854 年 5 月 21 日，麦莲乘"色士奎哈那号"，自吴淞泊地启程，并于 25 日到达镇江。因未事先周知，故遭到太平守军炮击。5 月 27 日，该军舰到达天京城外江面，并向太平军呈送照会。但由于太平军将领未能摒弃传统的夷夏之辩，照会中仍视美国为进贡的藩属，准其年年进贡，岁岁来朝，以永沐天朝恩泽。这就让美国公使大失所望。麦莲是继 1853 年 4 月和 12 月英国公使文翰和法国公使布尔布隆分别乘军舰访问过天京之后的第三个访问天京的美国公使级官员，也是美国官员与太平天国唯一的一次接触。美国政府的政策是要静观事态发展，并利用中国的危机局面，坐收利益。为了从清政府那里获得更多利益，麦莲把注意点放到了联合英法与清政府谈判"修约"的交涉之中。因此，麦莲便利用被清政府视为"肘腋之患"的太平天国作为与清政府讨价还价的筹码，提出如果

---

① ［美］泰勒·丹涅特著，姚曾廙译：《美国人在东亚》，北京：商务印书馆1959 年版，第168—169 页。
② 同上，第 204 页。
③ 李定一：《中美早期外交史》，北京：北京大学出版社 1997 年版，第 153 页。
④ 茅家琦：《太平天国对外关系史》，北京：人民出版社 1984 年版，第 65 页。

清政府满足其"修约"的要求,便"自当襄助中华,削平反侧"。[①] 从 1855 年 8 月起,美国政府和驻华公使等官员完全抛弃"中立"原则,公开地采取了助清政策,并以 12 年期满修约为幌子,大肆揽摄权益。传教医师伯驾被任命为驻华公使,于是年底到达中国,便与英法公使沆瀣一气,北上欲强迫修约未果,遂回香港。次年,伯驾公使向美国国务院提出一个计划,由美英法三国分别占领台湾、舟山群岛和朝鲜。这是西方国家首次公开要求染指台湾的企图。此后,伯驾又多次向美国政府提出使用武力,并建议美国占领台湾,建立一个"受美国保护"的"独立政府",实质是把台湾变为美国殖民地。后因美国内战无暇他顾和台湾人民的反抗,未能得逞,伯驾也因此举众怒难犯而下野。

1857 年 4 月,继任的美国第一任驻华特命全权公使列卫廉赴华修约,却一直采取与美国政府"和平合作方式"相反的武力政策,借助英法联军的船坚炮利,裹挟清政府先于英法与美国签订《天津条约》,得到美国政府的默认。1859 年上任的美国驻华公使华若翰,同样与英法联军北上换约,并支持和介入武力胁迫。1862 年底美国第一位驻京公使蒲安臣来华后,与西方其他列强合作,公开援助清政府镇压太平天国的态度日益明朗。蒲安臣公开声称:太平军无成事之理,对清政府不但应"以合法政府视之",还要帮助它"压平内乱",[②] 并允许组建美国华尔洋枪队,"赞成中国自行组织军队而雇佣外人训练华兵关于平时与战时的战术"。[③] 至此,美国政府伪装的"中立"政策宣告结束,加入西方列强的全面军事干涉之中。太平天国在中外反动势力的联合绞杀下而最终失败。美国只希望中国继续维持现状,保护列强在华的利益,包括不平等条约所给予列强的在华特权,而不愿看到一个和平民主富强的新中国出现在它的视野里。这就是美国在中国出现政局变动中所持的"中立"原则的真实本质。

就当时在华外国人和他们身后的政府而言,对太平天国的失败也是几家欢乐几家愁的。如果从一种事不关己的心态出发,只是一份嬉笑怒骂后的谈

[①] 贾桢等编:《筹办夷务始末》(咸丰朝)第 8 卷,北京:中华书局 1979 年版,第 286 页。
[②] 李抱宏:《中美外交关系》,北京:商务印书馆 1940 年版,第 103 页。
[③] 王忠:《太平天国革命人民如何对付外国侵略者》,《太平天国革命运动论文集》,北京:生活・读书・新知三联书店 1950 年版,第 47 页。

资，而从唯个人利益为上的机会主义角度，似乎就有一种胜者为王败者寇的人生万象。犹如基督冥冥之中的感应，传教士卫三畏似乎对太平天国的失败也是苦水内咽，而只以"担心太平军胜利之前，这个国家要先经历一段较长的暴政时期"来解嘲一番了。在此有必要将卫三畏曾写给在土耳其布道的弟弟的两份信摘录如下，去感受卫三畏之于太平天国"中立"思想的真实内心世界：

在中国发生的起义声势浩大，如火如荼。我们都觉得，清王朝可能很快就要被推翻了，起义者们将要建立一个汉人的政权。我们每天都在等待着起义军占领北京，将满族人驱逐出去的消息。同时也担心清王朝被推翻的消息传出后，我们的生命财产安全会失去保障。……这次起义的领导者确实是很有才能的一群人。从他们的谋略来看，他们远远比我们想像的要有远见卓识。我们对他们的了解很有限，因为我们只有通过官方渠道获得信息。但是，朝廷的官员显然对他们的敌人并无清醒的认识，他们总是歪曲事实。起义的领袖对《摩西五经》和四大福音书略知一二。他们推倒偶像，而且还守安息日。不过，他们的信仰和规矩中还是有一些伊斯兰教和多神教的味道。他们之所以有比较大的号召力，也许是因为他们的教义的确说服了一些人。但更重要的原因在于他们总是公平买卖，从不强取豪夺。偶像崇拜和祖先崇拜在中国人心中根深蒂固，起义者们所宣讲的那些基督教教义并不能为人们所接受。不过他们似乎不是很在意人们是否能摈弃对偶像和祖先的迷信，也许，他们心目中也还保留着这样的迷信。从他们出版的书籍来看，他们的确对基督教有较多的理解。当然，也有很多错误的认识和狂热、偏执的想法。最典型的是，他们宣称他们已经得到了神谕，一切都是按上帝的旨意行事。我很希望这次起义能产生一些好的结果，但是，既然它颠覆了长期维持的旧秩序，那么就不可避免地会给整个中国带来苦难。我们确信，上帝主宰着一切，所有的变化最后都将成为伟大事业的推动因素（1853年8月20日广州）。

我们去很多的地方布道，而且没有受到任何阻挠。这也许是因为在太平天国起义的影响下，人们的宗教观已经发生了很大的变化。太平军的宣传使耶稣、摩西及其他一些《圣经》中的人物广为人知（无知的人们凭自己的理解来定义这些人物）。人们想从我们这里了解一些基督教的真相，所以对我们的布道多了一些关注。这里的人们非常关心太平军在北方的斗争情况，认为改朝换代指日可待。而伴随着朝代的更替，总会有许多不可预测的事情发生。人们乐于对未来进行种种猜测，并乐此不疲。……在此之前，对于外国人，中国人的头脑中只有一些极荒诞、极不切实际的猜想。现在他们的认识加深了，并且这种认识已为越来越多的人所具有。因此，我们有理由相信，在不久的将来，我们可以自由地去这个的任何一个地方与那里的人交流，我们的轮船可以在长江、黄河及它们的支流中自由地航行。因为人们都希望见到我们、了解我们。……我们不知道宗教的因素在这次起义中到底占多大比例，我们更不知道对基督的信仰到底在多大程度上影响了这次起义的领导者们。因此，我们无法衡量我们神圣的信仰在他们那里到底获得了多大的成功。有许多外国人对前景过于乐观，他们相信，起义军建立起一个新政权后，将会奉基督教为国教，并将是否信奉基督教作为判断一个人是否忠于新政权的标准。这些乐观的改革者们不知道，在一个异教盛行的国家，真理的传播将是一个极为漫长的过程。这些乐观的人大多没有经历过精神或信仰的巨变，在这个问题上他们不会比一般人更有洞察力。我们有理由期待，这些起义者在夺取政权后会比清政府给我们更多的特权。但是，我担心在这一天到来之前，这个国家要先经历一段较长的暴政时期（1853年9月24日广州）。[①]

当然，有一点必须指出，作为一个外国人，卫三畏同样不可避免地流露出对失败了的太平天国的某种"事后诸葛亮"的心态，尽管他不是那么公开强烈地反对太平天国，他的"中立"主张也是隔岸观火、从中渔利的一种思想。无论是太平天国还是清政府，只要从其中一方获得美国在华利益最大化，就是他的爱（美）国主义。南京被攻占，标志着太平天国的最后失败，一度助剿太平军的美国人华尔似乎成为当时在华美国人的一个灵魂人物和英雄，卫三畏还曾为华尔撰写和翻译相关资料，多有溢美之词，而对太平天国这场"叛乱"的最终失败显得比较淡然和漠视："从一开始我就对这一叛乱没有信心，虽然他看上去好像会成为传播真理的一种手段，但实际上没有足够的理由来确保这样一个结果，而在过去的五年当中叛乱者的行为表明他们是残忍

[①] [美]卫斐列著，顾钧、江莉译：《卫三畏生平及书信》，桂林：广西师范大学出版社2004年版，第120—122页。

和狂热的,其程度远远超过 1851 年他们开始屠杀时的情景。"①

第四节 卫三畏政治外交与耶稣入华

从理论上来探讨基督宗教的入华理由似乎并不缺乏充足的证据,西方基督徒在"天定命运"观指导下,自然会把他们心中的异教中国作为福音教化的国度。在整个近代史上,传教士的宗教热情几近狂热,达到声称"基督征服中国"的地步。然而,"让耶稣进入中国"的美好愿望实现起来并不像传教士想象的那么简单,在世俗社会里,特别在近代中西交往极为不畅的历史条件下,几乎是不可能成功的实践。客观事实是,包括卫三畏在内的那些虔诚的新教传教士通过锲而不舍的长期努力,为耶稣入华作出了自己的成绩。这种世俗化的宗教努力,使得卫三畏在中美政治关系史上留下了重要的印迹。

在耶稣入华的宗教问题上,卫三畏总体上主张"儒耶合一"的传教策略。但这种和平传教的心灵福音,确实在华遭遇到了政治障碍。而以传教士身份出任美国外交官,使得外交活动给予了卫三畏更大的工作能量,更好地为上帝服务的良机,正应了他在给美部会辞职信中的诺言:"我愿意为这一事业(指福音传播)做任何事情,就像以前一样。我深信,上帝还将给中国更多的恩惠,我们应该帮助这个民族领悟上帝的教诲。"②

1829 年 10 月 14 日,28 岁的裨治文受美部会派遣赴华,拉开了长达一个多世纪的美国对华传教运动的序幕。1845 年 7 月,《纽约危机》记者约翰·沙利文著文,正式提出"天定命运"口号,鼓吹美国领土扩张是上帝委托的神圣的道德使命,美国不仅应该在美洲大陆扩张,而且应该向海外扩张,作为基督徒的美国人有责任遵照上帝的旨意拯救世界。③而传教士的国家属性,不

---

① [美]卫斐列著,顾钧、江莉译:《卫三畏生平及书信》,桂林:广西师范大学出版社 2004 年版,第 243 页。
② 同上,第 157 页。
③ 刘澎:《当代美国宗教》,北京:社会科学文献出版社 2001 年版,第 72 页。

可回避地使他们与其国家的根本利益密不可分，政治、经济和宗教关系就具体地将来华传教士与美国在华的发展联系在一起。因此，美国传教士介入中美政治与外交就是一种必然的趋势。美国传教士介入晚清中美政治外交的首要原因是想扩大在华的传教事业，而在客观上也是顺应美国政府对华政治利益和中国西化改革的需要。

新生美国在早期对华事务中必须需要文化素质较高和对中国较为了解的传教士的帮助，原因就在于美国政府对中国缺乏了解。从《望厦条约》签订到1857年伯驾去职，其间整整十三年，美国有驻华委员在任的时期不到六年，其余一半以上的时间都由人代办，人均不到一年，实际上的主要负责人就是传教士伯驾，而且"美国驻华公使在《望厦条约》缔约后的十年内没有从华盛顿得到过具体指示，这一事实进一步证明美国政府对在中国发生的事情漠不关心"。① 这样不利的情况，即令当时的美国政府诚心选派中国问题专家出使中国，或以专家为使华外交人员的顾问，或以训练派赴中国使馆人员以及中国知识及中国语文，亦不可得，"在20世纪以前美国唯一的所谓汉学家不过卫三畏一人"。② 此话是否言过其实，尚不作评论，但最明显的事实是，美国新教传教士在早期中美关系史上的历史作用是重大的。这些传教士以其对于中文"精通"和对中国事务的熟悉，首先成为美国对华政治制订和实施的最佳人选，却是不争的事实。他们有的成为美国驻华人员的医院兼翻译，有的甚至当上了美国驻华公使、专使或代理公使。据不完全统计，进入美国驻华机构任职的美国传教士至少有下表所列的11位。

姓名	所属差会	来华时间	担任的外交职务	任职时间
裨治文	美部会	1830	顾盛使团翻译	1844
伯 驾	美部会	1834	使馆秘书、代理专使、专使	1844—1855
卫三畏	美部会	1833	使馆秘书兼翻译、9次代理公使	1857—1874

---

① [美]孔华润著，张静尔译：《美国对中国的反应》，上海：复旦大学出版社1989年版，第13页。

② 李定一：《中美早期外交史》，北京：北京大学出版社1997年版，第154页。

续表

姓名	所属差会	来华时间	担任的外交职务	任职时间
罗尔梯	美国浸礼促进会	1848	美国驻宁波领事	1861—1881
晏玛太	南浸礼传道会	1847	驻沪使馆翻译、副领事	1862—1864
麦嘉缔	美国长老会	1844	美国驻沪副领事	1871
何天爵	美部会	1869	使馆头等参赞、代理公使	1871—1882
丁家立	美部会	1882	驻天津副领事	1894—1896
卫理	美以美会	1887	使馆参赞	1901—1908
李安德	美以美会	1871	驻天津副领事	不详
李佳白	美国长老会	1882	驻华使馆翻译	不详

（资料来源：中国社科院近代史研究所编《近代来华外国人名辞典》，中国社会科学出版社1981年版。）

一般说来，美国与晚清政府之间的往来公文大部分由精通汉语的传教士来承担，实际与中国官员打交道的也是这些传教士，这对中美关系产生了重要影响。自顾盛使华到《中美天津条约》签订，传教士一直是对华外交的主要助手和顾问，伯驾和裨治文对《望厦条约》、卫三畏对《中美天津条约》，从条约草案到最后签订都发挥了重要作用，而从19世纪60年代到90年代美国对华"门户开放"政策之间，美国驻华使馆的对华外交格局没有太大的变化，卫三畏、何天爵、卫理等传教士无论是秘书、翻译还是代理公使，仍然是美国对华政策的主要参与者和决策者。何天爵是1880年《中美续修条约四款》和《续给附款》的起草者。进入20世纪后，美国对华的政治外交已趋成熟，驻华外交官日益专业化和职业化，传教士对华政策的影响变得越来越小了。

卫三畏进入外交界，加强了传教士外交官这种美国对华政治外交的新特点，特别在福音传播的宗教意义上，成为基督教在华传播史上的一个重要内容。从1857年出任美国驻华使馆的秘书兼翻译开始，直到1876年从代理公使职位上退休离华，卫三畏在华20年的外交生涯，不仅有利于开创了中美外交关系的新局面，更重要的是他取得了自己所追求的"耶稣入华"在政治上的"成就"：在《中美天津条约》中就是他把"传教宽容"的条款加进去的。从此，清政府解除了自"礼仪之争"以来长达一百多年的禁教政策，基督教在华传播开始合法化和公开化了。尽管"自由传教"在华实施十多年之后，中国社会没有出现卫三畏所期待的福音普惠的大好气象，但在最后一次离开中国时，他显示出作为传教士的自豪心态："在这个最后的时刻，我开始怀疑自己离开中国的决定是否正确。这好比连根拔起一棵大树移植到不适宜的土壤中，它的树液也许不会流动。唯有时间能判断这个决定是否明智。……不论我在中国做过的事情是好还是坏，都已留在了那片土地上。上帝会把它们作为他在中国传播声名、实践允诺的一部分。我在传教过程中与同伴们相处融洽、身体健康、工作愉快，为此我要虔诚地赞美造物主。"①

为了展示卫三畏在1858年政治外交意义上的"传教宽容"活动，需要对包括美国在内的西方国家在华获得传教权利的来龙去脉，做一些必要的历史陈述。前已有述，鸦片战争前来华商人受阻于广州十三行制度，使商人和传教士走到了一起。在面对商人的罪恶的鸦片贸易时，在华传教士大都缄默不言，不愿置评。② 随着猖獗的鸦片贸易引发的中英冲突愈演愈烈，很多美国传教士都一致认为应该对华采取强硬政策，以武力打开中国长期紧闭的大门。他们把中英战争看作是打破禁教政策，使福音进入中国的契机。美国第一位来华女传教士夏克夫人回忆说："中英之间的纠纷曾使我欣喜若狂，因为我相信英国人会被激怒，这样上帝就会以其力量打破阻止基督福音进入中国的障碍。"③ 另一位传教士则发出了赤裸裸的战争叫嚣："战争是为福音打开一国门户的手段，铡刀是精神之剑的先导。"④ 而一时盛名的《中国丛报》也在有意无意地为中英纠纷升级做着的可有可无证据的鼓动，其中提出了一些侵华主张，如在1836年2月第4卷第10期中，发表了附有"编者按"的通讯文章《与中国缔约的迫切需要：达成实现有关目的之条约的可能性》，基本结论是：

---

① ［美］卫斐列著，顾钧、江莉译：《卫三畏生平及书信》，桂林：广西师范大学出版社2004年版，第286页。
② 楼宇烈、张志刚：《中外宗教交流史》，长沙：湖南教育出版社1998年版，第385页。
③ John King Fairbank, ed., *The Missionary Enterprise in China and America*, Cambridge, Mass.: Harvard University Press, 1974, p. 252.
④ 雷雨田：《上帝与美国人》，上海：上海人民出版社1994年版，第55页。

"我们不能通过辞谦语卑的禀帖而取得什么；如果我们要和中国订立一个条约，这个条约必须是在刺刀下，依照我们的命令写下来，并要在大炮的瞄准下，才发生效力的。"① 鸦片战争爆发后，一些传教士还直接参与了英国的侵华行动。美国传教士雅裨理和文惠廉于1842年2月乘坐英国兵船抵达厦门鼓浪屿，由于他们都懂闽南语，因而对英军帮助很大。对此行径，雅裨理不无炫耀地说，多年来，他在中国受到约束，虽"舌焦唇敝"，却徒劳无功；如今，在英军保护下，"如此完全自由"和"取得这么多利益"，实在是"上帝的恩赐"。②

在鸦片战争中充当极不光彩的帮凶角色的传教士及其违犯基督教道德的行为，还是遭到了一些具有正义感和良知的在华传教士的谴责和批评，如美国长老会的传教医生嘉约翰就把传教士加入的侵华战争称为"整个基督教世界的耻辱"，③ 而另一些美国传教士则认为"我们以后不得不花费很长的时间为自己洗刷污名"。④ 在鸦片战争一触即发之际，传教士卫三畏也曾表示"对待中国人需要严厉的措施，以便把他们从无知、自负和偶像崇拜中拯救出来"。⑤ 但他始终对于鸦片、鸦片贸易和鸦片战争持否定态度。在晚年《中国总论》修订版面世后，卫三畏仍然坚持他的一贯原则："他没有掩饰自己对报纸上评论的兴趣，一有书评便要人读给他听。英语报刊的评论总体来说都是褒奖，这让他很高兴，虽然这些评论很少放过对他的'鸦片偏执'（他坚持认为英国实行的鸦片政策是现今中国苦难的最终根源）的指责。"⑥ 尽管如此，卫三畏无疑对当时的中外形势有着一种踌躇和矛盾的心态，但为了福音能够在华传布，在心理天平上，他的主要方面还是乐意看到英国人打开中国闭关大门后带给福音传播的良机，"中国人只有一个机会可以获得拯救，那就是彻

---

① 楼宇烈、张志刚：《中外宗教交流史》，长沙：湖南教育出版社1998年版，第386页。
② 《中国丛报》（*The Chinese Repository*），1849年5月，第272页。
③ 王立新：《美国传教士与晚清中国现代化》，天津：天津人民出版社1997年版，第71页。
④ 同上，第264页。
⑤ [美]韩德著，项立岭等译：《中美特殊关系的形成：1914年前的美国与中国》，上海：复旦大学出版社1993年版，第38页。
⑥ [美]卫斐列著，顾钧、江莉译：《卫三畏生平及书信》，桂林：广西师范大学出版社2004年版，第311页。

底地在基督中重生，除此之外，别无他法"。①

尽管《南京条约》对鸦片贸易和传教自由只字不提，并不是说这些中国人禁忌很深的东西从此绝迹，而是不言自明的我行我素，双方心知肚明。"对传教一事只字不提，英国人关心的只是通商，可是五口通商势必导致前来贸易的英国商人提出在商埠奉行宗教生活的权利。"② 同时，商人和传教士都获得了严重损害中国主权的治外法权，传教自由也就顺理成章地成为必然之事了。鸦片战争前后，美国主要致力于西部拓展，尚无积极向海外扩张的要求，亦无向海外扩张的实力，所以在中国问题上，美国既不愿意同英国采取共同行动，又不甘心自己在华贸易利益上受到歧视，一时消极地隔岸观火，伺机趁火打劫，以求最惠国待遇。《南京条约》签订的消息传到美国后，美国政府才意识到迫使中国政府签约的时机已经成熟，迅速遣使赴华。美国政府是最早利用新条约与中国确立交往关系的国家，为此泰勒总统派遣政治家兼学者顾盛带着一封致中国皇帝的信前往中国。作为使者，顾盛拥有协商两国之间条约的一切权力。顾盛在传教士裨治文、伯驾和卫三畏等人帮助下，在澳门的半年中，利用鸦片战争后清政府的惧外心理，不断以北上相威胁，并以威胁和教训的口吻对前来的中国官员说，拒绝接待使节，在国际社会看来是"一个有辱国体的举动，也是战争的正当理由"。他还故意说自己已经大受侮辱，美国的国家荣誉也已经受到损害，只是暂时"隐忍不发"，希望能够得到"适当的补偿"。③ 除了割地和赔款外，《望厦条约》不仅获得了《南京条约》中规定的所有权益，而且还取得了《南京条约》上所没有或者有但未明确的一些条款上所规定的利益，从而使中国的门户打得更宽阔了，"已将美国对华关系，放置在一个崭新的立脚点上，万分有利于美国商务以及其他利益之发展"。④《望厦条约》中新增的条款，就有《南京条约》中没有涉及的文化方

---

① ［法］P·W·费伊：《鸦片战争时期法国天主教会在华的活动》，复旦大学历史系编：《中外关系史译丛》第5辑，上海：上海译文出版社1991年版，第231页。
② ［法］史式徽著，天主教上海教区史料译写组译：《江南传教史》，上海：上海译文出版社1983年版，第54页。
③ ［美］泰勒·丹涅特著，姚曾廙译：《美国人在东亚》，北京：商务印书馆1962年版，第134—135页。
④ 卿汝楫：《美国侵华史》，北京：人民出版社1957年版，第79、81页。

面,包括宗教问题,比较明显地反映了传教士的利益与要求。《望厦条约》是近代第一个真正把基督教在华问题载入条约的。关于传教问题的条款主要表现在两个方面:一是扩大了社会生活和思想文化方面的权利,二是对领事裁判权作的增广和更加明确的规定。《南京条约》中虽有社会生活权利方面的规定,但完全是处于对商业的需要,而思想文化方面的权利,则基本没有涉及。《望厦条约》却明显地扩大了这些方面的特权,如条约第17款规定:"合众国人在五港口贸易、或久居、或暂住,均准其租赁民房,或租地自行建楼,并设立医馆、礼拜堂及殡葬之处";第18款又规定:"准合众国官民延请中国各方土民人等教习各方语言,并帮办文墨事件,不论所延请者系何等样人,中国地方官民等均不得稍有阻挠、陷害等事;并准其采买中国各项书籍。"这些规定的目的是显而易见地为传教士各种活动提供保护:传教士可以公开将西方的思想文化、生活习俗和宗教信仰引入中国,并且获得了在中国从事传教活动的合法基地,这对于清政府的禁教政策无疑是打开了缺口,为后来法国要求天主教驰禁的先导,而且传教士可以通过聘请中国教师、仆役和采买中国书籍,同中国社会各阶层进行广泛的接触,与他们交往的中国人亦可以得到条约的保护而无所顾忌,这就为他们的文化渗透和传教活动提供了非常便利的条件。更重要的是,包括传教士在内的美国人在中国的违法犯罪行为也得到豁免,这是《望厦条约》对中国主权侵犯的铁证,西方人获得了在华的领事裁判权。《南京条约》虽然确定了民事和刑事案件中的领事裁判权,但含义并不明确,还不能满足传教士的要求。《望厦条约》进一步扩大了领事裁判权,作了更加明确的规定。条约第21款规定:"嗣后中国民人与合众国民人有争斗、诉讼、交涉事件,中国民人由中国地方官捉拿审讯,照中国例治罪;合众国民人由领事等官捉拿审讯,照本国例治罪";第25款又规定:"合众国民人在中国各港口,自因财产涉讼,由本国领事等官审明办理。若合众国民人在中国与别国贸易之人,因事争论者,应听造查照各本国所立条约办理,中国官员均不得过问"。这些规定又显然是为在华违法的传教士逃避中国法律制裁提供的保护:在中国各通商口岸,美侨无论是犯有刑事罪还是民事罪;无论是美侨与中国人的诉讼,还是美侨之间,或美侨与他国外侨间的诉讼,中国官员均不得捉拿问罪,这样传教士就可以在不平等条约的保护之下,恣意妄为，肆无忌惮地从事各种非法的传教活动，而不受中国法律的约束了。①简言之，《望厦条约》中虽然没有"允许传教士传教"的条款文字，但从上面的分析中，我们知道，传教士获得了他们意想不到的传教权利。正如在《望厦条约》签订中出力甚多的美国传教士伯驾情不自禁地宣布："一个崭新的时代现在已经来临。"② 1844年10月24日，法国也强迫清政府签订了《黄埔条约》，其中第22款规定："佛兰西人，亦一体可以建造礼拜堂、医人院、周急院、学房、坟地各项，地方官会同领事官，酌议定佛兰西人宜居住宜建造之地。""倘有中国人将佛兰西礼拜堂、坟地触犯毁坏，地方官照例严拘重惩。"③《黄埔条约》同样没有允许传教，但也并未严加禁止，而且增加了清政府保护天主教礼拜堂的义务，礼拜堂似乎也可作为向中国民众布道之地。此后，道光帝还准免查禁天主教，并发还天主堂旧址，"天主教既系劝人为善，与别项邪教迥不相同，业已准免查禁，所有康熙年间各省旧建之天主教堂，除已改为庙宇、民居者毋庸查办，其原有旧房屋尚存者，如勘明确实，准其给还该处奉教之人"。④

  第一次鸦片战争后一系列不平等条约冲破了清王朝的禁教门户，大批传教士纷纷东来中国。美国对传教士活动显得比其他国家更为重视，到1851年为止，到中国的各国传教士已有150名，其中就有88名是来自美国的。这批传教士来华后可以公开地活动，还在开放城市建筑了教堂，上海就集中了一大批美国传教士，如1847年从广州来到上海的裨治文、从厦门到上海的文惠廉、美国南浸信会传教士晏马太，以及后来成为汉学家的丁韪良和成为教育家和翻译家的林乐知等人。美国传教士的传教热情和活跃，不仅在五口通商口岸也"常常环游四乡"，甚至超出了五口的范围，到达浙江定海（舟山）等地，因而惹出许多违反中国规定而引起中国人民愤怒的案件来，1844—1845年间中美纠纷案件不多，却有半数与传教士有关。尽管传教权益和环境都大

---

  ① 何大进：《美国赴华传教士与〈中美望厦条约〉》，《广州大学学报》（综合版）2001年第7期，第24—25页。
  ② 余绳武：《一八五八年以前美籍传教士在中国的侵略活动》，载列岛编《鸦片战争史论文专集》，北京：人民出版社1990年版，第202页。
  ③ 王铁崖：《中外旧约章汇编》（第一册），北京：生活·读书·新知三联书店1957年版，第62页。
  ④ 顾长声：《传教士与近代中国》，上海：上海人民出版社2004年版，第55页。

大超越了从前，但传教士并没有获得他们希望得到的全部传教自由。由于中国人在鸦片战争败北后普遍涌起的仇外心理，加上条约执行的时间差，以及道光帝上谕的行政命令的现时性，都使得传教士在华传教活动仍然受到很多的限制。到第二次鸦片战争前，清政府对传教士的活动尚能加以一定的限制，形成了这一时期的限教政策。同时，政府对于民众信教进行了限制，中国信徒的活动大都自我收敛，其活动局限于颂经礼拜，不敢过分招摇。因此，到第二次鸦片战争前，传教士仅限于通商口岸传教，很少潜入内地，其活动也比较收敛。但这样的态势是不能长久地维持下去的。

19世纪50年代，法王路易波拿巴统治的法兰西第二帝国在克里木战争结束后，就积极策划侵略中国的战争，主要目的是利用天主教以扩张在华殖民势力。1856年的"马神甫事件"和"亚罗号事件"成为法国和英国联合起来侵华的借口和导火线。而美俄两国也各怀目的地配合行动。第二次鸦片战争后签订的条约里包含着所谓"宗教宽容条款"，传教士可在中国凭借不平等条约，依仗本国政府的武装和领事裁判权宣扬基督福音。面对英法挑起第二次鸦片战争的国际态势，美国政府仍旧不放弃"鹬蚌相争渔翁得利"的趁火打劫的手法，伙同俄国跟随在英法联军的军舰之后。1858年4月底英法俄美四国军舰、公使和相关人员齐集天津大沽口外。英法联军决定要对中国发动一次突然袭击，他们商定派美国传教士卫三畏和丁韪良去同直隶布政司钱炘和举行谈判，制造假象，出其不意地在20日向大沽炮台发动进攻。在武力威胁下，直隶总督开始屈服。5月3日，清政府派来的钦差大臣与美国使节在大沽炮台举行了第一次会谈。此后，直到6月18日《中美天津条约》签订前，卫三畏主要地站在传教士传教自由的利益角度，认为"这四国的兵舰和公使汇集在中国京城附近，是我们对中国进行传教工作的一部分"。[①] 5月19日，列卫廉公使再次敦促签约问题，卫三畏和丁韪良上岸拜访了中国官员，并进行正式谈判，但就在即将完成对条约的全面审议的时候，卫三畏得知英法联军即将攻打大沽炮台而中断会谈。对卫三畏来说，是不愿意看到兵刃相见，但没有办法，"从当时会谈的情况看，只要稍作努力我就可以说服中国人，让他

---

① [美]卫斐列著，顾钧、江莉译：《卫三畏生平及书信》，桂林：广西师范大学出版社2004年版，第170页。

们认识到抵抗是愚蠢和危险的。如果这封信晚到一个小时就好了。……接到列卫廉先生的命令,我只得既沮丧又悲哀地离开了。"① 大沽炮台失陷的消息传到北京后,清政府立刻做出了反应,派出了桂良和花沙纳为钦差大臣,全权处理各项涉外事务。6 月 7 日,美国公使首先拜访了两位新钦差,丁韪良任翻译,并将拟好的条约草稿交给中方,卫三畏受命从次日起与中方一位世袭官员常大人商谈有关条约的具体事宜。这次会谈十分成功,远较中英、中法和中俄之间的会谈为好,"由于美国使节坦诚和礼让的态度,中美双方在第一次会面时就达成了一项协议,而且双方都很满意。……两国政府代表在对对方的担心、意图和希望一无所知的情况下,在如此紧要的关头商议解决重大问题,并且互相达成了谅解,这在各国历史上是唯一的一次。"② 就在卫三畏与中方代表磋商条约的具体款项时,俄国先入为主,抢先迫使与清政府在1858 年 6 月 13 日签订了《中俄天津条约》,其中第 8 款规定:"天主教原为行善,嗣后中国于安分传教之人,当一体矜恤保护,不可欺侮凌辱,亦不可于安分之人禁其传习,若俄国人由通商处所进内地传教者,领事馆与内地沿边地方官按照定额,查验执照,果系良民,即行画押放行,以便稽查。"③ 6 月18 日,美国与清政府签订了《中美天津条约》,其中第 29 款规定:"耶稣基督圣教,又名天主教,原为劝人行善,凡欲人施己者亦如是施于人。嗣后所有安分传教习教之人,当一体矜恤保护,不可欺侮凌辱。凡有遵照教规安分传习者,他人毋得骚扰。"④ 6 月 26 日,英国与清政府签订了《中英天津条约》,其中第 8 款规定:"耶稣圣教暨天主教,原系为善之道,待人如己。自后凡有传授习学者,一体保护。其安分无过,中国官毫不得刻待禁阻。"⑤ 6 月 27日,法国与清政府签订《中法天津条约》,其中第 13 款规定:"天主教原以劝人行善为本,凡奉教之人,皆全获保佑身家,其会同礼拜诵经等事,概听其便。凡按第八款备有盖印执照安然入内地传教之人,地方官务必厚待保护。

---

① [美]卫斐列著,顾钧、江莉译:《卫三畏生平及书信》,桂林:广西师范大学出版社 2004 年版,第 169 页。
② 同上,第 173 页。
③ 王铁崖:《中外旧约章汇编》(第一册),北京:生活·读书·新知三联书店 1957 年版,第 88 页。
④ 同上,第 95 页。
⑤ 同上,第 97 页。

凡中国人愿信奉天主教而循规蹈矩者，毫无查禁，皆免惩治。向来所有或写、或刻奉禁天主教各明文，无论何处，概行宽免。"① 这些条约关于传教条款的文字虽有差异，但本质相同，权利都是一体共沾的，故而"宗教宽容"以条约和法令形式固定下来，具有不可更改的强制性。

将"传教宽容"条款塞进四国对华《天津条约》的始作俑者是俄国公使普提雅廷。卫三畏曾说道："第一个提出对这个题目拟订一项条款的人是俄国公使。紧接着，在把由他起草的条文送与中国官员举行谈判时，中国方面表示同意准许传教士可在中国全境旅行，因这些人通常都会说中国话。"而写《阿礼国传》的作者宓契也证实这点，俄国开的头，美英法跟上，条款大体上全都相同。② 普提雅廷是一位有着丰富侵略经验的沙俄外交官，他奉命来华，以欺骗手法迫使清政府先于其他三国签约天津条约，可谓"不辱使命"："（俄国）除了分沾英法所得的一切明显的利益以外，还得到了黑龙江沿岸地区，这个地区是它悄悄地占领的。"③ 而卫三畏将他的"传教宽容"条款塞进《中美天津条约》，是在之前各项不平等条约的基础上进行全面扩大的，以求基督教得到毫无限制地在华传播，如同佛教道教一样的自由。在中美进行谈判的过程中，卫三畏努力促使双方在条约中添上了允许在中国传播基督教这一重要条款，这是卫三畏在第二次鸦片战争期间最大的成就，也是卫三畏在对华外交中取得的"耶稣入华"的最重要成果。这个"成果"，对卫三畏来说是得之不易的，耗费了许多心思和精力。至少有两段文字可见卫三畏的努力和这件事情的重要性。一是卫三畏当时的日记：就在签约的头天晚上，卫三畏一夜未眠，将全部条款重新梳理，琢磨着在只字不提外国传教士的情况下，如何把传教宽容条款加入新条约中去，次日一早他和丁韪良乘轿前往与钦差桂良签约，顺利地把传教内容写进条约中："这一次我们是这样写的：'正如新教和罗马天主教教会所言，基督教教义引人向善，倡导互敬互爱。鉴于此，今后任何信仰和传播基督教教义者，若无滋事扰民的不良行为，不应因其信

---

① 王铁崖：《中外旧约章汇编》（第一册），北京：生活·读书·新知三联书店1957年版，第107页。
② 顾长声：《传教士与近代中国》，上海：上海人民出版社2004年版，第64页。
③ 恩格斯：《俄国在远东的成功》，《马克思恩格斯选集》第2卷，北京：人民出版社1972年版，第39页。

仰问题而遭受干涉和迫害。无论是美国公民还是皈依基督教的中国人,均享有参加宗教活动和宣扬基督教信仰的自由。'经过不懈的努力,我们终于在万分紧急的情况下在条约中为我们神圣的信仰争取到了它应得的权利,而且丝毫没有求助于英法俄三国的力量。中国人在这件事上百般刁难,将条款一改再改,就是想拖得我们失去耐心,自动放弃。而列卫廉先生对此又不是十分重视,宁愿将这一条款去掉,也不愿因为它而耽误了整个条约的签订。但是最后我们终于战胜了种种不利条件。对于这样的结果,我感到十分高兴。我明白,这个蒙昧民族中的许多人,上至官员下至百姓,都反对基督教在中国的传播。在条约中加入这样一条内容也不能改变他们这种想法。但是,无论如何,这毕竟是一个胜利。"① 另一段文字出自卫三畏晚年回美担任耶鲁大学汉学教授后的 1878 年秋写的回忆录,再现了他当年谈判签约的某些情形:"1858 年的条约中允许在华传播基督教的条款关系到了每个在华传教士的利益,本来我们应该在上海会议的报告中更详细地说明一下当时的情况,但是我们却忽视了,这让我感到很遗憾。允许基督教的传播并不是中国人提出来的,他们对宗教问题根本一无所知。最先在拟定条约时提出这方面要求的是俄国使节。……新拟的这一条和上次那条在内容上其实是一样的,但是这次他们很干脆地就接受了,没有再提出任何修改意见。倒是列卫廉先生提出了一点建议,他将英文本中的'任何人'改成了'无论美国公民还是皈依基督教的中国人',因为列卫廉先生非常强调要在条约中的每处都提到美国公民,以维护美国公民的利益。至于条约中是否允许在中国传播基督教,他并不是十分在意。但是我最关注的正是这一点。感谢上帝,我终于在条约中争取到了这一权利。在这个问题上,我们可谓开风气之先,当时中外签订的其他条约中是没有的。我觉得我第二次拟的这一条比原先被中国人拒绝的那一条要好得多。后来中英条约中关于宗教问题的条款就是仿照我们的这一条制定的。如果当时我们的条约中没有这样的内容,那么后来的中英条约中也就不会有。而且,必须承认,如果中国政府当时认识到了允许在华传播基督教对他们意

---

① [美]卫斐列著,顾钧、江莉译《卫三畏生平及书信》,桂林:广西师范大学出版社 2004 年版,第 177—178 页。

味着什么,他们是绝不会应允这一条款的。"①

1862年初,卫三畏陪同美国新任驻华公使蒲安臣前往北京。一路北上时,他仍然不忘基督信仰,除欣慰于宁波、上海等地传教事业的进展情况,更在天津购买了房子,作为美国传教团的传教场所。到达北京后,卫三畏首先开始的工作是美国驻京公使馆的筹建事务,同时非常关心传教事业在北京的发展,并为此做了大量的工作:"当卫三畏先生来到他的新家时,人们将许多的注意力集中在他身上,首先,美国公使需要在京城有个安身之处,如果没有他的帮助将一筹莫展;传教团的事务需要他经常过问,甚至包括传教本身;他的写作任务并不能因此被免除,因为他的一本书正在香港等候出版;各类传教团体都希望在北京落户,并且都把他看作可靠的朋友和智囊。……后来美国美以美会的传教士们在他买下的房子里安营扎寨,直到他们在这个城市里找到固定居所方才离开;妇女联合会传教团的传教士们在推进她们的计划和事业方面也得到了他同样多的帮助。经常和善意的帮助,以及审慎的建议说明他对传教工作始终不渝的热爱,以及对于他身边开展的传教工作的关切。"② 其后,在代理驻华公使时期最长的那段时间,即蒲安臣公使回美的1865—1866年间,卫三畏仍然对美部会在华传教事业予以极大的支持,尽管在踏上外交官生涯前已与美部会脱离了关系。在回复美部会的信中,卫三畏表达了他对开设九江传教站的支持:"如果我的陈述能够鼓励你做出在中国开辟第四个传教点的决定,我认为没有比九江更理想的地点,但是我恳求你不要放弃广州,那里传教的人虽然少,但收获大。在那里,长期的劳而无功终于换来了丰硕的成果,不仅预示着当地人民的美好前景,也预示着教会将会获得的喜悦,在那里居住着中国人当中最有活力的一群人。"③ 在驻华使馆工作的最后几年内,卫三畏除本职秘书和偶有公使代理工作之外,更利用闲余时间编撰更实用的字典《汉英韵府》。这本历时11年艰辛而成的著作,是卫三畏在对华外交岗位上完成的一项汉学研究的成果,也是卫三畏致力于文字

---

① [美]卫斐列著,顾钧、江莉译《卫三畏生平及书信》,桂林:广西师范大学出版社2004年版,第176页。
② 同上,第231页。
③ 同上,第246—247页。

传教的一个标志性产品,可以看作是他对在华福音传播事业的一项贡献。1873年1月,卫三畏将在上海传教站华万印刷厂排印出的字典校样寄给在美国的妻子,并附信阐述了他编写字典与传教工作的关系:"如果仅是为了声名而编写这本字典,我想,我早就气馁而放弃这个野心了,我在每一页中看到的是它对传播福音这一事业的帮助。……不知为什么,我感到60岁好像是人生中的一个转折,意识到年满60经常让我有一种尊严感,也使我眼前的目标显得更近了。"①

1876年6月,即将从驻北京的美国公使馆秘书、翻译及代办的职位上退休的卫三畏,已经深受失明危险之苦,希望美国政府另派他人出任驻华公使,便给美国国务卿汉密尔顿·费什发出了辞职信。随后美国国务院的正式解职通知,除了其他赞美之词外,还提到了卫三畏最卓著的成就,这是"最最"让他感动与满意的:"您对中国人的性格与习惯的熟悉,对该民族及其政府愿望与需求的了解,对汉语的精通,以及您对基督教与文明进步事业的贡献,都使您有充分的理由自豪。您无与伦比的中文字典与有关中国的诸多著作已为您赢得科学与文学领域内相应的崇高地位。更为重要的是,宗教界不会忘记,尤其多亏了您,我们与中国订立的条约中才得以加入自由传教这一条。"②在诸多对他的为基督服务的赞扬中,卫三畏对上海的新教传教士同仁的致信尤其感激,因为这封信恰如其分地总结了卫三畏在中国的生活,其中有写道:"您昂扬的热情、耐心的工作与不懈的传教努力已经赢得了我们衷心的敬佩,为我们树立起充满教益与鼓励的榜样。……我们尤其铭记的是,在史无前例的43年服务期间,您在与中国人以及在华外国人的所有文字、外事与社会交往中,忠诚而一贯地保持了作为一个基督徒与传教士的本色。"③

尽管卫三畏为包括美国在内的基督传教士"争取"了在华"自由传教"的完满条款,但他并没有无视和放任传教士在华的违法乱纪行为,而是由自己及他人地关注传教士在华传教的基督道德,希望传教士的文明传教活动带

---

① [美]卫斐列著,顾钧、江莉译《卫三畏生平及书信》,桂林:广西师范大学出版社2004年版,第269页。
② 同上,第280—281页。
③ 同上,第285—286页。

给更多中国人关于福音的知识与信仰。从他的对 1870 年"天津教案"的态度上，可以发现卫三畏的"儒耶合一"的和平传教观点。教案发生后，法英美俄普比西七国联衔向清政府提出"抗议"，并调集军舰至大沽口进行威胁。清政府对外妥协，对内镇压，杀 16 人，流放 25 人，将天津知府张光藻、知县刘杰革职充军，派崇厚去法国"谢罪"，并向各国赔款。在《中国总论》修订版的"中国近事"一章中，卫三畏不仅较客观而详细地陈述了事件发生的状况，并认为"爆发这一事件的原因几乎全是地方性的，发端于 1861 年，法国人占了天津一座庙宇作为领事馆，这里本是市民常来散步的地方；还有别的不得人心的事，使当地人对他们非常怨恨"，而且指出处理这一事件的方式并非个案，而是一贯的不利于中国的做法："极少考虑中国方面所处地位的巨大困难。……简而言之，整个暴乱的历史——其起因、发展、最高潮、结局及镇压——同协调中国与欧洲文明的许多严重障碍联系起来，就像已经发生的种种事件一样。"① 对于天津事件的最后处理，卫三畏深表遗憾。他于 1870 年 11 月 24 日从北京写给威廉斯牧师的信中说："天津事件已经解决（中国人这么认为），法方获得了 460000 两白银（合 657000 美元）的赔偿，其中 250000 两支付受害者家属，其余则用于被毁的建筑。我认为法国既已同意接受这笔款项，自会终止所有的挑衅行为。不过听说罗淑亚扬言，他已让法国政府自行决定是宣战还是议和。美国教堂获得了 4500 两白银的赔偿，英国也将会得到……法国在这个世界上多么令人讨厌！它永远学不会公正地对待别国，也从不肯埋头于自己的事务。法国人既无知又野蛮，还相当迷信。法国比其他任何（所谓的）基督教国家挑起了更多战争、事端，制造了更多专制与迫害。他们是一种奇异的混合物，我庆幸自己没有生为法国人——也不是中国人的一员。"②

还应当指出，传教士协助本国公使迫使清政府签订的《天津条约》《北京条约》，无论从政治正义上还是从宗教道义上，都是对中国和中国人民权益的公然侵犯。传教士在不平等条约的庇护下，开始公开在中国各地活动，由此

---

① [美] 卫三畏著，陈俱译：《中国总论》，上海：上海古籍出版社 2005 年版，第 1083—1087 页。
② [美] 卫斐列著，顾钧、江莉译：《卫三畏生平及书信》，桂林：广西师范大学出版社 2004 年版，第 264 页。

产生的利益的冲突和民族感情的伤害，使 19 世纪后半期的反洋教斗争此起彼伏。清王朝本身虽然被迫解冻禁教政策，但"名为保护，实为防范"，心有不甘地制定了许多限制措施，加上社会普遍的反抗，基督教的所谓条约规定的"充分自由"并没有带来它在中国社会传播的欣欣向荣的景象，而还是像先前一样遭到了中国人民的不满和抵制，成为中国人民争取民族独立的反侵略斗争的靶头之一，以致近代中国教案频繁发生。这样冷冷清清的中华福音结果，对于一直期望着"上帝的人们将从希尼之地来到，加入阳光下每一部落的赞美大合唱"① 的卫三畏来说，不止是一种劳而无获的失意，而对整个基督教世界来说，中国的"洁身自好"对他们的"耶稣善意"搭台演出了一场场历史的讽刺剧。

---

① ［美］卫三畏著，陈俱译：《中国总论》，上海：上海古籍出版社 2005 年版，第 5 页。

第三章　卫三畏与北京美国外交使馆

　　从 1855 年夏暂时代理美国驻华使团秘书一职算起（1857 年 1 月正式出任），到 1876 年 10 月离开北京返美，卫三畏在美国对华外交舞台上活动了近二十年。若从 1859 年夏进入北京起算，到 1876 年退休，卫三畏在北京的中美关系舞台上展现外交才能长达十七年之久。如果从 1833 年（21 岁）踏上中国广州的那一刻起算，到 1876 年 10 月为止（64 岁），卫三畏在中国生活了整整四十三年，而外交生涯就占据近一半，其间曾九次代理驻华公使（累计时间接近五年），这在早期中西外交史上都是少见的事例，而且到他离开中国时，他不仅是在华时间最长的西方人，而且是离开中国时已是晚年岁月的人，"多数外国人在中国的工作时间都不长，都还没有真正跨入老年的门槛，卫三畏很自然地被看作他们当中的元老，当初来中国时他遇到的人没有一个留下的，而眼前的大部分传教士都出生于他在广州登上中国领土之后"。[①] 卫三畏走上职业外交官之路，既是中美关系发展的时代要求，也是他在华二十多年传教生活启示下的自身产物，更是他热爱中国及其文化的一种精神生活的必然延续。在这么长的外交时间里，卫三畏不仅为美国在华利益做出极大的历史成绩，也直接或间接地为中美文化交流做出自己的贡献。更重要的是，近二十年的对华外交活动使他更加深入客观地了解中国社会和中国文化，对他此后成为闻名于世的一位西方汉学家奠定了物质和文化上的雄厚基础。

[①] ［美］卫斐列著，顾钧、江莉译：《卫三畏生平及书信》，桂林：广西师范大学出版社 2004 年版，第 285 页。

第一节　卫三畏从事职业外交官的原因

如果从基督信仰的角度来说，卫三畏走上职业外交官之路，自然是上帝的安排，是传教事业在华发展的又一次契机。若从世俗社会的愿望出发，卫三畏自是食人间烟火之人，现实的中美贸易利益和民族间的文化交流，对远渡重洋、背井离乡到中国来的美国人来说，有谁不想建功立业？因此，无论是国家利益的需要，还是个人事业发展的需要，在近代中西关系的进程中，卫三畏都是生逢其时，恰在中国门户开放"中流击水"的时候登上美国对华外交的舞台。从接任美国驻华使团的秘书开始，卫三畏开始了他在中国事业的新目标和新角色，从一名传教士印刷工转变成为一位传教士外交官。促成卫三畏下定决心进入美国对华外交舞台的原因，主要体现在以下四个方面：

（一）美国在华外交的内在需要，成为卫三畏作为美国公民必须接受的一项服务。19世纪40年代，正是美国历史上最大的领土扩张时期。得克萨斯地区正式并入美国，美墨战争中美国获得墨西哥55％以上的领土并获得了通往太平洋的出海口，以及俄勒冈地区的获得，共使美国的领土面积增加了312万多平方公里，是美国独立胜利以后英美《巴黎和约》确认美国面积的1.36倍，基本上完成了美国历史上影响深远的大陆领土扩张。[①] 这段时期也是美国鼓吹"天定命运"的扩张主义思潮盛行之际，美国对于远东地区的扩张越来越显示出极大的兴趣，特别是中美《望厦条约》签订后，美国在华利益比较轻易的获得，刺激了它的胃口，中美之间的不平等关系也就随着西方列强进一步侵华而深化。1854—1856年美国参加了英法挑起的两次修约活动，要求索取包括公使驻京在内的更多特权。修约受阻后，并假借"调停人"身份在英法联军之前，就裹挟清政府签订《中美天津条约》，进一步获得在华特权。在废除奴隶制后，美国更加实行扩张的对外政策，在拉丁美洲施行"门罗主

[①] 黄安年：《美国的崛起》，北京：中国社会科学出版社1992年版，第502页。

义",在欧洲推行"孤立主义",在远东策划"门户开放主义",而在中国,特别是在19世纪后期,美国的对华政策既实行同英法等国的合作外交,又强调要确保美国在华的经济扩张利益。①

然而,要实现在华的美国利益最大化,就必须强化外交力量,而能胜任外交活动的美国人确实很少,就是在华传教士能做到了解中国的人也是屈指可数的。从美国政府的外交级别来看,美国自19世纪向中国派出外交使节,起初多为领事级别。1844年美国向中国派出的顾盛为专员,负责谈判《望厦条约》。1844年至1857年,美国向中国派出的最高使节皆为专员。而从1858年起派出的为特命全权公使,直到清朝灭亡。中国翻译学界一般将美国派驻清朝的使节统称为公使,"1855年,另有三人担任过驻华公使,并成为伯驾的上司。德威士于1848年作为公使前往中国,1850年返回美国。……前二人卸任后,马沙利被派往中国担任公使。……在麦莲被任命为驻华公使之前,还曾有一个政界人物拒绝了这一差事。……伯驾担任代理公使主要在1846至1848年和1850至1852年,即德威士公使任期之前和以后的空缺期。尽管这期间他从来没有公使的头衔,但是有六年时间他是实际上的代理公使"。② 伯驾是美国首次任命曾在亚洲有过丰富直接经验的外交官,1856年初他抵达澳门,将公使馆临时设在那里,并希望随后在北京建立常设机构。③ 伯驾被任命为驻华公使后,伯驾原先担任的美国使团秘书兼中文翻译一职出现了空缺,于是卫三畏被提名为填补这一空缺的最佳人选。很快,美国总统签发的对他的秘书任命书于1855年10月1日送达到他的手中。对此卫三畏当然是不能断然拒绝,也不能轻易接受。不能拒绝,是因为政府行为,诿之不妥,只得请组织出面扛鼎:"我是否接受此项任命,完全取决于美部会如何处理我的印刷所。去年他们曾在信中提到,他们有意放弃印刷所,并且建议我脱离美部会,靠出版印刷各种书籍、《圣经》和其他宗教小册子维持生活。如果他们真的把这一想法付诸实施的话,我就不得不去找一些别的事情做。因为单靠印

---

① 杨生茂:《美国外交政策史,1775—1989》,北京:人民出版社1991年版,第158页。
② [美] 爱德华·V. 吉利克著,董少新译:《伯驾与中国的开放》,桂林:广西师范大学出版社2008年版,第151—152页。
③ 同上,第163—166页。

刷所的收益一定不足以维持我的生计。"不能轻易接受，在于他在华这么多年目睹驻华美国官员之间的你争我夺，"我不想去美国，我和那里已经没什么瓜葛，在那里只会无所事事。我宁愿呆在这里（中国广州），在这里我至少还能布道、传教，在这里我也觉得非常自在。……我还是不太愿意接受政府的这一职位。从伯驾博士这十年来的遭遇来看，这并不是什么美差"。① 因此，在没有得到美部会的决定之前，又不得不回函美国国务卿的情况下，卫三畏采取折衷办法，同意暂时接受秘书和代理全权委员（代理公使）的职务，直到1855年12月31日伯驾博士返回香港。

实际上来讲，这种美国驻华使馆秘书和公使的代理，就已经说明卫三畏开始进入美国对华的外交领域了。代理职务，是美国政府中的一种带薪职位，非常难得，可谓位高权重。卫三畏的走马上任是他在中国的事业的转折点。从此，他由一个传教士印刷工转变为一位传教士外交家。从1855年夏开始，到1856年底，卫三畏在美国驻华使团中身兼三职：代理公使、代理秘书和中文翻译。到伯驾公使抵任后，他便开始以代理秘书的身份协助来处理涉华外交的日常工作，并兼任中文翻译事务。到1856年12月14日，英国军队登陆广州，揭开了第二次鸦片战争的序幕。在进攻广州的战役中，英军炮击了商馆并将之夷为平地，卫三畏才下定决心进入外交圈，至此实现了从传教士到外交官的真正转变。

（二）广州印刷所被毁，成为卫三畏最终走上外交官生涯的导火线。从1855年夏开始得知自己将被任命使馆秘书一职开始，到1856年底，在这么长时间的踌躇里，卫三畏放心不下的仍然是他的传教事业和与此相关的印刷所。对他而言，任何分散他的精力、影响他专注于传教事业的工作，他都是极不愿意接受的。因此，在代理秘书和公使期间，卫三畏除了关注中外格局的新变化，还不遗余力地打理印刷所业务，不改其一如既往的传教热情。然而不久中英战争再度爆发，摧毁了他的印刷传教之梦。1856年12月14日下午，英国海军陆战队的炮火摧毁了除英国商行的房子，商馆里的全部建筑物都变成一堆灰烬。中国方面的史料记载是："天明城开，始知洋楼虽焚，仅花期、

---

① ［美］卫斐列著，顾钧、江莉译：《卫三畏生平及书信》，桂林：广西师范大学出版社2004年版，第147页。

法兰西等国之楼,而英人漏网。及未刻,乃报火延英国洋楼,风大火烈,愈救愈焚,尽成灰烬……于是数十年所谓十三洋行者,皆成瓦砾场,非天道哉。毁后彼失其巢,尽栖船上。彼疑我兵所为,遂挟忿思报复,其实祝融一炬,竟莫究所从来也。"① 所幸的是,卫三畏从上海回到广州后,又于12月11日离开广州前往澳门的家,探望妻子萨拉,因而没有到印刷所工作。整个印刷所几乎荡然无存,包括他的住所。听到印刷所被毁的消息后,卫三畏立即返回广州。目睹惨状,他除了遗憾,还有就是坚定。遗憾的是印刷所被毁,也就意味着卫三畏的印刷工作遂宣告结束,印刷事业无法再进行下去了;坚定的是他可以因此承诺接受美国驻华使团的秘书任命了。

在给其弟威廉斯牧师的信中,他表达了上面的两种心情:"我的印刷所、我的家当和手头所有的书籍都被毁了,只有新近出版的词典和《商务指南》得以幸存。全部活字及其他材料的价值共计约两万美元,它们都是美部会的财产。对于索赔一事,我并不抱什么希望。……我现在已经决定接受使团秘书一职了,不过我的全部工作也无非就是翻译而已。……一场大火促使我作出了决定,也同样促使美部会作出了决定。"② 1857年1月28日,卫三畏又在致美部会总部安德森秘书的辞职信中,再次提及印刷所被毁与他接受秘书任命的关系:"(1856年)12月14日中国人焚毁外国商馆的事件迫使我改变了计划。如何处理印刷所的问题本来还需要好好讨论一下,最后却被一场大火不容分辩地解决了。……我就向美部会提交了辞呈。我并不认为我从此以后就和传教工作毫无关系了,这只是在印刷所的工作突然中止时的权宜之计。……印刷所被毁似乎成了一个契机,使我在事业上作出了一些改变。……我想我接受使团翻译这一工作并无任何不妥。我的决定不是仓促之间擅自做出的,我一直都在及时地向美部会汇报情况。如果印刷所没有被烧毁,我一定会对它做出妥善的安排,不会让它完全停顿的。"③

当然,还有一点也须指出,美国广州传教团印刷所被毁,也彻底解决了

---

① 华廷杰:《触番始末》卷上,《近代史资料》第2期,北京:科学出版社1956年版,第105页。
② [美]卫斐列著,顾钧、江莉译:《卫三畏生平及书信》,桂林:广西师范大学出版社2004年版,第153页。
③ 同上,第156页。

包括卫三畏在内的美国在华传教士与国内教会组织美部会之间越来越大的矛盾。《中国丛报》的最终停刊，是一件遗憾的事，原因很多，最根本的一条是美部会的不支持甚至反对。从本质上来讲，《中国丛报》主要是一份汉学杂志，而不是一份宗教刊物，美部会认为裨治文、卫三畏他们应该将时间和精力放在与传教直接相关的事情上，所以丛报的办刊经费几乎从没有得到美部会的支持，而是依靠销售收入和热心的美商的捐助。《中国丛报》1851年停办了，1856年印刷所被毁了，卫三畏就像一个断线的风筝，他必须有个着落，这个着落就是先前一直摆放在他面前的美国使馆秘书之岗位。到此，美部会无话可说，也无计可施，因为要筹办一个印刷所并非容易的事，直到1869年，美部会才再次设立传教团印刷所，地点却是在北京了。[①] 只不过卫三畏已经是美国驻京使馆的正式外交官了，但他并没有在工作实践上脱离于美部会的关系，毕竟都是美国在华利益的各类代表。

（三）美国在华传教事业暂处低潮，成为卫三畏转而求助外交力量，延续他的在华福音事业的一种不得已的方式。在打开中国大门的目标下，传教士、商人和西方单方面的来华外交官携手从事侵华活动，尤其传教士在第一次鸦片战争前后都为本国的对华政策的制定出谋划策，甚至有的还直接参与不平等条约《南京条约》《望厦条约》《黄埔条约》等的谈判和签订。从1842年到1860年间，传教活动扩展到香港和新开的四个通商口岸，到50年代，美国对华贸易中心也从广州转移到上海，上海也逐步成为美国和西方在华传教运动的中心。尽管如此，清政府的全面禁教政策虽然解冻，但限教政策仍不利于传教活动，局限于澳门和五口的传教士同样不能有所作为："第二次鸦片战争前的限教政策还是有一定成效的，传教士被限于五个通商口岸，虽有少数潜入内地，但慑于清廷的禁令，都不敢公开活动。中国信教者也大都自我敛束，其活动局限于诵经礼拜，不敢过分招摇，以免招致官府的注意。最重要的是，由于弛禁天主教乃是皇上的谕令，属中国内政，并无条约依据，因此外国在华官员也根本无权过问，这样基督教的传播仅限于通商口岸，内地的传教活

[①] Harold S. Matthews, *Seventy-Five Years of the North China Mission*, Yenching University, 1942, p.47.

动只能秘密进行，并未形成势力。"① 由于传教活动局限于东南沿海的通商口岸，来华传教士也较少，据卫三畏1855年7月的统计，此前美国各差会共派110名传教士来华。② 加上中国爆发的太平天国运动，又限制了西方传教的发展。这个阶段成为西方在华传教运动最艰难的时期，布道工作进展缓慢。这个时期可称为美国在华传教的低潮时期。

最初来华的美国传教士，如裨治文、卫三畏、勃朗和伯驾等人，都是自由派传教士，赞成"孔子加耶稣"的传教模式，即"耶儒合流"，把儒家学说与基督教文化相结合，以便更好地传教。卫三畏曾指出："不可否认，除了个别例外，孔子的许多信条是值得赞美的。同希腊和罗马哲人的训言相比，孔子著作总的倾向是很好的。其鲜明的实用性和对当时社会的适应性则超出了西方的哲学家。他并未把美德描绘得神圣和高不可攀，但却教育了中国人如何进行日常生活的交往，子女如何对待父母以及男子如何娶妻和入仕。这些对我们来说可能毫无意义，但对当时的人们来说却是必须精心谋划的。而且，孔子的著作在文字上引人入胜，其影响除了圣经以外是任何著作都无法与之匹敌的。"③ 主张"孔子加耶稣"最为积极者为丁韪良，他写了大量文章发挥这种理论，并声称"并不需要儒教徒放弃孔子是特殊宗师的信念"，"孔子加耶稣这一公式对儒教徒来说已经没有不可逾越的障碍"。④ 卫三畏一直不愿意按立为牧师与此不无关系，他的印刷所出版的书籍大都是文化方面的，还积极参加各种看来与直接布道没有任何关系的活动，包括参与美国政府来华的顾盛使团和列卫廉使团，协助与清政府签订不平等条约，从而导致了他与美部会总部的直接领导者安德森秘书之间的严重分歧。

1855年10月1日，当美国政府的驻华使团秘书的委任状到达卫三畏手中时，他与美部会总部的关系已经濒临破裂："我一直认为，这是我为传教事业所做的最有益的一件事，我认识的所有传教士也都这样认为。但是国内的人

---

① 王立新：《美国传教士与晚清中国现代化》，天津：天津人民出版社1997年版，第117页。
② 卫三畏：《派往中国的全部传教士名单》，史其志译，载北京太平天国历史研究会编：《太平天国史译丛》第2辑，第131—144页。
③ Samuel Wells Williams, *The Middle Kingdom*, Vol. 1, New York, 1848, pp. 530—531.
④ W. A. P. Martin, *Lore of Cathay, or the Intellect of China*, London, 1901, pp. 247—248.

士似乎不这么想,这从他们谈及印刷所的来信中可以看出。不过,现在一切都过去了。发生了这么多事,但它们丝毫没有影响我对在华传教事业的一片热忱。我愿意为这一事业做任何事情,就像以前一样。我深信,上帝还将给中国更多的恩惠,我们应该帮助这个民族领悟上帝的教诲。"① 事实上,卫三畏踏上外交官之路后,越来越多地有利于他对美国在华传教事业的发展。最重要的一个历史性的推进力量,就是在1858年,卫三畏作为美国公使列卫廉的秘书兼翻译,在中美天津谈判时,利用工作之便将"传教宽容"条款塞进了随后的《中美天津条约》中,同时又根据"最惠国待遇"和"领事裁判权"的原则,传教士在华活动几乎不受任何约束,使得基督教在华传播得到迅速的发展。从1830—1860年间,美国在华布道工作进展缓慢,裨治文到中国17年后才于1847年吸收了第一个信徒,美以美会于1857年,即在中国传教10年后才为第一个中国人施洗。这一时期绝大部分信徒为社会下层贫苦无依的"吃教者"。1853年西方来华各差会在华吸收的信徒约有350人。② 而到《天津条约》《北京条约》签订后,传教活动全面展开的条件实际上已经成熟,由沿海向内地扩展,虽然会因文化差异引发冲突,甚至严重的教案,但耶儒合流的布道策略的开展,还是促使了在华的西方传教事业蓬勃发展,从下表可以就看出这一点:

1877年基督新教在华传教事业统计

国别	传教士人数	差会总堂	支堂	正式教堂	受餐信徒	男童寄宿学校	学生数
美国	212	41	215	150	5300	19	347
英国	224	42	269	150	6460	8	118
欧洲大陆	30	8	27	12	1271	3	146
合计	466*	91	511	312	13035	30	611

(* 另有7名传教士不属于任何差会,为独立传教士,这样基督新教在华传教士总数

---

① [美]卫斐列著,顾钧、江莉译:《卫三畏生平及书信》,桂林:广西师范大学出版社2004年版,第156—157页。
② T. K. Thomas, *Christianity in Asia: Northeast Asia*, Christian Conference of Asia, 1979, p. 14.

应为 473 人。)

男童全日制学校	学生数	女童寄宿学校	学生数	女童全日制学校	学生数	神学校	学生
93	1255	24	464	57	957	9	94
70	1471	12	189	24	335	9	115
14	265	2	124	1	15	2	22
177	2991	38	777	82	1307	20	231

主日学校	学生数	按立牧师	售书员	女布道员	译员	发药处
92	2110	42	28	62	6	14
23	495	28	45	26	10	4
…	…	3	3	2	…	6
115	2605	73	76	90	16	24

(资料来源：*Records of the General Conference of the Protestant Missionaries of China held at Shanghai*，May 10－24，1877，Shanghai：Presbyterian Mission Press，1878，p. 486.)

卫三畏将"传教宽容"条款塞入《中美天津条约》中，为基督教在华的传播创造了有利条件，以至在他 1876 年从代理公使任上退休回美后，曾著文《新教传教事业在中国》来回顾这段令人振奋的结果："它标志着我们在发展我们神圣事业的道路上取得了又一个重大进步，意味着我们在中国普及基督教的计划正在逐步得到实现。……这些年来，我们在华传教事业的发展几乎没有遇到阻碍，也没有受到迫害，最多只是招来了一些怨言，这真是让人深感欣慰。"[①] 卫三畏在中美天津谈判时，完全是以美国外交官的身份参与其事的，将"传教宽容"条款塞入《中美天津条约》，被同为翻译的美国长老会传教士丁韪良和其他传教士视为卫三畏对传教工作的最大贡献，印证了卫三畏的如假包换的传教士的核心价值观。卫三畏曾将美国政府支付的随同佩里准将赴日之行的所有报酬 2705.24 美元全部上缴给美部会用于发展传教事业。[②]

---

① [美]卫斐列著，顾钧、江莉译：《卫三畏生平及书信》，桂林：广西师范大学出版社 2004 年版，第 179 页。

② *Report of the American Board of Commissioners for Foreign Missions*，Boston，1856，p. 165.

天津谈判后，西方各国传教士纷纷东来，美部会以及其他传教会在北京地区（包括天津）建立传教站点时，均得到了卫三畏的大力协助，其中，1863年，美国长老会传教士丁韪良到北京建立北长老会第一所传教站的费用得自卫三畏的借款。① 1865年美部会意欲在九江建立传教站，卫三畏还致信秘书安德森表示热烈支持。1870年，在北京的新教传教士，分属六个不同组织，举行大型会议时，就由卫三畏主持礼拜仪式的。② 很显然，无论在或不在美部会这样的传教组织里，卫三畏从来都没有将自己看作是传教士以外的人，他只要有可能，总是会用自己丰富的知识与经验，以及他的在华各种有利条件来为美国在华的传教事业服务的。

（四）卫三畏对中国文化的认识水平和参与美国远东外交的初步实践与经验，保证了他有能力胜任这项外交工作，而且这样的外交工作会有力地促进了他的文字传教事业，并为他的汉学研究提供了丰富的资料来源，可谓一举三得。自1833年10月来到广州后，除协助裨治文负责《中国丛报》印刷工作外，卫三畏还努力学习中文和钻研中国文化。尽管在第一次鸦片战争前，卫三畏对于中国的认识没有超越一般西方人之于中国的误解甚至蔑视，"中国人认为自己比其他民族优越——这一观念在他们早期的历史中就逐渐形成了，并见于他们的著作"，"中国人的无知与骄傲一直顽固地阻碍着一种更高文明的传播"。③ 但是从《中国总论》初版后，卫三畏对中国文化的观念开始逐渐客观起来，而且将之与西方文化主流的基督教文化相比附，在希望中国逐步开放的同时，也呼吁西方人对中国人应该有比较善意的了解。

在《中国总论》序言中，卫三畏指出他是希望通过对中国人的政府及其行为准则、文学和科举考试的梗概、社会、实业、宗教状况，进行朴实无华的描述，就像讲述其他国家一样，将他们放在适当的位置。这种"适当的位置"，就是"要为中国人及其文明洗刷掉通常加于他们的那些奇特的、几乎无可名状的可笑形象；好像他们是欧洲人的模仿者，他们的社会状况、艺术和

---

① Kwang-Ching Liu, *American Missionaries in China: Papers from Harvard Seminars*, Cambridge: Harvard University Press, 1966, p. 22.
② Harold S. Matthews, *Seventy-Five Years of the North China Mission*, Yenching University, 1942, p. 17.
③ Ibid, p. 52, 64.

政府是基督教世界同样事物的滑稽表演"。卫三畏试图客观地描述,是希望能以学者的眼光来看待中国,反对历史上曾有的两种不正确的做法:"很容易把中国早期的历史捧上了天,就像法国作家所做的那样,但贬低他们也同样是不正确的,而这是现在普遍流行的做法。"① 当然,卫三畏所认为的中国"适当的位置"并不是与西方国家那样的地位,而是"我将本书称为 The Middle Kingdom,主要理由在于'中国'是他们(指中国人)称呼自己国家的最常用名称;同时,中国人介于文明与野蛮之间——中国在现存的制度和文学方面,是最文明的异教国家"。② 将中国人定位为"介于文明与野蛮之间",无疑是他的写作《中国总论》的主要动机,潜在的目的之一就是为他的基督福音事业开辟一条必须在中国开展的理论上的通道:"一旦传教士扎根在中国人中,中国人将会好好回报他们的辛苦,通过这一事实,增进基督教会在中国人中间传播福音的兴趣。……如果这样的知识有助于任何人进一步激起自己的愿望,去传播文明的文明和宗教自由的主要源泉,鼓励目前从事这一事业的人进行更大的努力,那么,在著作过程中所经历的艰苦就会得到增长无已的补偿。"③

在卫三畏看来,中国文明在自发的过程中已经达到了极致,陷于停滞和衰退,因而只有基督福音才能拯救它的衰落,西方文明才能补救它的落后,这样才能进入文明国家行列。所以在中国生活后,看到基督教事业在中国的发展举步维艰,他就几乎没有迟疑地进入美国对华的外交领域,期望借助这种外交力量推动中国的福音事业。从某种意义上来看,卫三畏是将宗教热情和政治外交结合在一起的中国文化学者,他的《中国总论》显然在嫁接着这样的宗教理想和政治抱负,成为他投身对华外交的文化素养基础和心理动力,保证了他此后进入外交界能够较好地与中国人交往。另外,曾参与和目睹顾盛使团与清政府签约的外交活动,以及更重要的几次赴日外交,让卫三畏具备了相当好的心理基础和实践经验。来到中国以后,尽管主要身份是传教士

---

① Samuel Wells Williams, *The Middle Kingdom*, New York & London: Wiley and Putnam, 1848, Vol. II, p. 193.

② Ibid, Foreword, p. xvi.

③ [美]卫三畏著,陈俱译:《中国总论》,上海:上海古籍出版社2005年版,第4页。

和印刷工，他同时也几乎在一开始就从事了外交工作。访日成功的经验又进一步添增了卫三畏涉足对华外交的信心和力量，因此在接到美国国务院的委任状后，能够较快地做出决定，既放弃了印刷所被毁后重建的工作，又很妥当地处理好与美部会总部的隶属关系，从而得以全身心地投身于美国驻华使团的秘书兼翻译工作，完全从事美国对华的外交事务了。

简言之，卫三畏走上美国对华外交的政治舞台，是他钟情于传教事业的主观态度与中国社会的客观现状相结合的历史产物，也是近代以来中西方关系发展的必然选择。卫三畏生逢其时，又恰当地介入其间，有助于中美外交关系的发展和中西文化交流的历史进程。

第二节　卫三畏职业外交官的重要活动

从 1855 年夏开始，卫三畏正式开始为美国驻华使团服务，起初主要负责翻译工作。这样的翻译工作并非一项很轻松的任务，而且它是隶属在使团秘书的职责范围之内，有幸的是卫三畏能够愉快胜任："现在，我的新工作要求我翻译大量的官方文件。我真的无法想像，如果没有我的加入，这些翻译工作将由谁来完成。事实上，在过去的 8 年中，我一直在为美国和其他一些国家的领事馆翻译类似的文件（英国除外），并且分文不取。"[①] 如果按照 1855 年夏起算，卫三畏在美国使团（使馆）服务的时间达 20 年。其实，这个年份是卫三畏出任美国驻华使团的秘书（公使馆秘书相当于大使馆参赞级别）和中文翻译官的开始，是一种享受美国政府酬薪的任职，一直到他 1876 年退休回美。而在此之前，卫三畏还曾以私人身份代理过美国使团公使一职的，时间很短，而且是没有任何酬薪的："我原计划明年（1870 年）继续呆在上海，专心编写我的字典，然而劳罗斯先生突然离任，把公使馆的工作又推给了我。

[①] ［美］卫斐列著，顾钧、江莉译：《卫三畏生平及书信》，桂林：广西师范大学出版社 2004 年版，第 156 页。

14 年前我从马沙利手中第一次接管这一工作，如今已是第八次了。"① 这句话出自卫三畏给其朋友奥利芬特的信中内容，是 1869 年 11 月 6 日写于上海的。劳罗斯先生就是 1868—1869 年任美国驻华公使的劳文罗斯，曾因为反对蒲安臣为清廷所定的政策而被美国政府召回。马沙利是 1853—1854 年的美国驻华公使。"14 年前"和"第八次"似乎计算有误，因为若是 1855 年，则应该是从麦莲公使手中接任代理公使，而非从马利沙手中的；若从马利沙手中接任代理，则应在 1854 年。从劳文罗斯公使手中接任代理公使，应该是第七次。而在 1855 年夏之后，卫三畏在美国使团（使馆）任秘书和翻译之外，多次代理公使，实际上是身兼三职的，都是享受美国政府的官员津贴的，可谓位高权重，有力地影响了中美关系的内容和进程。从广义的角度来审视卫三畏为美国政府对华外交的服务，我们知道他一共有 9 次代理美国驻华公使之职，时间跨度为 1854—1874 年。1874 年 10 月 29 日，美国驻华公使艾忭敏到华履职后，卫三畏最终完成了他的代理公使的历史使命，加上他已过花甲之年，又再任职两年秘书兼翻译后，在 64 岁时最终从秘书岗位上退休。卫三畏这样的外交官履职生涯，在中外近代外交史上是少见的。

卫三畏九次代理驻华公使列表

次数	外交衔级	接任时间	卸任时间	代理时间（大致）
1	秘书	1854.1	1854.4	3 个月
2	秘书	1855 年夏	1855.12.31	5 个月
3	秘书	1857.10	1857.11.25	2 个月
4	秘书	1858.12.8	1859.5.18	6 个月
5	副使	1865.5.12	1866.11.2	17 个月
6	副使	1867.11.21	1868.9.29	10 个月
7	副使	1869.7.21	1870.4.20	9 个月
8	副使	1871.4.11	1871.9.29	5 个月
9	副使	1873.7.24	1874.10.29	15 个月

---

① [美] 卫斐列著，顾钧、江莉译：《卫三畏生平及书信》，桂林：广西师范大学出版社 2004 年版，第 259 页。

有必要指出的是，卫三畏的九次代理驻华公使，每次时间长短不一，累计起来约有五年之久，而且是在以下几位美国驻华公使卸任或暂时回美后代理的。

中文名	英文名	出生地（州）	任命时间	递交国书	离任时间
马沙利	Humphrey Marshall	肯塔基州	1852.8.4	1853.7.4	1854.1.27
麦莲	Robert Milligan McLane	马里兰州	1853.10.18	1854.11.3	1854.12.12
伯驾	Peter Parker	马萨诸塞州	1855.8.16	1856.7.15	1857.8.25
列卫廉	William Bradford Reed	宾夕法尼亚	1857.4.18	1858.5.3	1858.11.11
蒲安臣	Anson Burlingame	马萨诸塞州	1861.6.14	1862.8.20	1867.11.21
劳文罗斯	Ross Browne	加利福尼亚	1868.3.11	1868.10.28	1869.7.5
镂斐迪	Frederick F. Low	加利福尼亚	1869.9.28	1870.4.27	1873.7.24

（资料来源：杨生茂：《美国外交政策史》，北京：人民出版社1991年版，附录三，P651；维基百科：《美国驻华大使列表》）

综观卫三畏20年间的对华外交活动，我们可以看出：他的外交活动的先期目标是帮助美国政府更大地打开中国的门户，为美国在华的商业贸易和传教事业提供更大的便利，而1860年以后的外交目标是在推动中国走向西化的改革，以期主要地实现他的耶儒合流的中国福音化目的。从传教目的出发，卫三畏以理想主义的愿望参与现实主义的外交活动，却在更大程度上和更广范围内为美国国家谋求了在华利益。在这个长期的外交职位上，卫三畏身兼传教士、外交官和汉学研究者的多重身份，客观上又兼任了西方文化的使者，游走在传播耶稣福音和传播美国文化之间，同时，也起到了中国文化西传的历史作用。下面将简要分析卫三畏的这种融合着理想主义和现实主义的外交活动。

（一）参与和协助列卫廉公使《中美天津条约》的谈判与签约，后来随同华若翰公使北上换约。这些纯粹的外交活动，是卫三畏的福音精神和开放及现实主义相互交织下的一种实践，从中他很希望看到他所理解的进步在中国出现。1857年4月接受任命的美国驻华公使列卫廉前往中国，11月11日到达广州，受到了使团秘书卫三畏等人的接待。卫三畏和列卫廉此后的合作是愉快的。应该说，列卫廉公使的到来启动了卫三畏外交才能的阀门，而且有卫三畏的协助，对中国国情不甚了解的列卫廉公使与清政府谈判签约的任务自然是事半功倍了。列卫廉在1858年底完成使命离沪到达香港后曾在日记中这样写道："一年多以前，我们是完全不认识的两个陌生人。这一年多以来我们朝夕相处，互相信任（很多时候甚至共用一个房间），相处得非常愉快，从未发生过任何龃龉。卫三畏见多识广，是我见过的最博学的人。他从不卖弄学问，但是不管你问他什么，他总会给你一个准确的回答。他对信仰非常虔诚，时时刻刻都牢记着这样一个事实：上帝在注视着我们的一举一动，聆听着我们所说的每一句话。卫三畏非常乐观，我从未见过他灰心丧气的样子。他的儿子去世了，但是他从未在我们面前流过一滴眼泪。即使他哭过，也是在没有人看见的地方。我不能在赞美卫三畏了，否则别人会认为我是在夸大其词。关于他还有最重要的一点（起码对我来说是最重要的一点），那就是他对我非常好。"①

　　第二次鸦片战争的第一阶段，列卫廉公使提出全新的对华政策，就是以武力为后盾的进京谈判修约。对于进京一事，清政府全力阻止，因此将是一场中外持久的谈判拉锯战。1858年5月3日，钦差大臣、直隶总督谭廷襄与美国使节在大沽炮台举行了第一次会谈，由丁韪良担任翻译，卫三畏作记录，以防遗漏。会谈进行了两个多小时，但没有谈及具体的、实质性的问题。10日，美国使节一行再次上岸与谭大人会面，商谈清廷是否接受美国总统的国书及修约的态度。两天后，列卫廉公使患了感冒，卫三畏和丁韪良一起给中国官员送递文件，并会谈两个多小时，谈及外国使节进驻北京的问题，得到必须请示皇帝的答复。14日，在得知中国官员与俄国使节会谈的结果后，卫三畏立即告诉了列卫廉公使。19日，就在卫三畏和丁韪良奉公使就签订条约的问题之命，与直隶布政司钱忻会谈临将结束前，卫三畏接到了公使列卫廉的密信，停止对条约草案的全面审议而立即返回军舰上。5月20日上午8时，额尔金和葛罗发出最后通牒，要求让四国公使前往天津，并限令清军在两小时内交出大沽炮台，否则武力占领。10时，联军两队炮艇开入口内，同

---

① ［美］卫斐列著，顾钧、江莉译：《卫三畏生平及书信》，桂林：广西师范大学出版社2004年版，第195页。

时轰击南北两岸炮台。这次作战，尽管"中国兵械虽不甚精，而兵弁大都忠勇"，① 也仅仅在接战两个多小时，四座炮台全部落入敌手。其后，英法联军炮艇八九艘溯白河而上，于 26 日驶抵天津城下。不久，四国公使也率主力舰只赶到，宣称如果清廷不立即派全权代表前往天津谈判，就先取天津，再攻北京。咸丰帝以天津逼近京城，急忙于 5 月 28 日派大学士桂良、吏部尚书花沙纳为钦差大臣，赶赴天津议和。

从 6 月 4 日起，桂良等与英法美俄代表进行了多次交涉，并先后于 6 月 13 日和 18 日签订了《中俄天津条约》和《中美天津条约》。6 月 26 日和 27 日签订了《中英天津条约》和《中法天津条约》。在《中美天津条约》的谈判过程中，卫三畏出力甚勤，而且在条约条款拟定上颇有主见，深得列卫廉公使的信赖："从更实际一些的角度来看，我认为，传教士们在中国的工作和研究直接关系到了我们在华的利益。如果没有他们担任翻译，我们的各项工作都无法进行；如果没有他们的帮助，我在这里既不能读，也不能写，无法与中国人信函往来，更无法与中国人谈判。总之，如果没有他们，我根本无法开展工作。他们为我们解决了许多困难。"② 1858 年 6 月 7 日，在卫三畏的事先斡旋下，美国使节率先拜访了钦差大臣桂良、花沙纳，从而较英法两国赢得了先机和好感："由于美国使节坦诚和礼让的态度，中美双方在第一次会面时就达成了一项协议。而且双方都很满意。……英法使节与中方会谈时，气氛不是很友好，因为中方交给使节们看的任命书出了点技术性问题。"③

在中美进行谈判的过程中，卫三畏还努力促使双方在条约中添上了允许在中国传播基督教这一重要条款，这是他这段时期最大的成就。他设法弄到了一份中俄条约的中文本，找到允许传教士行动自由的条款，依样为中美条约也订了这样一条。中俄条约中规定允许"一定数量的传教士"在中国生活，卫三畏把这一限制性的内容删除了，并在新拟的条款中提到了"新教"和"罗马天主教"两个概念，说明新教无论是在名称上还是在实质上都是有别于

---

① 夏燮：《中西纪事》卷十四，（清）同治精刻本，第 8 页。
② ［美］卫斐列著，顾钧、江莉译：《卫三畏生平及书信》，桂林：广西师范大学出版社 2004 年版，第 178 页。
③ 同上，第 173 页。

罗马和希腊的教会组织的。签署条约的前夜，中方代表不接受这一条款，理由是新教传教士都带有家属，活动范围不能超出通商的口岸。也就是说，不允许美国人在中国传教，其实是因为他们无法接受外国妇女在他们的国家自由行动这一事实。对此，卫三畏赶紧重新撰写这一条款，次日清晨便送给中国钦差过目。新拟的传教条款和上次那条在内容上其实是一样的，不想中国钦差很干脆地接受了，没有再提出任何修改意见，只是列卫廉公使建议将英文本中的"任何人"改成了"无论美国公民还是皈依基督教的中国人"。卫三畏最关注的是中国要允许在华传播基督教。条约中果真塞填了传教自由的条款。对此，他欣喜若狂地说："在这个问题上，我们可谓开风气之先，当时中外签订的其他条约中是没有的。后来中英条约中关于宗教题的条款就是仿照我们的这一条制定的。如果当时我们的条约中没有这样的内容，那么后来的中英条约中也不会有。而且，必须承认，如果中国政府当时认识到了允许在华传播基督教对他们意味着什么，他们是绝不会应允这一条款的。"①

当然，新拟的条款是经过了列卫廉公使的审查，而且做了符合他意愿的修改。6月18日晚上，中美双方在天津的海光寺举行了签约仪式。对于这份"来之不易"的条约，卫三畏似乎感到如释重负。《天津条约》签订后，中美双方约定在上海商讨有关贸易和关税的具体规则。由于钦差们迟在10月才能到达上海，列卫廉一行就决定前往日本一次，只访问了通商口岸长崎，令卫三畏感到十分惬意，这是他的第四次日本之行，是在随同佩里将军叩关日本成功后的五年之后。10月26日，从北京来到上海的钦差们5人，在上海的赫德公司进行第一次会面，气氛较在天津谈判时要好得多。28日，列卫廉公使一行回访了清朝钦差们，并受到设宴款待，这次拜访纯粹是礼节性的，除在宴会上赞美燕窝等菜肴及点心，举杯为中国皇帝和美国总统的健康祝福外，没有谈到什么实质性的问题。11月11日，在英国政府与清朝钦差签订了一份中英条约的附件后，中美之间也签订了这样一份关于关税和贸易的条约，此外，在关于赔偿居住在广州和黄埔的美国人的财产损失的问题上，列卫廉公使也和中国代表签订了一份协定。中方同意赔偿白银50万两，赔偿方式是从

---

① ［美］卫斐列著，顾钧、江莉译：《卫三畏生平及书信》，桂林：广西师范大学出版社2004年版，第175—176页。

第二年（中国农历）开始消减美国商船须缴纳的税金的五分之一。这 50 万两白银的赔款，30 万两从广州地区的外贸税收中支付，其余 20 万两从福州和上海地区的税收中分别抽取。① 这笔还给美国人的赔款，就是由卫三畏主持兑付的，后来还剩了 20 多万两，卫三畏准备"退款兴学"筹办在华的"美华学院"，因得不到美国政府的认可而流产，却成为 20 世纪初美国"庚款办学"的滥觞。至此，列卫廉公使完成了他赴华的历史使命，他将带着条约的各项文本返回华盛顿复命，剩下的事就是双方政府批准条约。

1859 年春，美国政府任命华若翰先生为新任驻华公使（第 8 任驻华公使），前往中国北京交换本国政府已批准的《中美天津条约》，同时任命其弟华为士为使团秘书。国务卿卡斯为此从华盛顿致函卫三畏，表示"这项新的任命能减轻你的工作负担，但你作为翻译的薪水不变，希望这样的安排可以让你接受"。② 对此任命，卫三畏没有任何反应，而这些细节也与此后卫三畏坚不接受驻华公使任命有关，他不喜欢介入这样的名利纠纷中，只是在按照"上帝的意志"工作着。华若翰 1859—1861 年任驻华公使期间，卫三畏获得了回美休假一年的美国总统特许，后来他在 1860 年 2 月离开澳门回美，直到 1861 年 9 月返回香港，一定程度上就是回避其中的某种政治纠纷。而且新任公使华若翰并没有听从前任公使列卫廉的建议，先到澳门与卫三畏见面，听取一些中国情况的介绍，而是直接乘坐军舰驶向上海。也许是上帝的安排，卫三畏在香港送别前任公使列卫廉先生后，只是去澳门停留了一段时间，随后便乘船北上上海，途中停靠宁波。5 月，卫三畏和新任公使华若翰先后到达了上海，很快就与已经到达上海的清朝钦差桂良、花沙纳、何桂清等人见面。已经疲惫不堪的钦差们对外国公使进入北京的打算没有表示任何反对意见，而是要与各国使节商议进京之前的各项准备事宜，并在上海就地与各国签订条约，这个举动实在出乎外国人的意料之外，只是这些钦差们在没有得到朝廷的圣旨前，是不敢擅自离开上海的。1859 年 6 月 13 日，英法美三国公使和钦差们一起向北京出发。对卫三畏来说，这次是他第三次启程去北京了。

---

① [美]卫斐列著，顾钧、江莉译：《卫三畏生平及书信》，桂林：广西师范大学出版社 2004 年版，第 190—193 页。

② 同上，第 196 页。

1859年6月20日，英法美三国公使到达大沽口外，清政府要求公使往北方北塘登陆，并由清军保护到北京换约，但遭到拒绝，双方不久便在大沽炮台遗址展开战争。6月25日，英法联军发兵进攻大沽口，但连连失利。1860年7月，英法援军大举来袭，大沽、天津相继陷落。随后，英法联军攻陷通州，进而在北京东郊八里桥与清军决战，僧格林沁部全军覆没。9月22日，咸丰帝等则以北狩为名逃奔热河避暑山庄。10月13日，英法联军从安定门攻入北京。联军洗劫和烧毁了皇室园林圆明园和静宜园。10月联军以焚毁紫禁城作为威胁，迫使恭亲王奕䜣作为议和代表，除了完成《天津条约》的换约外，加订了中英、中法《北京条约》。11月，英法联军开始撤离北京。俄国新任驻华公使伊格那季耶夫以"调停有功"为由，胁迫清政府签订了《中俄北京条约》，将乌苏里江以东40万平方公里的土地划归俄国，增开喀什噶尔为商埠，并在喀什噶尔、库伦设领事馆。

但是，从英法联军攻打大沽炮台到第二次鸦片战争结束，我们可以看到，美国人并没有加入对华战争，最后也没有与清政府签订类似《北京条约》那样的条约，只是以"中立者"的姿态自北塘登陆，经天津到北京互换了先前的《中美天津条约》，随后便离开北京南下返回美国。这种过程，并非是美国人的无能或仁慈，而是他们的出使目的只是换约，并且是进京换约，扩大冲突是不利的。既然英法联军已经出手在先而且胜券在握，何必多此一举。正是借着英法联军炮火的硝烟未散尽之际，美国使团得以率先进入北京。1859年6月26日，美国使团一行到达了北京东边的通河河港，第二天，他们换乘马车，首次进入了北京城。为交换批准的《中美天津条约》，卫三畏随同美国使团首次进入北京，"这是进入北京的第一批美国人"。[①] 初次见识北京城，留给卫三畏的印象并不是很好："北京的城墙以外是破破烂烂、凹凸不平的石头路，城中则是同样糟糕透顶的泥泞小路。正如我们的随团教士深恶痛绝地说，北京的路况简直'糟糕得无法形容'。北京这座满族人的城市让我们大失所望。这并不是因为我事先把它想象得过于整洁、优雅、金碧辉煌，而是因为

---

① Frederick Wells Williams, ed., "The Journal of S. Wells Williams, L. L. D.", *Journal of the North China Branch of the Royal Asiatic Society*, Vol. 42, 1911, p. 164.

城市中乞丐成群、凋敝破败、尘土飞扬的景象实在太出乎我的意料。"① 下榻在曾任大学士的赛尚阿被贬职充公的一座消夏的行宫里，美国使团却被限制了在北京城内外的自由活动。其后，双方代表在觐见咸丰皇帝行叩头礼上纠缠。美国华若翰使团是中国近代史上第一支进京的外交使团，要向中国最高统治者递交国书，就不可避免地遭遇觐见中国皇帝的叩头之礼。这个著名的外交问题，成为自1793年英国的马噶尔尼使团进京以来的中国官员与外国代表之间争论的焦点。十多天的讨论与说服，最终还是无果，美国使团未能见到皇帝。8月3日，在最后一次的觐见礼仪谈判不成功后，中国钦差们同意由他们来接受美国总统致中国皇帝的国书，而不是由美国公使在觐见皇帝时直接将国书呈递。8月10日，美国使团在与中国钦差大臣桂良和花沙纳的最后一次会谈的时候举行了国书的交接仪式，还约定在北塘交换正式签署过的条约文本。11日，美国使团成员乘坐与来时相同的交通工具，由同一班人马护送离开北京。几天后，在北塘，直隶总督恒福和布政使文煜和美国使团代表交换了条约文本，《中美天津条约》正式生效。8月17日，美舰托依丸号载着使团成员与停泊在远处的舰队司令所在的波瓦坦号船会合。22日，美国使团到达上海。到年底，美国使团与两江总督何桂清就中美之间的条约中的一些细节问题进行协商后，就南下香港了。从1853年开始，卫三畏跟随海军准将佩里和两任来华公使列卫廉与华若翰分别出访日本和北京，历时六年，这样的四处奔波和繁重的秘书及中文翻译的工作显然让他感到疲惫和厌倦了。卫三畏不仅需要休息，更需要回国探亲（其间其弟约翰和第三子奥立芬先后病逝）。1860年2月，卫三畏离开澳门，开始了他回国的休假，一直到1861年9月返回香港。

（二）协助美国首任驻京公使蒲安臣进京、主持修建美国驻京公使馆，并展开了近距离的对华外交工作，尤其执行中美"合作"外交政策；其后又多次在公使蒲安臣、劳文罗斯和镂斐迪离任时代理驻华公使之职。卫三畏在1861年9月从美国探亲回到澳门一个月后，接替华若翰公使担任美国驻华公

---

① ［美］卫斐列著，顾钧、江莉译：《卫三畏生平及书信》，桂林：广西师范大学出版社2004年版，第213页。

使的蒲安臣抵达了上海。此期，正是清廷"辛酉政变"前后，朝野动荡。尽管英法联军武力推进至北京和《天津条约》《北京条约》的签订开启了外国人进驻北京的新纪元，但是，包括美国在内各国来华使团暂时不敢轻易进京，更毋提建立驻华公使馆的问题了。1862年春，随着清政府政局的逐渐稳定和北方河流的解冻开航，卫三畏陪同公使蒲安臣北上，沿途访问向外国人开放的通商口岸，同时还要防备太平天国军队的威胁。7月上旬，卫三畏一行到达了天津，天津显得相当萧条，外国人在此开辟了租界，有50人住了下来，贸易有所增长。在美国公理会传教士白汉理博士的极力主张下，卫三畏在天津为美国传教团购买了一处房子以供传教之用，这是他有生以来在华拥有的第一座房子，而且是在一座他可能永远不会居住的城市。一周多后，他们离开天津向北京进发。到达北京后，美国使团首先进驻法国驻京公使馆。因为1859年底华若翰公使进京换约时，在觐见咸丰皇帝叩头礼仪上没有让步，只得在北塘换约后，就南下并迅速回美复命，从而失去了在北京筹建美国驻华公使馆的机会。英法联军占领北京，签订《北京条约》后，很快便筹建了在中国居住的使馆建筑和直接外交的公使馆体制。三年后进京的蒲安臣使团没有自己的使馆，所以在此之前必须先在一个地方住下来。早在来京前，蒲安臣公使就在上海拜见了哥士奇太太。哥士奇是法国外交官，1862—1863年出任法国驻华使馆代办。对于先住进法国使馆的做法，卫三畏当时也不知道这样做会带来什么样的运气，显然，这样的"疑惑"促使了他在三年之后竭尽全力地筹划建造属于他们自己国家的驻华公使馆。这次对北京的访问是比较仓促的，从7月到11月，作为使团的秘书兼翻译，卫三畏不得不考虑许多事情，特别是有关住房的事情。在蒲安臣公使返回上海探亲，后与其夫人、孩子和女佣等回到北京之前，卫三畏必须负责完成公使将入住的住宅。在此之前，他首先要为自己的居家购置一套房子。在购买的卫三畏新家里，首先入住的是随同他前往北京的两位美国牧师施约瑟和包尔腾，这二人后来成为北京城里受人尊敬和非常成功的传教士，并且卫三畏还垫付现金为在京的美国传教团购买了土地和房舍作为传教场所，后来得到了美国美以美会总部的认可购回。卫三畏看定了一套房屋，比较适合作为蒲安臣公使的住所兼办公地。为了早日完成修葺工作，他雇用了120个工人对之进行必要的装修。在监管的过程中，卫三畏发现需要投入比原先预想的要多几倍的时间和精力。卫三畏于 1862 年底从北京返回澳门。在澳门只停留的 6 天时间里，他极为仓促地捆扎了书籍、被褥、瓷器，将不能带走的家具全部卖掉，之后就带着妻子和最小的孩子，以及 60 只箱子离开了澳门，一路北上，经香港、广州、上海和天津，终于在 1863 年 6 月 16 日返抵北京安家。"下定决心离开南方的城市，离开澳门可爱的家，到此地（指北京）重新开始生活，这对我来说实非易事。但我找不出任何理由继续留在南方，我不能把自己在道义上必须承担的工作交给别人，然后再因为他们做得不好而后悔。"[1] 是年秋，卫三畏一家搬进了装修一新的住所，这所新住房共有八个房间，其中两间是相通的，其他是各自独立的。卫三畏雇佣了一个看门人、一个厨师、两个苦力、一个清洁工、一个侍者，所有这些人都在管家的领导下，除了这些人之外，还有一位护士，是唯一的女性仆人。和其他的外国人相比，他雇佣的人数是最少的，属于中等水平。这一次在京安家，正式开始了与公使蒲安臣在一起的对华全面外交工作，也开始了他在京 13 年的外交生活，一直到年达 64 岁时退休。

蒲安臣公使在华履职分为前后两个时期，从 1861 年任命赴华，1862 年夏抵达北京，暂时住进卫三畏为其购买修葺后的简易住所中，到 1865 年春离职回美，为第一个时期，亦为中美之间真正意义上的单边外交（清政府派遣首任驻美公使迟在 1877 年后）的开始阶段。1866 年 10 月，蒲安臣再度被任命为驻华公使莅京，到次年底卸任，是为第二时期，亦为中美关系进入相对稳定的发展时期。正是因为蒲安臣在中美外交关系上的某些作为，赢得了清政府的"信任"。1867 年 11 月 27 日，担任驻华公使已达六年之久的蒲安臣即将离任回国，在总理衙门为他举办的饯行宴会上，恭亲王奕䜣建议委任蒲安臣这个友好人士担任中国首任全权使节（办理中外交涉事务大臣），代表中国政府出使美英法普俄诸国。当时，清朝政府正在准备第一次派团出使外国，由于当初中国还没有懂外交的官员，聘一些熟悉外交并与中国友好的外国人来行使此责，既不失体统又可获外交实利是清廷觉得比较两全的办法。这是中国政府第一次派团出使外国，蒲安臣也就成为绝无仅有的既担任过美国驻华

---

[1] ［美］卫斐列著，顾钧、江莉译：《卫三畏生平及书信》，桂林：广西师范大学出版社 2004 年版，第 233 页。

公使又担任中国使节的一位美国人。1868年2月25日，清政府第一个赴外使团——蒲安臣使团一行30人，自上海虹口黄浦江码头乘坐"格斯达哥里"号轮船起航前往美国旧金山。随同出访的还有2名中国官员：海关道志刚和礼部郎中孙家谷。蒲安臣的两名副手：左协理是英国使馆翻译柏卓安，右协理是海关税务司法籍职员德善。蒲安臣被委任中国首任使节，确是晚清中国走向国际大家庭的一个步骤，具有近代化的历史意义。在中国当时外交人才几乎为零的情况下，他代表中国政府完成了第一次中国与外国的官方交往，对于发展中国的外交事业做出的贡献是无与伦比的。蒲安臣死后，志刚、孙家谷举着蒲安臣设计的中国国旗，继续完成了对比利时、西班牙、意大利的访问，而且觐见了三国国君，亲递国书，采纳国际通行的外交礼节。诚然，蒲安臣代表晚清政府出使西方与他在公使任职期间力主中外政府之间实行"合作政策"密切相关。对华"合作政策"最早是由美国国务卿西沃德于1862年提出的，并在给即将赴华的美国驻华公使蒲安臣的训令中予以强调。蒲安臣对此项政策的内容做出简洁的界定："签订条约的各国同意在实际问题上采取一致行动；一起维护条约中规定给予他们的利益，但同时决心对这些条约做出宽松的解释；决心维持外国模式的海关制度，并且支持它的管理，维持其国际化；同意不在通商口岸占据租界，永不威胁中国的领土完整。"[①] 对蒲安臣公使及其执行对华"合作政策"和衔清政府之命代表中国出使西方诸国的外交活动，卫三畏都是深表钦佩和赞同。

蒲安臣离任后的公使空缺之责落在卫三畏身上，一接就是一年半以上，是他共9次在华代理公使之职最长的一次。在代理公使之职的一年半多时间里，卫三畏除了处理使馆的日常事务外，还利用空闲时间编写字典，比较得心应手。但他还是期待着蒲安臣的到来。1866年春，林肯再度当选为美国总统，国务卿西华德敦促蒲安臣回到中国，将他在那里开创的重要工作进行到底。蒲安臣明智地同意了，坚决放弃了在国内政界扬名的光明前途，来华继续推行他的"合作政策"。正在执行"合作政策"的代理公使卫三畏，见到了蒲安臣的再度来京，兴奋异常，决定亲自督建一幢合适的公使馆。尽管不能

---

① ［美］卫斐列著，顾钧、江莉译：《卫三畏生平及书信》，桂林：广西师范大学出版社2004年版，第245页。

动用1859年赔款基金的利息来筹建它，卫三畏还是想尽一切办法来实施他的计划，把公使馆的地址选在俄国使馆的对面，并及时地完成了工程。1866年10月蒲安臣公使到达后便入住了。公使馆体现了一些西方建筑的特色，这一尝试在北京还是第一次，赢得了不少赞许之声，连清廷恭亲王奕䜣乘坐八抬大轿来到蒲安臣住所的内门时都惊叹道太好了。^① 来华再次履职一年后，蒲安臣提出辞职。卫三畏受命担任起管理使馆工作的责任，这是他第6次代理公使之职了。卫三畏既要处理代理公使的事务，还牵涉到他是否接受出任公使的建议。因为，当时在某种程度上来说，美国政府的对华力量和重视程度尚不是很大，驻华公使在华影响力有限，而且像蒲安臣这样的职业外交官也不能得心应手地处理一切外交事务，特别是缺少传教士的帮助，像卫三畏这样熟悉中国文化和社会风俗的传教士，又由于多年的从事外交活动的经验，在当时中美外交领域是难得的人才。因此，蒲安臣的辞职，某种程度上说明了美国对华外交的隐痛，蒲安臣的继任者劳罗斯公使在中国呆了不足一年（1868年9月—1869年7月），接替劳罗斯的镂斐迪公使来华，任职时间也只有一年（1870年4月—1871年4月）。蒲安臣和劳罗斯两位公使离任后，无论美国国内还是在中国，让卫三畏担任驻华公使的呼声不断，但是这些美好的建议，对坚守代理公使之职的卫三畏而言，没有根本的转变作用。

卫三畏服务美国驻华使团的20年间，驻华公使换了一个又一个，而他的职务始终未变：秘书兼翻译。在公使离任后卫三畏曾多次代理公使，但他后来为什么没有成为公使或接受公使一职呢？至今没有一个最根本的原因可以解释，可谓多种因素共同作用的结果。首先，已经56岁的卫三畏觉得他没有多余的时间和精力，其主要时间和精力用在学术事务上；其次，出于对蒲安臣公使的敬意和他对美国驻华公使馆体制建立的忠诚，以及他具有的善始善终的做事风格，卫三畏一直在为美国公使馆建造工程尽心尽力，"关于我是否应该接受驻华公使一职的问题，我无法作出切实的答复，假设性的答案是毫无意义的。我只想每天处理好那些必须处理的事务。眼下我希望顺利地完成新一版的《中国总论》，但这并不容易，也许这一工作永远都无法完成。字典

---

① ［美］卫斐列著，顾钧、江莉译：《卫三畏生平及书信》，桂林：广西师范大学出版社2004年版，第248—249页。

必须首先完成，因为我觉得它会非常有用。《中国总论》绝不会卖得太快，也不会成为许多人的必备书，书籍的销售状况是对其适用性的检测"。① 事实上，卫三畏是出任公使最合适的人选，但他几次与这一职务擦肩而过，其中固然有个人谦让的原因，也有更深层次的原因造成了卫三畏极微弱的政客心态，即在以政党运作为特征的美国政治格局中，传教士出身的无党派人士很难出任高级职务。卫三畏缺少政治资本，他所依赖的是过硬的语言能力、丰富的中国经验，以及传教士的热情和投入。这样，卫三畏就成为美国国内高层政治因素和美国对华关系的内容与方式下的不可用人物："实际情况是，我们认为他（指卫三畏）作为公使馆头等参赞是不可替代的。"当时美国国务卿西华德的这句回答，颇为巧妙地说明了卫三畏的工作业绩，以及他与不断走马换将的公使之间的关系：公使们可以来回地调换，但他却一直留下来指导新来者，并用他的智慧和经验来帮助每一位公使。卫三畏没有出任公使之职，也许是最为明智的选择，有失有得相辅相成："尽管他为美国政府服务时功勋卓著，但他作为一名作者贡献却更大。……前一本书（指《中国总论》）是他作为传教士时写成的，而后一部（指《汉英韵府》）则是他在公使馆工作时挤出时间来完成的。'这是为永恒而新写的一页'。这就是他固有的感觉：每一天都是需要加以回报的神圣礼物。因此他以加倍的勤奋来进行报答。"②

从1868年春开始，到1876年退休，卫三畏在使馆秘书和偶有公使代理的时间里，在北京的生活总体上还是感觉很惬意的。住在北京的外国人当中，只有三四人比他早些时候来到这个城市，加上位重权高和年尊辈长，以及平淡而执着的处事心态，都使卫三畏过着相对舒心的生活："较少烦扰、较少动荡、较少奢华、较少诱惑、灵魂与天堂之间较少距离，日后也许较少遗恨。"③ 在工作相对轻松的状态下，卫三畏曾凭借自己与中国官员们良好的人际关系帮助过瑞典公使与清政府签订了一份条约，为此他意外地获得了一枚金质奖

---

① ［美］卫斐列著，顾钧、江莉译：《卫三畏生平及书信》，桂林：广西师范大学出版社2004年版，第255—257页。

② ［美］丁韪良著，沈弘等译：《花甲记忆：一位美国传教士眼中的晚清帝国》，桂林：广西师范大学出版社2004年5月版，第10页。

③ ［美］卫斐列著，顾钧、江莉译：《卫三畏生平及书信》，桂林：广西师范大学出版社2004年版，第255页。

章，但卫三畏在惊讶之余显得很是平淡，"这份出人意料的厚礼让我不胜感激，但我并不知道自己做过什么与它匹配的事情"。① 卫三畏已经老成持重，特别是自 1869 年 7 月第 7 次代理驻华公使以来，他明显地感受到自己已经不再年轻，在中国生活了 36 年后，精力与耐力都开始走下坡路了。是年暑期，卫三畏陪同妻子萨拉和孩子们南下上海，再送别他们取道广州、欧洲回美，而自己则不得不返回北京料理使馆的事务，同时做些力所能及的事情，包括编写字典。1871 年春，镂斐迪公使率领军舰前往朝鲜，希望通过武力炫耀与外交斡旋使朝鲜同意保护在其海域失事的美国人，但远征没有达到这一预期的目的，公使暂时回美述职。卫三畏只得再次肩负起公使代理之责，直到是年 9 月镂斐迪公使返回北京履职，他才将秘书公职托付给用半月工资雇请的两位员工，作为公使在起草、翻译和抄写工作上的帮手。

11 月 9 日，卫三畏离开北京前往上海，在上海传教站华万印刷厂排印他修订完成的词典《汉英韵府》，直到 1873 年春才返回北京。本着对字典的一丝不苟，辛苦与操心自是不可避免的。对一位年届花甲的老人，紧张连续的工作超出了卫三畏身体的承受力，在宁波开满杜鹃花的群山中稍作休息也没能让他疲惫的大脑得到恢复。生平第一次，卫三畏感到力不从心，不时感到头晕，大脑发僵，身体状况每况愈下。不得已，1873 年 3 月，他在上海发电报给夫人，让她来上海相聚，夫人及时赶到并把他带回到了北京。字典的主体部分已经完成，后面工作尚在继续之中，直到次年夏才告罄。1873 年 7 月之后，镂斐迪公使卸任返回美国，卫三畏开始了他的第 9 次，也是最后一次的代理驻华公使，直到 1874 年 10 月艾忭敏公使来华接任。艾忭敏公使在任期间，卫三畏陪同公使一行五十多人受到了同治帝的接见，清政府彻底废除了"三跪九叩"觐见之礼，迈向了近代国际外交之列。这种向国际外交礼仪上的转变，在卫三畏看来，清政府终于摆脱了唯我独尊、拒不承认以及不平等接待外国公使的态度，是它自鸦片战争以来发生的最大变化，标志着晚清中国的社会进步和深刻性变革的开始。

1875 年春，63 岁的卫三畏身体状况确实出了问题，特别是过去三年中精

---

① ［美］卫斐列著，顾钧、江莉译：《卫三畏生平及书信》，桂林：广西师范大学出版社 2004 年版，第 260 页。

力的消耗已使他的神经系统处于衰竭乃至崩溃的状态，迫使他平生第一次严肃地关注起自己的健康问题。为了恢复健康，卫三畏在家人的陪同下，踏上了取道欧洲回美的旅程，这是他来华后第四次回美。但是，糟糕的近视让他感到焦虑，也让他下决心赶在失明之前从北京公使馆退休。1876 年 3 月，为了尽快处理完在北京的事务，卫三畏经由旧金山返回中国，5 月到达北京。在与美国国务院协商把公使馆的财产组让给美国政府后，卫三畏于是年 6 月向国务卿呈递了他的辞职信。在国务院的正式解职通知到达北京之前，卫三畏依然以秘书兼翻译身份继续管理着北京公使馆的日常工作。使馆的工作并不繁重，公使西华是唯一一位对被委派的使命有所了解的美国驻华公使，曾经担任过驻上海总领事，有相当的经验与能力，不需要秘书的特别辅助。这样，在公务之余，卫三畏开始为使馆的档案编订索引，这是份必要却又乏味的工作，没有传教士们帮忙，只能由他一人承担，对此他却极有兴趣："档案对我来说并非索然无味的记录，它让人忆起许多已被遗忘的往事和如今看来全是浪费口舌的那些争论。我想对某些事情做些变动，强调这些或删除那些，然而现在只能依照原样儿编辑索引。我感觉有点儿像是翻检将在最后审判中打开的卷册。"① 但视力恶化阻碍了他的这项工作，不得不住进那间古老的山中寺庙，置身于酷热与灰尘之外。7 月 4 日，北京使馆举行了欢庆美国建国 100 周年的活动，其热烈程度不亚于任何一处的聚会，公使馆的午宴上有 26 人参加，其中有四位先生，卫三畏就是其中之一，因为多数在华的美国人工作时间都不长，也还没有真正跨入老年的门槛，卫三畏此时已在中国工作了四十多年，自然成为他们当中的元老。到 10 月，辞呈得到批准，使馆秘书的继任者也被指定，卫三畏终于可从毕生工作的忙碌舞台上隐退。机缘真是凑巧，最后一次离开北京距离他第一次来到广州恰好 43 年整。对于卫三畏的对华外交生涯的评价，上海的新教传教士同仁的致信所言极具代表性："您长期担任美国使馆秘书、翻译，9 次代理公使的职务，这些工作给了您许多重要的机遇，使您得以把知识、经验用于为中国人造福、为您自己的国家谋利，尤其是为基督教在中国的传播效力。对您工作中表现出的高度责任感，我们不胜

---

① ［美］卫斐列著，顾钧、江莉译：《卫三畏生平及书信》，桂林：广西师范大学出版社 2004 年版，第 281 页。

钦佩。"①

（三）本着基督福音的仁爱之心，卫三畏对其外交从政期间发生的战争和冲突事件予以严肃批评，呼吁时人对福音事业的支持，来共同缔造一个充满上帝之爱的和平世界。1856 年 10 月 23 日，英国海军上将西马縻各厘率军舰三艘、划艇十余只、海军陆战队约二千人，向虎门口开进，揭开了第二次鸦片战争的序幕。10 月 31 日起，英军连续炮击广州城，但仍未达到入城谈判的目的。在广东爱国军民的反抗和打击下，英军被迫于 1857 年 1 月 20 日退出珠江内河，撤往虎门口外，等待援军的到来。6 月 15 日，正当英国远征军源源向香港集结的时候，住在澳门的卫三畏从外交立场和福音视角的双重角度，既明确感到了战争硝烟的气息，预示到了罪恶战争的不可避免性，又看到了中国民众的力量和上帝福音进入中国的暴力形式的不可取性，较为温和地批评了西方列强的不人道行径，也显然充满着西方人的自相矛盾性："中国的船只和其他国家的战船之间已经发生过两三次小冲突。在这几次冲突中，中国人表现出了前所未有的勇气和战斗技巧。这表明，只要有正确的指挥，他们是能够学会作战的，他们在这方面的才能绝不会输给其他亚洲人。从政治的角度来说，我认为中国人这次必须奋力保卫自己，否则他们将从此深受外国侵略甚至国内叛乱之苦。而且通过战斗，他们还能学到许多东西，包括如何平等如朋友般地对待外国人。你可能觉得我这些想法前后矛盾。但是，战争的确是会带来友谊的。如果西方四强抛弃对彼此的怀疑，联合起来迫使中国政府同意与西方各国进行更深入、更全面的交流，那么建立这种交流实际上是为中国找到了最可靠的安全保障。如果这样，那么现在这种随时可能发生巨变、令人惶惶不可终日的局面就会马上改变。我也希望上帝的福音能在和平的气氛中传到中国，希望中国的国家机构不会遭受破坏，领土不会遭到分割。但是，如果不这样，这个民族的灵魂又似乎难以获得新生。"②

在 1858 年 5 月 20 日英法联军意欲攻打天津大沽炮台、武力胁迫清政府同意外国公使进驻北京等要求之前，卫三畏力主通过和平谈判的方式，让中

---

① [美]卫斐列著，顾钧、江莉译：《卫三畏生平及书信》，桂林：广西师范大学出版社 2004 年版，第 285 页。

② 同上，第 157—158 页。

国人接受开放门户的做法，从而使得中西商务贸易和文化交流的都有所发展："外国使节要求进入北京是最让他们头疼的事情。他们坦率地表示，这件事情他们不能马上同意，要再加以考虑。对待这样一些执迷不悟的人，你拿他们有什么办法呢？对待他们，除了采取强硬措施之外，其他办法都无济于事。有些人说：'既然如此，我们就攻打他们、杀戮他们，直到他们顺从为止。'而我觉得应该耐心地劝说和教导他们。也许，上帝的计划是把这些截然相反的意见综合起来，用恩威并施的方式来推动中国的进步。"① 卫三畏的上帝之爱心，自然不能阻止英法联军的炮火，大沽炮台最终失陷了，但卫三畏却盛赞了守卫炮台的中国士兵："总的来说，中国人在这次战斗中表现得相当英勇。我们发现，战败之后有些中国军官不愿忍受失败的耻辱而自杀了。"② 随着进入天津和北京的武力通道的开通，卫三畏的心情又恢复到了他的神圣福音信仰上，在心中暗喜西方军力胜利的同时，祈祷着传教士旗帜飘扬到中国的京城："四国使节带着舰队聚集在北京附近，在我看来这也是我们伟大的传教事业的一部分。教会会不会派人来占领这些伟大的使者和战船开辟的空间呢？……如果这个皇帝不愿顺从我们的要求，一定要诉诸战争，那么他恐怕从此再也不可能在皇位上安坐了。"③

在随后的整个天津之行中，卫三畏始终反对武力征服，特别不希望美国政府和军队卷入英法联军的军事行动中，总是斡旋在美国公使和清政府谈判官员之间，尽力避免武力冲突。在他看来，谈判签约是一项合乎国际法的外交行为，炫耀武力是一种不合理的举动，屠杀更是为人不齿，只有在互相了解的情况下签订条约来发展相互关系："异教已经使中国人变得如此胆小、自私和残酷，要想让他们作出理智的决定，就必须以武力为后盾。所以有时候我想，如果我们美国人加入联军的军事行动，那么我们一定会受到更多的尊敬。但是我也意识到，我们没有充足的理由发动战争；如果诉诸武力，那是不正义的，也不会给我们美国人带来更多的尊重。"④ 对于《天津条约》开启

---

① ［美］卫斐列著，顾钧、江莉译：《卫三畏生平及书信》，桂林：广西师范大学出版社2004年版，第166页。
② 同上，第170页。
③ 同上，第170—171页。
④ 同上，第174页。

的基督教在华自由传播的宗教宽容政策,卫三畏比一般在华外国人有着更深刻的认识。在"祈求上帝降福中国人,并抚慰他们,使他们归顺我主"的同时,他认为没有在华传教的绝对自由的狂热,也没有传教重重阻力下的灰心,而是平静地看待这一新事物在中国发展的渐进性,并期望努力地去推进福音事业在华的传布:"虽然根据条约他们可以在广袤的土地上自由地传教,但是他们并不能用基督教占领这些土地;……我对中国政府采取所谓宽容政策的缘由另有看法。我认为,在中国人对基督教教义及其影响一无所知的情况下,我们不能指望他们给我们真正意义上的、完全的传教自由。我们不可能像在英国或美国那样自由地传播我们的教义。我必须把我的想法告诉这些不明真相、盲目乐观的传教士们,这是我的职责。我想,那些听众当中如果有比较明智的人,他们会对我们已经争取到的权利感到满意的,他们也会敦促各自所属的教会团体多派一些人到这里来传教。"①

在《天津条约》签订一年后,英法美三国公使要求北上北京换约。在外国舰队从大沽登陆遭到清政府拒绝后,英法联军便于 1859 年 6 月 25 日挑起了大沽战役。1860 年 7 月,英法援军大举来袭,大沽、天津相继陷落。10 月 13 日,英法联军从安定门攻入北京,随后强迫清政府签订了《北京条约》。这样的武力换约,卫三畏不屑评论,而对英国殖民地香港的报界对美国使团访问北京一事极尽丑化和极力诋毁中国人,卫三畏更是感到悲哀和愤怒:"他们任意嘲笑,毫无根据地怀疑,充分表演着他们讥讽辱骂的才能。看到这些报纸如此诋毁中国人,我们觉得很悲哀。《香港纪录报》大骂中国人背信弃义,表示'中国军队不久就会尝到惨败的滋味'。更可怕的是,这些恶毒的文章的作者都宣称自己是基督徒。他们对中国人的思维方式、行为方式知之甚少,却肆意地诅咒和辱骂他们。对于六月的那场战役却没有一个香港人发表意见。"为了澄清美国人进京与中国人之间的真相,换约成功后的美国使团南下上海。在上海的《字林西报》上,卫三畏发表文章客观而详细地记叙了北京之行的情况,回击了那些恶毒攻击此行的报刊。此后,卫三畏又写了一篇更加详尽的文章《美国使团北京之行纪实》,以他惯有的严肃公正、一丝不苟的

---

① [美]卫斐列著,顾钧、江莉译:《卫三畏生平及书信》,桂林:广西师范大学出版社 2004 年版,第 185 页。

态度，记叙了这次出使北京的全过程。这篇文章先于 1859 年 10 月 25 日在上海举行的皇家亚洲学会北华支会的会议上宣读，稍后，卫三畏又将之发表在该学会的会刊上。两年之后，比德韦尔主编的《折衷主义者》上发表了该文的内容梗概，知道这篇内容梗概的人可能更多。也许在保存至今的所有出版物中，这是唯一一篇记叙这次美国使团北京之行的文章。① 清政府在两次鸦片战争中的败北，卫三畏也进行过深刻的探讨，在批评英法武力政策的同时，还目睹了第二次鸦片战争期间两次大沽之战中晚清中国的军事水平的落后和防御力量的单薄："从战场归来的人认为，在中国人的炮台中有不少俄国人在指导他们作战。大家都觉得单凭中国人自己是不可能这样娴熟地使枪弄炮的。……有人推算，在这次战斗中，中国士兵共向英军放了 5000 支箭，由此可见中国方面兵力之强大。用弓箭与敌人的左轮手枪、米尼式步枪抗衡，这真是一种不可思议的场面，一场奇特的战争。"②

随着各种不平等条约的签订，传教士入华人数和速度都在增加，龙鱼混杂的局面不可避免，中外异质文化间的差异和不法传教士的胡作非为，无疑会引发与中国人之间的冲突，教案开始频繁发生，成为近代中外关系史上一个重要现象和特点。对教案的处理，显然是外国占据优势地位，这也引起了一些有福音精神和国际正义感的人士的关注和批评，卫三畏就是站在比较客观公正的立场上看待这些教案的，正如他在倡导"儒耶合一"传教方针和努力将传教宽容条款塞入《天津条约》的意愿一样，希望基督教在华传播深入人心，因此对一些违反福音精神的传教士是不吝指责的。镂斐迪公使到达北京后不久，1870 年 6 月 21 日，天津爆发了反对罗马天主教传教士的变乱，约 20 名外国人被杀，这在全中国的外国侨民中引起了恐慌，是为"天津教案"。对于天津教案及其中法之间的外交处理，卫三畏显然对中法两方都有指摘，对中方的批判显然是一种误解，但对中法之间不以战争手段解决宗教矛盾的做法表示赞同："中国政府向巴黎派遣一名特使，试图就天津发生的暴乱与屠杀进行解释与道歉，我希望他能成功。中法之间的战争只会有损后者的尊严，

---

① ［美］卫斐列著，顾钧、江莉译：《卫三畏生平及书信》，桂林：广西师范大学出版社 2004 年版，第 218—219 页。

② 同上，第 210 页。

也会严重危害目前的中国，因为它将使广大民众愤而抵制所有外国知识的传入。"更重要的是，在天津教案得到"圆满"解决后，卫三畏觉得法方得到赔偿后若还要诉诸武力，就有些过分无礼了，因此对法国人在华的桀骜予以强烈的指责："我认为法国既已同意接受这笔款项，自会终止所有的挑衅行为。不过听说罗淑亚扬言，他已让法国政府自行决定是宣战还是议和。……法国在这个世界上多么令人讨厌！它永远学不会公正地对待别国，也从不肯埋头于自己的事务。多数法国人既无知又野蛮，还相当迷信。法国比其他任何（所谓的）基督教国家挑起了更多战争、事端，制造了更多专制与迫害。他们是一种奇异的混合物，我庆幸自己没有生为法国人——也不是中国人的一员。"①

第三节　卫三畏与北京使馆体制的建立

卫三畏在美国对华外交生涯的 20 年间，除了长期担任秘书兼翻译外，还曾 9 次代理公使之职，其中在蒲安臣公使离任后出任公使代理的时间为最长。就是在这段代理公使期间，卫三畏外交成果上的最大方面就是在北京为美国使团监督建造了一座西方式的公使馆，开辟了美国驻京公使馆体制的先河。从此，美国来华使团有了固定的住所，结束了在澳门、广州、香港、上海、天津等地流动式的办公窘境，使中美外交获得了近距离、高层次的直接接触，有利于中美关系的发展进程。当然，外国公使进驻北京，是建立各国驻京公使馆的条约前提，而《中美天津条约》是美国公使驻京的法律依据，其中包含着卫三畏在美国对华外交上的努力和贡献。无可否认，美国驻京公使馆的建立和运作，是中美关系上的一个加油站，如同美国驻华第一个领事馆广州领事馆建立一样，开创了美国在华政治与外交发展的新时代，从而使中美关系建立在更加开放和对等的地位上。

---

①　[美] 卫斐列著，顾钧、江莉译：《卫三畏生平及书信》，桂林：广西师范大学出版社 2004 年版，第 263—264 页。

第三章　卫三畏与北京美国外交使馆

1863年6月16日，卫三畏从澳门搬家到北京，暂时和美国第一位驻京公使蒲安臣住在一起，而蒲安臣的住所也是前一年卫三畏为他购买修葺一新的。蒲安臣进京，是美国对华外交的一个历史新阶段，在这个具有重大意义的开创性工作中，卫三畏的帮助和辛劳是不可或缺的。蒲安臣到北京履职有前后两个时期，从1863年到1865年春，他是住在卫三畏仓促下主持修葺的一套购买的房屋里，权作公使办公之用。因为美国内战正酣和总统竞选在即，蒲安臣辞职回美帮助林肯竞选，卫三畏暂时代理美国驻华使团的一切事务，长达一年半以上。由于林肯竞选连任总统成功，1866年11月，再次被委任为驻华公使的蒲安臣抵达北京。因为上年在离开北京时，蒲安臣将住所卖掉，此次再来，卫三畏就不得不再为蒲安臣公使购买一处新房产，这样才能够让美国政府的代表体面地住下来。由于购买或重新布置一幢中国式的住宅在许多方面都不能让人满意，所以他决心为公使新建一栋合适的住所。

其实早在1862年夏到达北京后，卫三畏便开始亲自筹划美国驻京的公使馆建筑，从选址、看房、规划和装修等方面，事无巨细皆亲自过问，既希望在次年初让蒲安臣公使入住办公，尽早开展对华外交工作，又对公使馆这一具有长久意义的驻京建筑寄予深远的期望，希望以此作为不断开展中美关系和中西文化交流的重心之所，让美国在世界舞台上对中国更多、更大地施加影响，以及基督福音事业在华的全面传播。是年7月23日在给其弟威廉斯牧师的信中，卫三畏比较深刻地阐述了在京建立公使馆的作用："如果我们要在中国发挥足够的影响力，我们就必须在北京建立使馆，对此我从不怀疑。两年的经验证明，合理的建议对于这个（中华）帝国的统治者可以发挥作用。由于我们在通过外国人征收海关税方面取得了满意的结果，这也将会使我们的建议更多地得到采纳。中国人开始看到，我们的建议确实给他们带来了好处，并且我们没有利用驻扎在首都的机会威胁逼迫他们。这些人确实很可怜，因为一方面他们既敏感又骄傲，充满各种奇思怪想，并为自己所设置的谜团纠缠不清，而另一方面，他们对于治理国家的一些最简单的方法还不清楚。工作正在上帝的调遣下逐步展开。"[①] 但是，因为当时北京落后于中国南方的

---

① ［美］卫斐列著，顾钧、江莉译：《卫三畏生平及书信》，桂林：广西师范大学出版社2004年版，第234页。

现状，加上"各使馆都维持着庞大的机构和开销，树立了不好的榜样，所以我们被迫为住房付出了大笔的开支",① 更由于未来的许多不确定因素，加上外交经费的严重不足，卫三畏不得不暂时放弃了筹建美国驻京公使馆的想法，以等待机会。

在北京建立外国驻京公使馆，是外国公使进驻北京后的一项必然行动，其政治和外交意义不亚于西方列强炮舰政策下的条约签订。外国公使进驻北京，是西方列强打开晚清中国的国门后获得在华最大的条约特权，是他们可以与中国政府直接近距离开展各种关系的理论基础，是条约外交的一个重要内容和积极成果。这种积极成果正是在于它将古老中国卷入国际外交的舞台，成为世界大家庭的一个成员，有利于中国的近代化进程。清政府为维持华夷关系，始终拒绝外国公使驻京，是因为它担心外国公使驻京会破坏"祖宗定制"。但是，这样的闭关总会有一天会被打破，因为各民族间的相互融合是人类社会发展的必然规律之一。康雍乾三朝盛世的背后，已经隐藏着无尽的危机。西方各国已纷纷完成了资产阶级革命，随后开始的产业革命，更将西方世界推向全球，开拓广阔的海外市场，东方的中国很快成为西方资本主义觊觎的对象。出于扩展其商业利益及商务活动的目的，以英国为首的西方国家率先提出了公使进驻北京的要求，18世纪末起同清政府先是和平的交涉，继而是军事入侵。1834年4月，英国停止了东印度公司的对华贸易垄断权，7月15日，英国政府派出了第一任商务监督律老卑到中国任上。商务监督直接受英国外交部领导，是政府中的一员，这样英国的对华贸易便突破了传统意义上的单纯的商务关系，转变成了政府的外交行为。以林则徐禁烟为导火线的鸦片战争以清政府军事战败并签订屈辱的中英《南京条约》及其他一系列丧权辱国的不平等条约而宣告结束，然而在这一批条约中都没有提及公使驻京的条款，却规定了两国交往过程中的礼节，规定了平行移文，从而破除了以前通过行商禀报的逐级上传方式，为此后与清政府同级部门交涉奠下了谈判的理论基调。咸丰帝奕䛕即位后，西方签约国开始了修约的准备工作。1854年2月，英国外交大臣训令来华的公使包令，要求他扩大权益，取得更

---

① [美]卫斐列著，顾钧、江莉译：《卫三畏生平及书信》，桂林：广西师范大学出版社2004年版，第235页。

多的方便以利于商务活动，其中突出的一条是争取英国国主得有一位代表长久而光明正大地驻节在北京朝廷。① 包令邀请法美两国共同行动，11月初在天津与清政府代表举行谈判，但包令提出的十八条修约要求遭到了咸丰帝的拒绝，英法美等国以争取公使驻京为重要内容的第一次修约活动未得到预期效果。1855年美国政府任命传教士伯驾为驻华公使，来华进行新一轮的修约，次年，美英法三国再次提出修约要求，同样遭到清政府的拒绝，由此引发了第二次鸦片战争。清政府在战争中不断溃败，英法美三国公使随同英法联军的战舰之后，一直到达了天津。

大沽之战失利后，清政府被迫于1858年6月13、18、26和27日分别同俄、美、英、法四国签订《天津条约》，英法两国分别把公使驻京写进条约之中，如《中英天津条约》第二款写道"大清皇帝，大英君主意存睦好不绝，约定照各大邦和好常规，亦可任意交派秉权大员，分诣大清，大英两国京师"。俄美两国在条约中虽未明言公使驻京，却以一种比较隐蔽的方式涉及此内容。按照利益均沾的原则，美国实际上也把公使驻京写进了条约。这样，《天津条约》以法律的形式把公使驻京确定下来，尽管文字表述上互有异同，但四国都达成了各自的心愿，只等双方政府批准了条约，就可以实施派使了。但条约呈递咸丰帝后，他认为公使驻京将有损皇帝的威严，危及其统治，故在1859年2月25日的上谕中告知四国："……驻京一节，为患最巨，断难准行。"② 英法认为所得的利益太少，拒绝清政府规定北塘路线进京换约，而坚持带兵进京换约，于是战争又起。1860年9月22日，咸丰帝逃往热河，命恭亲王奕䜣为钦差大臣留守北京，同英法等国交涉。10月24、25日清政府分别与英、法交换《天津条约》并签订《北京条约》，重申了公使驻京的特权条款。至此，从18世纪末马嘎尔尼来华起开始的公使驻京交涉，终于达成，从而开始了外国使节同清朝中央朝廷的直接外交往来。咸丰十一年二月二十五日（1861年3月25日），法国公使布尔布隆最先到达北京。次日，英国公使普鲁斯也在北京建立了公使馆。7月8日俄国公使巴留捷克到北京。同治元年

---

① 复旦大学历史系编：《中国近代对外关系史料选辑》（上）第1册，上海：上海人民出版社1977年版，第146—148页。

② 贾祯等编：《筹办夷务始末》（咸丰朝）第2卷，北京：中华书局1979年版，第1333页。

六月二十四日（1862年7月20日），美国公使蒲安臣到达北京。法英俄美四国公使是第一批驻京的外国使臣。为了妥善地处理来京公使的外交事务，清政府成立了总理衙门。同治年间之后，由于中西关系的大为改善，外国驻京的公使也开始大量增加，除了最早的四国公使外，又增加了德国、比利时、西班牙、意大利、葡萄牙、奥地利、日本、荷兰等国的公使，北京的东交民巷也就开始成了中国著名的外国使馆区，开始了中外交往的新格局。

1866年10月，再度来华履职的蒲安臣公使到达北京。筹建公使馆的工作，就被提上了使团秘书卫三畏的工作日程，而且是头等重要的大事。卫三畏决定亲自督建一幢合适的公使馆，让美国政府的代表体面地在北京住下来。在他看来，北京不像别的大国首都那么吸引外国人，由于条约限制外国商人的进驻，所以除了外交和传教人员外，北京没有其他外国人，偶尔的来访者也都是由各使团接待。美国公使的房子特别小，使他无法慷慨地接待他的同胞，而这又正是他们希望得到的，加上狭长的正门也无法让清朝官员的轿子直接进出，妨碍了中美交流的个人情感。因此，筹建令人满意的公使馆已经是势在必行的大事。作为美国的在华代表（时任代理公使），卫三畏有权支配1859年赔款未使用的部分，他决定用一部分利息来实施他的筹建公使馆计划。但是这种美好的意愿，实施起来却比预期的显得复杂，正如后来的一位驻华公使所言："他认为用这种方法可以使一部分赔款得到更好的用途，并且这一商业性操作——政府官员很少采用——会得到批准。卫三畏先生在报告中详细解释了建筑这一房屋的必要性，并且说明他所动用的只是那笔钱的利息，同时他又主动提出，如果这一要求不能得到批准，他愿意承担建筑这一房屋的责任并退还所用的钱。国务卿一方面承认建立常驻使团的必要性，并且认同卫三畏的动机，但另一方面却不同意他如此动用基金，要求他将那笔钱归还到剩余的基金中。"[①] 美国国会否决了卫三畏意将1859年清政府对美商务赔款未使用的一部分利息来筹建美国驻京公使馆的提议，但这并没有阻止卫三畏筹建公使馆的决心。随后，他开始实施建设公使馆的计划，地址选在俄国使馆的对面，并且及时完成了工程。1866年10月蒲安臣公使到达后便入住

---

① ［美］卫斐列著，顾钧、江莉译：《卫三畏生平及书信》，桂林：广西师范大学出版社2004年版，第248页。

了。这座耗费卫三畏大量时间和精力才矗立起来的美国公使馆，体现了一些西方建筑的特点，在北京这座古老的都市里显得格外显眼。这种尝试在北京还是第一次，使卫三畏获得了"业余建筑师"的称号。从公使馆的筹建计划到建成使用，卫三畏都倾注了大量心血，而且几乎是依靠自己的力量建筑成功的，可以视为他自己的财产，因此，1876年6月卫三畏在短暂回美后返回北京，除以眼疾严重为由请求辞去使馆秘书兼翻译之职外，还有的是与美国国务院就使馆的财产租让给政府使用的协商事宜。①

当时，在北京有这么一所漂亮而颇具规模的公使馆建筑，确实为美国赢得了不少声誉，而卫三畏的开创性工作也就不可辩驳地载入史册，成为中美关系发展进程中的重大历史事件。卫三畏不遗余力地创建公使馆，虽有与蒲安臣公使的个人关系的作用，更重要的是对他来说，代表美国在华形象的公使馆是他可以近距离地开始认识中国及其外交形态的开始和关键之举。不管这种建造还出于何种愿望，它确实成为一种现实和标志。这种标志的功不可没之处就是卫三畏开启了美国在华公使馆体制的先河。

作为各国与北京的清政府当局直接交往的标志性机构——驻华公使馆，大都是租用中国的建筑并加以修葺而使用的。美国是第一个有自己在华建造的公使馆，充满着西方特色的建筑物。这座公使馆诞生在蒲安臣公使在华推行"合作政策"期间，又反过来加强了中国统治者和上层知识分子对于"合作政策"理解和接纳。在人们心理上，美国公使馆所发挥的心理影响力远远超出了在京的其他国家公使馆。一个逐渐成熟的驻外使团的代表性住所，既反映着该国的对外形象，也不时地显示出该国的外交意图和实力："美国使团需要一所住房，而且是一所让中国人看后能对美国产生敬意的住房。要想让东方的统治者注意到一个遥远和几乎陌生的国家，某种仪式和尊严是十分重要的，对此没有人比他的认识更清晰。"②蒲安臣公使与卫三畏秘书极力倡行的中西"合作政策"在这座无言的公使馆建筑里不时向外传布，越来越多地为他国和清政府认识和赞成，而且影响了此后多任美国驻京公使的对华政策

---

① ［美］卫斐列著，顾钧、江莉译：《卫三畏生平及书信》，桂林：广西师范大学出版社2004年版，第280页。
② 同上，第248页。

走向，从而确立了更为坚实的美国驻京公使馆体制。

在北京，这个晚清中国的都城，执行稳定的外交政策远比那种漂浮不定的战争外交，令人感到安全和诚信。移游不定的人员出入和时不时炮舰政策的威吓，不仅令清王朝统治者及普通民众，也令在华各种行业的外国人时常感到不安，尤其传教士和商人还可能冒着生命的危险。从1843年美国派出第一任来华使团开始，使团就在广州、澳门、上海、天津等地游移不定，每任公使来华也是一旦完成使命就返回美国，在华履职时间都很短，由秘书代理公使的现象时常出现。自从卫三畏为蒲安臣公使筹建了固定的美国驻京公使馆后，美国对华的外交活动有了重大的转变，也开始方便了中美双方的交往。因此，从某种意义上来说，蒲安臣代表清政府出使签约诸国，就是清政府对美国这种公使馆体制的信任，从而对它的主人们也信任起来。蒲安臣不仅是第一位进驻北京的美国公使，同时也是林肯总统的政治盟友，美国著名的人权主义者，反对蓄奴的斗士。在他1867年11月辞职回美前，被清政府聘为代表中国出使各签约国的任务。任命这样一个使团，尤其是选择他作为使臣，不仅让蒲安臣自己感到吃惊，也让其他外国人感到吃惊。这个使团被命名为"蒲安臣使团"，显然表明了清政府认为"合作政策"的倡导者和辩护者是他们真诚和可以信赖的朋友，同时派他作为代表也是希望利用他的机智和雄辩。而在美国人眼里，这一选择既赋予了美国一种有史以来一个大国能够给予另一个大国的最高敬意，更证明了蒲安臣在中国事务中的主导作用和个人魅力之所在："就一个人对于一个异民族施加的影响而言，蒲安臣先生的事业将永远被看作是非凡的，因为这个民族的文明和宗教是他完全陌生的，这个民族的语言他既不会读也不会写或说。他的成就只能用一种特殊的能力——一种能够对他接触过的人施加影响的能力——来解释。这种奇妙和天赋的能力使他在思想上，但更主要是在外表上能够吸引别人。这种能力莫测高深，在找不到一个更准确的名词的情况下，文明姑且把它称之为魅力。"[①] 就在"蒲安臣使团"向首站美国出发后不久，卫三畏让人在紧邻公使馆官邸的同一块圈地内建造了使团秘书的住房，从而圆满完成了他的整个美国驻华公使馆的筹

---

① [美]卫斐列著，顾钧、江莉译：《卫三畏生平及书信》，桂林：广西师范大学出版社2004年版，第253页。

建计划。

美国等西方国家在华公使馆体制的建立和逐步成熟，不仅极有利地扩大了西方国家对华外交的范围，不可避免地从中国人民身上取得他们渴求的各种利益，而且也增加了对清廷的影响力，激发了中国人睁大眼睛来看待世界的勇气和行动。就在"蒲安臣使团"还在欧洲访问时，1869年，英国公使阿礼国以中国使团在欧美觐见各国元首时均行国际通行礼节为由，要求以对等形式、对等礼节觐见清帝。1871年，清廷为解决"天津教案"遗留问题派遣崇厚出使法国，法国政府以蒲安臣使团曾觐见拿破仑三世，而法国公使至今仍未得觐见清帝。为求得对等原则的实现，在法国公使觐见清帝以前，法国不接待崇厚。1873年2月，同治皇帝亲政，各国公使连续照会总理衙门要求当面致贺同治皇帝，而且在蒲安臣病逝于莫斯科之后，"志刚孙家谷出使各国暨崇厚出使法国均立而见之"，觐见中国皇帝也只行国际礼节。6月27日，在经过反复辩论之后，清廷终于放下"天朝至尊"的架子，同治皇帝决定按照西方礼节接受了西方使节的觐见。卫三畏认为，力主年轻的同治帝放弃外国使臣朝见磕头，也许应该归功于当时两位最开明的政治家恭亲王奕䜣和文祥的个人影响，他们二人顶着迷信和民族偏见的沉重压力，陷入不寻常的争论中，这是不曾在中国生活过的人难以领会的。[①] 29日，会见如期举行。卫三畏因为不在北京，没有随同美国公使镂斐迪一起觐见清帝。当他回到北京后不久，镂斐迪公使就卸任回美了，卫三畏再次担任公使代理，直到下任驻华公使艾忭敏来华履职。尽管没有亲见这次短暂觐见的场面，卫三畏却对中国政府的这一行动给予较好的评价："皇帝召见是一个很大的进步，随着对外国使臣接见的频繁，皇帝会有更大的权力与他们直接打交道，从而少受大臣们的操纵。有时我觉得，这个统治中国的僵死的人物是这个国家向着高度文明迈进路上的唯一障碍。"[②]

1874年，卫三畏终于获得了随同艾忭敏公使觐见中国皇帝的机会，目睹了入宫朝见同治帝的全过程。11月29日，同治帝第一次同时接见五国公使，

[①] [美]卫三畏著，陈俱译：《中国总论》，上海：上海古籍出版社2005年版，第1092—1093页。
[②] [美]卫斐列著，顾钧、江莉译：《卫三畏生平及书信》，桂林：广西师范大学出版社2004年版，第270页。

这样的场面是卫三畏第一次见识到，成为他在华40年来目睹的中国政治的最大变化，也是中美关系史上的重大事件。按照外交礼仪，艾忭敏公使在递交国书时发表了简短的"颂词"，由卫三畏当场翻译成中文："美国驻华奉使大臣艾忭敏奉伯理玺天德旨恭代贺皇帝陛下，忆贵国更睦悠久，愿祝陛下鸿祚无疆，遐龄永享，欣看德政日新，艺翻素谱，且喜陛下赤子身莅美国者六万余人，技学均优，更比他邦愈敦，益见两国永缔坚固，彼此相交尤重也，兹使臣恭呈为全权大臣之国书与皇帝陛下。"[1] 陪同美国公使艾忭敏面见同治皇帝并呈交国书的日子1874年11月29日，对卫三畏而言，是他的政治生涯中的难忘之时刻，在他的个人生命上具有深刻意义。在当时国际政治上，这一事件也是难忘的一幕。觐见领袖和递交国书这一在现代国际外交中常见的礼节，在封建中国却是经过了长期的斗争，甚至是流血的斗争才实现的。他将中国皇帝召见外国使臣看作是中国迈向文明的重大变革性事件，是晚清中国从闭关走向开放的历史趋势过程中的一个重要体现，正如他在觐见清帝的次日写道："对我来说，那一天醒目地标示着这片土地上业已开始的进步与变化，同时让我有理由希望更大的变革也能平稳地引入。某些外国人急于让公使在紫禁城内受到接见，但是如果将来的召见都像这样选在令人愉快的天气里，我倒偏爱紫光阁。还有人抱怨接见西方强国的代表与接见需要进贡和叩头的朝鲜人、琉球人都在同一地点，依我看来，这也是不必要的顾虑：两者之间的对照自有其深义。"[2]

事后，卫三畏对这一事件的深刻性的变革意义予以极大关注，不仅在致R. S. 威廉斯牧师之信中较详细地记录了仪式的有趣与铺排以及接见的过程，更在《中国总论》修订版"序言"和正文中都有不同角度的论述。在《中国总论》修订版"序言"中，卫三畏将它的进步意义比拟于福音在华的渐进作用："我在中国居住了43年的经历，和这一国家的开放逐步迈向顶点的历程是同步进行的。应当提及的最重要的事件有：1834年东印度公司停业，

---

[1] Samuel Wells Williams Family Papers, Series 2, Box 17. 转引自顾钧：《卫三畏与美国早期汉学》，北京：外语教学与研究出版社2009年版，第108页。

[2] [美]卫斐列著，顾钧、江莉译：《卫三畏生平及书信》，桂林：广西师范大学出版社2004年版，第277页。

1841—42 年中英战争，废止行商垄断，五口通商，由'亚罗号'船引发的不适宜地进攻广州城，在北京近郊的行动，建立外国驻京使馆，最后一项即 1873 年'磕头'问题得到和平解决，这样，外国使节才有可能觐见皇帝。追踪历史上上帝之手的人，从这一帝国如此急遽而巨大的变化中，可以推测到实现上帝旨意的预兆；因为这些政治事件发生之日，正是《圣经》流传之时，教会的传道和教育工作未遇到多少对抗，正在人民中间默默地起着渐变的作用。"① 遗憾的是，1875 年 1 月 12 日，同治皇帝就驾崩了，年仅 19 岁，而即位的光绪帝更加年幼，慈禧太后依旧垂帘听政。但从同治帝开创的召见外国使节的外交仪式，最终使中国坚持几个世纪的"三跪九叩"大礼被搁置，华夷有别的"朝贡体系"的外交关系开始转入对等原则下的条约外交关系，中国才姗姗来迟地进入了国际大家庭："中国政府在对外关系上作了正确的调整。承认独立国家的平等地位，不管怎么说也不会影响当地官员觐见君主时的致敬方式，但可以为将来的外交关系铺平道路。"② 同样不可逆转的是，觐见年幼的同治帝后的两年后，卫三畏永久地离开了他的第二故乡中国，也结束了他长达 20 年的在华外交生涯。

"三跪九叩"的华夷之别被彻底废除，也促使了晚清中国对外开辟驻外使馆的双边外交关系的开始。互派常驻使节是近代国际关系中的正常现象，是国际交往日益频繁的产物。中国历史上早有张骞、班超通西域，郑和下西洋之举，但都没有形成驻外使节的制度，可能源于中国相对周边国家的强大，形成"普天之下莫非王土，率土之滨莫非王臣"的天下"共主"心态，也可能真的源于"天朝物产丰盈，无所不有，原不籍外夷货物以通有无"而"断然"重农轻商，以至于中国人思想中没有各国平等的近代国际关系体系的概念，所发生的只是"朝贡"关系。第一次鸦片战争后，清政府被迫设立"五口通商大臣"，由两广或两江总督兼任，专门管理对外通商、交涉事宜。因此，在 1861 年以前，外国人与清政府打交道，只能在与总督、巡抚及以下官员间进行，不能与中央直接打交道。第一次鸦片战争打开了清朝的封闭门户，将中国卷入世界资本主义国际关系体系之中，但不能很快地让中国进入这个

---

① [美]卫三畏著，陈俱译：《中国总论》，上海：上海古籍出版社 2005 年版，第 3—4 页。
② 同上，第 1092 页。

体系中。清政府在消极中羁縻和对抗外来的关系模式，千方百计地恢复中国为中心的国际秩序观念，直到 19 世纪 70 年代中期，清朝的外交体制仍处在半封闭的状态。虽然接受了外国公使进驻北京，却迟迟没有派出驻外使节。自 19 世纪 60 年代开始，美国等西方国家在中国首都陆续建立起自己的驻华使馆，实际上是给中国政府提供了一种范例。尽管在当时情况下，清政府处于国际关系的劣势地位，但不妨碍中国从无到有地争取外交平等地位的努力或斗争。这种努力也应和着西方列强在第二次鸦片战争和《天津条约》《北京条约》签订后的对华态度的"转变"，认为消灭清政权并不符合他们的最大利益，时任英国驻上海领事的阿礼国曾说："对于英国来说，保全中华帝国，使其不致瓦解，才是最合乎自己利益的；保护中国的领土完整和政治独立是合乎英国长远利益的。要想做到这一点，唯一可行的是宽容的政策以及逐渐的改革。"① 西方列强一拍即合，立即就有了以美国驻华公使蒲安臣为首炮制的"合作政策"，也赢得了清政府的积极反应和对外遣使讨论的开始。

1861 年 1 月，恭亲王奕䜣奏请设立"总理各国事务衙门"，简称总理衙门、总署、译署，1862 年 1 月正式批准设立。其大臣主要有奕䜣、文祥（户部左侍郎）、大学士桂良，后来不断增加，最多时达 12 人。总理大臣是由皇帝指派的，其职权范围主要是管理外交，但后来不断扩大，经管了通商、海防、军务、关税等事务，成了和军机处平衡的机构。总理衙门成立不仅仅是成立一个新机构的问题，也代表了清政府对外体制的变化：变拒斥外国人为不得不与洋人打交道。自总理衙门成立后，清政府结束督抚兼办外交的局面，开始了真正近代意义上的外交活动。总理衙门成立后，即奏请设立北京同文馆。1862 年成立的同文馆是中国第一所外语学校，完全是为了培养西方语言人才而采取的一个主动行为。第一次遣使之争发生在 1866 年，是年 4 月 1 日，总理衙门将赫德的《局外旁观论》和威妥玛的《新议略论》奏报朝廷，官员一致肯定遣使之必要，但认为勘伐捻军正酣、使臣在外受制于人而使讨论无果而终。第二次遣使之争发生在 1867 年，时值西方修约将近，遣使外修为良策，但清廷鉴于经费短缺和外交人才匮乏，才有了美国退休公使蒲安臣

---

① [英]伯尔考维茨著，江载华、陈衍译：《中国通与英国外交部》，北京：商务印书馆 1959 年版，第 57 页。

是年 11 月出访欧美的中国近代史上的第一次正式使团。1871 年，清廷重臣曾国藩、李鸿章应容闳的请求，联名上奏清廷，主张派幼童赴美留学，1872—1881 年，政府主持了四批幼童赴美留学工作。这也为遣使提供了必要性和紧迫性，后来的候补三四品京堂陈兰彬和同知容闳就成为首任的驻美正副公使。1875 年马嘉理事件发生后，英国公使威妥玛态度蛮横，强烈要求中国遣使赴英道歉，并下旗离京。中英邦交濒临决裂，遣使问题再次成为交涉的重点。5 月 30 日，清政府发布上谕，正式同意遣使，并令中外大臣保荐人才。8 月，清政府任命候补侍郎郭嵩焘、候补道刘锡鸿为出使英国钦差大臣。郭嵩焘一行于 1876 年 12 月 2 日从上海启程，次年 1 月 21 日抵达伦敦，2 月 8 日觐见英国女王呈递道歉国书，惋惜滇案。随后，郭嵩焘奉补颁国书，充驻英使臣留驻英国，建立起中国第一个驻外使馆——伦敦使馆。1876 年 10 月，总理衙门还制定了出使章程十二条，规定了驻外人员的品级、薪俸和年限等，使中国遣使驻外制度化、正规化。接着，清政府又相继任命了常驻美、西、秘鲁、日、德、法、俄各国公使，80 年代又增设了驻意、荷、奥地利、比利时公使。由于初期派遣的使臣多为兼使，使臣常驻一国，他国心有不惬，给交涉带来诸多不便。1887 年总理衙门根据"附近分隶"的原则，对使馆体制略加调整。但中外交往的频繁，使得各国愈加希望中国派遣专使办理交涉事宜。适应形势的发展和需要，政府遣使由兼使逐渐向专使转变。至清末，共在英、美、西、秘鲁、日、德、法、俄、意、荷、奥、比、朝鲜、古巴、墨西哥、葡萄牙等 16 个国家设立了使馆或使馆分馆，并在各国的重要商埠口岸、华商与外人贸易集中之地以及华工聚集之地设置领事馆、副领事馆共计 30 余处。[①] 到中华民国建立前，清政府陆续向美国派驻 13 任公使，其中，有一人出使两次（伍廷芳）、两人代理、两人未赴任，公使姓名及任命与离任时间见下表：

姓名	任期	备注
陈兰彬	1878—1881.6.24	1875 年 12 月 11 日任命
郑藻如	1881.6.24—1885.7.27	
张荫桓	1885.7.27—1889.9.30	

---

① 周海生：《清季遣使之争与驻外使馆的建立》，《历史教学》2006 年第 11 期，第 76 页。

续表

姓名	任期	备注
崔国因	1889.9.31—1893.2.8	
杨 儒	1893.2.8—1896.11.23	
伍廷芳	1896.11.23—1902.10.26	
沈 桐	1902.11.18—1903.4.5	代理
梁 诚	1902.7.12—1907.5.3	1903.4 始到任
梁敦彦	1907.5.3	未赴任
周自齐	1907.7.3—1908.3.11	代理
伍廷芳	1907.9.23—1909.12.14	1908.3 始到任
张阴棠	1909.8.12—1913.6.21	1911 年被辞免，但仍留任
施肇基	1911.10.25	未赴任

（资料来源：杨生茂：《美国外交政策史》，北京：人民出版社1991年版，第653页（附录四）。）

简言之，晚清驻外使团的派遣和常驻使馆制度的建立，使中外关系逐渐实现了一种形式上的对等化，即打破了多年来只有外国使领常驻中国而没有中国代表常驻外国的局面，也是晚清中国在外交制度方面的一项重大进展。清政府外交从单向变为双向，相互间完全的国家关系至此建立，标志着晚清中国已由"天朝上国"而融入多元化的国际政治大家庭，成为国际社会的一员。拖着长辫子、穿着长袍马褂的晚清外交官，走出国门，走向西方官场和外交界，内以维持国体，外以辑睦邦交，历练既深，经验渐丰，在纷繁的国家交涉中据理力争、折冲樽俎，尽力维护中华民族尊严和国家利益。

第四节 传教士介入美对华外交的影响

传教士外交官介于传教士与外交官之间，是宗教精神和世俗世界的结合体，在19世纪中美关系上所产生的历史影响是重大而重要的。自美国第一个赴华的顾盛使团开始,到19世纪60年代美国驻华公使馆体制建立前,传教士一直是美国对华外交的主要助手和顾问,如伯驾和裨治文对《望厦条约》、卫三畏对《中美天津条约》,从提出条约草案到最后签订都发挥了重要作用,即便使馆体制建立后,有了一些专业化、职业化的外交官加入,传教士外交官仍然不可或缺,像卫三畏、何天爵、卫理、丁家立等传教士,无论是出任中文翻译、秘书,还是代理公使,都对美国制定对华政策和中美关系的发展有着重要的影响,直到20世纪初,随着中国反清革命的风起云涌,传教士在政治和文化上日趋保守,逐渐失去了对中国政治的影响力,不得不重新回到福音布道的出发点上。统而言之,美国传教士介入早期中美关系所产生的影响是双向而辩证的,不仅扩大了美国在华的影响力,也阻碍了中国近代化的进程,同时又诱发了中国人民的自由与民主的斗争,影响到了在未来的发展中构造一种互适的中美关系新格局。

19世纪,西方列强根据与清政府签订的不平等条约在北京建立各国驻华公使馆,是当时中外关系上最高级别的外交格局。传教士外交官就成为美国公使与清政府交涉与沟通最坚强的后盾和不易塌陷的桥梁。卫三畏是以一名新教传教士来华的,首先在裨治文创办的《中国丛报》下属的印刷所担任印刷工,显然已经开始融入中美关系的历史进程中。由于在福音传教方式上与美部会意见分歧,加上中文学习上勤奋有进步,以及坚持不懈地研究中国文化,使得他在当时来华的美国人当中脱颖而出,成为人们比较熟悉和喜爱的一位传教士。1844年卫三畏回美探亲期间在美国各地的巡回演讲,开始展示自己。演讲和随后《中国总论》出版,使他几乎成为美国国内家喻户晓的一位赴华传奇人物,引起了美国宗教界、文化界和外交界的关注和兴趣,"他消息灵通,十分健谈。在纽约,人们很快发现了他的这一特点。他和纽约城中几乎每一个对中国或是对国外传教事业表现出哪怕一点点兴趣的人都建立了亲密友好的关系。因此,他常被邀请去教堂、主日学校、科学协会(美国东方学会、美国人种学会)、教育机构,甚至是各种私人聚会。在这些场合,他显示出了与人建立并发展友情的高超技巧。友情一旦建立,他就会与人始终如一地保持一种亲密的关系,因此友情的发展看起来并不像是刻意为之。他的这种能力无疑在很大程度上归因于他率真的天性,他从不愿在人前故作姿态。对他来说,友谊是一种神圣而又令人愉快的关系,是心灵与心灵、智慧与智慧的交流与碰撞,它的影响将持续人的一生"。① 正是这种有来有往的友谊,成为后来提携卫三畏的一个重要的外部因素。顾盛来华前,曾特函马萨诸塞州州长代请在华的裨治文、伯驾和卫三畏为使团翻译,美部会安德森秘书也推荐裨治文或卫三畏为译员,伯驾为使团医生,因为伯驾的中文水平不高,而此三人都是当时美国对华贸易界和宗教界的知名人士。佩里准将率舰队在叩关日本前到达香港,就聘请卫三畏担任日文翻译,卫三畏在两次随同佩里一起出使日本中,取得了积极成果,也引起了美国政府的重视,所以一旦伯驾升任驻华公使后,其所空缺出来的使团秘书兼中文翻译之职就毫无疑义地落在卫三畏的身上。这样,他就成为美国政府对华外交机构中的一位正式外交官,并且酬薪较多、位高权重。秘书一直是卫三畏在使馆的主要职务,此外他还兼任中文或日文翻译,曾9次代理公使之职,偶兼商务总监。20多年的外交生涯,充分展现了他的外交才能,充分显现了他对中国文化的了解,也充分凸显了他对中美关系的远见与信念,即"把中国人理所当然地归为野蛮民族的时代已经一去不复返了。一个念头刺激着我一生从事这一工作,它就是这样一种希望:传教事业能够发展。在这个事业的成功中蕴藏着中国作为一个民族的拯救,既在道德方面,也在政治方面"。②

  通过卫三畏,我们不难理解到近代来华美国传教士的宗教信仰和政治心声:耶稣进入中国和基督文明拯救中国。包括卫三畏在内的美国来华传教士介入中美政治活动,主要包括两个方面的内容,一是美国传教士对中国政治活动的介入,二是美国传教士对美国政治活动的介入,突出表现在外交领域中。传教士介入美国对华外交,分为前后两个时期:从1830年第一个美国传教士裨治文来华到1860年第二次鸦片战争结束,美国传教士先后参与过两次鸦片战争和不平等条约的签订,具有直接介入的特点,目标是协助本国政府打开中国封闭的国门;从1861年清政府"辛酉政变"和总理衙门成立到1911年辛亥革命爆发前,美国传教士介入中国政治的主要活动是参与晚清中国的

---

  ① [美]卫斐列著,顾钧、江莉译:《卫三畏生平及书信》,桂林:广西师范大学出版社2004年版,第83—84页。
  ② 同上,第310页。

西化改革，具有间接介入的特点，目标是为了左右中国人的思想，便于扩大美国在华影响，以取得比其他列强更多的在华利益。在研究美国传教士介入中美外交活动，必须把宗教因素动机和政治因素动机结合起来。在近代中美关系史中，美国对中国的政策是多方面作用的结果："美国向中国的扩张不仅是经济的、宗教的，或民族主义的，而且是所有这些扩张性质的总和。"① 同时，美国国内流行着现实主义、帝国主义和理想主义三大观点，而基督教新教对中国的渗透，就集中体现了美国人的理想主义的精神色彩，它与美国政府的现实主义相结合，在美国近代对华外交舞台上诞生了一支新的力量：传教士外交官。传教士以虔诚的宗教使命观，试图劝化旧中国，但是面对清政府严厉的禁教政策和中外文化的异质差异，在世俗社会的特定影响下，许多传教士又自觉地扮演了对华"无委任的大使角色"，既执行着美国对华的现实主义外交政策，又试图以理想主义的福音愿望来改造旧中国。这种宗教劝化，实际上就是文化渗透，宗教是文化的核心，文化是宗教的形式，"文化是一把双刃的兵器，它蕴藏着巨大的能量和创造性"。② 可见，美国来华传教士在美国对华外交领域里的双重身份，发挥着其他来华的美国人不一样的历史作用，不仅是为了传播基督教的教义，而且归根结底是推广在基督教影响下形成的美国文化和整个生活方式，即"从单纯的拯救个人灵魂转而强调建立'基督教化'的社会秩序，按照美国的模式改造中国，用西方的基督教文化改造中国文化，最后实现整个中国的西方化"。③ 从总体上来说，都是服务于美国利益这个中心任务。利益之一就是影响了美国对华政策的制定，而对华政策的正确取向，就是为获得美国在华更大的国家利益而服务的。因此，对中国人而言，这些传教士成为近代列强侵略中国的急先锋，如传教士伯驾出任美国公使后，积极要求美国政府加紧侵略中国长江沿岸，并建议占领台湾。但是，站在历史主义的角度，站在现代中美关系发展的新阶段，我们既不能漠视近代这一段中外交往的历史，又不能只看重那段屈辱而否定中外交往的进步

---

① ［美］费正清：《剑桥中国晚清史（1880—1911）》上卷，北京：中国社会科学出版社 1985 年版，第 293 页。
② 冯绍雷：《国际关系新论》，上海：上海人民出版社 1994 年版，第 146 页。
③ 王立新：《美国传教士与晚清中国现代化》，天津：天津人民出版社 1997 年版，第 20 页。

意义。

传教士外交官卫三畏主要在美国对华外交的第一个时期发挥着明显的作用，如效力顾盛使团、参与《中美天津条约》谈判与签约等，而在第二个时期的外交活动只是维护美国已在华得到的利益与权利，做着公使馆秘书兼中文翻译，以及偶为代理公使的分内工作。但是，与同时期的来华传教士一样，在这个传教士团体中，卫三畏和他们一起共同为美国在华利益服务着。美国传教士介入对华外交的活动对中国的影响是双面的，既加速了中国向殖民地和半殖民地化的沦陷，又诱发了中国人民反侵略和追求近代化的正义而进步的斗争。而对美国的影响是一面的，就是获取了在华利益、扩大了对华的影响力。

（一）美国传教士介入晚清中美外交使近代中国逐渐沦为半殖民地社会，从而阻碍了中国社会的发展和走向现代化的历史进程。近代西方列强的入侵为中国现代化设置了巨大的障碍，其中一个主要表现就是在政治上对中国主权的剥夺，美国先期的对华政策是追随欧洲列强的炮舰政策，以中立为幌子，以所谓"利益均沾"为原则，裹挟清政府签订不平等条约，从而获得大量的在华特权和利益。美国在打开近代中国国门的过程中，虽然极少武力攻击，但武力威胁的外交手段总是发挥着作用，条约体制得以形成并有力地剥夺中国主权和维护在华取得的利益。从1830年到1860年，中美关系的确立是以《望厦条约》和《中美天津条约》构建起来的，而这两个条约就是在传教士的协助下签订的，没有传教士的工作，中美关系是否能够建立是值得疑问的，至少要向后推迟一段时间。《望厦条约》开拓了中美两国之间的正式外交关系。这个条约除了割地赔款之外，几乎包括了之前英国在《南京条约》中的一切内容，而且新增了一些条款，有些条款比英国的条约更损害了中国的主权和利益。譬如《望厦条约》第34款对以后中外关系产生了极大的影响，即12年后修改商约的问题，条款规定："合约一经议定，各宜遵守不得轻有改更。至各口情形不一，所有贸易及海面条款，不无稍有变革之处，应俟十二年后，两国派员公平酌办。"这一条款的原意，本是顾盛专使为了美商在各口岸有了实际经验后,酌加修改税则等事,以更符合美商之利益而已。① 但就裨治文、伯驾和卫三畏三人作为主要订约者而言,也不无传教士希望日后进一步扩大传教权的意图。这一条款的后果重大,成为1856年英法美俄四国联合起来要求修约的法律依据,进而导致了第二次鸦片战争的爆发,使中国丧失了更多的国家主权。

在1856—1860年的鸦片战争间,美国同样没有加入英法联军的军事侵略,却无法忽视它的为虎作伥,而且趁火打劫,先于英法两国在天津胁迫清政府签订《中美天津条约》。尽管美国没有后来英法俄三国强迫清政府签订的《北京条约》,就是《中美天津条约》已经超额满足了当时美国希望得到的利益。就19世纪70年代前美国在西方列强的实力格局中,它属于新生的相对弱小的资本主义国家,除却孤立主义盛行而关注大陆扩张和美欧关系外,在华追求的主要是商业贸易和传教利益。列宁曾经指出:资本家是"按资本"和"按实力"瓜分世界的。② 因此,军事实力的薄弱限制了美国对外活动的方式和范围,使其无法像英法那样凭借船坚炮利开展对华"炮舰外交",正如美国垄断资本家卡内基曾经讽刺的,美国要靠武力争夺远东霸权的话,"它的陆军和海军只能做一件事——占点小便宜或是被任何一个列强轻而易举地击败"。③ 然而,事物总是转化的,从20世纪初开始,尤其是两次世界大战期间的刺激力量,美国的军事,尤其海军力量后来居上,不仅成为大陆霸主,也是海上霸主,全球霸权的野心全面展开,世界进入一超多强格局的新时代。

《中美天津条约》同样损害了中国的主权,其中对中国主权损害最大的一款是传教宽容条款。该条款不仅使外国传教士,甚至连中国信徒也受到了不平等条约的庇护。这不但干涉了中国的内政,而且从此把中国的信徒和中国广大人民分裂开来,几乎同样享受治外法权。中国的信徒成了所谓"教民"。毋庸置疑,在《中美天津条约》谈判签约的过程中,卫三畏出力甚勤。而对于"传教宽容条款"所导致的严重后果,美国著名史学家赖德烈在《基督教

---

① 李定一:《中美早期外交史》,北京:北京大学出版社1997年版,第132页。
② 列宁:《资本家同盟分割世界》,《列宁选集》(第二卷),北京:人民出版社1972年版,第795页。
③ 吴嘉静:《"门户开放":美国对华政策史一页》,《中美关系史论文集》(第一辑),重庆:重庆出版社1985年版,第172页。

在华传教史》一书中对此评论实为中肯:"条约不仅使传教士,而且也使中国信徒归于外国权力的保护之下,这就给入教的人一定的保障,对增加教会人数来说,起了刺激的作用。但这项条款也有它的不幸牵连与后果。它势必使中国信徒脱离中国政府的管辖,而使教会团体成为一些分布在全国各地而受着外国保护的'国中之国'……差不多任何诉讼案子,都可以把对方说成是由于非信徒逼迫信徒的。而外国领事或公使,只要他愿意的话,总可以找到干涉的借口。许多中国人,因为看见强大的外国靠山的好处,就假装悔改而加入教会,……因此,'宽容条款'的效果,对基督的名并不是很光彩的。……教会早已成为西方帝国主义的伙伴,对于因此而产生的后果是不能推卸责任的。"事实确是如此,"宽容条款"使中国的教会成为国中之国,中国信徒成了一批享有特权的教民,他们犯了法,可以不受中国法律的制裁,因此,许多地痞流氓也混入教会,横行乡里。因此,那时中国的老百姓称呼外国传教士为"大毛子洋鬼子",称呼中国信徒为"二鬼子","多一个基督教徒,少一个中国人"的说法由此而生,而且外来传教士又不断冲击中国传统的统治秩序,引起不断的冲突,许多教案由此产生。

(二)美国传教士介入美国对华外交诱发了中国人民为摆脱被奴役和半殖民地命运而展开谋求现代化的历史进程,有利于中国社会的文明进步。近代以来西方列强对华的一系列侵略活动,主要表现在军事、政治和经济上的挑战,实质上是西方近代文明对中国传统文明的挑战。这样的长期挑战,虽然给中国主权和国际地位带来了巨大灾难,但更多的是一种机遇。西方先进的工业文明与中国落后的农业文明的鲜明对比和强烈反差将一直闭关自守的中国从睡梦中惊醒,驱动了中国社会内部要求变革的政治力量,开始了向现代化的文明迈进。所谓的中国现代化,从人类历史的未来和社会变革的本质上来看,就是从传统农业社会向现代工业社会转变的过程,这一转变将涉及传统社会的政治、经济、思想、文化、机遇、科技和军事等各个方面,而主要包括经济上的工业化、政治上的民主化、思想文化和价值观念的现代化。西方的现代化传布到中国,首先也是主要得力于来华传教士的努力。在整个19世纪,传教士企图改造中国的主要工具是包裹着基督教外交的西方近代资本主义,即所谓的基督教化的西学。传教士看到西学是变革中国社会的重要力量,试图把基督教教义夹在西学中兜售,通过使中国西方化最终达到使中国福音化的宗教目的。传教士传播西学,主要是通过设立学校、出版书籍和创办报刊来实现的,美国传教士正是通过这些社会文化活动来影响和改造中国社会并与晚清中国的现代化事业发生着密切的关系。

自19世纪以来,由于清政府的禁教和禁海政策的严厉,新教传教士的直接传教活动不得不让位于间接布道,主要从事办报、译书、办学、开医院等事务来增进与中国人民的接触与了解。马礼逊是西方派到中国大陆的第一位基督新教传教士,他在华25年,在许多方面都有首创之功。他在中国境内首次把《圣经》全译为中文并予以出版,使基督教经典得以完整地介绍到中国;编纂第一部《华英字典》,成为以后汉英字典编撰之圭臬;他创办《察世俗每月统纪传》,为第一份中文月刊,在中国报刊发展史上位居首尊;他开办"英华书院",开传教士创办教会学校之先河;他又和东印度公司医生在澳门开设眼科医馆,首创医药传教的方式。他所开创的译经、编字典、办刊物、设学校、开医馆、印刷出版等事业,使其成为开创近代中西文化交流的先驱。裨治文是第一位来华的美国传教士,1829年9月自神学院毕业就接受美国基督教美部会(后改称公理会)的聘请为该会派赴华传教士,于1830年2月15日到达广州,当时在广州的外国传教士只有英国伦敦会的马礼逊一人。随后在马礼逊的倡议下,由广州美商同孚洋行老板奥立芬提供经费和印刷场所,裨治文任主编的一份英文的月刊 The Chinese Repository 于1832年5月起出版,中文译作《中国丛报》,又译作《中国文库》,旧译作《澳门月报》(与林则徐编译的《澳门月报》无关)。在19世纪,包括《中国丛报》在内,西方传教士在中国先后创办了近百种报刊,发行范围扩及全国各省及内地主要城市。这种传播迅速而影响较广的教会报刊对西学的宣传,促进了西方先进自然科学知识在中国的推广和普及,促进了近代中国自然科学的发展,使中国的数学、物理学、化学、生物学、医学等方面在19世纪取得较大的进步,同时也促进了西方先进的制造技术引入中国并应用于社会生产。《万国公报》1898年的发行量高达3.8万多份,[①] 大大高于同时期其他维新派所办报刊中

[①] 方汉奇:《中国新闻事业通史》第1卷,北京:中国人民大学出版社1992年版,第353页。

发行量最大的《时务报》。特别是19世纪后期，西方传教士把报刊宣传对象转向中国封建士大夫阶层，企图"争取中国士大夫中的有势力的集团，启开皇帝和政治家思想"。① 从而客观上促进了中国先进知识分子的觉醒和思想解放，并激发起他们为救亡图存而进行社会变革的内在要求。

与报刊作用同样重要的译书和出版活动，也是传教士传播西学的主要内容。在中西碰撞早期的数十年间，翻译工作如果没有传教士的参加几乎是不可能完成的。19世纪传教士创办或参加的译书机构有9个，即墨海书馆、美华书馆、京师同文馆、江南制造局、格致汇编社、益智书会、广州博济医院、天津水师学堂、广学会。除京师同文馆、江南制造局、天津水师学堂外，其余均为教会翻译机构，而京师同文馆、江南制造局的翻译工作实际上也由传教士主持。其中，美国传教士翻译的书籍也是相当可观的，在1862—1898年间，同文馆共译书29种，美国传教士丁韪良翻译和鉴定的就有11种；江南制造局在1871年至1909年间共译书160种，美国传教士译书就有34种。这些译书涉及史志、政治、外交、兵志、船政、学务、工程、农学、矿学、工艺、商学、兵学、格致、算学、电学、化学、声学、光学、天文、地学、医学、图学等内容，遍及西学的各个领域。梁启超曾对译书的影响有个恰当的评价："国家欲富强，以多译西书为本，予欲自立，以多译西书为功。"② 大量译书的出现对于传播西方科学技术起了一定作用，同时也扩大了西学在中国的影响力，特别是传教士与洋务派的合作，改善了中国上层社会对西方基督文化的抵触看法，有助于中西文化的交流。

早期教会学校在中国的创办，是作为宣教的辅助手段，却越来越大地改变着中国落后的教育体制。美国传教士来华通过创办学校直接向青少年灌输基督教义。1839年勃朗夫妇在澳门开办了马礼逊学校，但在科举制度下，中国士大夫阶层把子弟送到外国人办的学校就读不啻是断送他们的前程，因此入学者寥寥无几。1841年只有6个学生，其中之一是容闳。1842年学校迁往香港，鸦片战争后，由于迫切需要通事（翻译）人才，入学人数才有所增加，

---

① 刘晓多：《近代来华传教士创办报刊的活动及其影响》，《山东大学学报》（哲社版）1999年第2期。

② 梁启超：《西学书目表》，《戊戌变法》，时务报馆代印本，第448页。

1845年达30人。学校课程除汉语外，有英语、算术、代数、几何、生理学、地理、历史、音乐等，这是在中国传播西学的第一所洋学堂，它给予学生的知识自然比中国封建的学塾要丰富得多。勃朗夫妇于1847年返美，容闳等3名学生随之前往美国。这是第一批中国留美学生，容闳等在勃朗及美国友人帮助下，就读于马萨诸塞州的芒松学校。容闳后来考上耶鲁大学，成为该校第一名中国学生。19世纪60年代后，洋务运动的兴起刺激了对西式人才的需求，对教会学校提出了新的要求。曾经与卫三畏一起协助列卫廉公使与清政府签订《中美天津条约》的美国传教士丁韪良，从1865年起担任中国官方教育机构京师同文馆的英文教习，1869年起任总教习（校长）前后达31年之久，他对同文馆所产生的影响是深刻的，"同文馆的一切学制之创建规划，几悉出于丁韪良之手，对于中国新式学校的兴设实有深远的意义"。[①] 丁韪良本人也盛赞了同文馆的历史影响："它影响了中国的高级官吏，由中国的高级官吏又影响了中国的教育体制。"[②] 同文馆所开展的专门教育，在一定程度上为19世纪末20世纪初京师大学堂、北洋大学堂、山西大学堂等高等教育机构的创办树立了楷模。所有这些教会学校的设立，为介绍西方先进的科技文化，引进西方新式教育体制，造就一代新式人才，无疑起了开辟先河的作用，其对几千年的旧式封建科举教育，形成了巨大的冲击力，客观上加快了中国教育现代化的进程。

此外，传教士对于中国文化的学术研究，对于中美之间的文化交流和相互了解都是意义重大的，卫三畏在这个方面的成就自当是首屈一指的。卫三畏赴华以来就在学习汉语、印刷传教的同时，开始了长达一生的中国文化研究。最能代表他的中国研究成果的是《中国总论》（1847年初版和1883年修订版）。《中国总论》是美国汉学奠基之作，法国学者考狄在《西人论中国书目》中将《中国总论》放在第一部《中国总说》的第一类《综合著作》中，这是放入同一类别中的第一部美国著作，也是19世纪一部关于中国的全面研究的著作。卫三畏精通中文，他的《中国总论》完全是根据他本人的亲身体验来创作的，所以有学者认为，美国汉学从一开始就带有"非常强烈的个人

---

① 王树槐：《外人与戊戌变法》，上海：上海书店出版社1987年版，第17页。
② ［美］丁韪良著，傅任敢译：《同文馆记》，《教育杂志》第27卷，第4号。

色彩"。① 后来，美国传教士明恩溥的《中国人的特性》也是吸收了卫三畏及其《中国总论》的写作技法和相关内容。在卫三畏《中国总论》的前后，还有其他一些汉学著作出版。欧洲汉学的开山之作是16世纪的西班牙人门多萨的《中华大帝国史》（或称《大中华志》），而18世纪杜赫德的《中华帝国全志》也是一部关于中国的百科全书，是当时最重要和最具影响的汉学著作。门氏和杜氏都没有到过中国，而且不懂得中文，只是依靠来华传教士的二手资料写成此书。在卫三畏之前总体研究中国的著作很少，只有曾为香港第二任总督的德庇时爵士的《中国：中华帝国及其居民概述》（1836年）。其他关于中国的专题著作很少，也不尽如人意。但西方人研究中国及其文明的热情和兴趣随着中外关系的接近与加深而增加。这些西方传教士对中国的研究可以用作中国人来认识自己的一面镜子，多一个角度看待自己。

（三）美国传教士介入美国对华外交，极大地影响美国的对华政策，扩大了美国在华的影响力，从而直接和间接地为美国谋取了最大化的在华利益。从根本上来讲，美国传教士涉足中美外交的政治目的是想以他们钟爱的基督教文明来左右中国社会和中国人民的思想意识，形成一新的美国情结，推动传教事业在华发展及便于美国在华利益的不断发展。综观整个19世纪美国对亚洲与中国的政策，可以发现，亚洲从经济上、政治上对美国的需求都是次要的，美国与中国的经济关系又不如它与西欧乃至日本的密切，所以美国更多地将中国看成是一个潜在的市场，认为中国的强大才能真正满足自身在华的经济利益。这是与欧洲列强对待近代中国的立场与方式迥然不同的两国关系处理过程，其实也含有美国企图限制欧洲列强在华影响力的一种策略，更是美国在世界舞台上由弱变强的一种发展路径，从外交的中立、追随到独立、独占鳌头的一路走来，到20世纪中期，美国就成为世界超级强国了。因此，美国比其他列强更注重"培养"中国的文明素养，以期使中国走上美国式的现代化道路，从价值观和情感上接受美国。美国的这种对华态度，确实曾引起了饱受欧洲列强侵略之苦的清朝统治阶级和有接触美国人的一般中国人的好感。

---

① 顾钧：《卫三畏与〈中国总论〉》，《汉学研究通讯》第21卷第3期，2002年8月，第16页。

第三章　卫三畏与北京美国外交使馆

在整个19世纪，得力于美国传教士的努力，美国对华政策比较适合中美关系的长远发展的，主要表现在第二次鸦片战争后开始的美国提出的对华"合作政策"和"门户开放政策"。1860年以后，美国因内战而导致了对华政策的转变，时任国务卿的西沃德确立了美国对亚太政策的基础。西沃德认为贯彻对华政策的手段有两个：一是所谓"非武力"，二是所谓"合作"。1870年他又具体解释了美国唤醒亚洲人的方法，"美国的独特之处是，他们在教导腐败的亚洲国家方面走在西方国家的前列，采取和平方式向亚洲进行文化渗透"。① 美国政府在这一点对华态度上，可以说是深受传教士卫三畏的影响的，卫三畏曾认为：美国人的任务是教导中国人接受西方生活方式，"帮助他们获得使其永远幸福的方法和事业"，而不是用武力占领中国。曾得到卫三畏协助的美国首位驻京公使蒲安臣也向美国政府进言，不要以武力发展传教事业。西沃德为约翰逊总统起草的一个国情咨文中，就包含有卫三畏、蒲安臣的上述建议，咨文表示："如此教育出来的（中国）人士可以更好地服务于美国政府，并推进美国对中国的商业利益。"② 在这种思想指导下，美国对华政策开始调整，中美关系进入"合作政策"时期。在这个时期里，一些不法传教士的活动受到限制，所发的教案极少，一度推动了中美友好关系。

但必须看到，19世纪60年代开始的以美国为主导的"合作政策"为了实现"保持和继续扩大它们的侵略利益，支持清朝政权镇压中国人民的革命运动"的基本方针，具体目的有三个方面：支持清政府；维护列强在华特权；保持各国对华共管的局面。所谓的"合作"只可能是一个短暂的现象，这个政策是不可能长期保持下去的，因为资本主义发展不平衡的规律将使它们之间在争夺中国问题上的矛盾日益激化。到80年代以后，美国就开始谋求中国的全面"门户开放"。90年代，美国成为世界经济大国。与此同时，工业中产阶级放眼世界，孕育大国心态，要求美国从经济大国走向政治大国，在国际上谋求大国地位。这成为世纪之交美国外交的主旋律。19世纪末美国对华外交就是为了争取在中国的大国地位："美国开始感觉到，在亚洲拥有势力是成

---

① 杨卫东：《美国传教士与近代美国对华政策》，《九江师专学报》2001年第1期。
② 王玮：《美国对亚太政策的演变（1776—1995）》，济南：山东人民出版社1995年版，第81—85页。

为一个世界强国所绝对必需的。……它必须在远东事务中扮演一个主要角色。"① 为了实现"保持中国独立与完整"和"门户开放",美国政府必须重视三个集团:传教士、企业界、海军,三大集团直接而有效地扩大或维护在华利益。因此传教士是美国在华存在的一项标志,"为数日多的美国人在中国福利事业方面和精神上的利害关系,是19世纪最后十年中影响美国舆论的一种经常的力量,这种利害关系是由传教士直接建立起来的。"② 自80年代起,美国再次掀起对国外派遣传教士运动的高潮,到1900年,在华传教士约1500人。传教士和美国政府的紧密合作,更提出了"以华治华"策略,丁韪良曾在八国联军侵华时,为北京公使团建议主张保留清帝,由各国共同管理中国,这样"且得智慧华人之助,其所得较瓜分为多也"。③ 在19世纪末西方列强瓜分中国期间,美国驻华使节也都强烈要求政府保护在华传教士及其活动,"如果中国被欧洲列强瓜分,可以肯定这些传教士的工作会受到阻碍……这些传教士是有权像商人一样得到我们的保护的",因为保护传教士就是保护美国文明的扩展。④

　　整个19世纪中,通过传教士,美国在华利益的获得分成两个时期。从1830年到1860年间,从总体上看,美国并没有形成对远东的总政策,对中国也没有任何具体的外交政策。美国对中国事态做出的几乎都是临时反应,是和来华的美国商人、传教士和外交官提出的种种要求相一致的。在当时,美国致力于国内大陆扩张和热心欧洲外交关系,在华利益只限于贸易和传教,并且主要是贸易。面对清政府的种种限制,商人和传教士有着共同的愿望,就是打开清政府封闭已久的国门,让中国向西方的商品和宗教全面开放。在商人、传教士和外交官三股在华集团的推动下,美国政府也希望极力打破清政府的闭关政策,以图扩大在华的政治经济利益。但从国家实力来讲,当时美国还是西方诸多强国中一个相对的弱国,即使有在东亚施展政治和军事威

---

① Margaret Leech, *In the Days of Mckinley*, New York, 1959, p. 464.
② [美]泰勒·丹涅特著,姚曾廙译:《美国人在东亚》,北京:商务印书馆1959年版,第487页。
③ 荣孟渊:《历史笔记》,北京:中国社会科学出版社1983年版,第243页。
④ 阎广耀、方生选译:《美国对华政策文件选编》,北京:人民出版社1990年版,第420页。

权的愿望，它也不具备这种能力。① 因此美国采取了追随英国势力（被戏称为虎作伥外交或搭便车外交）的政策，通过利用最惠国条款来扩充其权益，用条约制度来固定所得利益。借助两次鸦片战争清朝败北的惊惧，胁迫清政府签订了《望厦条约》《中美天津条约》等不平等条约，美国直接攫取了大量在华政治利益，从而保证了在华的经济和宗教权益。这一时期美国的外交政策主要是由传教士协助完成的，其中中美《望厦条约》许多条款内容就来自美国传教士裨治文、卫三畏等在华主办的早期政治性的英文月刊《中国丛报》；作为顾盛使团秘书的传教士伯驾利用他在华行医和传教机会结识一些中国人，包括钦差大臣耆英的两名助手黄恩彤和潘仕成，都与他私交深厚，因而伯驾很容易说服他们，不但把《南京条约》全部内容写进《望厦条约》，而且还增加了一些更有利于美国方面的条款。通过这些条约，美国获得了最惠国待遇、传教权、领事裁判权和利益均沾权等，完全超越了英法两国背负的侵略骂名而得到的利益，还常被中国统治阶级视为可信赖的"西方盟友"。

从美国内战胜利后，美国对华外交政策开始有了明确的方向和内容，"合作政策""门户开放政策"接连地使美国获得了先前的条约体系所维持的利益链条中所没有的利益，走上了独立和领头的对华外交之路，美国在华的影响取得了前所未有的历史水平。这种成就的取得，与到19世纪末之前的大量传教士来华和活动有关。《中美天津条约》规定的宗教宽容原则让美国政府和传教士看到了教化中国走向美国文明之路的希望。自1860年后传教士集团在美国对华政治中的地位上升，也迎合了美国政府在亚太地区扩张的对外政策，两者相互为用，共同赢取在华的各种权益。据统计，1857年为止，美国各差会共派110名传教士来华，1860年美国来华传教差会共有9个。1877年，美国在华传教士212人，差会总41个，信徒5300人，教会学校294所，学生5227人，医院6所。到1912年，美国在华有传教士2038人，差会总堂1016个，小学1992所，学生44352人，中学和大学286所，学生23040人，信徒150075人，医院122所。② 可见，美国在华的传教事业是逐步向前发展的，

---

① ［美］孔华润著，张静尔译：《美国对中国的反应》，上海：复旦大学出版社1997年版，第24页。
② 王立新：《美国传教士与晚清中国现代化》，天津：天津人民出版社1997年版，第17—20页。

尤其到 20 世纪初，美国在华传教已不再局限于简单的道德说教、吸纳信徒，而是趋向社会化和世俗化，重点关注中国的教育事业，以在华兴办各类教育为特色，"传教事业也由单纯拯救个人灵魂转变为以兴教办学为主，美国开始以教育作为打开中国门户的钥匙。"① 兴教办学非常有助于改善中国人对美国的不良看法，逐渐成为中国人美国情结的主要影响因素，其潜移默化性在很大程度上促进了中美友好关系的发展。

总而言之，美国传教士介入近代中美外交的政治活动，对中美关系的影响是多方面的，一方面是支持和参与美国对华强权政治，造成的后果是恶劣的，如裨治文、伯驾等绝大多数传教士主张侵略中国、占领台湾和瓜分中国，而且一些传教士在不平等条约庇护下深入中国各地为非作歹，引起教案频发，引起中国人民的反感和排斥，造成了中美关系紧张与恶化，传教士群体甚至被中国人民视为西方侵华的急先锋、洋鬼子的文化工具。另一方面，当某些美国传教士以友好和平等的原则介入中美外交活动时，常会给人带来美好回忆，如美国传教士鼓吹的西化改革，包括出版、办学、设立医院、研究中国文化，以至与中国士大夫阶层交往等活动，皆无列强的武力侵犯和恫吓威胁作为支持和后盾，因此他们的活动和言论广为当时中国那些具有改革思想的人们所欢迎，对中国现代化进程产生过积极的推动作用，而卫三畏首倡退款兴学和此后的庚款助学，也极大地促进了中美友好关系发展。可以说，中美两国人民的友好与平等关系是两国发展交往的唯一正确原则，从晚清开始的传教士在华活动和中美关系历史进程里，找到这样的关系原则，正是研究美国来华传教士与中美关系之间的现实意义之所在。

第五节　卫三畏外交官活动的自我作用

卫三畏自 1833 年 10 月来到广州时起，就自觉不自觉地融入了中国人的

---

① 王玮：《美国对亚太政策的演变（1776—1995）》，济南：山东人民出版社 1995 年版，第 141 页。

社会中。传教士印刷工的经历可能囿于中国底层人民，难以有较大的自我修养的源泉，而二十多年的外交生涯却让他不仅融合了传教士印刷工期间的人生经验，也拓展了他看待中国社会各种现象和利益人群的视角。事物之间的相互影响、依赖和促进总是不以人的意志为转移的，卫三畏的外交官经历就有力地成就了他的传教士事业，也促进了他汉学研究的学术成绩，更影响了他对中国及其中国人的认识。这样自我影响的作用无处不在、无时无刻地发生在卫三畏整个外交官活动过程之中，使他对基督的终极意义、中国研究的学术价值和中美关系的和谐发展都有着深刻的理解。

（一）卫三畏中年时步入中美外交领域，带着对耶稣入华的虔诚，越发深刻地理解基督福音的意义：上帝之爱不仅及于家庭、社会与人类全体，也及于个体的生命的意义，在于对人的生命终结的理解和释然，呼唤世人给予传教事业的同情和支持。

在英法联军占领广州后，四国公使联合北上要与清廷直接谈判修约。这种炮舰政策下的进京，无疑加剧了冒险性。但身为美国使团秘书兼翻译的卫三畏，是不能推却职责的，必须随同公使列卫廉乘坐战舰溯海北上。在北上之前，卫三畏将夫人和三个孩子送上一艘回美国的帆船，该船于1858年3月离开香港。对于卫三畏一家人来说，这是一个伤感的时刻，原本完完整整的一家人被分散到四方。对于这样的分离，他总是默念着上帝的普爱，来带给自己心灵宽慰："他一如既往地坚信，上帝必将保佑他的家人，这个信念给了他莫大的安慰。……'把一切交给主'，这一训诫成了他们共同的精神支柱。"[①] 随后，在得知第三子奥立芬病死后，卫三畏从基督福音的生命原义，认为这一切也是我主的安排。"奥立芬已经死了，不，不是死了，应该说，他离开了我们。他是上帝赐给我们的礼物，现在又被上帝收了回去。我们的一切都是上帝给的，我们必须听命于他。一直以来，我们全家都健康平安，我们几乎忘了世界上还有疾病、痛苦和罪恶。我们几乎忘了，我们享受到的一切快乐与幸福都是上帝借给我们的。现在，上帝收回了他借给我们的一笔财

---

① [美]卫斐列著，顾钧、江莉译：《卫三畏生平及书信》，桂林：广西师范大学出版社2004年版，第161页。

富,同时也提醒我们,在幸福和快乐之中不要忘了这一切都是从何而来。"①从1860年2月离开澳门到1861年9月回到香港的这段时期,是卫三畏来华后的第二次回美探亲休假,假满即携妻女返回中国,就在刚刚到达香港不久,就接到了长子沃尔沃斯在他们返回中国的旅途中病逝于纽约的噩耗,令卫三畏最为悲痛:"伤心的父亲曾对这个刚刚分别并有望成才的孩子寄予很大的希望——比他意识到的还要大的希望,而现在对于他前途的种种设想的破灭则成了他有生以来承受的最大打击。"②对于这样巨大的打击,卫三畏显示了极强的自我控制能力,把它视为上帝的手笔和恩惠:"我从中看到了天命的许多征兆,尽管不是很明显。这就像拍摄的照片,一开始时很模糊,无法显示出轮廓,但是随着光线的增加,很快轮廓就分明了,画面也完全清楚了。上帝施加恩惠给我们也是如此,只有一点跟照片不同,即模糊的原因是由于我们的心灵和理解力的薄弱。我们如何学会他教给的经验,如何更好地接受他对我们取得成绩的检验,如何像熔炉中的水银一样映照出他的形象?我们在这些事情上实在是无能为力,除非借助他的力量和指导。"同时又致信在上海的裨治文,同样表达了人生人死是上帝意志的必然:"我的儿子沃斯的死讯使我无心他顾,这使我们为他制定的所有计划都付诸东流,使我们只有仰视上帝——他有比我们更好的计划,召走沃斯使他与我们更加贴近。……实际上我们知道是谁将我们的大儿子带走,将这朵花从我们的花园里移植到他的花园中。"③美国第一位来华传教士裨治文英年早逝于上海,给了卫三畏又一次重大打击,使他倍感凄凉。在痛定思痛后,卫三畏曾多次致信裨治文夫人,深情地感恩于上帝的造化,并且更加坚定了为基督信仰而奋斗终生的意志:"自从我的孩子沃斯死后,那另一个世界已靠近了我,而我在传教工作中最好朋友的离去又一次拉近了生死之间的距离,它们使我的思想得以周游那个看不见的世界。上帝就是这样引领我们摆脱时间进入永恒,让我们放松对此岸世界的把握,而加强对彼岸世界的把握。……日常琐事构成了人的一生,我

---

① [美]卫斐列著,顾钧、江莉译:《卫三畏生平及书信》,桂林:广西师范大学出版社2004年版,第189—190页。
② 同上,第223页。
③ 同上,第224—225页。

们只能也必须通过完成每日的职责来给上帝增添光彩，沃斯的死引导我更好地理解并投入了这项工作。"①当1862年5月陪同蒲安臣公使到达上海，在见到裨治文夫人并拜祭裨治文之后，卫三畏更加感悟到了上帝信仰和人生意义之间的关系："诸多杂事让我在这儿耗费了许多时间，但是似乎没有什么补救方法，只有耐心等待。生命越是走向尽头，我越是觉得，虔诚的生活中所表现的基督教信仰和圣洁是我们能够留下的最珍贵的东西。如果我们经受严峻的考验，又有多少能够留下呢？"②

对人生的终极意义的认识，是卫三畏在华生活（包括传教、学术研究和外交活动）的最大收获，面对着亲人和朋友的不断进入天堂，他感到了上帝的爱也将在不久的将来出现，人之死亡就是上帝之爱的一种表达。在花甲之年，卫三畏在上海排印出版他的字典《汉英韵府》期间，曾致信给耶鲁大学的好朋友J. D. 达纳教授，深刻表达了对于生命的豁达而从容的人生态度："我几乎意识不到自己年已花甲，而你明年2月也将年满60，我不知该以何种精神状态面对这一事实，我想即使活到六千岁也同样不容易知道。不过我确确实实地知道，我们俩都有太多的理由值得无限地感激上帝。我愈来愈感觉到他的慈爱与存在。"③尽管面临着越来越多的生离死别，卫三畏对于基督教的热情和希望耶稣入华的初衷不改，他一直在呼吁着广大基督徒努力地有效地将基督福音传布到中国的每一个角落，让他心目中的异教和半文明的古老东方大国沐浴在上帝之爱下。尽管当时传教工作在华进展不顺、成果有限，卫三畏始终对在华传教事业给予很大的同情，并抱有美好的希望，因为在他的信念中，传播基督教绝对应该优先于传播西方文明，尤其是实用科技。1863年4月，卫三畏承美国的《纽约观察者》杂志之邀，就《威斯敏斯特评论》和《伦敦泰晤士报》上关于传播文明作为介绍基督教先决条件的观点发表评论。在百忙之中，他抽时间写了一篇巧妙而充满哲理的文章，认为无论

---

① ［美］卫斐列著，顾钧、江莉译：《卫三畏生平及书信》，桂林：广西师范大学出版社2004年版，第225—226页。
② 同上，第228页。
③ 同上，第269页。

从《圣经》还是从眼前的事实,还是从每个真正研究过这个问题的人都使人确信:提高和教化异教徒的唯一方法是向他们传播福音书的全部教义和用各种仁慈的手段向他们展示这些教义。卫三畏从现实出发,指出:"只有福音——由圣灵赐福给人的心灵的福音——能够牢固树立这种对真理的尊敬,进而保持心灵的全面发展。甚至在中国也有相当多的罪恶的使者,他们年轻时在基督教的土地上学到了崇高的启示真理,但是他们的心灵没有被一种原罪感所触动,他们来到中国后教给中国人的是一种更坏的堕落——可以这么说。这些人作恶的力量有时甚至超过了异教徒。基督教国家应当公正地维持在各地的福音传教,使异教国家免受这些不伦不类的人所提出的假文明的破坏作用。"①

(二)继续汉学研究,成为他在外交活动之余的一项淡泊名利和修身养性的学术内容,为此后回美胜任耶鲁大学汉学讲座和修订《中国总论》打下了坚实的基础。

1856年秋,在他接任美国驻华使团代理秘书和代理公使之职期间,卫三畏在他主持的广州印刷所里付印了他耗时六年的汉学著作之一的《英华分韵撮要》词典。该词典是以广州方言为基础的,主要帮助那些在中国南方学习汉语的外国学者。这本八开本的词典共有大约7850个条目,加上引言、附录及目录,共计长达900页。该词典的问世,不仅是作者本年度的一件大事和他汉学研究上的一项重要成果,也是英汉词典编写史上的一个里程碑式的作品。"在吸收前人精华的基础上,卫三畏对许多词语进行了新的释义,尤其是那些有关历史、地理和自然科学方面的词汇,他的释义比以往任何词典都要准确。……如果读者习惯于查阅小德金和马礼逊的字典,那么这本词典也许会大大出乎他们的预料,因为没有词典在词条释义方面能比该词典更详尽全面。它在释义时收入了大量同义词或同义表达法,并指出了词与词在意义上的细微差别以及词义的变化。"② 1859年,卫三畏好友威廉·麦希在美国东方学会会刊上发表文章详细介绍了这部字典以及西方人学习汉语的相关问题,

---

① [美]卫斐列著,顾钧、江莉译:《卫三畏生平及书信》,桂林:广西师范大学出版社2004年版,第239—241页。
② 同上,第151—152页。

此后该字典陆续在美国公理会差会海外驻地美部会出版销售，曾畅销一时。①

1863年10月，卫三畏一家搬入了装修一新的新家。在北京安定下来后，卫三畏就开始了《英华分韵撮要》的修改工作，主要是加入官话（北京话）的语音和词语。修改总是伴随着扩写，虽然这在卫三畏的写作生涯中已经不是第一次了，但这次修改由于增添新的官话内容，实际上就是在做一项全新的写作工作。来到北京生活和工作，卫三畏认为所需要的不仅仅是普通用语的字典，面对广大外国人的合理要求，有必要再编写一本字典来补充马礼逊字典的不足。卫三畏在深谙马礼逊字典的情况下，结合自己对于中文的深刻理解，认为有必要改进马礼逊字典和他1856年出版的《英华分韵撮要》，再编纂出版一本适合在北京的外国人使用的华英字典。虽然已经开始了协助蒲安臣公使在京的所有外交活动，但卫三畏发现修改字典也有了很好的条件，因为公务之余他有大量的时间可以持续不断地工作，而且当他在修改字典时，他的中文助手或当地的学者常常坐在他办公桌的对面，来为词语下定义，并在他所有藏书当中寻找例句。② 这一次修改一直持续了11年的时间，最终于1871年11月21日在上海美国传教团华万书馆开始了字典的印刷工作。1871年初版和1874年再版的这本汉英字典定名为《汉英韵府》字典为四开本，共1356页，印刷平整而精美。卫三畏在字典的序言和索引上也颇下功夫，其中长达70页的序言中，介绍了汉语的特性，将官话分为拼写、送气音、声调、古音、废弛音、方言、部首等几个部分论述。《汉英韵府》一问世，就被国外的汉学研究者看作19世纪一件值得大书特书的事件。第一批样书被争相传阅，其编排的特点、例句的翻译，甚至大小、重量以及价格均成为研究者们的话题，热烈的讨论反映了所有以不同途径接触过中文文献的人们的殷勤期望与先入为主的印象。学识渊博、参透其优点的人给予了高度的赞扬，批评者尽管对汉语语言学有争议的难点与暧昧之处提出了与作者不同

---

① 张颖：《美国汉学家卫三畏〈英华分韵撮要〉的粤语音系比较研究》，《文化学刊》2020年第8期，第177页。

② ［美］卫斐列著，顾钧、江莉译：《卫三畏生平及书信》，桂林：广西师范大学出版社2004年版，第235页。

的见解，但仍然以褒奖为主。① 而这本字典的编纂出版，对卫三畏而言却是一种感恩的表示，正如他在字典的前言中所言："付出艰辛努力的动力源自这样的一种愿望：协助那些在各个领域里将真理，尤其是宗教与科学真理传授给大汉子民的人们，这些真理的获得与应用足以让中国人得到教化与品质的提升。怀抱这一追求在中国度过了40个年头后，我谦卑地感谢上帝，感谢他让我看到了中国所取得的进步，并祈求他护佑人们在这一方向上的努力。"②

在华期间，卫三畏汉学研究的成果中，最让他念念不忘的是《中国总论》，特别是在外交活动后期，他一度设想增订此著。1868年他在筹建完成美国驻京公使馆全部建筑物之后，由于他不愿接受公使一职，避免卷入美国政府的政治漩涡，只想每天处理好那些秘书或公使代理之职上的一些事务，所以"眼下我希望能顺利地完成新一版的《中国总论》，但这并不容易，也许这一工作永远都无法完成"。③ 这是他写给 R. S. 威廉斯牧师的一封信中谈到的。修订《中国总论》的一个起因，也许是他十年前听到的一则消息。1858年7月31日，在随美国使团洽谈中美贸易和关税问题而到达上海的卫三畏听到了一个让他高兴的消息，即他的《中国总论》一书已被译成了德语，在德国还颇有名气。这位告诉此消息的人是当时来到上海的一艘奥地利驱逐舰诺瓦腊号上的海军准将，并说他们从书中了解到的都是事实。这个先前不知道的信息，令卫三畏欣慰，因为通过他的书了解中国的人比他原先期待的要多。④ 事实上，卫三畏在外交官期间都没有实现修订《中国总论》的愿望，除了外交政务与指导传教等事务繁忙外，更主要的是他正在着手一本字典《汉英韵府》的编撰任务。直到退休回美，在耶鲁大学即位汉学讲座教授后，卫三畏才有时间修订《中国总论》，同时得到其子卫斐列的帮助，终于在1883年出版了它的修订版。1877年春退休回到美国的卫三畏定居在纽黑文。在靠近大学城的幽静的学术环境里，卫三畏尽情地享受这里安静而有序的生活，

---

① [美]卫斐列著，顾钧、江莉译：《卫三畏生平及书信》，桂林：广西师范大学出版社2004年版，第272页。
② 同上，第273页。
③ 同上，第257页。
④ 同上，第185页。

并得到他在耶鲁大学教授中的熟人，特别是他最老的朋友达纳教授的陪伴与交流。置身于有着崇高目标和明确理想的耶鲁人群中，卫三畏晚年的快乐就像大家对他能力的由衷欣赏一样强烈。他的能力使他成为耶鲁大学第一任汉学讲座教授，他的世界性眼光和曾经多彩生活及经验使他有着与他人不同的宽广的视野和胸怀。《中国总论》奠定了他在耶鲁大学乃至美国汉学史上的不可撼动的地位。

（三）对华外交活动激发了卫三畏深入了解中国社会的热情，提高了对中西文化交流和中美关系方面的认识水平，从而在维护中国应有的国际地位、正确发展中美文化关系上仗义执言和有所作为。

在1855年到1876年间的外交生涯中，1863年6月正式入住美国驻京公使馆，成为卫三畏对华外交生活的分水岭。前后两段对中国的见识和理解是一个纵深和提升的演进过程。在进京前，卫三畏的思想与一般来华西方人没有太大差别，认识到的中国形象也是大同小异的，而到1862年夏到达北京之后，主持美国驻京公使馆修葺和直接地近距离与清廷高层外交人员交往等工作以来，他的见识增多，疑惑也增多，从而引发了对中国社会更多的思考。尽管卫三畏本着耶稣入华拯救异教中国的先见，来看待中国社会的一切状态和变化，并从上帝之爱的恩惠角度来批评中国一些不合理的风俗与制度，但他不容忍西方一些人对中国及其文化的恶意诋毁，认为中国立世之悠久必然与之内在的"异教文明"相联系的。因此，每个民族之间只有相互交流，互相学习，共同生活在上帝的恩惠之下，才是人类社会的最终目标，就像卫三畏反对英法等国的炮舰政策和武力外交一样，而对美国式的对华条约外交表示了默认或盛赞。然而，秉承某种政治和文化基因的独立国家的美国历届政府，并不能像卫三畏那样生活在中国而那么熟悉和了解中国人，总是带着民族之间的偏见或误解，极力地维护着西方一统的文化价值观。对此，卫三畏越发感到这种趋势将不利于中美关系的新发展，也不利于中西文化交流的历史进程。1876年，美国国会草草通过了第一个轻率的草案：禁止中国人移民美国。这明显地违背了中美条约明确规定的对等权利。这消息对居住在中国的美国人自然是极大的耻辱，但较之于面对中国人，他们感到在其他外国人面前更为丢脸。面对排华浪潮，卫三畏替美国政府感到不幸，"希望通过温和的抗议与坦率的说明改变被蒙蔽的美国人对中国人的偏见,这种愿望也许比其他理由更能说服他离开中国。他预见到自己仍能发挥作用:返回美国,为将要移居到这个好客国度的被诬蔑的中国人仗义执言"。① 回美之后,卫三畏很快投身调解中美关系的文化活动中,不仅加入一个社交和文学俱乐部,参加东方学会的学术活动,而且还当选过美国圣经协会主席、美国东方学会主席等职。在他看来,晚年的作为受到很多限制,身体体质下降和视力不断衰退都是不可回避的不利因素,但力所能及地为着中美两国人民做一些事情,是上帝的安排和他对上帝虔诚的表现。"中国的生活已经开始溶入无法辨识的过去,并被我周围的人和场景所淹没。那里的生活与其说失去了它的独特性,不如说失去了它所包含的责任,那里正在发生的事我已不再有兴趣,我觉得从此以后,我的责任不应在那儿,而应在这儿。……'如果主让我做某件事,他一定事先知道我所有的计划和希望,因为这也是他意图的一部分'。"② 因此,卫三畏自视为"这个苦难和被诬陷的民族的代表",深切地关注着美国政府对于中国移民的态度变化。为了更直接地抑制已席卷国会的偏见狂潮,卫三畏向总统海斯送交了由他起草、耶鲁大学全体员工签名的请愿书,呼吁总统否决1879年的中国移民法案。正是在越来越大规模的反对排华的呼声之下,海斯总统最终否决了国会的排华议案:"海斯总统对这一议案的否决,把美国从立法的不理性和不必要的耻辱中拯救出来,1880年前往中国的一个代表团跟中方协商修订了条约,从而用合理的方式结束了对中国移民美国的限制。"③ 卫三畏在这段反对排华法案的努力,只是漫长的反对美国排华浪潮过程中的一个成功的缩影,它代表了中美关系正确的发展方向,是美国先进分子的远见卓识,应当成为中美关系走向公正和和平的一次历史见证。

---

① [美]卫斐列著,顾钧、江莉译:《卫三畏生平及书信》,桂林:广西师范大学出版社2004年版,第282页。
② 同上,第288页。
③ 同上,第293页。

第四章　卫三畏与美国耶鲁汉学

卫三畏在 1876 年终于还是依依不舍地离开了他的第二故乡中国，回到美国开始了他的新的生活航程，即向美国人民传播中国文化，为中美两国关系开启新的文化交流渠道。这是著名汉学家卫三畏在晚年最满意的工作内容，也是他与晚清中国的关系进行延续和升华的一项使命。对一位垂老而虔诚的基督徒而言，卫三畏是不可能忘记自己在晚清中国所经历的一切，人非草木孰能无情，虽然回到美国的他可以洒脱："不论我在中国做过的事情是好是坏，都已留在了那片土地上"，"就像许多人一样，我也经常回顾自己过去的所作所为，回顾那 43 年的生活有时会让我想起一些被忽视、未完成和做错的事情。"[①] 卫三畏所言的"未完成的事情"正是要在美国创建一种沟通中美文化的交流平台，而侧重于中国文化在美国人民中的传播。出任耶鲁学院汉学讲座教授和晚年重订《中国总论》就是他的文化使命和重大成果。执教耶鲁学院，使他的身份再度发生变化，从退休外交官变为专业汉学家，因为这个讲座开启了中国文化进入美国学科建设的先河，"古老的中华民族及其语言（首先）在耶鲁得到承认"，[②] 并由此奠立了卫三畏美国汉学第一人的地位，即"美国汉学之父"。

---

①［美］卫斐列著，顾钧、江莉译：《卫三畏生平及书信》，桂林：广西师范大学出版社 2004 年版，第 286、288 页。

② 同上，第 290 页。

第一节　卫三畏的汉学成果概述

卫三畏之所以能够成为美国最早的和最有成就的汉学家，除了他有在华四十多年的生活经历外，他的好奇、他的细微观察和研究习惯，也是成功的关键。在华生活使他对中国及其文化的热爱、对汉学的研究热情都是极其强烈，如同他的基督热情一样持久不衰，渐成中学饱学之士。对于自己的汉学成果，卫三畏也是颇为得意的，还在北京美国公使馆任秘书时，他曾致信R. S. 威廉斯说道："你要收集威廉斯家族编辑、撰写的所有图书的愿望恐怕没有多大的实现可能。我想告诉你，我对自己的作品没有多大的奢望——这也许就是我为什么没有写出大部头著作的原因，因为如果我的目标越大，我要付出的艰辛也就越大。如果把我撰写、出版过的图书汇总到一间屋子里，我肯定会被那座书山惊得目瞪口呆，但我想我不会重读那些作品。"[①]

卫三畏长期生活在中国，因而他对中国有比较全面了解，曾先后出版十多部关于中国的书籍，内容包括政治、经济、历史、文学、文字等诸多领域，如《简易汉语课程》《官方方言中的英汉用词》《中国地志》《中国商业指南》《中国总论》《英华风韵撮要》《汉英拼音字典》《我们同中华帝国的关系》等。其中，《中国总论》无疑是影响最大的，正如美国传教士丁韪良所指出："《中国总论》就是有关中国的一个信息宝库，而且不太可能在近期被替代。"[②] 这些书籍一度成为外国来华传教士和商人、政治家、外交人员的必读之书，其影响不可谓不深远。此外，卫三畏还撰写一些与汉学有关的文章。1845年，首次回美探亲期间，卫三畏就参加一些文化团体的活动，如参加美国东方学

[①] [美]卫斐列著，顾钧、江莉译：《卫三畏生平及书信》，桂林：广西师范大学出版社2004年版，第262页。

[②] [美]丁韪良著，沈弘等译：《花甲忆记：一位美国传教士眼中的晚清帝国》，桂林：广西师范大学出版社2004年版，第10页。

会和人种学会，宣读过《中国在与他国交流和贸易中的地位》论文。① 1876年退休回美定居纽黑文后，参加当地的社交与文学俱乐部，四年当中的九次研讨会上，提交多篇论文，如《琉球群岛的主权问题》《治外法权》等。② 他还出任过美国东方学会的主席、美国圣经学会的主席，并于1880年在东方学会会刊《美国东方学会会报》发表过探讨马端临《文献通考》中有关"扶桑"的记述以及中国以东国家的论文。③ 这篇《扶桑考》论文，已充分显示了卫三畏与美国国内一些汉学家具有一样的考证学风和学术能力。

较高的中文素养和对中国文化的理解，是卫三畏在汉学领域中取得重大成果的一个内在因素。来华后不久的卫三畏很快就开始学习中文，研究中国及其文化，并给自己取了中文名"卫三畏"。汉字"卫"来自英文姓氏的读音，"三畏"既取自英文名字的读音，又出自中国《论语·季氏》。《论语·季氏》中有："子曰：君子有三畏：畏天命，畏大人，畏圣人之言。小人不知天命而不畏也，狎大人，侮圣人之言。"朱熹《论语集注》卷八则解释得更为详细："君子有三畏：畏天命，畏大人，畏圣人之言。小人不知天命而不畏也，狎大人，侮圣人之言。畏者，严惮之意也。天命者，天所赋之正理也。知其可畏，则其戒谨恐惧，自有不能已者。而付畀之重，可以不失矣。大人圣言，皆天命所当畏。知畏天命，则不得不畏之矣。侮，戏玩也。不知天命，故不识义理，而无所忌惮如此。"④ 而卫三畏还按照中国人的习惯在姓名之后加字"廉士"。"廉士"一词最早出自班固编著的《汉书》之卷五《景帝纪第五》。汉景帝后元三年正月，景帝刘启患病，病势越来越重，他自知不行了，临终前对太子刘彻说："人不患其不知，患其为诈也；不患其不勇，患其为暴也；不患其不富，患其亡厌也。其唯廉士，寡欲易足。今訾算十以上乃得官，廉士算不必众。有市籍不得官，无訾又不得官，朕甚愍之。訾算四得官，亡令廉士久失职，贪夫长利。"卫三畏是一个中国通，他非常明白称谓在中国人际

---

① ［美］卫斐列著，顾钧、江莉译：《卫三畏生平及书信》，桂林：广西师范大学出版社2004年版，第83页。

② 同上，第288页。

③ Frederick Wells Williams, *The Life and Letters of Samuel Wells Williams*, L. L. D: Missionary, Diplomatist, Sinologue, New York and London, 1972, p.450.

④ 转引自孔陈焱：《卫三畏与美国汉学研究》，上海：上海辞书出版社2010年版，第2—3页。

交往中对于身份提升的重要性，因此给自己既取中文"名"，也取中文"字"。卫三畏的名和字显然不是同时所取，而是随着与中国人直接交往的需要而新增的。1844年《英华韵府历阶》出版之前，他的所有著作署名都只是卫三畏。1856年卫三畏出版《英华分韵撮要》一书时已经自称"卫三畏廉士甫"。"甫"是中国古代对男子的美称。更早的记载是1854年卫三畏参与佩里舰队访日时，日本官员的题赠中已经称他为威廉士。卫三畏直接参与晚清中美外交，记录他事迹的中国文献中通常按照中国人称谓的习惯记之为"威廉士"，如《清史稿》志一百三十一《邦交四美利坚》。卫三畏晚年与哈佛大学第一位汉学教授戈鲲化交往时，戈氏也按照中国人交往习惯称他为"威廉士"。[①] 将英文名 Samuel Wells Williams 对等以"卫三畏、卫廉士"作为自己的姓名和名字，足见卫三畏对中国传统文化主流的儒家学说是深有了解和体会的，是他的汉学修养的外呈，也是他的人生态度的内秀，在一定程度上有利于缩短与中国人之间的距离。

卫三畏的汉学研究和成果，主要包括汉语研究和中国文化研究，前者是传统内容和学科前提，后者是中国文化的探究和异质文化的解说，两者相互依存、相互统一，共同构成早期汉学研究的主体。

（一）《拾级大成》

先看卫三畏的汉语研究。汉学研究必须建立在通晓汉语基础之上，因此汉语研究是传统汉学的重要内容，也是汉学研究的前提和基础。来华传教士是最早开始系统研究汉语的西方人。1833年底，卫三畏以《中国丛报》印刷工身份来广州后，受到了裨治文的友好帮助。两人朝夕相处，一起工作和生活，有时用中文主持日常宗教仪式，很大程度上裨治文是年轻的卫三畏的导师和益友。1835年底，卫三畏随美部会的印刷所从广州迁居到澳门。在澳门他利用英国东印度公司的中文铅字重新开始印刷麦都思的《汉语福建方言字典》，这个工作也使他的汉语水平有了很大的提高。1841年，卫三畏完成了裨治文《广东方言唐话读本》一书的印刷工作，但"一般人不知道，此书卫三

---

① 孔陈焱：《卫三畏与美国汉学研究》，上海：上海辞书出版社2010年版，第3页。

畏参与写作的内容几近一半，他的一些朋友认为已经达到一半"。① 卫三畏没有在此书上作为作者或编写者署名，但他的汉语研究也因之而起。包括卫三畏在内的在华新教传教士为了开拓传教事业，与中国民众直接接触，不仅需要掌握汉语甚至一些方言，而且最好要对汉语所包含的中国文化底蕴有愈多的理解，因此汉语研究成为新教来华传教士"在学术研究方面致力最多的一个领域"。② 在1837—1841年印刷和扩充裨治文《广东方言唐话读本》字典期间，卫三畏充分表现出了对中文的兴趣和领悟，开始策划编写一部更便宜、更适合读者的简易汉语读本。1841年春，卫三畏就开始印刷他的八开本、288页的以广州话为基础的汉语手册《拾级大成》（或译《华语初阶》），1842年在澳门正式出版。这是卫三畏生平第一本著作，而且是属于汉语研究范畴的教科书和字典。《拾级大成》的书名版权页包括中英文两页，中文页标明"咪唎坚卫三畏鉴定""道光辛丑年镌""香山书院梓行"；英文页书名是 *Easy Lessons in Chinese：or progressive exercises to facilitate the study of that language，especially adapted to the Canton dialect*，直译为《汉语简易教程：阶梯式简易汉语学习练习，尤其是针对广州方言》。该字典的出版地点是澳门，由《中国丛报》印刷所刊行。所提到的"香山书院"可能是卫三畏主持的《中国丛报》印刷所的汉语称呼，或者是印刷所的驻地名称。③《拾级大成》的扉页写着："谨在此卷充满敬意地记下，献给美国纽约的奥立芬先生——这位为中国的利益竭尽全力的坚定而慷慨的朋友。"卫三畏一生都很感激这位长者，还曾将1852年6月22日出生的第三个孩子（儿子）取名奥立芬，以示尊敬和纪念。《拾级大成》的序言阐述了这部教材的编写缘起、章节内容安排、拼音系统等。卫三畏指出这是一本介绍性质的汉语教材，但内容本身自成完整的体系，意在为那些刚开始学习汉语的西方人提供一本合适的教程，无论他们已经身处中国、仍在自己国家或者正在旅途中，都可以用它来学习汉语。除序言之外，全书正文由十章和附录所组成。十章内容分别是

---

① *Illustrated with Photographs，Samuel Wells Williams，L.L.D.，The Far East*，New Series，Volume 1，December 1876，140—142.
② 吴义雄：《在宗教与世俗之间》，广州：广东教育出版社2000年版，第482页。
③ 孔陈焱：《卫三畏与美国汉学研究》，上海：上海辞书出版社2010年版，第187—188页。

"汉字部首""汉字字根""阅读与书写""阅读课程""对话练习""阅读文选""量词""汉译英练习""英译汉练习""阅读与翻译课程"。附录是中文文选的泛读,这些没有翻译成英文的中文内容是一些文选片段,包括《三国演义》《玉娇梨》《聊斋》《子不语》《圣谕广训》《劝世良言》等。总的来说,《拾级大成》是一部研究性不强的通用汉语教材,其主要作用在于普及汉语知识,是对以往西方人的汉语教材的一种继承和发展,对汉语在西方世界的推广有着重要意义:"每一个友好的人都欣喜地看到:如此强大、古老的一个种族,汉人的子孙们,将在艺术上获得成果,社会生活得到改进,增加对西方的了解,得到一切成就中最完美和伟大的礼物——《圣经》的宗教和希望。本书贡献的就是为了这一切良好目的而增进一个拥有荣誉的种族与基督徒的交流。"① 当然,作为卫三畏的第一本著作,不足之处在所难免,这也成为之后他屡次修改或增订新的汉语字典的动力。

(二)《英华韵府历阶》

1843 年,卫三畏又开始编写他的第二本书《英华韵府历阶》(或译《英汉对照词汇表》),道光癸卯年(1844)出版,八开本 582 页,携带方便。该书出版是他为进一步实现和完善《拾级大成》的目标,方便更多外国人在中国新开放的通商口岸与当地中国人进行交流。它是一本"官话的英汉字典",这里的"官话"不是现在的北京话,即通行的普通话,而是当时中国的标准语"南京官话"。为使传教事业向刚开放的南京等 5 个通商口岸推进,编写以"南京官话"为基础的汉语手册就成为一项当务之急。《英华韵府历阶》英文书名为 *Ying Hwa Yun-fu Lih-Kiai*,*An English And Chinese Vocabulary*,*In The Court Dialect*,从名称上看,就是一部官话拼音的英汉词汇对照的教材。与卫三畏的第一本书《拾级大成》一样,出版地点也是在澳门。该字典分为序言、导言、正文和索引,不少于 14146 个词条。序言指出编写这本字典原本是希望在马礼逊字典《广东省土话词汇》绝版后,在它基础上继续编写。虽然最后没有延续马礼逊字典的编写模式,但卫三畏表达了对来华新教

---

① Samuel Wells Williams,*Easy Lessons in Chinese*:*or progressive exercises to facilitate the study of that language*,*especially adapted to the Canton dialect*,Macao:Printed at the Office of the Chinese Repository,1842,p. iv.

之父的马礼逊表达了敬意:"马礼逊在他来华后无论在生活上还是学习上都给予了很多帮助,而马礼逊总是千方百计地让学习汉语变得简单一些,把这与福音传播连在一起。为了怀念在1834年逝世的马礼逊,他还是把这本继承马礼逊遗志的书献给他。"① 导言长达88页,占整本字典篇幅的17%,是卫三畏汉语研究心得的一次总概括,主要是推广他自创的汉字罗马字母拼音法。它由七个部分组成,一是谈及这本书的写作计划,二是谈论拼音法,三是讲述声调和吸气音的表达方法,四是谈论官话的音节,五是谈论官话的同音字,六是广州方言音节表,七是福建方言音节表。从字典的内容上看,很大程度上并非是单纯英文词汇汉译,而是把汉语常用词汇大量特意进行英汉对照,还收录了一些外来新词汇。这本字典的出版适应了当时中国门户首次开放不久及后来的商业和传教发展的需要,也可以这样说,该字典是当时中国沿海通商口岸一本最实用的英汉词汇指南,对在华西方人学习中国开放口岸方言提供了一定的帮助。而且,这本"南京官话"汉语字典对1856年出版的以广东方言为主的《英华分韵撮要》和1874年出版的以北京、广州、厦门、上海四种方言为基础的《汉英韵府》等两本字典的编写都起到了积极的奠基作用,因为每本字典之间都相距十余年才出版,长时间的使用检验、知识沉淀和编撰能力提升,都使字典的质量不断提高,实用性不断增强,以至于《汉英韵府》成为堪与《中国总论》媲美的汉学研究成果。

(三)《英华分韵撮要》

从1849年起,卫三畏再次着手编写新的英汉字典《英华分韵撮要》(或译《华英韵府,按广东音编排》),它借鉴《江湖尺牍分韵撮要合集》,创设适合在华外国人学习的声韵母拼音体系,并将粤方言与南京官话、客家和潮州方言等进行比较分析。它是美国早期汉学在粤方言比较研究领域取得突破性进展的重要标志,亦是19世纪以来外国人编撰粤英双语字典发展史上的重要代表作之一。② 起初,卫三畏只是希望编写一本广东方言词汇对照的小册子,计划大约是200—300页的篇幅,但当他写到Fā时,他决定扩展计划,

---

① 转引自孔陈焱:《卫三畏与美国汉学研究》,上海:上海辞书出版社2010年版,第193—194页。
② 张颖:《美国汉学家卫三畏〈英华分韵撮要〉的粤语音系比较研究》,《文化学刊》2020年第8期,第174页。

编写一部更加完整的广州方言英汉字典，或许更有使用价值。经过六年多时间，终于在 1856 年 10 月出版了《英华分韵撮要》(*Ying Wá Fan Wan Tsut Iú：A Tonic Dictionary of the Chinese Language in the Canton Dialect*)。英文书名的"Tonic"，翻译成中文意为"激励的、滋补的、重读的"，说明了该英汉字典的条目是按照音节和声调进行排列的，还附录有姓氏表和一个按照部首排列的汉字索引。字典的中文书名页标明的出版地是"羊城中和行"，应该是印刷所在广州的地点。作者的署名与他的前两本字典《拾级大成》《英汉韵府历阶》的作者署名有些变化，署名是"卫三畏廉士甫编译"。编写和出版这样的字典，既反映出卫三畏的宗教虔诚和工作意志，又体现了卫三畏对中国文化的认识和中西文化交流的发展愿望。编写这样的字典，困难无疑是很大的。令人欣喜的是，广泛借鉴了当时他能够搜集到的汉语字典，同时凭借他常年在华生活和学习的经验补充前人汉语字典的不足，卫三畏终于创造性地编写出了这部大字典："在吸取前人精华的基础上，卫三畏对许多词语进行了新的释义，尤其是那些有关历史、地理和自然科学方面的词汇，他的释义比以往任何字典都要精确。……如果读者已经习惯于查阅小德经和马礼逊的字典，那么这本字典也许会大大出乎他们的预料，因为没有任何词典在词条释义方面能比该词典更详尽全面。它在释义时收入了大量同义词或同义表达法，并指出了词与词在意义上的细微差别以及词义的变化。"[①]《英华分韵撮要》这本英汉字典是八开本的书，共有 7850 个汉字条目，长达 900 页，内容包括序言、目录、导言、正文、附录（补遗和订正、百家姓拼音表、双姓拼音表、《康熙字典》214 部首读音和释义、汉字部首索引表）。在序言中，卫三畏希望他能够编写成功一本汉语常用字字典。导言长达 36 页，分三个部分阐述了广州方言与官话的区别、汉字的声调把握、字典的编写体例等内容，实际上是一篇关于广州方言的学术论文。《英华分韵撮要》正文内容只有单个汉字，而不注出汉字的词语。汉字完全以罗马字母拼音顺序排列，一页两栏，页眉标出拉丁字母，每栏左侧标有声调数码，每个汉字下方注音，其形式与现在的汉英字典的排版类型颇为相似。对每个汉字的释义，是用英文详细解

[①] ［美］卫斐列著，顾钧、江莉译：《卫三畏生平及书信》，桂林：广西师范大学出版社 2004 年版，第 152 页。

释该字的不同组词用法，而不写出汉字的词语，只把汉语词语的发音标注出来。稍后，在卫三畏拼音法的基础上，英国传教士艾约瑟在《中国白话（官话）文法》中提出了他的新拼音法。后来威妥玛并不满意以上这些拼音法，最后创制了自己的新拼音法。1859 年，卫三畏的好友威廉·麦希在美国东方学会会刊上著文向美国学者们推荐《英华分韵撮要》，详细介绍了这部字典以及西方人学习汉语的相关问题。字典当时在美国波士顿的美部会驻地已有出售。① 这本耗费 6 年时间的字典，是卫三畏在自己主持的《中国丛报》印刷所出版的最后一本书，也是他走上传教士外交官之路前的最后一本书。从 1833 年来华到 1856 年的二十多年间，《英华分韵撮要》也是他付出心血最多也是用情最深的一部汉语研究的字典，它成为之后汉语字典《汉英韵府》的写作基础。

（四）《汉英韵府》

卫三畏一生汉语研究的最高成就是在北京期间编写完成的《汉英韵府》。②卫三畏在 1856 年投入美国对华外交工作中，汉语研究一度停顿和中断，直到 1863 年 6 月举家从澳门迁居北京后，才又在外交官工作之余恢复他的汉语研究。从 1863 年开始，他着手修订《英华分韵撮要》，并加入官话的语音和词语。1867 年，威妥玛在其初版《语言自迩集》序言中说："卫三畏博士，这位最勤奋的汉学家，差不多已准备好出版一部词典，是对大约 10 年前出版的那部非常有用的词典的改进，这将是对汉语教育的值得注意的新奉献。"③ 此后十多年，字典修改这项工作几乎占据了卫三畏外交官公务之余的所有时间。当他工作时，他的中文助手或当地的学者常常坐在他办公室的对面，他们的工作是为中文词语下定义，并且在卫三畏所有的藏书当中寻找例句。④ 在八年多的修改后，卫三畏终于开始在上海排印字典样稿。1871 年底，卫三畏极力

---

① Williams A. Macy, "On Dr. Samuel Wells Williams's Chinese Dictionary", *Journal of the American Oriental Society*, Vol. 6, 1856—1860, pp. 566—571.
② 顾钧：《从〈英华分韵撮要〉到〈汉英韵府〉》，《中华读书报》2020 年 4 月 8 日，第 14 版。
③ ［英］威妥玛著，张卫东译：《语言自迩集：19 世纪中期的北京话》，北京：北京大学出版社 2002 年版，第 21 页。
④ ［美］卫斐列著，顾钧、江莉译：《卫三畏生平及书信》，桂林：广西师范大学出版社 2004 年版，第 235 页。

借助公务的空隙南下上海，亲自督刊字典。《汉英韵府》的刊印过程相当艰难，历时两年多。1872年9月，字典才印完了一半。卫三畏常常在定稿后又要进行修改，力求正确和完备。1873年3月，字典主体部分印刷完毕，并在这年秋冬两季忙于编写字典的序言和索引。1874年夏初，整部字典在上海面世。这部字典被命名为《汉英韵府》，是在上海美国长老会印刷所美华书院用铜版刊印出版的。这部不是修订而是重编的字典是他一生汉语研究成果的总汇。《汉英韵府》的英文书名全称为 *A Syllabic Dictionary of the Chinese Language：Arranged According to the Wu-fang yuan yin，with the Pronunciation of the Characters as Heard in Peking，Canton，Amoy，and Shanghai。* 英文书名已说明了该字典是根据中国古代字典《五方元音》的排列法编写的一部汉语拼音字典，附北京、广州、厦门和上海的发音，而且在英文书名页上还写着一排下方英文对照的文言文："取之精而用之宏诚哉斯语兹集诸书大旨以成是书无非期为博雅君子之一助尔。"充分表达了卫三畏编撰这部汉语字典的用心和希望。作者的中文署名与《英华分韵撮要》上的一样，即"卫三畏廉士甫编译"。《汉英韵府》字典是四开本，包括序言、导言、正文、附录等部分，其中，正文1338页，每页分3栏，共包含12527个汉字和它们在北京、广州、厦门和上海4种方言里的发音。卫三畏还针对汉字多音的特性，为字典12527个汉字编辑了索引，其中，214部首索引为使用者提供了找到汉字官话和各种方言发音的必要方法。字典的序言长达70页，介绍了编写的缘起、汉语语言现象的复杂特性以及字典的编撰构想。导言有14页，介绍了字典的实用范围、卫三畏创制拼音法的使用法、汉字的构词法和一些有用的初学指南等，分为八个部分。正文内容丰富，释义详尽，用词精练，汉字按照音节和声调归类排列，每个音节下方都有一段说明古音和各种方言发音的文字，每个汉字下方标注发音和声调，内容一般包括词源、词义、组词和词语释义，有时最后还加入该字在某种方言口语词汇中的意义、组词并释义。字典容量超大，显得繁琐累赘，但随着时过境迁，一些方言和习惯用语不断消失，而且当时一些书籍或字典是不会记录这样的时人司空见惯的事物与陈词滥调，致使百年后，后人也就无从了解这些，卫三畏也许无意间的记载会成为日后有用的史料，可使百年前的中国社会面貌某些侧面重现世人眼前的。同时，字典也保存了当时中外交流的历史现象，成为记录中外文化交流内容的载体，是后人研究中外语言学和文化交流史的重要语言学资料和历史资料。字典的附录部分，主要附有一些重要表格，如《部首列表》来自康熙字典，按照笔画顺序排列，包括部首读音、部首、部首释义，在字典中的页码；汉字的《部首检字表》按照部首笔画顺序排列，每个汉字上方标注在字典中的页码，右边列出其广州方言、厦门方言、上海方言中的发音；《难检字表》按照笔画顺序列出不易判断部首的字，每个字后面有两个数字，一个代表部首，可以在前面部首列表中找到对应部首，另一个数字代表除去部首后余下的笔画；《百家姓》介绍了一些中国人姓名的知识，包括单姓表和复姓表，每个字都标注了读音；最后是字典的《纠错表》。[1]

总体而言，从字典的编例和内容来看，《汉英韵府》就像一部简明百科全书，内容包括语言、文学、历史、地理、科学、哲学、宗教、政府、风俗、习惯、礼仪、商业、中西贸易等，准确而全面，当时无人能及。这部庞大而实用的汉英字典耗费了卫三畏11年的光阴，1874年字典正式出版为他的艰辛画上了句号。对此，卫三畏如释重负："对那些尝试掌握这门语言的人来说，它应该是一件有益的工具。至于其真正价值，要等到学生们使用过并反馈给我信息后才能知道。"[2]《汉英韵府》的问世确实引起了在华和不在华的西方相关人士的强烈关注。第一批样书被争相传阅，其编排的特点、例句的翻译，甚至大小、重量以及价格均成为研究者们的话题，学识渊博、参透其优点的人给予了高度赞扬，批评者尽管对汉语语言学许多有争议的难点与暧昧之处提出了与作者不同的见解，但仍以褒奖为主。《汉英韵府》出版以来，一度成为在华传教士和来华外交人士的必备工具书，在1889年、1896年、1903年曾多次重印。1909年，卫三畏的后人把该字典版权授予北通州协和书院，当时它是由美国公理会华北教区管辖，后者指派一个三人委员会来执行重新修订《汉英韵府》，按照威妥玛的拼音系统重新排列字典内容，第二版（修订版）版本缩小，修订版的稿酬和销售利润全部捐给北通州协和书院，用以兴

---

[1] 孔陈焱：《卫三畏与美国汉学研究》，上海：上海辞书出版社2010年版，第205—210页。
[2] [美]卫斐列著，顾钧、江莉译：《卫三畏生平及书信》，桂林：广西师范大学出版社2004年版，第271页。

办教育，其中该书院校舍建设所需的 15000 美元中大约有 8000 美元是来自销售《汉英韵府》所得，因此校舍也被用卫三畏的名字命名。① 《汉英韵府》1909 年修订版又在 1973 年得到重印。2001 年，《汉英韵府》1874 年初版由英国甘内沙出版公司和美国芝加哥出版社共同出版发行，增加一个新的序言，分为 2 卷本，共 1338 页。

(五)《中国总论》

在《拾级大成》《英华韵府历阶》《英华分韵撮要》《汉英韵府》4 部汉语字典编写的长达 32 年间，卫三畏的汉语研究经历了一个不断发展、不断深化和不断完善的长期过程："在卫三畏的汉语研究经历中我们可以看到 19 世纪中后期这些来华传教士在汉语研究方面的努力和成就。卫三畏是近代来华西方人汉语研究，尤其是汉语方言的比较研究领域中，一个关键性的、承前启后的人物。卫三畏连续编纂英汉—汉英字典，由简单到复杂，篇幅越来越长，解释越来越完善，其在继承前人成果的基础上创制的汉字罗马拼音法在近代汉语拼音法中占有重要地位，在此基础上对各种方言的研究影响深远。"② 编写这些汉语著作几乎占去卫三畏在华从事汉学研究的大部分时间，为他的汉学代表作《中国总论》编撰和出版准备了深厚的文化基础。

1848 年版的《中国总论》共分 2 卷 26 章，对中国的自然地理、行政区划、人口民族、各地物产、法律政府、语言文字、历史文化、衣食住行、社会生活、工艺美术、科学技术、对外交往等诸多方面，都作了全方位的研究，是一部百科全书式的著作。而且它也是第一部美国人撰写的有关中国的百科全书式著作，也是当时西方世界中研究中国的最全面、最真实、最具权威的汉学著作，开启了美国人认识中国的新纪元，成为数代美国人认识中国的英文模板。③ 总览全书，卫三畏的书写具有很强的内在逻辑性，首先是物质层面，其次是教育科举和法律制度层面，然后进入文化层面，最后记述中国的

---

① Roberto Paterno, *Devello Z. Sheffield and the Founding of the North China College*, Kwang-Ching Liu, ed., *American Missionaries in China: Papers from Harvard Seminars*, Cambridge: Harvard University Press, 1966, P74.
② 孔陈焱:《卫三畏与美国汉学研究》，上海：上海辞书出版社 2010 年版，第 213 页。
③ *Dictionary of American Biography*, Charles Scribner's Sons, New York, 1936, Vol. XX, pp. 290—291.

精神层面,采用了循序渐进的方法,由表及里,由浅入深,层层递进。该书结合举例和图片说明,用夹叙夹议的手法把中国的各个层面描写的栩栩如生。法国学者考狄在《西人论中国书目》中将《中国总论》放在第一类"中国总说"的第一章"综合著作"中,这是放入这一类别中的第一部美国著作,可见,把《中国总论》说成是美国汉学兴起的标志,是符合历史事实的。[1] 这部代表美国汉学开端的里程碑式的著作,是美国汉学学科的嚆矢,开创了美国自己的汉学研究领域,以致美国汉学成为与欧洲汉学分庭抗礼甚至后来居上的一门学问。《中国总论》几乎涵盖了中国社会与文化的所有重要方面,将其书定位《总论》是很贴切的。虽然该书有一些与史实有出入甚至是错误的观点,但在当时仍具有较深的影响,曾被美国许多大学采用为中国史课本长达一个世纪之久。卫三畏同时也因此巨著而"确立了他作为中国问题权威的地位"[2],成为"美国汉学之父",影响和催生了美国几代汉学家。

《中国总论》显然具有其他汉学著作所不具备的时代特点,与先前门多萨的《中华大帝国史》和法赫德的《中华帝国全志》相比,别具一格,"因为后两书都是经过二手资料编辑而成,并且两位作者都未到过中国,不懂中文;杜赫德甚至只是一位书斋里的教徒,不是活动家。"[3] 卫三畏堪称"中国通",精通汉语,其书是个人所见所闻、所思所想而成的杰作,具有强烈的个性色彩。此外,门氏和杜氏的巨著分别是 16 世纪和 18 世纪的百科全书,都是在"中国热"的背景下产生的,完全集中于一种用赞美的态度来书写中国,而《中国总论》产生于鸦片战争之后,中国的变革问题和近代化问题逐渐成为焦点,对中国的偏见也逐渐增多。因此,"卫三畏的著作应受到特别的注意。作为中国历史的资料书看,《中国总论》仍居于举世无匹的地位。"[4] 作为一部历史性和实录性的汉学著作,《中国总论》更是卫三畏所处时代的一种西方人对

---

[1] 李同法:《卫三畏与〈中国总论〉》,《廊坊师范学院学报》(社科版) 2008 年第 6 期,第 64 页。

[2] [美] 韩德:《一种特殊关系的形成》,《中山大学史学集刊》第二辑,广州:广东人民出版社 1994 年版,第 30 页。

[3] 阎宗临:《传教士与法国早期汉学》,郑州:大象出版社 2003 年版,第 48 页。

[4] [美] 泰勒·丹涅特著,姚曾廙译:《美国人在东亚:十九世纪美国对中国、日本和朝鲜政策的批判的研究》,北京:商务印书馆 1959 年版,第 584 页。

中国认知的一次重要转折意义上的总结,也是中西文化交流史上的摒弃偏见、和谐共赢关系的最好诠释。一位来华美国传教士在一个半多世纪前写下这部皇皇巨著,成为我们今天来研究那个时代的西方人对中国认知的过程和内容的重要载体和资料,研究意义已不仅仅在于巨著本身,而更多的在于著者所表达的对中外关系理解的深意和著作本身所蕴含的汉学研究范式。在此,着重探讨卫三畏撰写《中国总论》的来龙去脉和历史地位。

1. 卫三畏写作1848年版《中国总论》的客观原因和主观动机

鸦片战争后晚清中国封闭自守的国门开启,让来华传教士看到了福音传布的前景,卫三畏的传教激情倍增,到1844年秋,作为传教士印刷工,他已在中国工作了11年,按照规定每十年就可以休假一次。卫三畏的回美经费是由美国商人吉迪恩·奈伊先生慷慨提供的,对此他很感激,后来曾将他1848年出版的《中国总论》献给了奈伊先生,扉页上的献词为"献给中国广州的吉迪恩·奈伊,以此表达作者的尊敬和友谊"。[①] 1845年10月15日,卫三畏回到了纽约。在伊萨卡的罗马镇探望双亲的短暂日子里,他意识到在家中发挥不了什么作用,而目睹父亲的体弱多病只能使自己更加伤感。于是,他决心利用自己的假期来筹集资金完成"柏林字"购买计划,他想到了演讲,因为先于他之前回国的传教士伯驾就曾利用休假的机会进行演讲。卫三畏在家乡伊萨卡和附近地区发表一系列演讲,内容是关于中国的社会生活、历史和社会制度。当时的交通工具已经有极大的发展,可使他在两三个城市同时进行他的系列演讲,每场演讲之间只间隔几天时间,每在一处,他都会把握一切机会向那里的人介绍中国的情况,使他们更多地了解远东的中国。因为每场演讲的收入并不多,所以从1845年到1846年,卫三畏一共演讲了100多场,演讲地点也从家乡伊萨卡扩展到纽约州和俄亥俄州的其他一些重要城镇。应该说,这样的巡回演讲是非常辛苦的,"重复演讲的疲乏和厌倦、四处奔波的劳累、为了吸引听众和获得他们认同所付出的努力和承受的精神压力,所

[①] Gideon Nye, *The Morning of My Life in China: comprising an outline of the history of foreign intercourse from the last year of the regime of Honorable East India Company, 1833, to the imprisonment of the foreign community in 1839*, Canton, 1873, p. 36.

有这些只有有过类似经历的人才能体会到。"① 尽管辛苦,但这样的演讲内容和过程却使卫三畏多年来积累起来的有关中国的知识系统化了。

从1846年秋开始,卫三畏决定将演讲内容付诸文字,编纂成书。为此,卫三畏离开家乡来到纽约,住进哥哥德怀特·威廉斯家中,除了偶尔外出发表一些演讲外,他一直专心写作,直到作品完成。这本脱胎于卫三畏演讲稿的著作就是《中国总论》。1847年11月演讲稿汇编成书,定名全称为《中国总论:中华帝国的地理、政府、教育、社会生活、艺术、宗教,及其居民概观》(*The Middle Kingdom: A Survey of the Geography, Government, Education, Social Life, Arts, Religion, & History of the Chinese Empire and Its Inhabitants*)。但此著的出版经历了一番曲折,一开始几乎所有纽约的出版商都拒绝接受它,"与由于无知而对中国产生偏见的美国人相比,因为无知而对中国漠然置之的人可能更多。这可以解释为什么《中国总论》在被威利和帕特南公司接受之前会遭遇种种挫折——许多嗅觉不灵目光短浅的出版商拒绝这部著作的理由就在于担心它不会引起人们的兴趣;而这部书出版后受到热烈欢迎的事实,则表明19世纪上半叶的美国人其实很愿意了解欧洲以外的世界,他们正缺少一本好的入门书。出版家必须有自己的眼光,最好能有一点前瞻性。事实上随着中美《望厦条约》的签订,越来越多的美国人已经开始关注中国,《中国总论》的出版是适逢其时的"。② 1848年春,《中国总论》终于面世,成为美国第一部由美国人自己撰写的全面介绍中国历史和现状的著作。它分上、下两卷,长达1200多页(上卷590页,下卷614页),共列23章,比较全面介绍了中国的历史和现状,几乎涵盖了中国社会与历史文化的所有重要方面,"这部著作是关于中国最详细完整的论述,包含了一个人想知道的所有内容。"③《中国总论》一经出版就引起很大反响,几个月内开始了第二次印刷,甚至不久就出现了盗版的英文本,并在此后三十多年中一直保持着数量不多但很平稳的销量。后来还出现了德语译本,大部分

---

① [美]卫斐列著,顾钧、江莉译:《卫三畏生平及书信》,桂林:广西师范大学出版社2004年版,第82页。

② 顾钧《〈中国总论〉的前世今生》,《中华读书报》2011年6月15日,第14版。

③ *Christian Review*, Vol. 13, No. 50, June 1848, p. 271.

章节曾被译成西班牙文出版。卫三畏也得到了回报,赢得了声誉,1848年夏纽约州的联合学院授予他法学博士荣誉学位,此后他名字后增加了 L. L. D.(法学博士)头衔。

在《中国总论》的序言中,卫三畏开宗明义地提到他写作这部书的主观动机之一是"要为中国人及其文明洗刷掉通常加予他们的那些奇特的、几乎无可名状的可笑形象;好像他们是欧洲人的模仿者,他们的社会状况、艺术和政府是基督教世界同样事物的滑稽表演"。[①]卫三畏在书中予以批判的是西方人将中国视为野蛮民族的无知和蔑视,也非高看中国的文明,因为他是希望通过学者的眼光把中国"像讲述其他国家一样"进行客观的描述,看待中国不要"很容易把中国早期的历史捧上了天,就像法国作者所做的那样,但贬低他们也同样是不正确的,而这是现在普遍流行的做法"。[②]卫三畏将此书命名为 *The Middle Kingdom*,已说明他把中国视为"中央之国",中国是一个介于文明和野蛮之间的民族国家,而这正是他的中国观的最精确概括。针对几乎弥漫到全部美国人的对华负面评价的局面,在华生活了11年多的卫三畏觉得有必要纠正自己的同胞这样的不符合事实的看法。

在《中国总论》的序言中,卫三畏又提到他写作这部书的另一个目的:希望推动在华传教事业。这个事业需要两个力量的交互作用,一是美国民众和基督信徒的支持和热情,二是中国人对于基督福音和在华基督教会的兴趣,而前提又必须是前者。他认为,一旦传教士扎根在中国人中,中国人将会好好地回报他们的辛苦:"如果这些知识有助于任何人进一步激起他们的愿望,去传播我们的文明和宗教自由的主要成就,鼓励现在正在从事这个事业的人们更加努力,那么我在著作过程中付出的艰辛可谓得到了日益增加的回报。"[③]在预设中国文明在自发过程中已达极致而陷于停滞和衰退的当下需要基督福音拯救的中心论点后,卫三畏就是要通过《中国总论》,让更多的美国人了解中国,从而对在华传播基督教事业产生同情和支持,以期福音惠普中华大地。

---

① Samuel Wells Williams, *The Middle Kingdom*, New York&London: Wiley and Putnam, 1848, Vol. I, p. xiv.
② 同上,Vol. II, p. 193.
③ 同上,Vol. I, pp. xvi—xvii.

在《中国总论》修订版的前言中，他就深情地写道："把中国人理所当然地归为野蛮民族的时代已经一去不复返了。一个念头刺激着我一生从事这一工作，它就是这样一种希望：传教事业能够发展。"①

2. 1848 年版《中国总论》在短时间里写就的原因和 1883 年修订的原因

卫三畏在 1846—1847 年的短短两年内写出大部头《中国总论》令人惊讶，究其原因不外乎是卫三畏在华 11 年生活经历下的亲身观察，以及勤勉工作和善于学习的必然结果。卫三畏不仅对中国社会的现实变迁有了直接的感官认识，而且在工作当中和工作之余还能孜孜不倦地研究汉语和中国历史文化，积累了比当时在华西方人更多、更深刻的理性知识。这实际上体现在两个方面，即多读书和多产出。"多读书"在于两个方面，一是多睁眼开耳来观察和领悟中国现实与中外差异，二是多阅读中国和欧洲学者的研究成果之书（美国人的书也是读的，只是那时书籍太少了）。前者，卫三畏在《中国丛报》的印刷工作和编辑撰稿上已经做得很好，而且通过散发宗教小册子等传教机会去接触中国民众，社会经验也很丰富，认识与理解能力也增强了。后者，在中文学习一日千里的进步前提下，先协助裨治文印刷和增补汉英字典，后自己编写字典，从而更好地理解中国文化传统和中国人思维方式。而要做到这一点，无疑难度巨大，中国丰富的经典著作庞大，一般中国人未必穷其一生就能读完并有所领会，而卫三畏却以很惊人的毅力饱读诗书，至少他曾经接触过这些书籍。根据档案记载，在耶鲁学院所藏的卫三畏档案中，有一份书单，记录了近百部中文书籍。他还阅读和参考的西文书籍也为数不少，从《中国总论》的注释中就可以略见一斑。②"多产出"也在于两个方面，一是卫三畏在《中国丛报》上共发表的 100 多篇文章中，在 1844 年底离华回美前，就有论文将近 50 篇，内容涉及中国贸易、农业、地理、自然资源、科学技术、风土人情、语言文学等多个方面。这些文章就为他后来的演讲稿和《中国总论》写作的相关部分打下了扎实的基础。同时，卫三畏还在印刷《中国

---

① ［美］卫斐列著，顾钧、江莉译：《卫三畏生平及书信》，桂林：广西师范大学出版社 2004 年版，第 310 页。

② Samuel Wells Williams Family Papers, Yale University Library Manuscript Group 547, Series 4, Box 26; Series 2, Box 14. 转引自顾钧《卫三畏与美国早期汉学》，北京：外语教学与研究出版社 2009 年版，第 99－100 页。

丛报》前12卷中的10卷刊物前还做过文字排版工作，不乏阅读的收获和心理练笔。在一定程度上来讲，《中国丛报》上的文章对卫三畏而言，犹如他的一笔雄厚的物质和精神上的财富，凝聚着他的心血和思考，因此也就比较熟悉这些财富的论述内容和用途。从数量上来看，《中国总论》中引用最多的就是来自《中国丛报》上的文章，保证了他在短期内完成《中国总论》的写作。二是卫三畏在负责《中国丛报》印刷工作的同时，仍能开展合作和独立的汉学研究，如汉语研究上，他先印刷麦都思的《汉语福建方言字典》，后协助裨治文印刷和增补《广东方言唐话读本》，1841年春，在澳门开始印刷汉语手册《拾级大成》，这是卫三畏生平第一本著作，1843年又印刷出版了《英华韵府历阶》。虽然是汉语字典，却无法掩盖他对于中国文化的深刻理解。综合以上种种有利条件，我们可以相信卫三畏是能够在短时间内完成这样的一部享誉西方汉学界的著作《中国总论》的。

《中国总论》两版的相距35年（1848—1883），晚清中国发生了很大变化，中外交往也进入了近代国家关系的时期。如果从抵达广州的那一刻算起，到最后一次离开中国为止，43年已经过去，今昔对比，卫三畏不胜感慨："我在1833年到达广州时，和另外两位美国人作为'番鬼'向行商经官正式报告，在他的监护之下才得以生存。1874年，我作为美国驻北京公使馆秘书，跟随艾忭敏公使觐见同治皇帝，美国使节站在与'天子'完全平等的地位呈上国书。一生有两次这般的经历，而且不会忘记这个国家在思想和道德上的重大发展，……无论如何，这个国家已经度过被动时期，这是肯定无疑的。"[1]面对这些年来中国的发展和时代的推移，他早已意识到1848年版《中国总论》出版近三十年，书中许多信息不够完善，记述过时且有错误，结构的不完整性和论述的不准确性逐渐显露出来，因此，在从美国驻华公使馆秘书职位上退休下来、离开北京准备回美时，他就萌发了修改旧作《中国总论》的想法，想把掌握的新资料补充进去，并修正一些不适宜的观点，使关于中国的事实更加深入翔实。事实上，卫三畏晚年一直是在修改《中国总论》，并借助其子卫斐列的帮助，将《中国总论》新版作为他自己献给上帝的最后礼物：

---

[1]［美］卫三畏著，陈俱译：《中国总论》，上海：上海古籍出版社2005年版，（修订版序）第4页。

"他希望这本书,以及此前完成的字典能够流传,并被发现值得放在上帝的生命之坛的基座中(可能看不见,但不是无用的)。"① 这次修订并非文字的个别删减,而且在全面构建合理框架的基础上更新颖更正确地再建一座中国研究的丰碑,正如新版《中国总论》出版后,就有人誉之为"里程碑式的著作"。② 就在新版《中国总论》1883 年 10 月出版后的第 4 个月,即 1884 年 2 月 16 日,卫三畏在完全平静中离开了这个人世间。

卫三畏在修订其著时,所担心的不再是信息和资料的欠缺,而是如何控制信息、规划引用材料的问题。因为当时整个西方汉学界在中外关系不断交相作用的 35 年间,也不断地推出了相当多且质量高的汉学成果。1876 年卫三畏荣登美国第一个汉学讲座的教授之位,对于引领和推进美国学院式汉学的发展肩负着更大的历史重任,鉴于耶鲁学院首创汉学讲座时,美国的汉学成果仍是很单薄,研究力量很小,他希望通过对修订旧版《中国总论》来鼓励美国年轻的汉学者们努力改变汉学研究的落后局面:"由于《中国总论》已经成为当时这个领域的权威(这让它的作者相当吃惊),卫三畏决心通过修订使作品与它的声名相符合。在出版商及时地宣布新版本即将问世之后,还有一些人继续购买旧版本,这一事实或可说明人们对这样一本书的持久和迫切的需求。"③ 这样,卫三畏用了他晚年的最后七年时间,终将旧版《中国总论》修订成功,从原来的二十三章增加到二十六章,最后三章是全新的内容,其近 200 页的内容使卫三畏和美国早期汉学所关注的中国现实问题在《中国总论》中的比例大大提高,近代中国的形象在古代中国的映射下更加凸显。前面二十三章的原有各章的写作顺序保持不变,这是因为卫三畏考虑到使用的方便性,毕竟此书已经使用了三十多年,读者相对习惯了这种篇章结构。各章内容的变化程度是不等的,有的基本信息未变,有的则重新编写,有些既有保留又有修改或增补,有的修改不是小修小补,而是大规模的彻底改造。

---

① [美]卫斐列著,顾钧、江莉译:《卫三畏生平及书信》,桂林:广西师范大学出版社 2004 年版,第 297 页。

② E. Wentworth, "Williams's Middle Kingdom", *Methodist Quarterly Review*, Vol. 66, 1884, p. 526.

③ Frederick Wells Williams, *The Life and Letters of Samuel Wells Williams: Missionary, Diplomatist, Sinologue*, New York: G. P. Putnam's Sons, 1889, p. 458.

总起来看，新版在旧版 1200 多页的基础上增加到 1600 多页。新版《中国总论》英文书名是《中国总论：概览中华帝国及其居民的地理、政府、文学、社会生活、艺术和历史等》(*The Middle Kingdom: A Survey of the Geography, Government, Literature, Social life, Arts, and History of the Chinese Empire and its Inhabitants*)，书名与第一版比较稍有变动。与初版时屡遭出版商拒绝完全不同的是，新版的推出十分顺利。出版公司是纽约的 Charles Scribner's Sons 和伦敦的 W. H. Allen & Co. Ltd。需要指出的是，《中国总论》整个修订的过程也是卫三畏父子的合作产物。晚年卫三畏不仅视力严重下降，精力也大不如前，又遭丧妻之痛，跌倒摔残胳膊和突患中风，而且还在应付必要的学术和社会活动中，身体状况逐渐变坏。经过 7 年的修订，卫三畏在 1881 年前完成了原先章节的修订，补充章节已经无法继续独自完成，于是儿子卫斐列加入进来，到 1882 年 3 月，卫斐列完成了新版修订余下的工作，并为全书编制索引，还承担了出版的全部责任。新版最后三章的主要作者是卫斐列，可以说卫斐列是在帮助父亲修订《中国总论》的过程中成长起来的，以至他后来接替父亲出任耶鲁学院的汉学教授，演绎了早期美国汉学中一个有趣的现象，即产生了多对父子汉学家，而卫三畏和卫斐列可以算名声最响、成就最高的父子汉学家。[①]

3. 两版《中国总论》写作资料的主要来源

《中国总论》两版都分上下两卷，前版长达 1200 多页，有二十三章，后版长达 1600 多页，有二十六章。主题庞大，可以说非常全面而及时地向西方人介绍了远东中国的政治、经济、文化、社会状况及其相关的历史知识。在 1848 年初版《中国总论》"前言"中，卫三畏简略地提到了该著所取材的资料对象："这一著作中，几乎每一部分的资料来源，都是亲自观察和对当地权威性典籍的研究，还有来自裨治文博士编辑、在广州连续出版的《中国丛报》各卷。……如果人们对汉人子孙的品格、历史制度有更大兴趣，想了解更多的情况，可以读一读法国传教士和学者的著作，加深自己的研究；英国作家钻研这一课题的不多。"[②]

[①] 张静河：《无言谁会凭阑意：耶鲁教授卫三畏父子》，《书屋》2018 年第 4 期，第 4 页。
[②] ［美］卫三畏著，陈俱译：《中国总论》，上海：上海古籍出版社 2005 年版，第 2—3 页。

第四章　卫三畏与美国耶鲁汉学

首先，在华多年的人际交往和实地考察，卫三畏大量阅读和收藏了中国典籍，这些成为后来写作的根本性的资料基础。如在《中国总论》第十一章介绍中国经典文献时，卫三畏就按照中国古代书目编纂的里程碑，也是乾嘉考据学的代表性作品的《四库全书总目》的古籍分类法来陈述的。在这一章开篇的第二小段，他就说道："对中国文献进行全面考察时，《四库全书总目》是最好的向导，因为它涵盖了整个文献领域，对中国的最优秀书籍提供了完整而简明的梗概。本书有112册，八开本，本身就是很有价值的著作，特别是对外国人更有用处。全部的书分列四部分，即经史子集。《总目》包括的书籍有3440部，共有78000卷以上，此外还有'存目书'6764部，达93242卷，由皇家收藏的其他目录中记述。这些目录包括了中国文献的大部分，但不包括小说、佛经翻译和最近的出版物。"[1] 在大量阅读中文书籍之外，卫三畏还通过亲身实践和细致的社会观察来积累写作素材，其中以与人交往和实地考察为最重要手段，加强和加深了写作《中国总论》的感性知识和理性认识。

其次，在印刷和编辑《中国丛报》的经历和经验，培养了卫三畏的写作才情，而《中国丛报》上的巨大资料库成为他写作的直接而成熟的资料来源。《中国丛报》大量刊发有关中国的研究论文、中国旅行记、中国文化翻译作品、时事新闻等内容，成为西方人了解中国的重要载体和文化窗口。从1832年到1851年间，《中国丛报》20年内共发表与中国相关的各类文章1300多篇，涉及中国历史文化的方方面面，既有历史重温又有时事实录的文化意义和史料价值。他本人在《中国丛报》上发表的论文达114篇。所有这些文章都为卫三畏写作《中国总论》相关部分内容作了重要铺垫，使《中国总论》成为名副其实的美国第一本重量级的汉学著作，毫不逊色甚至已然超过了同时代的西方汉学著作。从一定意义上来讲，《中国丛报》存续20年间，到1851年底被迫停刊，卫三畏几乎是全程参与的。从总体上来说，卫三畏对《中国丛报》的熟悉程度是当时一般人所不能及的，而且卫三畏还为丛报编制了索引，归类整理的30个类别，保证了他对丛报上的资料的关键内容、根本

---

[1]　［美］卫三畏著，陈俱译：《中国总论》，上海：上海古籍出版社2005年版，第434页。

性质和学术方向了如指掌，以至于他在 25 年后开始修订《中国总论》时几乎可以做到对号入座，采用起来可谓是游刃有余的。

最后，卫三畏以娴熟的中英文转换的语言才能，准确而有效地比较、借鉴和引用欧洲汉学家以及其他学者的学术成果资源。《中国总论》初版写作前，欧洲汉学成果相对较少，但从 19 世纪 50 年代开始，各种有关中国研究的著述如雨后春笋般的涌现，极大地开阔了中国人的眼界和西方人对华了解的渠道。1883 年版的《中国总论》就是卫三畏综合此前几乎所有中国研究成果并加以学理化归纳后的一部重要学术著作。卫三畏是一位非常善于吸收前人的研究成果的学者，学术视野相当广博。在 1850 年《中国丛报》第 18 卷上他发表一篇文章《关于中国语言学特征、翻译和游记的外国著作清单》，这份清单列出了英文和法文撰写的有关中国研究的著述达 402 部。① 这 402 部著述并不能说明西方全部的汉学成果，却能从另一种意义上说明了卫三畏在撰写《中国总论》时基本上做到了"竭泽而渔"般的史料收集的准备工作。从两版《中国总论》的注释引文和正文资料来看，卫三畏撰写和修订该著时是大量采用了西方诸国研究的各种成果的，主要是法国人、英国人的学术成果。当然，这样的借鉴与引用，并非直接的照搬照抄，卫三畏不是只唯书、只唯上，而是有所甄别有所认同的转述。最终的事实是，《中国总论》已经超过了当时法英等国汉学家对中国记述的水平，更加准确、全面和有深度。所有这些中国研究的知名人物及其学术成果，都可以从两版《中国总论》的注释文献和正文中检索出来的。

从以上分析来看，两版《中国总论》的资料来源在总体上基本上相同，区别仅在于具体信息的筛选和增删，修订版比初版更多地补充了许多 1848 年以来的卫三畏本人的新观察与研究成果、西方学术界汉学研究的最新成果和其他传教士、外交官、旅行家和博物学家等人士的资料。所以，1883 年版著作更为丰富和准确一些，同时也强化了两版的核心观念，即中国需要基督拯救，完全的传教立场。

---

① *The Chinese Repository*，Vol. XVIII，pp. 402—444，657—661。

4. 两版《中国总论》的内容与范式的细微差别

《中国总论》两版相距35年,尽管结构变化小、取材对象稳定、论述思路一致、观点结论相似,但在内容与范式上还是有些细微的差别。这些差别基本上表现在标题改动、主题增多、篇幅增大、比文字更具形象化的插图或表格增多、修正有据、存疑待考等方面。两版《中国总论》的主标题不变,而副标题有细微的变化,1848年版副标题是"概览中华帝国及其居民的地理、政府、教育、社会生活、艺术、宗教等",1883年版副标题是"概览中华帝国及其居民的地理、政府、文学、社会生活、艺术、历史等",比较可知,后版用"文学""历史"替换了前版的"教育""宗教",很显然地说明了卫三畏在修订版中细微更加突出中国文学和中国历史部分的新内容。在章节安排上,初版有二十三章,修订版有二十六章,只是在二十三章之后新增三章内容,不作整体变动,以符合和延续西方读者已经形成的著作意识而避免引起混乱,而这些新增三章的内容又是初版以后卫三畏亲见和亲历的中国事务的记载,是全新的延续的中国内容,具有一种历史比较的意味,让人领略卫三畏所谓的"中国开放的进步"。因为章节增多,一般也使篇幅增大,新增的三章已达两百多页,仍有两百多页的篇幅主要用来安置比文字更具形象化的图形与表格和原先章节需要增加或补充的内容,其中,中国地图和有关中国事务的插图尤为众多。1848年版《中国总论》共有插图39幅,1883年版《中国总论》里的插图比初版增加近一倍,达到72幅,既保留了初版的某些插图,更新增了卫三畏在中国亲眼见到的一些场景,如北京安定门、北京的孔庙、北京的贡院、北京的辟雍宫、孔庙祭拜仪式、宁波的妈祖庙、长江上的峡谷、苗族人像、麒麟图、凤凰图等。这些插图是卫三畏在两版期间从其他西方人著作中按照写作主题经过精选而添加进去的,是符合卫三畏的选图观念和著作内容需要的图片。

给人留下第一面印象的图片,应该算是《中国总论》封面上的图像了,封面之图是全著的第一幅图,"中国牌坊"在两版中都一模一样地存在,没有丝毫的改变。牌坊的御赐题额处所刻的四个字即为"中国总论",下注花体英文书名 *The Middle Kingdom*,左右两边的对联是"西方之人有圣者也""仁者爱人有亲及疎"。左联是孔子的原话,右联是他结合儒家学说自创的诗句,其中的"疎"与"疏"同义。如果把"中国总论"作为横批,这副对联的内涵无疑充分地显示了卫三畏极高深的中文能力和中国文化素养,俨然说明了在 1848 年前卫三畏就是一位真实而伟大的汉学家了,只不过没有头衔的称谓而已。牌坊如同一扇门打开着,画面上一位西方装束的妇女坐在台阶上,一名中国官吏打着华盖正走进门去,后面跟着三个长辫子中国百姓。这幅画面更是意味深长,"西方装束的妇女"俨然是西方文明和基督教文化优越的集中体现,"中国官民的走近"表示着中国需要基督文化,也必须走这条道路,为福音传教事业开启中国封闭之门;若将之合起来看,就是中国要开放,要走向世界,而且世界文化交流是人类必需的共同愿望和事业。据相关对比研究,其实这幅画的内景也是出自法国作家伏尔涅《开放的中国》一书中第 338 页的一幅牌坊侧面图,牌坊样式几乎完全一致,原图的牌坊前有六个中国男女或坐或站在聊天,位置显然在乡间路边。[①] 卫三畏将这幅图的视角移到正面,牌坊放到了道路中间,改为中国人和西方人同时途经牌坊的场面。卫三畏这样的图形改编,一定有他的意志,但他却没有在书中解释封面图画的意义,也许只是一种移植和爱好,也许只是他与出版商的一致的设计图案。除书中插图之外,还有意义重要和历史价值更高的图片,便是中国地图了。1848 年版《中国总论》出版前,卫三畏花费很大精力制作了一张中华帝国地图(英文版),这幅地图折叠后黏附在初版的第一卷中,标题为"附一幅帝国新地图"。到 1883 年出版修订版《中国总论》前,卫三畏同样黏附了一幅英文版的中国地图,名称为中华帝国地图。在绘制英文版的中国新地图的同时,卫三畏还根据已经绘制好的英文版制作了汉字标注的中国地图,只是这幅中文版的中国地图从此以后是否有重印过,不得而知,但可知的是中文版的中国地图只能在中国才能购买得到。令人感到遗憾的是,后来载运卫三畏所有地图资料的航船沉没了。这是美国制图师和刻板工 12 年的劳动成果,也阻碍了卫三畏这个业余制图师以后在这个方向上更多的努力,从那以后,卫三畏就再也没有继续绘制中国地图了。[②]

---

① H. Fournier, ed., *La Chine Ouverte*, Paris, 1845, p. 338.
② James Muhlenberg Bailey, "Obituary: Samuel Wells Williams", *Journal of the American Geographical Society of New York*, Vol. 16, 1884, pp. 186—193.

第四章　卫三畏与美国耶鲁汉学

卫三畏在《中国总论》修订版序言中已经较为全面地陈述了1883年版必要的修改和补充的内容。粗略比较和统计之，这样的修订主要表现在直接增加新资料、直接删除过时或不必要的旧资料和纠正更新相统一的内容修正上。1883年版《中国总论》的增补资料较多，例如：在第一章的中国国土面积方面增加了19世纪后半叶前期中国割让给英国和俄国的领土面积情况。在第六章的博物志方面，卫三畏的业余兴趣之所在，更补充了很多的考察报告，在开篇时就予以说明，如德庇时爵士的记录、爱丁堡内阁图书馆中的资料、钱皮安上校、汉斯和庞培烈等人的著作等等。在第七章的中国法律与政府方面，增加了同治帝以来慈禧太后垂帘听政的历史内容；刑部运作上增补了1860年外国人所见中国监狱的见闻。在第九章的教育与科举制度方面，增加了法国汉学家儒莲1864年出版的《千字文》法译本作为研究的参考资料。在第十一章的中国经典文献方面，增加了英国汉学家理雅各1882年《易经》翻译本的解说。在第十二章的中国雅文学方面，补充了德庇时等英法汉学家在19世纪六七十年代的专门论述中国诗歌的大量成果。在第十七章的中国历史方面，增补了道光末年、咸丰、同治和光绪初年的政治历史，直到1881年。在第十九章的基督教在华传播史方面，加入了《大秦景教流行中国碑》在1859年受到保护的情况，并提供译文的最新研究成果（初版采用的是1845年裨治文的景教碑文的译文；修订版改用了传教士伟烈亚力1855年新发表的译文），更续写了初版以来的基督教新教在华传教史的内容。凡此增补内容的举例，只是挂一漏万的说明。除了增补新材料和删去旧材料外，卫三畏还对初版进行了修正，通过纠正初版某些错误，加入当时的亲身体验和学界新观点。从总体上来讲，与1848年版比较，1883年修订版《中国总论》修订了大约三分之一的内容，应该说变动还是比较大的，其中的第六章"中国自然史"几乎全部重写，最后三章完全是新增的。作为近代中国变迁史的亲历者和参与者，卫三畏的新版《中国总论》更加具有历史的真实性和现实的参考意义，是当时沟通中西关系、增进相互了解的一座重要的文化桥梁。

5.《中国总论》在美国汉学史和近代西方汉学史上的地位

《中国总论》是第一部美国人自己写就出版的有关中国历史文化的书籍，是美国汉学系统研究的肇始。《中国总论》是一部后来居上的汉学著作，"是美国最好的对中国的介绍,是作者的一座丰碑"。[1] 美国汉学家马森曾对《中国总论》予以甚高的评价:"也许有关中国问题的最重要的一本作品是卫三畏的《中国总论》,它在西方广为传阅并受到好评……这部描写中国人生活方方面面的著作,是对这一时期普通作品中所涉及的问题的范围和种类的最好说明,卫三畏用如此清晰、系统、博学的方式为读者呈现了他的资料,以至于他的著作在今天的有关中国问题的美国文献中仍占有令人尊敬的地位。"[2] 美国当代中国学家费正清对卫三畏的《中国总论》的评价更具有代表性,他指出:"卫三畏的学术成果中最重要的不是汉英字典,也不是关于扶桑和苗族的考证,而是《中国总论》,其副标题'关于中华帝国及其居民的地理、政府、教育、社会生活、文艺、宗教等的概观'完全可以作为地区研究的'课程提纲'来使用。从卫三畏一生的研究理路来看,他从总体上来说更接近于新的美国'中国学'模式,而不是老的欧洲'汉学'模式,应该说,他是 20 世纪出现的这一新的美国模式的导夫先路者。"[3] 费正清还在他主编的《剑桥晚清史》中,把《中国总论》誉为"百科全书式的著作",在《我们 70 年代的任务》一文中,将之称为"一门区域研究课程的教学大纲"。卫三畏虽然写过关于孔子生平的文章,翻译过古代历史小说,但其注意力的焦点始终是中国的变革和近代化问题,以卫三畏为中心的传教士汉学预示了美国汉学的现代形态——以费正清为代表的"地区研究"框架下的"中国学"的出现和壮大。[4]

在中国学术界,对卫三畏和《中国总论》的评价也是中肯的。卫三畏在成为美国学院式汉学讲座的第一位教授前,是美国历史上最早由传教士、"中国通"向传教士汉学家、职业汉学家转型的代表人物。尽管他不是美国人中最早懂得利用中文进行汉学研究的人,但从严格意义上来说,卫三畏是美国最早的专业汉学家。虽然他一生都在致力做好一个传教士,但他的丰硕的汉学成就已然足以证明他是一位真正的汉学家,正如台湾学者李定一指出:"在

---

[1] *Christian Review*,Vol. 13,No. 50,June 1848,p. 296.
[2] [美]马森著,杨德山等译:《西方的中华帝国观》,北京:时事出版社 1999 年版,第 38—39 页。
[3] John King Fairbank,*China Perceived:Images and Policies in Chinese-American Relations*,New York:Alfred A. Knopf,1974,pp. 214—215.
[4] 顾钧:《卫三畏与美国早期汉学》,北京:外语教学与研究出版社 2009 年版,第 142 页。

20世纪以前美国唯一的所谓汉学家，不过卫三畏一人。"① 中国学者张宏生先生在《卫三畏与美国汉学的起源》一文认为，比起欧洲来，美国的汉学研究起步较晚，但起点较高，发展也比较快，而且在不长的时间里，即跃居国际汉学研究的前列。在这一过程中，卫三畏的影响不容低估。卫三畏是美国第一位汉学教授，他的《中国总论》试图把中国文明作为一个整体去研究，也是美国最早的汉学研究著作。张西平在《卫三畏——美国汉学第一人》一文中旗帜鲜明地界定了卫三畏在美国汉学史上的不可撼动的奠基者的历史地位。②

《中国总论》自1848年初版以来反响巨大，不仅成为研究中国的学者们的标准参考书，而且也被一些教育机构采用为教科书，到1857年便出到第四个重印本，30年后的1879年纽约的威利公司（J. Wiley）还重印了一版。③ 1883年《中国总论》修订版发行后，影响更大，在美国被重印的次数难以准确统计，至少在1895年、1899年、1900年、1904年、1913年、1966年就有不同出版商重印，2001年Simon Publications出版社重印，2000年日本的景仁文化社也重印过一次。美国中美早期关系史专家、耶鲁学院教授赖德烈先生不仅称誉卫三畏为"美国第一位伟大的汉学家。……《中国总论》是美国公民所写的、最早以学者的眼光来看待中国的研究著作"，④ 而且更在其著《中美早期关系史1784—1844年》中大量引用《中国总论》相关史料，"尽管它已经陈旧，但仍不失为一本了解中国的标准参考书。因其涉猎领域广泛而不够专深，但内容很好，尤其在传教、外交史等方面。许多内容作者都是亲身参与者"。⑤ 如此深刻的评论，除了赖德烈与卫三畏和卫斐列之间有师承关系外，主要的还是《中国总论》的丰富素材和真实认识成为他写作《中美早期关系史》《中国人》《基督教在华传教史》等书的基础，"《中国总论》长期

---

① 李定一：《中美早期关系史》，北京：北京大学出版社1997年版，第154页。
② 张西平：《卫三畏——美国汉学第一人》，《中华读书报》第262期（2009年4月1日第3版）。
③ Henri Cordier, *A Catalogue of the North China Branch of the Royal Asiatic Society*, Shanghai, 1872, p. 53.
④ Kenneth Scott Latourette, "Far Eastern Studies in the United States: Retrospect and Prospect", *The Far Eastern Quarterly*, Vol. 15, No. 1, Nov., 1955, p. 3.
⑤ Kenneth Scott Latourette, *The History of Early Relations between The United States and China 1784—1844*, New Haven: Yale University Press, 1917, p. 199.

以来占据关于中国比较好的资料书的首席位置，整整影响了一代人。在它的基础上，赖德烈才能写出《中国人：他们的历史和文化》"。①

除了中美两国相关学者的评价外，《中国总论》在世界汉学史上也具有重要的历史地位。首先，《中国总论》出版后还受到了欧洲人士的关注和欢迎，并被翻译成德语、西班牙语等文字发行。《中国总论》使西方世界在中国问题上首次听到了美国的声音，改变了美国长期以来依赖欧洲了解中国和一味进口欧洲汉学的局面。其次，从汉学研究的内容上看，《中国总论》在其所处时代可称为汉学成果的总汇和集大成者。由于美国早期汉学家没有欧洲汉学那么悠久的历史根基，必须建立在欧洲汉学的基础上，卫三畏才有可能完成它的巨著。所以卫三畏不仅要注意到欧洲汉学成果，而且研究路数也大致遵循欧洲汉学的传统，主要研究中国的历史文化。同时，卫三畏还有欧洲汉学家所没有的优势，即欧洲学者型汉学家大多没有来过中国，而且不如卫三畏那样精通汉语和一些方言，搜集中文资料也不如卫三畏便利。这样，卫三畏的汉学研究在论述的广度和理解的深度上都超过前人，具有起点高、内容全的特点，大有居高临下、高屋建瓴的气势。因此，《中国总论》就较先前的汉学著作更容易去伪存真、全面阐述、深入浅出，充分展现出了对中国更深入的了解和独到而深邃的个人见解和思想认识，容易受到而且激发起欧洲学术界的关注和研究。法国学者考狄虽不识中文却被誉为人文科学式汉学的代表人物，他在《西人论中国书目》中将《中国总论》放在第一部分《中国总说》的第一类"综合著作"中。②《中国总论》是放入这一类别中的第一部美国人写就的汉学著作，从这个意义上来讲，将《中国总论》说成是美国汉学兴起的标志，应该是符合历史事实的。《中国总论》中常有一些超越前人的学术突破，成为后来的欧洲学者的援引对象。德国的政治经济学家和社会学家马克斯·韦伯曾经研究过中国宗教，并在《中国的宗教：儒教与道教》一书中参考了卫三畏《中国总论》的相关研究成果。③ 1901 年曾任职上海南洋大学历

---

① Teng, S. Y. Review, "A Short History of the Chinese People", *The Journal of Religion*, V. 24, N. 4, Oct. 1944, p. 294.
② Henri Cordier, *Bibliotheca Sinica*, Paris 1904, p. 85.
③ O. B. van der Sprenkel, "Chinese Religion", *The British Journal of Sociology*, Vol. 5, No. 3, Sep., 1954, p. 275.

史教授的英国人列文华兹写作第二次鸦片战争的专著时，所列的第一本中国历史参考书就是《中国总论》，并引用该书中关于中国概况的内容。①

　　卫三畏撰著的《中国总论》除了上述的社会文化影响之外，在学术观念上也具有很强的汉学意识，这种汉学意识和他的中国观一起构成了卫三畏中国研究的思想基础，也潜在地影响了西方对华的认识水平和基本内容。《中国总论》所内涵的卫三畏汉学观主要包括三方面内容，即观念形态、精神产品和生活方式上的汉学观。观念形态也叫意识形态，是在一定的经济基础上形成的人对世界和社会的系统的看法和见解，哲学、政治、艺术、宗教、道德等是它的具体表现；它是上层建筑的组成部分，在阶级社会里具有阶级性，具体内容包括宗教信仰、价值观念、法律制度等意识形态方面。卫三畏认为中国是一个多宗教信仰的国家，儒教、佛教、道教三教并不互相干扰，人人自由信仰，是中国人的开放之处，是在"纯粹专制政府理论下坚持民主习惯的唯一异教国家"。②精神产品是指在生产活动中，主体一方面通过物质和能量的输出改变着客体，同时主体也需要把一部分对象作为直接的生活资料加以消费，或者把物质工具作为自己身体器官的延长包括在主体的生命活动之中。这些都是客体向主体的渗透和转化，即客体主体化，这就产生了精神产品，它包括文学艺术和一切知识成果，代表性的场所为博物馆与图书馆。生活方式则包括衣食住行、民情风俗、生老病死以及社会生活的一切方面。③在卫三畏眼中，中国是一个文化大国，这点较其他亚洲国家突出，主要在于中国人"早就拥有并广泛使用至为重要的印刷术"，"他们的每一种作品可以以低廉的价格大量复制，传送到遥远的地方"，因此，中国人是一个"爱读书的民族"，他们的"戏剧、诗歌和小说组成的纯文学领域，在我们的眼光中总是具有最高的地位"。而且，中国文字是"一种神秘的文字"，"是人类最聪明、最有价值的心灵连续许多年代辛劳的成果"，"中国语言文字的知识是取得人们信任的护照，外国人一旦学会了，当地人就会卸下偏见和歧视"。但是，在

---

　　① Charles S. Leavenworth, *The Arrow War with China*, Sampson Low, Marston & Co., London, 1901, p.222.
　　② [美]卫三畏著，陈俱译：《中国总论》，上海：上海古籍出版社2005年版，第715页。
　　③ 黄亦君、李晓兰：《卫三畏的汉学观》，《贵州文史丛刊》2009年第1期，第41—42页。

中国这样的文化大国里，教育却显得举步不前，它只重视道德修养，而不关注学生智力培养，尤其是忽视科学知识，这就造成了中国科学落后。由于各种社会惯例和生活方式的千年一致性，中国人生活显得缺乏活力，杂乱而落后。通过综合观察，卫三畏得出这样的结论："总的说来，中国人表现为奇特的混合体：如果有些东西可以赞扬，也有更多的应予责备；如果说他们有某些显眼的罪恶，他们比大多数异教国家有更多的美德。虚饰的仁慈与内在的猜疑，礼仪上的客气与实际上的粗奢，部分的创造力与低下的模仿，勤俭与浪费，谄媚与自立，还有其他黑暗与光明并存的品质，奇异地结合在一起。试图以法律制约和普及教育来补救性格上的缺点，他们无疑抓住了正确方法；他们的不足表明了这两者多么不灵，要等到福音来帮助统治者和被统治者来提高全民族的道德观念。"① 这种福音拯救的结论自然归化于卫三畏的传教士信仰，无可指摘，但应本着"有则改之无则加勉"的客观态度来对待卫三畏的"他山之石"的诤友之言。

总之，《中国总论》是19世纪西方最有代表性的汉学著作，其中深含着美国第一位汉学家卫三畏强烈的个人色彩以及当时东方从属于西方的时代气息，"对于一个研究东方的欧洲人或美国人而言，他不可能忽视或否认他自身的现实环境：他与东方的遭遇首先是以一个欧洲人或美国人的身份进行的，然后才是具体的个人。在这种情况下，欧洲人或美国人的身份决不是可有可无的虚架子。它曾经意味着而且仍然意味着你会意识到——自己属于一个在东方具有确定立意的强国，更重要的是，意识到属于地球上的某个特殊区域，这一区域自荷马时代以来一直与东方有着明确的联系"。② 正是这样的个人色彩和时代气息，不仅使包括《中国总论》在内的西方汉学著作大量保存了中外关系的历史痕迹，也彰显和预示着美国早期汉学和西方近代汉学的真实状态和发展趋势，特别是《中国总论》的独特视角和观点，以及书中时常出现的智慧之光，对当今读者来说，不仅饶有兴趣，而且颇富启迪。

---

① [美]卫三畏著，陈俱译：《中国总论》，上海：上海古籍出版社2005年版，第583页。
② [美]赛义德著，王宇根译：《东方学》，北京：生活·读书·新知三联书店1999年版，第15页。

第二节　卫三畏与美国汉学奠基

美国汉学的开创之功属于美国早期的来华传教士。裨治文、雅裨理、卫三畏、特雷西、勃朗、伯驾、史蒂芬等早期传教士来华后，不仅把注意力放在传教上，还加强对中国政治、经济、社会、历史文化等方面的研究，他们撰写了大量的有关中国问题的著作，成为美国第一批研究中国问题的专家。他们对中国的研究同欧洲汉学研究有明显区别。这些美国来华传教士对中国的研究是联系当时中国社会许多实际问题进行的，不同于欧洲早期汉学家只从典章中研究中华文化，而是更贴近中国社会的现实。而就汉学研究成果来看，卫三畏是这批传教士中的最佼佼者，其中，卫三畏的《中国总论》就是早期美国人认识中国的一部历史性论著，也是19世纪传教士（关于中国和汉学研究）论著最有影响的研究成果。[①] 退休后回美定居的卫三畏荣登耶鲁学院汉学讲座教授之职，开启了美国汉学的职业化学科之路。正是耶鲁学院汉学的这面旗帜，引领着美国汉学发展的新时代，使汉学成为美国东方学领域中的一门重要学科，形成了与欧洲汉学不尽相同的研究特点，成为美国早期汉学的真正发端。

编辑《中国丛报》和撰写《中国总论》都体现了卫三畏早期汉学研究的两个主要特点：第一，研究中国，仍未能摆脱欧洲学院派和学者型汉学影响，仍然十分关注对中国哲学、历史和经典著述研究。第二，在以古典文化为基础研究的同时，还比较关注中国社会的现实问题。对中国文明的研究是作为"一种纯粹的文化"，来进行"综合的研究"，[②] 卫三畏这种把经典汉学研究与中国现实问题研究结合起来的过程，恰恰"体现他晚期从业务中国学家转变

---

① William J. Brinker, "Commerce, Culture and Horticulture: The Beginnings of Sino-American Cultural Relations", Thomas H. Etzold, ed. *Aspects of Sino-American Relations Since 1784*, New York, 1978, pp. 13—14.

② John King Fairbank, "Assignment for the 70's", *The American Historical Review*, 1969, No. 3, pp. 865—866.

成职业中国学家的亲身经历之中"。① 因此，卫三畏对于美国早期汉学所起到的历史作用，不仅表现在他使美国汉学学科得以确立，还奠定了美国早期汉学研究的上述两大重要特点，成为美国汉学发展史上的浓墨重彩的一笔。

卫三畏的汉学研究方法之一，是试图对中国文明进行整体性研究，古今相连、纵横相通。对中国进行整体研究的尝试，卫三畏虽然不是第一个，但是在具体实践上是最好的一个。《中国总论》将中国作为一个整体，划分为多个层面，多方面、多角度地进行系统的研究。这样的研究就需要广博的多学科知识和跨学科研究的技能，卫三畏做的很好，使跨学科的研究方式一开始就运用到美国早期的汉学研究之中，为后代美国汉学家继承和发扬，尤其是到 20 世纪 40 年代以后，跨学科的研究方式受到特别的关注。如美国汉学家卫理的《中国：昨天与今天》，在内容上延续和深化了《中国总论》中诸如中国历史、现代贸易、道教、皇帝、政府组织和哲学等主题，方法上也发扬了卫三畏的研究特色。从书名就可以看出对现实的直接关照，它被认为是"可以在卫三畏划时代的《中国总论》旁占有一席之地"的著作。② 在全方位框架之下，卫三畏仍然注意到汉学研究在某些方面的区域性差异。卫三畏认为，中国幅员辽阔，各地情况不同，人民差异较大，必须加以适当的区分，不可一刀切和统一话语。因此，《中国总论》就是在整体研究的主框架下，有所侧重地进行区域特色的纵深研究，正如费正清所讲《中国总论》非常像 20 世纪以来的中国区域研究课程的教学提纲。实际上，《中国总论》就是将这些各具特色的区域研究或专题研究合为一体，创建了中国整体的汉学研究模式。

卫三畏的汉学研究方法之二，是人文科学和社会科学相结合的研究方式，多侧重于后者。卫三畏是第一个用近代科学学科的视野来进行中国文明研究的美国汉学家，运用非常多的统计分析和田野调查来既广又博地进行细致的铺陈和阐释。纵观《中国总论》两版的叙述内容以及章节的安排，可以说是一次直接受到近代社会科学研究方法影响的民族志调查，西方已有学者就利

---

① 忻剑飞：《世界的中国观：近二千年来世界对中国的认识史纲》，上海：学林出版社 1991 年版，第 301 页。

② G. Nye Steiger, "Review: China: Yesterday and Today", *The American Political Science Review*, Vol. 18, No. 1, Feb., 1924, p. 199.

用《中国总论》中所蕴含的珍贵资料来研究鸦片战争前后的晚清中国的社会变动。[①]《中国总论》在很多西方国家的各级图书馆的分类收藏中被列入民族学和人类学甚或社会学类,足以说明它的人文科学的成分相对较少,而更多的具有社会科学的性质。卫三畏深入中国社会和民间人士中,并在熟练掌握中文的情况下娴熟地使用中文典籍,从而能更多地利用近代各门学科的知识和研究方法来研究中国文明,并对中国现实问题进行深度的思考而形成符合近代世界所需要的文化成果和汉学研究范式。从美国汉学发展的历史角度来看,卫三畏的汉学研究,包括《中国总论》的汉学成果,已经超出了人文学科的范畴,带有社会科学研究的特点,因此可以直接看作是社会科学的研究作品。

卫三畏的汉学研究方法之三,是注重中国社会的现实问题,以观察和解决中国现实问题为出发点,来实现他的福音入华的宗教观和西方在华利益的既得和未来。卫三畏是一个传教士,后来还出任美国驻华外交官,各前后二十年左右,大半生都在忙忙碌碌、四处奔波中度过,这就决定了他的汉学研究从一开始就会相对地比较重视中国现实问题,可以说他的汉学研究是直接为现实服务的。其中,卫三畏将中国称为 The Middle Kingdom 的习惯就从他的同时代人,至少延续到了当代的美国中国学家费正清一代人,影响长达一个世纪。[②] 修订版《中国总论》中最后几章的内容完全是当时晚清中国的现实状态和社会问题。简言之,卫三畏和他的《中国总论》所表现出的研究特点,集中代表了早期美国汉学研究特点的重要内容,一是美国汉学研究起点高,整体研究和区域研究相结合;二是带有社会科学研究的学科性质,比较重视中国现实问题的研究。

汉学(Sinology),也有人一般称为中国学,意指西方人从语言文字、历史、地理、哲学、宗教等方面系统地研究中国的学问。近代汉学是东方学的重要分支,职业的东方学开始于 19 世纪的欧洲,研究目的并非纯粹的学术,

---

① Francis L. K. Hsu, "Social Mobility in China", *American Sociological Review*, V. 14, N. 6, Dec., 1949, pp. 764—771.

② John King Fairbank, "Tributary and China's Relations with the West", *The Far Eastern Quarterly*, Vol. 1, No. 2, Feb., 1942, p. 130.

乃多为现实利益的需要，与西方的殖民主义的政治和军事上的情报需求相关联。美国汉学没有自身的学术传统，一方面继承了欧洲汉学的某些特征，另一方面又是近代中美交往的直接产物，现实性更强。卫三畏的汉学研究便体现了美国早期汉学发端的这样两个背景。由于美国汉学出现迟于欧洲，一般称美国汉学就是指近代美国人的汉学研究。当代美国对中国的研究一般称之为"美国中国学"（The Chinese Studies），以近现代中国社会为基本研究对象，以历史学为主体进行跨学科研究，是区域研究的重要组成部分。从关注的问题、使用的研究资料来源和研究方法来看，美国早期汉学是美国中国学的先驱，只是前者承袭更多的欧洲汉学的传统，而后者创造更多自己的研究中国的模式和内容。如何具体界定美国早期汉学，以便与费正清倡导的美国中国学（"新汉学"）相区分，是汉学学术史的一个重要课题。美国学者韩德在《中美特殊关系的形成》一书的中文版序言中明确指出："他们（来华美国新教传教士）是决策者、外交官和公众有关中国情况的最原始的来源。他们作为遗产留下的是美国人心目中的某些历久不衰的中国形象。"① 实际上，美国新教传教士是站在了中美文化的中间线上，既向中国人民输入西方文明，又向美国输进中国文化，成为中西交往的文化纽带和物质桥梁。传教士汉学就成为美国早期汉学的起始阶段。侯且岸先生把美国汉学发展史大致划分为五个阶段，其中第一阶段是 19 世纪 30 年代到 70 年代中期，传教士汉学时期，以裨治文、卫三畏、伯驾等人为代表，揭开了美国汉学研究的序幕。第二阶段是 19 世纪 70 年代中期到 20 世纪 20 年代，学院汉学时期，耶鲁学院（1876 年）和哈佛大学（1879 年）汉学讲座的设立，标志着美国汉学发展进入了学院研究的时代。② 以传教士汉学为起点，以美国大学汉学讲座设立为间隔点，是美国的早期汉学阶段，其特征为传教士是汉学研究的主角。《中国丛报》创刊可视为美国早期汉学开始的标志性事件，它虽不是办在美国国内，但可称得上是美国最早的美国人出资、美国人主编的美国汉学杂志，直接影响了美国早期汉学的启动。从来华传教士中脱颖而出的汉学家卫三畏，是从

---

① [美] 韩德著，项立岭等译：《中美特殊关系的形成：1914 年前的美国与中国》，上海：复旦大学出版社 1997 年版，第 1 页。
② 侯且岸：《论美国汉学研究》，《新视野》2000 年第 4 期，第 75—76 页。

第四章　卫三畏与美国耶鲁汉学

一位传教士印刷工做起，到《中国总论》出版后的名扬天下，他收获了不少荣誉和头衔，可以称他为地理学者、历史学者、法律学者、语言学者、外交史专家等等，但定位最适合的称呼还应该是汉学家。卫三畏是美国早期汉学的奠基人，《中国总论》就成为奠基之作。以"总论"为书名，可以看作是在构建一门学科的称呼，就像 Zoology（动物学）有被翻译为"生物总论"、Meteorology（气象学）被译为"气奇象论"等一样，Sinology（汉学）也就是一门综合性的学问了。从学术著作的角度上来讲，《中国总论》是第一部美国人写作的汉学著作，可视为美国早期汉学的发端，卫三畏也曾被美国中国学家费正清誉为"一个天才的业余历史学家"，并把他与普雷斯特、班克罗夫特并列，称之为美国最有影响的史学家。[①]

卫三畏把中国整体作为自己的研究对象，探讨其整体结构及其运动规律，借以全面而准确地向美国同胞介绍一个遥远的异族国度，并且要为一个终极目的服务：为基督福音中国。这样，卫三畏的中国研究具有了历史继承性和现实问题性相结合的双重内容。他的中国研究不会局限于纯学术的范畴，必然与中西关系的演变而注重现实问题的研究，与那种学院式的汉学研究有着重大的差异。美国汉学从业余汉学（主体是传教士汉学）走向学院式专业汉学的道路，是以卫三畏和费正清为两座高山的。众所周知，费正清是美国中国学研究的领导者和积极推动者，是将美国早期汉学推向近现代中国学的代表人物。退休回美后的卫三畏以其丰富的业余汉学成就而荣登耶鲁汉语教席，成为美国历史上最早的汉学教授，见证了美国汉学从业余走向专业的历史，在他身上，业余汉学和专业汉学实现了某种有机结合。《中国总论》也是自 19 世纪 30 年代开始的美国传统汉学过渡到以 1876 年耶鲁汉学讲座设立为标志的专业汉学阶段的巅峰之作。《中国总论》初版的一百年后，费正清的《美国与中国》于 1948 年初版，标志着美国专业汉学内部的传统汉学和中国学的分野，美国中国学由是奠基。尽管该著题目偏大，而实际的论述则以近代中国的历史为焦点。《美国与中国》后在 1958 年、1971 年、1979 年出修订版，无疑是 20 世纪后半期美国汉学史上发行最广、影响最大的中国学著作，"在第

---

① ［美］费正清：《70 年代的任务：研究美国与东亚的关系》，见陶文钊编选《费正清集》，天津：天津人民出版社 1992 年版，第 401 页。

二次世界大战之后,它差不多成了美国一般知识阶层认识中国的一本入门书。这本书主要是对于中国的社会、政治、文化和历史做出系统的观察和论断,但详近而略远,大多数的篇幅都集中在近百年的历史发展上。最后部分则是对美中关系的回顾和展望。"[1]

美国早期汉学注重现实中国的研究,具有明显的实用主义特征。这种注重现实问题的研究特点,最早在裨治文和卫三畏先后主编的《中国丛报》上表露出来。《中国丛报》为24开本的月刊,每期有500多页,在华发行20年间共刊载论说、书评、报道、时事和宗教消息五大项的文章1378篇,按照内容可细分30大类:第一至第九可归之为中国国情类,计514篇;第十至第十八为中外关系类,计396篇;第十九至第二十三为外国类,计142篇;第二十四至第二十九为宗教类,计289篇。与中国有关者约占90%,重点在中国国情方面,是为名副其实的《中国丛报》。[2] 卫三畏的几乎所有著作更明显地出于当时的实际考虑,尤其是他在所有汉语研究著作的序言中都表示了为促进福音传入中国而拯救中国的意愿。为了西方在华的各种权益,传教士首先成为批评中国现实的先锋人物和主要代表,而传教士汉学家们更把对中国的研究无限扩大而深入中国社会方方面面,美国早期汉学所能涉及的研究领域都展现出来,特别是关注中国的开放和近代化。从学术进步的角度上看,美国早期汉学发端的起点比较高,美国早期汉学发源于19世纪30年代,到70年代中期的学院式汉学的创立,不过短短40多年的时间,相当于卫三畏在华生活的时间。无论是借鉴还是批评,都是一种继承,既是继承,就无法完全规避掉受其影响,包括负面的影响。一般说来,美国早期汉学不得不受到欧洲学院派汉学的影响,研究者的研究内容和方法上都有这种影响的痕迹。美国传教士汉学家的研究也主要以语言和历史文化为中心,先学习汉语、编写汉英字典,以后再直接利用中国典籍。卫三畏的《中国总论》之所以成为当时西方人汉学研究的集大成者,不仅因为他踩在巨人的肩膀上,而且他也确实比前人看得更远,从而以《中国总论》为基础,标志着美国早期汉学的特

---

[1] 余英时:《开辟美国研究中国史的新领域:费正清的中国研究》,见傅伟勋、周阳山编《西方汉学家论中国》,台北:正中书局1993年版,第10页。

[2] *The Chinese Repository*, Vol. 21 (1851), pp. xi-liv (General Index).

点之一就是学术研究起点高。卫三畏是美国早期汉学家向学院式汉学家转变的一个缩影,这个过程具有承前启后的历史意义。

以 1876 年耶鲁学院设立汉语教席为起点,以卫三畏成为该教席第一任教授为发轫,美国早期的传教士汉学进入学院式汉学的发展时期,也标志着美国早期汉学时代的终结。耶鲁大学是一所坐落于美国康涅狄格州纽黑文市的私立大学,是美国历史上建立的第三所大学。它始创于 1701 年,到 1887 年间,正式校名为"耶鲁学院"。耶鲁学院在 1887 年由学院升格为大学。① 卫三畏在 1877 年荣膺美国第一汉学讲座教授之职,是在耶鲁学院时期,而非在耶鲁大学时期。耶鲁学院首创汉学讲座,竖起美国汉学研究的旗帜,这个旗帜下的"星星之火"在半个多世纪后就形成了燎原之势,使美国成为世界上汉学研究的超级大国,并向美国中国学的新时代过渡。从 1877 年 7 月接受耶鲁学院的汉语教授一职起,到 1884 年 2 月安详地离开人世,虽然只有短短的 7 年岁月,卫三畏却在美国汉学发展史和中美文化交流史上留下了令后人钦佩的历史性贡献。晚年的卫三畏获得有三大荣誉:出任耶鲁学院汉学教授、出任美国东方学会会长和美国圣经学会会长,其中,耶鲁教授是名至实归的荣誉,另两个头衔难免是名人效应的衍生物,而卫三畏个人也深爱着耶鲁教授之职位,因为耶鲁教授头衔,不仅弥补了他青年时代与耶鲁失之交臂的失落心情,而且又能使他在华 43 年的汉学成果得到用武之地:"他自然而然地很快就跻身到有教养的人当中,他在耶鲁大学的教授职位使他在这个圈子中引人注目。置身于有着崇高目标和明确理想的人群中间,他的快乐就像大家对他的能力的由衷欣赏一样强烈。"②

首先来看耶鲁学院首创中国语言文学教席的历史成因。西方国家的汉学研究距今已有好几个世纪了,它是建立在中西交往的基础上的。特别是自晚明以来,西方天主教耶稣会士纷纷东来,从他们亲历观察或以他们游记内容为基础而著就的有关中国事务的书籍先后在西方出版,如西班牙门多萨的

---

① George W. Pierson, *Yale College: An Educational History*, New Haven: Yale University Press, 1952, p. 65.
② [美]卫斐列著,顾钧、江莉译:《卫三畏生平及书信》,桂林:广西师范大学出版社 2004 年版,第 287—288 页。

《中华大帝国史》、意大利利玛窦和金尼阁的《天主教进入中国史》、葡萄牙曾德昭的《中华帝国志》、意大利卫匡国的《鞑靼战记》《中国新图》《中国上古史》，以及葡萄牙安文思的《中国新史》等，一起构成了西方16、17世纪中国知识的最重要来源，是当时西方早期汉学中的重要典籍。而1688年在巴黎出版的葡萄牙来华耶稣会士安文思的《中国新史》被认为是这一时期成就最高的一部汉学著作，是西方早期汉学第一发展阶段的一个总结、第二发展阶段的起点，它已经走出了传教士汉学的框架。① 这些传教士汉学的早期典籍奠定了西方汉学研究的传统，直到现在仍在发挥着重要作用，是一种广义上的中国知识研究，实际上早在16世纪末西方已经开启了汉学研究的先河，传教士之功不可没。1814年12月11日，法国巴黎的法兰西学院正式设立了汉学讲座：汉族和鞑靼—满语与文学讲座，首任教授是雷慕沙。汉学从此从东方学中独立出来，成为与阿拉伯、叙利亚研究一样自成一家的学科。相对于法英俄荷等欧洲国家，汉学进入美国高等院校而成为一门学科确实晚了一步，但中文教育进入美国大学成为势在必行的大事。至少在1860年代，就有人建议在耶鲁学院设立中国语言文学讲座。这个最先提议的人也许是思鲁普·马丁太太。卫三畏在1877年刚回到美国纽黑文后的半年后曾致函思鲁普·马丁太太："在得知你十年前的计划终于实现，古老的中华民族及其语言在耶鲁得到承认，你一定很欣慰。……倘若没有你的参与，我怀疑能否这么快就取得今天的成果。"② 1877年7月卫三畏接受耶鲁学院院长和董事会任命，出任哲学社会科学学部的汉学教授一职，标志着美国学院式汉学正式创立。从世界大学知名度来看，耶鲁学院设立首个汉学学科也只比牛津大学和莱顿大学晚了一年，却领先于剑桥大学，剑桥大学直到1888年才建立汉学教席，首任教授是来华外交官汉学家威妥玛。

耶鲁学院在美国大学中率先建立汉学课程，原因是多方面的，也是情理之中的事情。首先，耶鲁与中国有着不解之缘，最早来华的医学传教士伯驾

---

① 计翔翔：《十七世纪中期汉学著作研究：以曾德昭〈大中国志〉和安文思〈中国新志〉为中心》，上海：上海古籍出版社2002年版，第64—66页。
② ［美］卫斐列著，顾钧、江莉译：《卫三畏生平及书信》，桂林：广西师范大学出版社2004年版，第290页。

是耶鲁学院的毕业生,在澳门的马礼逊学校的首任教授和校长勃朗也是耶鲁学院的毕业生,而勃朗的学生容闳于1854年毕业于耶鲁学院,成为近代最早在国外获得学位的中国人,中国人获得博士学位最早的也是在耶鲁大学,这个学生是王宠惠,1905年从耶鲁大学获得法学博士学位。[1] 容闳曾组织的百名幼童留学美国因中美关系失和而被迫于1881年中断时,耶鲁学院的校长亲自出面进行抗议,并联合一批有识之士给清政府总理衙门写去一封措辞委婉但意见明确的信函。[2] 创立于1901年的"雅礼学会",同样是耶鲁大学与中国关系历来紧密的一个很好的例证。

其次,耶鲁学院自身的酝酿和容闳的外部推动力的相互作用是不可忽视的重大因素。容闳是中国近代早期改良主义者,中国留学生事业的先驱,被誉为"中国留学生之父"。1872年容闳在上海与卫三畏分手后,受命赴美国纽黑文联络中国留美学生事宜,居住在康涅狄格州首府哈特福德,因而和耶鲁学院仍旧保持着非常密切的联系,1876年耶鲁学院授予容闳法学博士学位。1877年2月22日,美国时驻山东牛庄领事的波士顿商人鼐德致函哈佛大学校长伊利奥特,建议在哈佛聘请中国人担任汉语教授,说他自己正在"考虑筹集一笔基金在哈佛大学设立中文讲座教授的可行性"。[3] 3月10日,校长才回信告诉鼐德,哈佛校董会已同意他的建议,随后授权鼐德负责在中国遴选合适的汉语教授,但遴选工作迟迟没有进展,后在中国海关总税务司英人赫德的帮助下,任职宁波税务司的哈佛毕业生美国人杜维德才找到了戈鲲化,直到1879年7月戈鲲化才赴美任职。得到哈佛大学意欲开设汉学讲座的消息四天(2月26日)后,容闳立即致函耶鲁学院的图书馆馆长范耐姆,并提出了自己的承诺和希求:"一旦耶鲁汉学席位的设立成为事实,我将很高兴随时将我的中文书赠送给母校。我希望耶鲁不要在这个问题上耽搁太久,以免被哈佛大学领先。"[4] 如此同时,太平洋沿岸的加州大学也在酝酿设立汉学教席,

---

[1] Yuan, Tung-li, ed., *A Guide to Doctoral Dissertations by Chinese Students in America 1905—1960*. Washington, D. C.: Sino-American Cultural Society, Inc., 1961, p. 60.

[2] Yung Wing, *My Life in China and America*, New York: Henry Holt & Company, 1909, pp. 211—215.

[3] 张宏生:《戈鲲化集》,南京:江苏古籍出版社2000年版,第273页。

[4] 顾钧:《卫三畏与美国早期汉学》,北京:外语教学与研究出版社2009年版,第116页。

并有意聘请从华退休回美不久的卫三畏出任此职,而美国东部的两所大学哈佛和耶鲁一直处于竞争状态,使得耶鲁学院要先下手为强,尽管资金或酬薪尚未着落,"他们(耶鲁校方)为这一教席筹措需要的资金所能使用的最好论据是——席位有了,但没有垫子。听说学校董事们讨论了这个问题,结论很可能是乐观的。"① 1877年6月30日,卫三畏就收到了耶鲁学院的公函,敦促他接受邀请出任首任汉学教授一职。两周后卫三畏予以肯定回复,标志着美国历史上第一个汉学学科在耶鲁学院建成。耶鲁学院经过艰苦的努力,成功地解决了资金问题,使汉学讲座变得名至实归:"一年后,耶鲁学院成功地获得了一笔资金,它的利息为这个教授席位提供了象征性的报酬,并使这个职位有了继续存在下去的基础。"② 对于母校做出的这项历史性决定,容闳深感欣慰,并兑现承诺。耶鲁学院汉学讲座设立后的第一批中文书籍捐赠就来自容闳。1878年,容闳担任清廷驻美副公使,赴美后受命将携带而来的一套珍贵的殿版铜活字本《古今图书集成》捐赠给母校,连同容闳个人的其他藏书一道成为耶鲁学院图书馆汉籍收藏之滥觞。

最后,从学术的角度上来看,耶鲁学院的中国研究优势使它领衔创建汉学学科。汉学研究在作为专业化学科之前在美国是东方学研究的一个分支,相对而言,东方研究的重镇也往往是汉学研究的中心。1842年4月成立于波士顿的美国东方学会是很长一段时期内汉学研究的重要阵地。卫三畏也是东方学会的会员,1881年5月他还被选为会长。东方学会中有多位重要成员都是执教耶鲁学院的学者,包括在卫三畏之前和之后的两任会长是索尔兹伯里和惠特尼。其中,索尔兹伯里1854年捐资设立了"索尔兹伯里梵文与比较语文学"教授职位,由他的学生惠特尼出任首任教授,这一职位一直延续至今。③ 由于索尔兹伯里和惠特尼等耶鲁教授的杰出东方学成就,从19世纪后半期开始,耶鲁俨然成为美国东方学的中心,以至于在1853年美国东方学会也从波士顿迁往到耶鲁学院。两年后,在1843年建立学会的图书馆也搬到耶

---

① [美]卫斐列著,顾钧、江莉译:《卫三畏生平及书信》,桂林:广西师范大学出版社2004年版,第289页。
② 同上,第290页。
③ "Memorial of Edward Elbridge Salisbury", *Journal of the American Oriental Society*, Vol. 22, 1901, pp. 1—6.

鲁学院。学会藏书先是存放在耶鲁学院的图书馆，后因为空间有限搬至耶鲁另外的校舍中，1905 年林斯里大楼被划归耶鲁图书馆后搬家至此，1930 年搬至耶鲁新建的中心图书馆——斯特林纪念图书馆，直到今天。[①] 迁家到耶鲁的东方学会图书馆的馆长一职由惠特尼兼任（1855—1873），惠特尼卸任后就由耶鲁学院图书馆馆长范耐姆兼任（1873—1905），东方学会图书馆的搬家带来了耶鲁学院最早的一批中文和日文书籍。

再来看卫三畏胜任耶鲁学院汉学教席第一任教授的主要原因。晚年卫三畏的耶鲁教授受聘绝不是一种偶然事件，除了上述客观原因外，他个人的精神志趣、性格涵养和远见能力等因素也起到了巨大的催化作用，所谓主观与客观相一致。首先，65 岁退休回到美国的卫三畏，并没有选择在家乡伊萨卡安享晚年，而是选择了耶鲁学院所在地纽黑文作为晚年的定居地，就是一种机遇与挑战并存的人生战略眼光："当卫三畏来到这个小镇定居的时候，他对纽黑文的这所学校就已经非常看重，而且对学校的教学目标和管理模式相当赞同，尽管当时他还不是教师中的一员。"[②] 以一位准耶鲁教师的学者身份，在耶鲁学院的学术氛围的感染下，卫三畏就像"老骥伏枥，志在千里"的良驹那样，等待着奋蹄前行的那一刻。机会终于眷顾给那些有心人，1877 年 6 月 30 日卫三畏得到了他梦寐以求的耶鲁聘任书。卫三畏成功的个人魅力，正如其子卫斐列所言一样："他的能力和眼光使他成为教授，但他不同于那些很少接触时事的文、理科学者们，他的多彩生活和丰富经验使他摆脱了视野的狭隘。……那些第一次接触他、和他探讨他专业以外问题的人，常常惊叹于他知识的精确和广博。"[③] 其次，卫三畏的能力还表现在他的汉学成果上，这点是最重要的基础。卫三畏以 43 年在华经历和当时资格最老的"中国通"，以勤勉而严谨的研究精神，创造了大量的汉学成果。在当时来华传教士汉学家中，卫三畏的汉学研究最为突出，在美国国内极少有学者的汉学研究能出其右。《中国总论》《汉英韵府》两部汉学代表作，反响巨大。正是它们一前

[①] Elizabeth Strout, *Catalogue of the Library of the American Oriental Society*, Yale University Library, 1930, "Preface", pp. iii–v.

[②] ［美］卫斐列著，顾钧、江莉译：《卫三畏生平及书信》，桂林：广西师范大学出版社 2004 年版，第 290 页。

[③] 同上，第 288 页。

一后的刊行，奠定了这位"业余汉学家"作为美国第一流汉学家的根基。

同样也很重要的一点，卫三畏是社会交往能力极强的人，良好的人际关系为他提供了人缘："在这些场合中，卫三畏显示了与人建立并发展友情的高超技巧。友情一旦建立，他就会与人始终如一地保持一种亲密的关系，因此友情的发展看起来并不像是刻意为之。他的这种能力无疑在很大程度上归因于他率真的天性，他从不愿在人前故作姿态。对他来说，友谊是一种神圣而又令人愉悦的关系，是心灵与心灵、智慧与智慧的交流与碰撞，它的影响将持续人的一生。"① 正是这种持续一生的友谊，使卫三畏晚年又获得了发挥余晖的机遇，这些友谊主要包括：儿时伙伴达纳、在华传教的同事伯驾、勃朗和容闳、耶鲁汉学教席的资助者等。其中，勃朗和容闳的师生关系对卫三畏荣任耶鲁学院汉学教席的作用是有据可查的，1839 年 2 月，耶鲁学院毕业的神学博士勃朗携带夫人一道从美国来到中国澳门，当时在码头迎接他们的正是卫三畏。此后的 7 个月的时间他一直和卫三畏住在一起，在这期间他们逐渐培养起了一种终身不渝的亲密和珍贵的友谊。勃朗的一个得意门生容闳也成了卫三畏的好友。容闳在提议母校耶鲁学院首创汉学教席一事上出力甚多，而卫三畏得到此职的首任与容闳不无关系。受聘耶鲁学院的卫三畏和容闳仍然保持着密切的联系，他们时常通信，探讨与教学相关的问题。② 卫三畏接受聘请是比较心安理得，也自信愉快的。因为退休回美的晚年卫三畏，能够执教耶鲁或许可以多少弥补早年求学时的缺憾，但并没有刻意地将汉学教授作为自己设计的人生目标和事业终点。对他来讲，传教士是他的意愿，外交官是他的选择，但汉学教授只是不虞之誉。③

最后，卫三畏的最后七年任职耶鲁学院汉学教授（1877—1884）的学术和文化活动，对美国汉学发展具有奠基之功。与耶鲁学院的其他许多教授不同的是，卫三畏的教授任期不是在研究室和图书馆中，也不在教室里与学生教学互动中度过的。由于晚年的身体健康状况不佳，卫三畏并没有承担任何

---

① ［美］卫斐列著，顾钧、江莉译：《卫三畏生平及书信》，桂林：广西师范大学出版社 2004 年版，第 83—84 页。

② "Letter from Yung Wing to Samuel Wells Williams, 23 August 1878", *Samuel Wells Williams Family Papers*, Yale M&A, Group II, Box 5.

③ 顾钧：《卫三畏与美国早期汉学》，北京：外语教学与研究出版社 2009 年版，第 33—34 页。

实际的课程，却以他的人格魅力和学术成果为耶鲁及其汉学发展树立起一面不朽的旗帜："卫三畏从来没有在系里正式上过课，但这并没有减少他在这所大学的学术生活中的影响力。通过在各类听众面前的讲演，通过报刊上发表的文章，也许更重要的是通过登门拜访的大学生们的亲切鼓励，他的存在和榜样对所有被纳入他广博的文化视野中的人都是一种激励。"① 在七年时间中，他呈现出晚年生活的学术性和文化性的特点。一是公共场合讲演和延绵不断的书信往来。晚年的卫三畏是生活在一个把教堂、学校、学术讲演厅看作当代各种信息来源的团体中，因此应邀作正式和非正式的演讲占据了他大部分时间，却总是不忍心去拒绝。

二是卫三畏在 God 译名问题上的态度和应聘为美国圣经协会主席。《圣经》是基督教的经典，对所有信奉之人来说都是意义非凡的。作为传教士，卫三畏在中国期间虽一直没有参与过《圣经》的汉译，但却不经意地卷入了《圣经》的日译，成为最早的《圣经》日文译者。当时在华的西方新教传教士中酝酿着对马礼逊《圣经》中译本的修订工作。英国传教士麦都思、施敦力主张用"上帝""神"，而美国传教士文惠廉、娄理华和裨治文则主张用"神""灵"，双方各执己见，互不相让，这就是中国近代史上的"译名之争"。在华期间，卫三畏同样一直没有被卷入这场旷日持久、人数众多的"译名之争"，却一直非常关注译名问题。1877 年，上海传教大会一致决定不再谈论译名问题，在华的"译名之争"似乎得到了一定的平息。但由此引发的译名之争却在美国境内爆发起来。此时，身为耶鲁首任汉学教授的卫三畏便首当其冲地成为这场争论的仲裁者。1878 年他撰写了一篇名为《关于 God 和 Spirit 的中文译名之争》的文章，回顾了整个事件的历史，但强调他的这篇文章"不是为在中国的传教士而是为了在美国的读者"而写的。在文章中，卫三畏本人虽然和其他美国传教士一样，倾向于使用"神""灵"，但他对英国人偏爱"上帝""神"的理由也给予了心平气和的评述，认为是因为"汉语的特殊性"，但问题的实质还在于"中国人的泛神论"使他们的心目中从来就没有一

---

① ［美］卫斐列著，顾钧、江莉译：《卫三畏生平及书信》，桂林：广西师范大学出版社 2004 年版，第 290—291 页。

个明确的造物主概念。[①] 卫三畏的几乎终结性的论文，给了美国汉学界注入了汉学研究的兴奋剂。由于卫三畏在耶鲁的声望和在有关圣经"译名之争"中的立场，卫三畏被人提名去接受美国圣经协会主席一职。卫三畏出任圣经协会第九任主席一职，是当时已任美国东方学会会长的先生中唯一的一人获有这项荣誉，直到逝世。

三是晚年主要学术工作是修订《中国总论》和出任美国东方学会会长。只要健康情况良好，卫三畏就投入时间认真地修改《中国总论》，但直到1879年春开始，卫三畏才静下心来着手修订《中国总论》，"对这部著作进行重新校订的意义体现在三个方面：一、《中国总论》多年以来获得了广泛的声誉；二、该书作者与中国和会中国人有着长期的联系，并在那里新近发生的事件中发挥过作用；三、汉学研究领域已获得了许多新的成果，可以作为参考。"[②] 这样繁重的修改任务，整整耗时7年，卫三畏不仅遭遇着视力严重下降、手腕与胳膊摔伤、中风和失语等身体病症，还承受着爱妻仙逝之痛苦，但他凭借着非凡的毅力和智慧的头脑，到1881年3月9日终于完成了《中国总论》1848年版的文字部分的修改，而后面所增加的三章内容（太平天国、第二次鸦片战争、中国近事）若重新撰写是相当困难的，好在其子卫斐列从欧洲赶回美国。卫斐列开始帮助父亲修订《中国总论》，除重新审定父亲已经修订的内容，还努力快速掌握新资料撰写最后三章。天遂人愿，就在卫三畏溘然离世之前的四个月，一部长达1600多页、共二十六章内容的两卷本《中国总论》终于面世，成为卫三畏一生中献给中美两国人们的最后的也是最好的礼物。以包括《中国总论》在内的汉学成果为依托，卫三畏在晚年被推选为已久负盛名的美国东方学会会长，这是他被任命为耶鲁首任汉学教授后的又一大荣誉。美国东方学会是由一些有影响的美国传教士和外交官发起的，1842年4月7日成立于波士顿，其宗旨是"促进对亚洲、非洲、波利尼西亚群岛

---

① Samuel Wells Williams, "The Controversy among the Protestant Missionaries on the Proper Translation of the Words God and Spirit into Chinese", *Bibliotheca Sacra*, October 1878, pp. 732–778.

② ［美］卫斐列著，顾钧、江莉译：《卫三畏生平及书信》，桂林：广西师范大学出版社2004年版，第297页。

的学术研究"。① 最早一批来华的传教士，也是最早的汉学研究者，如裨治文、卫三畏等，很快就成为美国东方学会的首批会员。② 卫三畏在荣任会长之前的1880年在会刊上发表一篇论文，即评述马端临关于扶桑和中国以东国家的考证文章《扶桑考》，这也是卫三畏一生在会刊上发表的唯一一篇文章。卫三畏在美国东方学会会长的位置上时间很短，不足三年，却对学会的学术事业和美国汉学的发展产生了积极的影响，其行为和榜样的力量也是巨大的。1884年5月7日在波士顿举行的东方学会年会上，新任会长惠特尼对卫三畏的去世表示哀悼，他缅怀了卫三畏在外交、传教、学术研究上的贡献，并宣读了美国长老会传教士麦嘉缔的来信，后者在信中深情地回顾了与卫三畏的交往，并称赞了卫三畏作为传教先锋的热情和勇气以及作为学者的勤奋和多产。③

第三节　卫三畏与中西文化交流

2008年8月8日，在北京奥运会开幕当天，新落成的美国驻华使馆举行了剪彩仪式。美国国务院历史文献办公室为此发行了纪念图册，题为《共同走过的日子：美中交往两百年》，其中把1833年抵达广州的卫三畏称扬为美国来华传教的先驱，对他在促进美中两国人民相互了解方面所作的贡献给予这样的概括和评价："传教士成为介绍中国社会与文化的重要信息来源，因为他们与大部分来华经商的外国人一样，这些传教士学习了中文。例如，美国传教士卫三畏就会说流利的广东话和日语。他曾参与编辑英文期刊《中国丛报》，供西方传教士及时了解中国的最新动态，方便在美国的读者了解中国人的生活。卫三畏还编辑出版了《汉英韵府》和分为上下两卷的历史巨著《中

---

① "Constitution of the American Oriental Society"，*Journal of the American Oriental Society*，Vol. 1，1843，p. xi.

② "List of the Members of the American Oriental Society"，*Journal of the American Oriental Society*，Vol. 1，1843，p. xi.

③ "Proceedings at Boston，May 7，1884"，*Journal of the American Oriental Society*，Vol. 11，1882—1885，pp. clxxxvii—clxxxviii.

国总论》。时至今日，他依然被公认为对 19 世纪的中国生活认识得最为精透的观察家。"① 很显然，传教士无疑是一架中西文化交流的桥梁。卫三畏首先是以传教士印刷工的身份来华，但在华 40 多年的生活经历，让他又增添了两种令人称羡的身份：外交官和汉学家。三种身份紧密地结合在一起，使卫三畏在中西文化交流上具有了很少有人比拟的活动能量。1855 年出任美国驻华使团秘书兼中文翻译，成为卫三畏在华事业的转折点，他从一个传教士印刷工转变为一位传教士外交家，特别是此后又多次代理驻华公使，从而将西方政治、外交和思想文化中先进成分带入中国。同时，他"在中国居住了 43 年的经历，和这一国家的开放逐步迈向顶点的历程是同步进行的"，② 使卫三畏又不折不扣地成为一位闻名西方社会的美国汉学家，"他在汉学家中的地位也从一个不知名的学生转变成一个声名显赫的权威"。③ 这位汉学家的"中学"思想和重要内容，主要以《中国总论》为载体传布到美国社会，成为"中学西渐"的积极成果，让西方人感受到了东方中国的神圣和应有的国际地位。因此，从文化身份和社会角色来看，作为一位著名的美国汉学家，卫三畏首先而有力地促进了"中学西渐"，他的汉语研究和汉学成果就是他的"中学"素养和西播的基础；而作为一名传教士和外交官，他主要地推动了"西学东渐"的历史车轮，在中国开放地区既传播西方文化，也传播美利坚民族的文化和历史，这对落后于西方的晚清中国无疑是注入了一针强心剂，对近代中国知识分子起了启迪作用，客观上有益于近代中国的变革和中国近代化进程。

（一）卫三畏与"中学西渐"

在清政府闭关和禁教政策的限制下，西方新教传教士来华后进行的直接福音传播受阻，绝大多数传教士被迫转变为间接传教，展开了创办报刊、建立学校、开设医院等辅教活动。在这批新教传教士无意间变成中国语言和文化的研究者中，还脱颖而出了一些具有相当造诣的汉学家，卫三畏就是其中最著名的汉学家。他不但是当时在华传教士中的汉语研究成果最为丰富的人，

---

① 陶德民、顾钧：《从教化到对话：写在卫三畏诞辰 200 周年之际》，《中华读书报》2012 年 12 月 19 日，第 19 版。

② [美] 卫三畏著，陈俱译：《中国总论》，上海：上海古籍出版社 2005 年版，第 3 页。

③ [美] 卫斐列著，顾钧、江莉译：《卫三畏生平及书信》，桂林：广西师范大学出版社 2004 年版，第 311 页。

而且在中国文化和中国问题研究方面也有独到的见解,成为"美国汉学之父"。因此,从文化交流的角度上来说,卫三畏这位由传教士成长而来的汉学家,以及他的这些汉语研究成果,不仅直接帮助了已经在华的传教士和其他西方人士,也影响了意欲来华从事各种事务的西方人对中国语言与文化的态度,为"中学西渐"做出了潜移默化的历史贡献。

《中国丛报》编辑、印刷和发行工作是卫三畏"中学西渐"的第一个实践性活动,历时20余年。作为卫三畏在华前半期的最重要工作,《中国丛报》对他个人的汉学研究来说,也是意义重大的。他最早的汉学著作是出版于1842年的《拾级大成》,他最早的文章是1834年发表于丛报第2卷第10期上的《中国人的度量衡》《广州贸易中进出口的货物种类》两篇文章。在《中国丛报》存续期间,卫三畏在丛报上共发表各类文章160多篇,其中有一定篇幅和质量的汉学研究的文章达114篇。卫三畏的这些文章,按照论文性质可分为中国自然史、人文史和社会现状介绍,都对西方读者起到很好的导向作用,也是进一步了解和研究中国的资料基础。同时,这些出自卫三畏之手的文章和印刷及编辑时窥阅他者的论文,都帮助了他从汉学研究的新手逐渐成长为这个领域的专家,并且为他写作《中国总论》提供了很好的训练和准备。卫三畏在《中国丛报》上所投稿数量仅次于丛报创始人裨治文(350篇),他俩的这些文章构成了美国早期汉学最重要的成果,也是美国国内民众和在华美国人认识中国的来自美国人自己的最原始资料来源,为"中学西渐"至美国的发生和发展起到了积极的作用。再从报刊本身的意义来看,《中国丛报》是近代以来第一份在中国境内创办的英文期刊,发行时间也较长,影响也是巨大的。从分量上看,《中国丛报》每卷大约600页,并不少于报纸,而从内容上看则要丰富得多,几乎涵盖了中国的方方面面(按照卫三畏索引,分为30个类别),主要涉及中国的历史、宗教、农业、儒家经典、文学作品等,特别注意报道关于中国的时事和对外关系,刊登有清朝皇帝的上谕、大臣的奏折等重要文件,为欧美国家对华政策的制定提供了重要参考。其中,中美第一个不平等条约《望厦条约》中的一些条款就是根据《中国丛报》的相关内容拟定的,它为后人研究鸦片战争史和近代中外关系史提供了珍贵的史料,因此"20卷的《中国丛报》不仅有价值极高的史料,而且还有在今天看来仍有参考价值的关于中国的研究论文"。① 《中国丛报》的停刊,无论对于创办者、编辑者还是作者们和读者们来说都是一件很遗憾的事情。作为美国最早的汉学英文期刊,《中国丛报》也为英国在内的西方学者提供了一个宝贵的学术平台,在这个平台上西方各国的汉学者得以互相交流、切磋、讨论,不断而深入的互动对于西方汉学的发展和西方社会对华的了解具有极大的推动作用,"中学西渐"就在学者们的互动中流出中国,成为一股清流融向西方的文化氛围。因此,《中国丛报》的撰稿人、编辑者、印刷者卫三畏在其中所起到的推动"中学西渐"的历史作用是不可以忽视的。

与在《中国丛报》上的优秀工作相对应的,是卫三畏稍后在《教务杂志》和《皇家亚洲文会北中国支会学报》上传播中国文化的学术活动,也是他"中学西渐"中一个不可分割的一部分。《中国丛报》后期投稿量更加减少,以至于丛报在最后几期都是卫三畏一人写稿刊发,最终导致卫三畏独木难支而将丛报停刊。马尔科姆在分析这一情况时指出,一个重要的原因是传教士来自不同的差会,且分散在沿海各地,难以像以前人数较少且相对集中时那样同心协力。② 然而在《中国丛报》停刊 17 年后的 1868 年,一份仍然由美国传教士创办的英文期刊《教务杂志》在中国福州诞生了。《教务杂志》的创刊人是美国传教士保灵,编务人员不断变更,到 1872 年 5 月第四卷出版后停刊,1874 年 1 月复刊,直到 1941 年,为双月刊,1912 年第 63 卷后改名为"The Chinese Recorder"。尽管如此,《教务杂志》的主编在大部分时间内都是由美国人担任的,投稿者只是英美籍的传教士汉学家。从杂志的性质和适用范围上来看,《教务杂志》与《中国丛报》极为相似,可以说它是《中国丛报》的一种继续,或者说是姊妹报。卫三畏曾在《教务杂志》上共发表论文 3 篇,数量虽少,却颇具分量,其中一篇是他尚在中国外交任上的作品,另两篇是他退休回美后投稿发表的论文。《教务杂志》1875 年第 6 卷上发表卫三畏撰写的论文《印刷中文的活字》。1880 年第 11 卷的《教务杂志》上发表了卫

---

① Laurence G. Thompson, "American Sinology 1830—1920: A Bibliographical Survey", *Tsing Hua Journal of Chinese Studies*, Vol. 2, No. 2, 1961, pp. 246—247.

② Elizabeth L. Malcolm, "The Chinese Repository and Western Literature on China", *Modern Asian Studies*, Vol. 7, No. 2, 1973, p. 175.

三畏回美后寄稿来的《中国的女子教育》一文。第三篇论文具有更强更深的论证性质，卫三畏在汉学研究过程中，发现中国文明的一个显著特点是持久不衰，在1882年第13卷的《教务杂志》上以《中国体制长存的原因》为题对这个问题进行详细的分析。从总体上来讲，卫三畏的上述三篇论文在当时就具有抛砖引玉的学术效果，为后来汉学家的深入探究提供了极好的理论方向和史料基础，而且这些阐述不仅符合历史事实，也有利于中国历史和文化因素的西传，增进西方人对中国的认识和了解。此外，裨治文、卫三畏等人于1857年倡议发起了以研究中国和周边国家为目标的学术团体"上海文理学会"，出版《学报》，这显然是为了继续《中国丛报》在华传教和汉学研究的事业。上海文理学会成立一年后便合并到1858年建立的英国皇家亚洲文会北中国（上海）分会，统一使用新名称"北中国分会"，裨治文出任首任会长，而《学报》也更名为《皇家亚洲文会北中国分会学报》。1861年裨治文去世后，学会和学报都处于停顿状态，1864年，在英国驻上海领事巴夏利的努力下，北中国支会重整旗鼓，学报也重新刊行。学报旧版共刊行4期（1858.6、1859.5、1859.12、1860.9），1864年12月开始学报新版第一期，到1948年第73期为止，学会和学报都终结了在华的历史使命。① 卫三畏曾多次应分会之邀作学术报告，如1858年10月26日作关于日本的报告，1866年10月13日作关于中国和琉球关系的报告，1873年1月13日作关于鸦片战争前中国情况的报告等。② 1859年，卫三畏随同美国驻京公使蒲安臣的首次进京过程，被他自己写成了报告，题为《美国使团北京之行纪实》，就刊登在当年的（旧版）学报的第3期上。而其后的卫三畏参与天津谈判以及出使北京的日记，由其子卫斐列在父亲逝世后加以整理，也是通过（新版）学报第42期（1911年）与读者首次见面。这些纪实性的文章，具有重要的史料价值，也是将卫三畏在华的见闻和体验传布到西方的主要学术活动，同样有"中学西渐"的文化意义。

---

① 王毅：《皇家亚洲文会北中国支会研究》，上海：上海书店出版社2005年版，第82—84页。

② Henri Cordier, "A Classified Index to the Articles Printed in the Journal of the North China Branch of the Royal Asiantic Society from the Foundation of the Society to the 31st of December 1874", *Journal of the North China Branch of the Royal Asiatic Society*, New Series, No. 9, 1875, pp. 201—218.

由《中国丛报》印刷和编辑中取得的学术灵感使卫三畏获得了另一个方面的本领展现，即编写汉英字典。从最初的帮助来华西方人学习汉语和福音传播进展的意愿出发，到脚踏实地地进行汉学研究，卫三畏43年在华期间编著了《拾级大成》《英华韵府历阶》《英华分韵撮要》《汉英韵府》等汉语教材和字典。卫三畏用研究汉语的笔蘸满着中西文化互动的墨汁，将中华民族的语言和文化结合在一起展露到人类文明的纸张上，向西方人提供了一个观察和了解中国的视角，也向世界文明史提供了人类文化之间求同存异的案卷。但是，第一次鸦片战争之前，能够熟练掌握中文的美商只有亨特，领事级外交官几乎无人能懂，且实际上到1854年，领事职位皆由商人兼任。而传教士中却有多人，除裨治文外，还有卫三畏、伯驾、勃朗、特雷西等人，所以当顾盛使团来华时，也只能请传教士帮忙做翻译工作，此后传教士被借用的情况一直延续到19世纪60年代，传教士外交官的现象是美国早期对华外交的重大特点。同样是难学的汉语，为什么传教士就能够掌握呢？问题的关键在于动力和目标不同。传教士来中国，志在改变中国人的信仰，这就要求他们了解中国人的心理，知道中国的历史和文化，而这一切的基础便是掌握汉语。[1] 第二位来华的伦敦会传教士米怜这样表白自己的心迹："我认为要学好这门语言是非常困难的（我至今都没有任何理由改变这一看法），并且确信，对于一个才能平庸的人，需要长期的努力，需要勤奋、专注和坚持不懈，因为掌握汉语知识后就能够为基督教事业做出更大的贡献。因此，我下定决心，只要上帝赐给我健康，我将竭尽全力，即使进步缓慢也不灰心沮丧。"[2] 不能否认，从19世纪以来中西关系的交流不畅的原因很多，其中语言不通是一个重要原因，即使到所谓全球化的今天，语言不通畅也是文化交流障碍的原因之一，只可求进而不可求同的，多元化与一元化的差异永恒存在。卫三畏算是有语言天赋的西方人，其汉语能力超越了他的老师之一裨治文。裨治文是《望厦条约》谈判时美国方面的主要翻译，其时他已来华十多年了，但据中方

---

[1] 顾钧：《鸦片战争以前来华美国人的汉语学习》，《江苏大学学报》（社科版）2012年第4期，第42页。

[2] William Milne, *A Retrospect of the First Ten Years of the Protestant Mission to China*, Malacca: The Anglo-Chinese Press, 1820, p. 103.

谈判人员的说法，他的口头表达能力仍十分有限，"以致两情难以互通，甚为吃力"。[1] 在马礼逊《华英字典》（1817年出版）的基础上，1837年至1838年卫三畏参与了由裨治文主持编写的《广东方言读本》。《广东方言读本》于1841年在广州出版，是美国人编写的第一部学习汉语的工具书，也是在中国写作完成的第一本练习广州方言的使用手册，具有重要的意义。裨治文也因此获得殊荣，1841年7月14日美国纽约大学授予他神学博士学位。[2] 卫三畏将字典编纂工作推向了极致，先后有四部字典面世，从而奠定了他作为传教士汉学家的学术基础。在回顾中美《望厦条约》签订前的中外交往时，卫三畏特别强调了掌握汉语的重要性，他说："无论是商人、旅行者、语言学者，还是传教士，都应该学习汉语，如果他们的工作使他们必须来到中国的话。说以下这句话是一点也不冒昧的：如果所有的人都掌握了汉语，就可以避免外国人和中国人之间的恶感，也同样可以避免在广州造成人员财产损失的那些不愉快的事件；中国人对于外国人的轻视，以及过去一个世纪以来双方交流的备受限制，主要原因是由于对汉语的无知。"[3] 在卫三畏独立编写的汉语工具书中，《汉英韵府》是汉语研究的一部集大成之作，成为美国汉学史上的一座丰碑，与《中国总论》一起构成了卫三畏是美国汉学第一人的奠基之巨著。卫三畏的这些汉语研究及其成果，既有利于当时在华西方人学习汉语和传教士布道之用，又引发了鸦片战争后美国人编撰汉语字典的热情和大量著作的面世，从而帮助了在华的西方人和即将赴华的西方人，增进了这些西方人对中国及其文化的了解和研究。

在汉语研究的基础上，卫三畏进入了更加系统化和学理化的中国文化研究，使自己的汉学研究更为完整和深入。他所编撰的词典中，以英语为研究工作的参照系，将粤方言、闽方言以及中国其他方言进行比较分析，构建起比较语言学的教学体例，蕴含实用主义的特征，在某种程度上极大丰富了美国人对"中国形象"的认知经验，对于同时代的美国人中国观的形成有着非

---

[1] 文庆等纂：《筹办夷务始末》（道光朝）第72卷，台北：文海出版社1970年版，第4页。
[2] Alexander Wylie, *Memorials of Protestant Missionaries to the Chinese*, Shanghai: American Presbyterian Mission Press, 1867, p. 68.
[3] S. W. Williams, *The Middle Kingdom*, New York: Wiley & Putnam, 1848, p. 500.

同寻常的意义。卫三畏以对汉语研究坚持不懈、精益求精的研究精神,从"语言—文化—人文精神"三个维度不断构建美国汉语教学体系,不但有力地改变了以往片面重视汉语典籍研究、轻视语言实践的欧洲汉学传统,而且奠定了重视现实需要、强调实用价值的美国中国学模式的基础。①《中国总论》就是卫三畏在印刷工作期间撰写和晚年退休在美修订的一部美国早期汉学的巅峰之作,也是美国第一部关于中国的百科全书。由于受到时代和他自身因素的影响和束缚,在进行中西文化比较时,《中国总论》反复强调的一个论点是:"中国人不仅需要标志西方文明的技术,而且还需要耶稣基督的教义。"②这实际上正是卫三畏的传教士信仰的集中体现,因为认识中国和"耶稣拯救中国"是卫三畏来华工作的精神动力和传教宗旨。1883 年版的《中国总论》修订本,使现代中国的形象在古代中国的背景中更加凸显出来。在增删中国事务的内容时,贯穿其中的主旨仍然是中国文明虽然是异教国家中的最文明国度,却因为到近代后文明处于停滞状态而必须需要基督的拯救。《中国总论》这种大而全的汉学著作,在美国汉学史上可谓前无古人,后无来者,它最重要的价值,是在于提供全面而准确的中国信息,其中也不乏作者的研究心得,是一部很不错的中国情况的学习入门书和普及性读物。尽管不是具有很强的学术价值,但它却使美国早期汉学达到一个顶峰,也是促成了卫三畏由美国传教士汉学的中心人物变成了以耶鲁学院为首创的美国学院式汉学第一人的一个重要因素。特别是《中国总论》中有关中国各个方面情况的详细介绍和评说,成为"中学西渐"的珍贵而丰富的资料,成为包括美国人在内的西方人了解中国及其文化的重要信息载体,其影响力一直延续到了 20 世纪,并且在今天,当学者们要研究 19 世纪中西关系的时候,仍然要参考卫三畏在《中国总论》中的相关记载和论述,原因之一也许是:"卫三畏的长处在于,虽然在很多问题上没有什么创见,但也没有什么明显的错误。"③

晚年首任耶鲁学院的汉学讲座,是卫三畏致力于"中学西渐"的现身说

---

① 张颖:《卫三畏与 19 世纪美国汉语教学的初创体系》,《岭南师范学院学报》2017 年第 5 期,第 54 页。

② John King Fairbank, "Assignment for the 70's", *The American Historical Review*, 1969, No. 3, pp. 865、866.

③ 顾钧:《卫三畏与美国早期汉学》,北京:外语教学与研究出版社 2009 年版,第 144 页。

法。就像他高兴于"古老的中华民族及其语言在耶鲁得到承认"的喜悦心情一样,卫三畏"老骥伏枥"的学术精神,为受到他感染的进入汉学研究领域的人带来了激励,这更让他感到"老有作为"的快乐和满足。而与哈佛大学第一位汉学教授、中国人戈鲲化(1836—1882)的私人交往,是卫三畏晚年生活中的一大乐趣,也是美国汉学史上的一段佳话,也是中美文化双向交流的共时空进行的典型事例。来美不久,戈鲲化就与同行的耶鲁教授卫三畏取得了联系,在异乡他国能够遇到如此精通中国知识的美国人,他自然是欣慰的。而卫三畏亦是高兴,并将自己引以为豪的汉英字典《汉英韵府》赠送给戈鲲化,帮助他学习英文。《汉英韵府》本是卫三畏为学习汉语的西方人编写的,但也同样可以作为中国人学习英文的工具书,这种双语字典可以起到文化的双向交流作用。戈鲲化和卫三畏之间互相通信,也曾相互拜访。1881 年暑假,戈鲲化曾利用休息时间,从波士顿来到耶鲁学院的所在地纽黑文,到卫三畏的家中拜访,希望能够商讨一些学术问题,不想卫三畏恰好因事外出,不得谋面。同年 12 月 20 日,戈鲲化致信卫三畏,除对暑假的未遇表示遗憾外,还希望和卫三畏在圣诞节假期间见面,信名为"赠耶而书院华文掌教前驻中国使臣卫廉士(三畏)",落款为"光绪七年诗赠卫廉士星使即请教誨中华愚弟戈鲲化"。[①] 随信附录他的新诗一首:皇都春日丽,偏爱水云乡。绛帐遥相设,叨分凿壁光。并写出了这首诗的韵律:平平平仄仄,平仄仄平平。仄仄平平仄,平平仄仄平。更指出这首诗中所用的典故:《后汉书》中马融设帐授徒和《西京杂记》第二卷中匡衡凿壁偷光。戈鲲化解释这首诗的意思是:前两句乃是指卫三畏远离繁华寓居学府的品格和境界,第三句指二人在耶鲁和哈佛分设汉学教席的情形,第四句用"凿壁偷光"的典故来形容自己和《汉英韵府》的关系,"匡衡勤学而无烛,邻舍有烛而不逮,衡乃穿壁而引其光,以书映光而读之",很显然,戈鲲化自比匡衡,而把卫三畏赠其字典比作能够帮助自己克服学习英文困难的助力,以此诗向卫三畏表达谢意。不幸的是,任教未满三年,戈鲲化因患重感冒并发肺炎,在 1882 年 2 月 14 日病逝于波士顿坎布里奇寓所,享年 47 岁,使这段中美学者间的交谊戛然而止,卫

[①] 张宏生:《戈鲲化集》,南京:江苏古籍出版社 2000 年版,第 267 页。

三畏失去了一位可以请教的中国朋友，两年后卫三畏也撒手人寰于耶鲁，为这段人间友情画上了完美的句号。耶鲁和哈佛是最早的美国汉学研究的两座重镇，卫三畏是第一个由美国人自己出任的中国语言文学教授，戈鲲化是美国第一个来自中国的中国语言文学教授，而且他们二人都被认为是在美国本土促进中美文化交流的开山之人。戈鲲化这位中国学者的美好形象永远留在美国汉学发展的史册中，成为中美两国人民友谊的历史见证。1889年，卫斐列在为父亲卫三畏撰写的传记中深切地缅怀了这位中国人："戈鲲化教授是一位和蔼、有教养的绅士，他的温文尔雅和正直的品质直到今天还留在坎布里奇的人们的记忆中"，"他的诗歌和他的儒雅风范将永存世间"。[①]

"中学西渐"在美国的潜移默化，也充分体现在卫三畏个人的身上。1883年10月，历时七年的修订《中国总论》的巨大工程终于完成了。捧着第一本装订好的《中国总论》修订版，卫三畏平静地等待着上帝的召唤而变得日渐委顿，那个遥远而不可再及的中国，他的第二故乡、他的收养地，留在他的精神世界里的影响力就是让他在弥留之前就像一些大彻大悟的中国人一样，用安详和满意来迎接死神："在他临终前见过他的人都不会忘记他平静和坚贞的面容，那面容似乎已经带上了另一个世界的安详。（1884年）2月16日星期五晚上，经过了一天的不省人事后，他突然从床上坐起来试图讲话，但一句话也没有说出，就又躺倒在枕头上，停止了呼吸。这是他一直盼望的安乐死——在完全平静中离去，这为他平和的一生画上了一个完整的句号。"[②]卫三畏逝世后，葬礼于2月19日在耶鲁学院的教堂举行，由学院的牧师巴勃尔博士主持，波特校长、克拉克博士、美部会的秘书等人先后致辞。第二天在伊萨卡他的弟弟R. S. 威廉斯家里又举行了一个私人的告别仪式。随后，卫三畏被安葬在"常青墓地"，紧挨着他的父亲和妻子，周围是许多先他去世的亲戚和朋友。中西合璧的葬礼文化在美国的土地上，在一个人有两个故乡的卫三畏身上得到了完美的结合，是一个多美的人生结局啊。

[①] ［美］卫斐列著，顾钧、江莉译：《卫三畏生平及书信》，桂林：广西师范大学出版社2004年版，第306—307页。

[②] 同上，第312页。

(二) 卫三畏与"西学东渐"

卫三畏是实实在在的一个传教士,将福音作为终生的奋斗目标,并在传教和世俗的领域里使基督福音传播成为19世纪中华大地上的一项重要的"西学东渐"内容,实现了他所谓的"耶稣拯救中国"理想。从传教士印刷工的角度看,卫三畏传入了西学的文化与科技;从传教士外交官的角度看,卫三畏传入了基督信仰的人文精神,以及推动中国西化的近代化精神。相对于走向腐朽败落的封建清王朝来讲,这种西学都是极为重要的强心剂和起死回生的苦口良药,但不为满清所重视和学习,从而走向了优胜劣汰的历史归宿。作为本书的研究主旨,我们不应过多地指谪传教士的历史罪责,而应该更好地看到传教士入华以来给中国人和中国社会进步等方面所起到的历史作用,只要传教士不是那么十恶不赦的侵华分子和殖民分子,我们都应该胸怀宽广地评论他,既能清醒认识他的西方中心主义的历史局限,又能客观而尊敬地对待他给予中国的贡献。因此,有必要深入地探清卫三畏在"西学东渐"方面为中国及其人民带来了什么样的"福音"。

(1) 传教士竭尽全力地向中华大地输入他们所谓的最高文明的基督信仰。新教是基督教入华传播的第四次,尽管新教传入中国远比天主教和东正教为晚,但它无论在人数、地域和影响等方面都超过之前的三次。如果仅从受洗信徒的人数来衡量传教效果的话,新教福音同样是失败的,即便通过两次不正义的侵略战争,在华的传教活动被作为特权列入条约,传教士得以进入内地,来华传教士人数亦随之剧增,但都改变不了福音传播的种种意料之中的失败。历史已经充分证明,福音入华成为信仰的正统思想,是不可能实现的,当今绝大多数有识之士都明确表达了这种观点。原因很简单,就是中西两种文化是完全异质的、并列发展起来的两种文明,之间只存在交流和借鉴,而不存在取代和消灭,更何况中国文明具有强大的同化力,可谓海纳百川,有容乃大。但又必须看到,尽管基督教的精神和文化精华不能成为中国社会的文明主流,但它的某些文化形式和文明范式还是被一些中国人或一些文化领域所欣赏和采纳,成为传统文化和现代文明相结合的中国现代化的重要资源。

卫三畏作为近代来华的新教传教士,他的直接传教成果相当低,几乎不值一提,但他却以一生不移的福音信仰孜孜不倦于他的传教事业。在直接传教受阻后，卫三畏转而借助于文字传教的隐性模式，使"儒耶合一"的理念成为基督教传播的有效手段，深入研究中国和中国文化，希望通过自己的努力来增进美国人对中国的了解，例如《中国总论》的更大动机就是"增加基督徒对于中国人民的关注，并且展示他们是多么值得用基督教的教义去教化，施行这样的教化可以使他们的政府免于混乱，使人民免于鸦片造成的堕落和对灵魂的永久伤害"。① 在字典《汉英韵府》"前言"的最后部分，卫三畏也强调了他最终的基督目的："我从事这一工作并且相信它不会是白费力气，是因为我期望它有助于那些正在中国传播各种真理的人，特别是传播宗教和科学真理的人，只有掌握了这两类真理才能使中国成为基督教国家而得到提升。"②在卫三畏的身上，我们能够看到的既有传教士的福音意识，也有他试图改变西方人对华偏见的一种努力，如同他在 1848 年版《中国总论》中写道："我们不想将中国描写得比它实际的要糟，也不想大谈特谈它的优点而使人感觉它不需要福音。"③ 卫三畏的三种身份：印刷工、外交官、汉学家，归根结底都是传教士的外化形态。在他看来，基督教代表着文明，而异教国家则代表着不文明或半文明。因此，他给晚清中国的定位是：现存异教国家中最文明的国家。这个定论，在 1848 年版的《中国总论》中就清楚地表达出来，就是过了 35 年后的《中国总论》修订版中他也不改初衷。但是，我们也应该看到，卫三畏的中国观比同时代的其他西方人要公允和冷静得多，这是传教士和汉学家能够给予晚清中国的最高评价了："卫三畏希望纠正 19 世纪以来西方人对于中国的轻侮和无知，但他没有从一种居高临下的优越感中解放出来，他确信，虽然中国绝不是未开化的国家，但中国在文明程度上要落后于基督教国家⋯⋯他生活在中国的年代，清王朝正在走向衰落，庞大的中华帝国已经被数量很少的英国军队所打败，并且处在内战中，当他将中国和工业革命后日益富强的西方世界进行比较时，他几乎不可能再有 18 世纪欧洲人看待康

---

① "Samuel Wells Williams to Sarah Walworth, 23 August 1847", *Samuel Wells Williams Family Papers*, Yale University Library Manuscript Group 547, addition, Box 2.

② Samuel Wells Williams, "Preface", *A Syllabic Dictionary of the Chinese Language*, Shanghai: American Presbyterian Mission Press, 1874, p. x.

③ Samuel Wells Williams, *The Middle Kingdom*, New York & London: Wiley and Putnam, 1848, Vol. 2, p. 99.

乾盛世时的那种敬畏和羡慕之情。"① 这样的中性偏负的看法,是卫三畏为福音入华作理论垫调的:"不过他们已经竭尽所能,无需福音之助,达到自己的最高点;在不远的将来,基督教的引进,以及伴随的影响,将改变他们的政治社会制度。在人类中如此强而有力的集体能够取得这一革命的兴起和进步,将成为19世纪世界史中最引人注目的部分,将解决是否可能提高一个民族而不在中间步骤上出现瓦解和重建的问题。"②

(2) 传教士在中国有着潜在的影响,这种影响以非宗教为多。传教士虽不是至晚清才出现,但传教士作为一个整体,甚至是一个阶层符号深刻影响中国的学术、文化、教育、科技、政治、医学等领域却自晚清开始。尤其是在1850年至1900年间的半个世纪里,传教士们异常活跃,在编译书籍、创办报刊、兴建学堂等方面的成就十分明显。传教士的形象是多元的,从学术史上看,传教士还有另外一个重要身份,即汉学家。③ 正因为如此,传教士来华后的活动的非宗教内容增多,主要表现在传教士文化传播的双重作用。作为中美文化交流的载体,美国传教士的活动直接体现了中美文化双向交流的进程。他们是基督教文化与近代西方文明的载体,作为文化传播者,传教士向中国介绍了西方文化,对近代中国知识分子起了启迪作用,客观上也推动了近代中国的变革,对中国的近代化起过促进作用。同时,由于他们长期在中国进行宗教、文化教育事业,他们也就不可避免地受到中国文化的熏陶,在不同程度上吸收中国文化,美国人民通过他们的传播以及他们的著作,更多地了解中国的文化和中国的社会。传教士身兼中西文化的传播者和接受者,他们在中西文化融合与会通中的作用不容否定。对于传教士的文化作用,费正清如是评价:"随着对中国文化传统越来越多的了解,传教士作者们受到了深刻的影响。他们努力以学者的角色适应中国文化传统并致力于在这种传统中发挥其影响力,在此过程中,他们发现自己站在双行道上。他们在把中国的形象传递给西方的同时,也使中国人形成了对外部世界的看法。他们的个

---

① Kenneth Scott Latourette, "Samuel Wells Williams", Notes on *Far Eastern Studies in America*, No. 12, Spring 1943, p. 6.
② [美]卫三畏著,陈俱译:《中国总论》,上海:上海古籍出版社2005年版,第31—32页。
③ 刘开军:《来华传教士与晚清史学批评》,《人文杂志》2013年第4期,第93页。

人目的是在宗教方面影响中国人，但结果他们的历史职能是进行观念和形象的双向传递。"①

就"西学东渐"的方向而言，传教士对华文化传播主要集中在西方科技、开放观与近代化思想的输华内容上。"西学"这一名称的最早提出者是冯桂芬，1861年他在《采西学议》一文中首次将西学的范围扩大到坚船利炮以外的自然科学和工程技术，这显然已初具"中体西用"的思想框架，肯定了采西学、制洋器、筹国计、改科举的必要性，但没有超越出"言技"的范畴。从本质上讲，西学是近代资本主义的一切学问的统称，不但"言技"，也是"言政"，才是富国强兵的出路。西方资本主义的东侵，带来了与东方完全不同的异质文明，而这种东方式的异质文明正是西方要去改造的对象。在早期美国普通人眼里，中国是一块土地美丽富饶，但精神文化落后的地方。这里的"精神文化"落后，是相对于体现基督教教义的精神文化而言。这就激发了年轻的美国人来华传教的使命感，他们肩负宣扬上帝福音、启迪中国人思想、改变中国人落后愚昧的使命来到中国。美国新教传教士适应了"西学东渐"的潮流，把传教和宣传西学结合起来，在华开展报刊报道、创设学校、翻译出版西书、建立医院等活动，在中西文化交流中扮演了重要角色，客观上促进了西学在中国的传播。从本质上看，西方传教士向中国输入西方的文化，正是人类思想、文化交流的必然趋势。"西学东渐"在整体上有利于中国人的文化科学知识的积累和思想意识的提升，对晚清中国的社会进步具有潜移默化的推动力。传教士作为"西学东渐"的桥梁，给中国的知识界和文化界带来了一场前所未有的新刺激，对明清之际乃至有清一代的学术思想产生了深远的影响。不过，传教士作为中西文化交流的媒介并不是最理想的，因为他们来到中国的目的，主要是为了传教，并不是为了传播科学文化。因此，对传教士的"西学东渐"的历史功绩必须有正确而辩证的认识，予以实事求是且具体问题具体分析的研究。

（3）参与中国西化、近代化改革，是传教士"西学东渐"活动中的一项隐性内容，但却对近代中外关系的转向和性质产生了巨大的影响。而实际上，

---

① ［美］费正清著，陶文钊编选，林海等译：《费正清集》，天津：天津人民出版社1992年版，第239页。

传教士走上传教士外交官的道路，固有晚清政府的种种禁教政策的外因，更重要的是传教士的福音责任感，使他们在传教受阻时自然会寻找其他有助于传教的各种途径和方式，只要达到"耶稣入华"的基督教化中国的最终目标，可以无所不用其极的。但中国人民迫切要求解决饥饿问题时，传教士却送来了《圣经》，不受中国人民欢迎也完全可以理解。特别是在美国，这个自独立以来就一直执行政教分离的国家，照样是在传教士的开路先锋的作用下，将第一个条约，而且首先就是以不平等条约来开始中美之间的国家间关系。以中英《南京条约》为滥觞，到中美《望厦条约》的奠基，再到中法《黄埔条约》的巩固，不平等条约所强加到晚清中国身上的，不是近代西方所宣扬的自由资本主义的国际关系，而是西方对古老中国的殖民主义的发轫，是中华民族一百多年的屈辱史的开端。历史的假设面也存在一定合理性，因为"量中华之物力"持久地战斗下去，英国绝非对手，毕竟它是劳师远征而且国力有限。这不是无稽之谈，两个例子可证明：八国联军应该很强的，对虽然覆灭的义和团运动也是心有余悸，八国联军司令德国人瓦德西将军感慨万端："此外更有一事，亦复不应忘去者，即吾人对于中国群众，不能视为已成衰弱或已失德性之人，彼等在实际上，尚含有无限蓬勃生气，更加以备具出人意外之勤俭巧慧诸性，以及守法易治。"[①] 因此，"无论欧美日本各国，皆无此脑力与兵力，可以统治此天下生灵四分之一也"，"故瓜分一事，实为下策。如欲行此下策，则后患又不可不防矣"。[②]

回到传教士在两次鸦片战争的悲剧时代，晚清西化的进程中，传教士之功不容忽视。可以这样说，每一次语言转换，都有传教士本人的个人意志包含其中。中英《南京条约》的谈判签约，担任翻译的是两位传教士，一位是最早来华的新教传教士马礼逊的儿子马儒翰和德籍传教士郭实腊。这两位传教士都是近代中外关系史上显赫的宗教和政治人物。1844 年顾盛使团来华，没有传教士伯驾的回国提议和鼓动，至少推迟多年才能成行，而美国能够轻

---

① 《瓦德西拳乱笔记》，中国史学会主编《中国近代史资料丛刊》（义和团卷），上海：神州国光社 1951 年版，第 87 页。
② 《八国联军志》，中国史学会主编《中国近代史资料丛刊》（义和团卷），上海：神州国光社 1951 年版，第 244 页。

松取得对华的各项在《南京条约》中的权利，除了英国的先例外，没有美国最早来华的传教士裨治文、伯驾和卫三畏的语言转换和尽力帮助，无法想象美国外交官能够理解"利益均沾"和"最惠国待遇"历史作用使美国已然超过了同期的英国在华利益，又成为英国感谢的对象和效仿的目标。从这个意义上来讲，在签订中美不平等条约时，美国在华传教士充当对华谈判代表，成为美国侵犯中国主权的帮凶，在近代中美关系史上扮演了不光彩的角色，这是不可抹煞的历史事实。美国早期来华新教传教士，视对晚清中国的军事入侵为"道德拯救"，进而延伸到中国的政体改造，即"西化"，和对中华民族劣根性的批判，即"基督化"，因而他们受到中国人民的反对和憎恨是理所当然的。的确，中国的近代进步必须在与世界交往中进行，但包括卫三畏在内的传教士们显然是把美国在内的西方列强当成了中国走出封闭状态的政治救世主，"帝国主义列强侵入中国的目的，决不是要把封建的中国变成资本主义的中国，帝国主义列强的目的和这相反，它们是要把中国变成它们的半殖民地和殖民地"。①

西方武力侵略侵华下的"近代化"，对近代中国而言也不失是一种警醒和榜样的力量。对放眼看世界的先进中国人来讲，近代化是晚清中国走出中世纪而融入近代国际大家庭的共性，也是摆脱落后挨打、实现富国强兵的良药秘方。近代中国人民开始的一轮轮的实业自强和维新变法的改革运动，对中国社会变革和进步产生了积极的影响。首先，传教士外交官的活动，使晚清政府和中国人民了解和学习西方外交国际化知识，进而看到了西方资本主义的政体模式。19世纪70年代中期，时任美国驻华使馆秘书兼翻译的代理公使卫三畏曾力劝李鸿章积极推行"西化"。但李鸿章表示："西化为必须，但不能行之过急，中国环境不成熟。"对此，卫三畏深感遗憾，致函美国政府表示："鸿章若过于急进，将不能久于其位。"② 其实，李鸿章有此考虑，完全出于自己对中西文化关系的认识，又考虑到举朝文化保守主义的严重，故恪守"中体西用"原则而绝不越雷池一步。清朝地主阶级中的洋务派进行洋务运动

---

① 毛泽东:《中国革命和中国共产党》,《毛泽东选集》（一卷本），北京：人民出版社1964年版，第590—591页。

② 窦宗一:《李鸿章年（日）谱》，1874年10月19、20日条。

的不合时宜，在1895年中日甲午战争中宣告彻底失败，反过来又证明了"器物改革"是不能挽救清政府的危险局面，更莫提走向富强的近代民族之林了。

其次，传教士服务于中国政府的洋务机构和维新场所，从事翻译西书，介绍西方文化，以启发中国民智的工作。实际上，传教士肩负着福音传教之外的西学传播者的责任。中国的"西化"和"近代化"，无论从内部的自发还是从外部的输入，都需要西学人才。西学人才包括现成的在华传教士和各类西方人，又包括在中国被培养出来的西学人才。传教士不仅大多数受过高等教育，文化素质比其他在华外国人高得多，有能力成为西学的传播者，加之只有他们对受聘于清廷感兴趣。[1] 因此，不少传教士成为当时著名的京师同文馆、上海广方言馆、江南制造总局翻译馆、广州同文馆等洋务机构中的雇员。传教士还与中国的改革派和当权者直接交往，以加速中国"西化"进程。通过与维新派的直接交流，传教士的一些改革建议变成了维新派变法计划的一部分，有助于改革派形成自己的方法、思想和世界观，正如费正清所言："基督教传教士在最初唤醒中国人使之感到需要变法这一方面，曾起过重要作用。"[2]

最后，我们要看到的是，传教士外交官的在华活动，也影响了清政府对外关系的处理上，主要包括：蒲安臣使团的修约活动和驻外使馆的建立。前者发生在卫三畏任职美国驻京使馆期间，后者是卫三畏退休回美后发生的事，驻美副使容闳就是他的中国朋友。1875年陈兰彬和容闳率领中国第一批留学幼童30名赴美，两人后于1878年被任命为清政府驻美正副公使，建立了与美国公使在京建立的对等的驻美机构。驻外公使机构的建立，既可看成是晚清中国被迫走向开放的一种结果，又可看作是"西学东渐"对华影响下的一种必然近代化的趋势。清政府像西方诸国那样利用外交机构和外交手段，不仅尽力维护了在海外的华人合法的利益，也有效地维护了中国在国际上的主权尊严和民族地位，尽管不尽如人意，但努力维护国家主权和争取合法的国际权益的精神应该得到肯定。

---

[1] 王立新：《美国传教士与晚清中国现代化》，天津：天津人民出版社1997年版，第341页。
[2] ［美］费正清：《剑桥中国晚清史 1800—1911年》（上卷），北京：中国社会科学出版社1985年版，第633页。

第五章 卫三畏的中国观及其评析

从历史辩证法的观念来看,"中国观"既含有符合"中国"这一观察客体的某些内容,同时也不可避免地带有观察者个人或群体的局限,乃至于偏见所带来的对"中国"的曲解。从本质上来讲,中国观是一种文化上的互识现象,即一种文化对另一种文化的体察和认知。认识中国是有许多视角的,其中,从中国历史文化去认识中国是一个重要视角。早期的美国人就是通过在广州贸易期间,从中国历史文化和现实状况来认识中国、介绍中国,从而形成他们所谓正确的"中国观"。从19世纪30年代开始,美国新教传教士来华,正是传教士与中国接触之后才产生了美国人自己的以文字为载体的思想结晶,他们将他们眼中或笔下的中国和中国人向西方人介绍,美国"中国观"由是开始了传播的过程,而且随着不断的世界资本主义经济一体化进程而呈现萌芽、变化、发展的序列之中。对早期美国"中国观"进行比较深入的探究,会有助于认识美国"中国观"的发展史,也有助于理解当前中美关系发展的不确定因素和积极方向。作为美国早期来华传教士之一,卫三畏的"中国观"既受新教传教士所处时代及其特定身份的制约,同时也是在美国早期"中国观"的基础上向前发展的历史产物。这样的中国观深深影响了美国人对中国的基本看法,引起了美国民众对中国的持续而深入的关注:"紧跟商人之后,是第一批到达中国海岸的美国传教士。随后,越来越多的传教士前往中国,在19世纪30年代最早开始时仅为三三两两的形式,接着是数十人,然后是数以百计,最终发展为数以千计。这种迁移使中国成为美国传教事业莫大的、独一无二的舞台。传教业以及参与此业的善男信女们,为美国人对中国看法的情感基础打下了永久的、决定性的烙印。从19世纪到现在,他们在几代美国人的心目中留下了痕迹,这种痕迹通常是最明显可见的、异常持久的，并具有极强和广泛的影响力。正是由于美国在中国的传教努力，而不是其他任何事情，才使中国在美国公众中占据着独一无二的地位，才使中国在美国人的良知中有着特殊要求的权利。"[1] 因此，抱着历史客观、和平友好和文化交流的精神，对卫三畏的"中国观"做些历史性的梳理，对其成因和特点作出较客观分析，突出他相对公正的"中国观"，是有利于厘清在他之前的西方人"中国观"不实之言、成见偏见甚至诬陷之词，也有助于消解长期以来中国人对美国人中国观"仇视"的误解，抱着"它山之石可以攻玉"的文化交流原则，是裨益于世界文化发展的。

第一节 卫三畏的宗教信念和现实关怀

在整个近代史上，包括早期来华的美国新教传教士在内的传教士的宗教热情几近狂热，企图凭借"福音"实现他们所谓的"征服中国""拯救中国"的使命。然而，"让耶稣进入中国"的美好愿望实现起来并不像传教士想象的那么简单，在世俗社会里，特别在近代中西交往极为不畅的历史条件下，几乎是不可能成功的实践。众所周知，基督教对华传播史是一个多次反复又重新开始的重复过程，在唐代、宋元和明清之际的三次入华，每次重新开始时都要从头做起，同时还借助一些其他的外力作用。基督教不同分支在华力量也是不均衡的，唐代景教如昙花一现，宋元时期的天主教势力不大，而利玛窦1582年在肇庆立足到1736年雍正皇帝逝世，长达150年间耶稣会士也是在合儒或补儒的策略下谦卑地传教。到19世纪以后，基督教在中国开始了第四次传教运动，这次运动能够稍微借助于以前几次对华传教打下的基础，并且以新教的势力为最大。1807年英国伦敦传道会传教士马礼逊牧师抵达广州，以东印度公司雇员身份为掩护，从事译经传教等活动，此为基督教新教入华的开端。1830年美国新教传教士裨治文牧师也到达广州，以创办《中国丛报》

---

[1] [美]哈罗德·伊罗生著，于殿利等译：《美国的中国形象》，北京：中华书局2006年版，第39—40页。

作为文字传教的内容。此后，欧美传教士如郭实腊、麦都思、卫三畏、伯驾等人先后来华传教。1840年第一次中英鸦片战争爆发，中国禁闭百年的大门终于被打开，各种不平等条约为西方传教士来华传教大开方便之门。随后，欧美各国基督教传教士活跃在晚清中国的外交、政治、文化、教育、科技和慈善事业等各个领域。这些来华传教士，虽然不同程度上与其他来华外国人有着千丝万缕的关系，但他们并不等同于那些谋求经济利益的商人、谋求特权与让步的外交官和军人，"唯有传教士不是为了获取利益，而是要给予利益，不是为了追求自己的利益，而至少在表面上是为了中国人的利益效劳"。①

新教传教士来华是为了传播基督教，企图用基督教文化征服和取代中国文化，为此他们不择手段地借助可以达到基督福音的任何手段，包括参加西方资本主义国家为了政治经济利益而发动的侵华战争和不平等条约的签订。但传教士对此还不满足，因为这些都不是他们的最终的真正使命，他们的真正使命是要改变中国人的"异教"信仰，以及与信仰相关联的所有道德、价值观和风俗习惯，即整个生活方式。他们的宗教热情几近疯狂，甚至达到了"基督征服中国"的地步，正如1877年传教士杨格非所说的那样："我们来这里不是为了发展国家的资源，不是为了促进商业，也不仅仅是为了促进文明的发展。我们在这里是为了同黑暗势力进行斗争，拯救世人于罪恶之中，为基督征服中国。"② 也就是说，只有用西方基督教文化彻底改造中国文化和社会，才能完成他们作为传教士的历史使命，"终有一天，福音将在中华帝国获得胜利，它那众多的人民将归向基督"。③ 但是基督教传教士的福音传布中国的意愿并非一帆风顺，他们在华的传教努力没有带来预期的理想效果，特别是他们从事的教育事业、兴办医院慈善事业、文化出版工作等等，也是需要经过较长时间才能显示影响力。这种事与愿违的传教状况，是近代中国与西方世界之间存在的巨大差异所造成的。分析传教受阻的原因，有助于我们理

---

① [美]费正清编：《剑桥中国晚清史》（上卷），北京：中国社会科学出版社1985年版，第584页。

② [美]杰西·卢茨著，曾钜生译：《中国教会大学史》，杭州：浙江教育出版社1987年版，第10页。

③ Eliza J. Gillett Bridgman ed., *The Life and Labors of Elijah Coleman Bridgman*, New York, 1864, p. 22.

解卫三畏来华后主张儒耶合一传教方式的思想认识和历史过程，也让我们能更好地理解中西文化交流方面遵循求同存异、和谐共存的历史经验和现实意义。

　　传教士面临传教的最主要障碍是晚清中国政治上的阻拦。在清朝禁教和闭关自守期间，传教士赴华，只得乔装打扮，潜入内地，"昼则隐伏，夜则巡行"，有时"藏身舱内，数月不敢出，夏日溽暑，蒸热难堪"，[①] 他们的传教事业在中国无法获得必要的发展，他们狂热的宗教信仰在中国无法找到实践的突破。清政府禁教法令的根本，就是彻底禁止基督教在华传播，凡涉及传教士的一切都在禁止之列，首当其冲的是传教士本人在中国的居留问题，没有居留权，来华传教士人数就会越来越少，若贸然留在中国，一经查出即行遣返。总之，中国政府就是这样对待每一个"胆敢"来到他们领土上的"野蛮人"，作为一种体制，它已经维持了两个世纪。……1841年对这些带有藐视性的政策的反抗最终酿成了（鸦片）战争，而在那场战争之前。无论是就民情还是文明而言，中国都还没有走出中世纪。[②] 很明显，清政府禁教政策严重妨碍了传教士在华的福音事业。但事情并非一成不变的，长时间住在一起的来华传教士和商人，逐渐结成了鼓吹和实施"打开中国大门"的同盟，而一些有语言天赋的传教士在努力学习好中文的同时，恰好有条件介入对华政治的外交活动之中。为了要使基督教能够在华顺利传播，传教士们直接想到的是借助着本国对华的政治或军事行为的推动。当回顾鸦片战争前后的那段历史，我们也就能够理性地理解时人将近代来华传教士视为侵华急先锋的情理了，"外国传教士来中国的主观动机，往往是出于传教热忱，但在政治上大概站在侵略者各自政府的一边，加上他们中有的还直接参与他们本国侵略中国的活动，理所当然地激起中国人民各种形式的反抗"。[③]

　　从更深层次上来说，传教受阻的政治因素归根结底是由于中外文化上极大差异，就是说中国传统文化内容和思维方式，是来华传教士不容易理解的，

---

　　① 刘准：《天主教行传中国考》，河北：献县天主堂印行1937年版，第372—373页。
　　② ［美］卫斐列著，顾钧、江莉译：《卫三畏生平及书信》，桂林：广西师范大学出版社2004年版，第17—18页。
　　③ 顾裕禄：《中国天主教的过去和现在》，上海：上海社会科学院出版社1989年版，第56页。

完全异质的文化之间缺少沟通的元素，是各自形成又独立向前发展的两种文明。在西方近代以来喧嚣尘上的"基督征服中国"论调面前，一直生活在泱泱东方大国光环之下的晚清国人不以为然，他们以天朝上民的姿态自居，不认为需要学习外夷的文化，那是中国人认为痴人说梦般的"以夷变夏"伎俩。基督教信仰上帝，主张神创论；中国人认为"万物本乎天，人本乎祖"（《礼记·郊特性》）。基督教持原罪说，人的灵魂需要救赎；中国儒家知识分子宣扬"人之初，性本善"（《三字经》）、"子不语怪力乱神"（《论语·述而》）、"敬鬼神而远之"（《论语·雍也》）、"未知生，焉知死"（《论语·先进》）。基督教新教所宣扬的在上帝面前人人平等的主张与儒家思想所倡导的三纲五常格格不入。以儒家思想为主导的中国社会风俗也与西方大相径庭，传教士们普遍将中国人敬祖、祀神等民俗皆视为封建迷信和偶像崇拜，而中国民众则认为洋教不敬祖、不祀神是"夷狄"性如犬羊。传教士发现中国人的许多陋习，如一夫多妻、溺婴、缠足、酷刑、无所不在的专制主义等，都认为是野蛮民族的行径，而绝大多数中国人根深蒂固地认为世界上只有中国是值得称羡的，是最文明的国度，所有别的民族都是野蛮人。凡是这些文化理念上的冲突和社会实践上的习惯差异，多使在华传教士和中国人之间存在着心灵上的隔阂，"我们天天见面，但是……在我们之间缺少或者没有相互同情的表现。我们交往非常像两个愚昧无知的哑巴。相遇了……然后因互相对对方的心灵全然无知而在此分开"。[①] 这种普遍存在的对西方人的戒备心理，使得传教士在华传教努力常常徒劳无功，"我们布道时聆听的人极少，看笑话的人占多数，几乎所有的人都是一副无动于衷的表情。在中国人眼里，我们和其他外国人并无二致。他们根本不明白，我们来到这里是想帮助他们，是想给他们带来福音，是为了一个伟大的目的"。[②] 当然，这样的文化差异所引起的传教障碍，又因为鸦片战争后西方列强依靠炮舰外交摄取权益而加剧了中国人对于传教的抵制，19世纪中后期兴起的反洋教运动，教案频发，直至义和团

---

① [美]韩德著，项立岭译：《一种特殊关系形成》，上海：复旦大学出版社1993年版，第29页。
② [美]卫斐列著，顾钧、江莉译：《卫三畏生平及书信》，桂林：广西师范大学出版社2004年版，第99页。

运动高潮，使传教和外交政治搅和在一起，更加复杂起来，民族矛盾的不断激化，反过来更加妨碍了基督福音在华的传播事业。

然而，那些虔诚的新教传教士坚忍不拔的意志，终于使基督在华的影响不断扩大，中西文化的交流也不断频繁，特别是那些传教士外交官锲而不舍的长期努力。卫三畏就是以这样的传教士外交官的身份，为耶稣入华作出了自己的成绩。这种世俗化的宗教努力，使得卫三畏在中美政治关系史上留下了重要的印迹。不过，人类智慧往往受到关键性个人的情绪的影响而减弱，美国新教传教士无法容忍传教受阻的现实，几乎不约而同地想到了政治和战争手段的行动。传教士们希望利用西方武力打开中国的大门，在不平等条约的帮助下谋取传教方面的保护，而且积极参与对华外交活动，出谋划策，甚至亲自介入大握外交大权，出现了中西关系史上特有的传教士外交官现象。裨治文、伯驾等传教士不仅成为美国对华外交使团的秘书、翻译，甚至是驻华公使，卫三畏还曾九次出任公使代办。传教士从事外交活动可以说是早期美国在亚洲外交上的特点，因为在当时，"除非以往是传教士的人外，极少数的美国官员对他们派驻国的语言、文化和历史等有任何正确的认识，他们在中国、日本和朝鲜等国的政治外交活动，多半不是依靠当地翻译人员，就是依靠本国传教士或其他国籍的外国人。来华专使或其他使节与中国政府间往来文件的翻译与谈判的传译工作，都是由传教士担任"，他们名义上是译员，实际上无异是担负起了公使或领事的职责。①

从 1830 年裨治文来华到 19 世纪 60 年代传教合法化为止，传教地点主要集中在广州、澳门和香港三地，传教手段是文字传教，发展文化事业，使福音传教更多地表现为丰富多彩的文化活动，包括中文语言研究、教育、西书翻译出版、医疗、创办期刊和其他方面。费正清说过，如果用受洗教民的数量来衡量，传教士们长期坚持不懈的努力是失败了，因为基督教比佛教、伊斯兰教在各自黄金时代所拥有的信徒都少，但是中国后来一直为之强调的注入普及文化、用白话文出版书刊、加强妇女教育、实现男女平等、改良农具

---

① ［美］泰勒·丹涅特著，姚曾廙译：《美国人在东亚》，北京：商务印书馆 1960 年版，第 471 页。

等,"19世纪的传教士就曾是上述种种活动的倡导者"。① 可见,与传教速度相比,传教士在华传播西方知识的速度要快得多,效果也好得多。这些作为传播福音手段的文化活动受到了中国人民的普遍欢迎,手段盖过了目的。这些留在中国的影响深刻的种种文化活动已经显露出在华传教士的儒耶合一传教策略的萌芽了。《望厦条约》《中美天津条约》签订后,传教士们所期待的传教成效一日登天却没有出现,因为他们遇到的不再是清政府的禁教,而是中国人的敌视和冷遇。部分在华美国传教士意识到,政治交涉与战争手段后的中国同样给福音传教留有种种困难,最主要的原因就是这种敌视和冷遇的背后所难以撼动的"异教徒"长久生活下的整个中国传统文化环境。因此,若不改变社会和文化的土壤,要想使中国人大量地皈依基督教,是永远不可能办成的事情。同时,一些在华传教士还认为:拯救灵魂和社会进步是不可分割的,实际上也无法分割,因为后者是前者必然的诱因。② 也就是说,传教士认为西化中国是第一步的工作,它是基督教化中国的先决条件。从此以后,很多在华传教士遂投身到协助中国西化改革的运动中,即被誉为"同治中兴"的洋务运动中。

在中国传统文化妨碍福音传播的大背景下,卫三畏在印刷传教的同时致力于中国文化的研究。由于从小培养的阅读兴趣和功底,加上来华后不断成熟的中文素养,卫三畏在中国生活11年(1833.10—1844.11)后回美探亲,不仅能够使用中文进行演讲,而且很快写作了《中国总论》,并形成了他清晰而坚定的基督福音在华传播的策略思想,即"儒耶合一"的传教策略。从历史上看,这样的策略并不是卫三畏的首创,而是从19世纪初开始来华传教的那一批传教士共同提出的传教思想,只不过在当时条件下没有形成一种主流的传教方式。卫三畏将这样的思想进行学理化的研究,深刻地剖析了它的合理性和必要性,将其中的优越一面发扬光大,以期应用于对华传播福音的上帝事业之中。"儒耶合一"传教策略的历史形成,与基督新教在华传播福音的历史进程密切相关的。从19世纪初开始进入中国广州和澳门的英美新教传教

---

① 陶文钊编选,林海等译:《费正清集》,天津:天津人民出版社1992年版,第213页。
② [美]杰罗姆·B. 格里德尔:《知识分子与现代中国》,天津:南开大学出版社2002年版,第104页。

士的文化素质都是相当高的,对于基督教与儒家思想的本质冲突比天主教士们要认识深刻得多,故而在华传播福音的温和态度与妥协色彩较为浓厚些。他们认为:对于传统礼教观念深厚的中国人来说,基督教毕竟是一种异教,接受乃至信奉它需要一个相当漫长的过程,宣传上帝的福音单凭教义和教理是远远不够的,必须要有符合中国人思维习惯的传教策略。"孔子加耶稣"传教思想,既是新教传教士对 16 和 17 世纪以利玛窦、曾德昭和南怀仁等为代表的耶稣会士的包容策略的继承与发扬,更是对中国文化深入研究后所作出的符合中国人民族心理的传教理念。

准确地说,"孔子加耶稣"的思想模式,几乎是整个 19 世纪的来华新教传教士的一项集体性传教成果的总结。主要的代表人物有马礼逊、米怜、裨治文、卫三畏、理雅各、慕维廉、李提摩太、林乐知、丁韪良、李佳白和花之安等传教士。他们通过对中国社会、文化、礼仪和风俗的深入了解和研究,最后选定儒学作为同盟者,提出了"孔子加耶稣"的传教战略。[①] 其中,美国传教士丁韪良对于"孔子加耶稣"传教模式的奠立,贡献极大。丁韪良,字冠西,美国印第安纳州人,基督教新教教会长老派传教士。他是清末在华外国人中首屈一指的"中国通",同时也是一位充满争议的历史人物。道光三十年(公元 1850 年),他在长老派神学校毕业后,派来中国,在宁波传教。随后为美国政府提供太平天国情报。第二次鸦片战争时期任美国公使列维廉的翻译,并参与起草《中美天津条约》。同治元年(公元 1862 年)一度回国,不久又来华,在北京建立教会。1865 年为同文馆教习,1869—1894 年为该馆总教习,并曾担任清政府国际法方面的顾问。光绪十一年(公元 1885 年),得三品官衔。1898 年又得二品官衔。1898—1900 年,任京师大学堂总教习。义和团运动期间继返美国,寻复来华,协助湖广总督张之洞在武昌筹建大学堂,未成。随又去北京,除翻译有关基督教、自然科学、国际法方面书外,还著有《花甲忆记》《北京之围》《中国人对抗世界》《中国人之觉醒》等书,并曾第一次正式地、全面地将国际法著作介绍到中国。丁韪良继承明清耶稣会士的传教思想理路,在策略上主张向儒家思想作暂时妥协。他认为传教士

---

① 顾卫民:《基督教与近代中国社会》,上海:上海人民出版社 1996 年版,第 267 页。

应该把中国传统文化看成必须重视的一股力量，并设法将其与基督教的优点相互协调，同时主张用西学和教育手段来争取儒教知识分子，以此改造儒学中与基督教信仰相背离部分，为实现中国基督教化创造有利的社会环境。

著名汉学家马士在研究鸦片战争后中外关系时注意到，《黄埔条约》签订后若干年内，"针对法国保护下的天主教会的暴力行动却日益频繁和严重"，马士断言，"可以毫不夸张地说，法兰西民族、法国人以及罗马天主教在中国受到憎恨"。这种憎恨的两次重要表现，是在中国近代史写下重重两笔的"马神甫事件"和"天津教案"。① 与之相比，新教教案的数目极少，而美国传教士所引起的比例最小。美国政府对其在华传教士的支持和"保护"，不如英国之积极，更远不如法国之妄肆，因此不仅教案发生机率小，影响较轻微，牵涉较单纯，纯粹因美国教会而引起的暴行，最重要的只有1886年的重庆教案一次。② 从近代中国人的历史心理而言，天主教对中国的整体影响是相对消极的，在很大程度上阻碍了中国社会的进步，而新教传教士在西方文明和中华文明的交流方面的先锋作用和实际成效，留在中国人的历史记忆中。值得玩味的是，基督教传教士在中国"种瓜得豆"的传教结果和文化现象，是世界文化交流史上的特殊情形，既说明了中西文明的两种异质文明的并行发展的事实，无法互相取代或消灭，又表明了不同文化的传播必须有科学的传播机制和良好的接受机制，二者缺一不可。这样的条件必须随着人类的无限接近才有尽快实现。基督教的文化东传，从根本上是为了改组中国的文化，使之成为上帝之子，天主教和新教传教士们在传教最终目标、传教漫长道路上一样表现出虔诚和执着，但他们的任何策略的变化，都没有帮助他们实现"耶稣进入中国"的宏伟目标，历史开了他们美好愿望和艰辛努力一个巨大的玩笑：在接受西方知识的同时，拒绝西方宗教，被证明不但是可行的，而且前者甚至可以变成用来反对后者的工具。③

在丁韪良之前，卫三畏对这种"孔子加耶稣"传教模式的坚定，主要源

---

① 沈渭滨，杨勇刚：《1844—1858年外国传教士对中国内地的渗透》，载《近代中国教案研究》（成都：四川省社会科学院出版社）1978年版，第459页。
② 李定一：《中美早期外交史》，北京：北京大学出版社1997年版，第477页。
③ 赵玉华，刘凌霄：《清末天主教和新教在华传教活动的异同》，《山东大学学报》（哲社科版）2003年第1期，第17页。

于他对中国传统文化的深入研究和深刻理解。他在华初期,由于鸦片贸易引起中国人普遍性的怨声载道,外国人,包括传教士都被看作是走私鸦片的洋鬼子,同时,基督教宣扬的是一种与中国传统儒家文化截然不同的思想体系,无法在历史悠久的中华大地获得普遍的认同,中国民众对传教士所宣传的福音普遍漠视甚至仇视让卫三畏非常伤心,但很快他意识到自己要改变的不是全体中国人的信仰,而是尽可能地热爱全人类并争取到更多人的爱。① 为了减少传教阻力,卫三畏认为要对中国长久以来的精神支柱儒家经典学说做出某些妥协,倾向于调和基督教教义和儒家学说,而对儒家学说肯定的最终目的还是为了利用儒家经典来推广在华的传教事业。"孔子加耶稣"思想是在"以耶代儒"传教方针受阻后,首先由耶稣会士提出的一种在中国传教的文化策略,后经过新教传教士马礼逊和米怜等人在 19 世纪 30 年代后不断考证而走向成熟的传教模式。到了卫三畏这里,其实就是希望"儒耶合一",根本目的就是希望耶稣能够尽快尽好地惠普中国,使中国成为不折不扣的"上帝之子"。在充分认识到儒家思想的重要性,甚至是决定性的作用之后,卫三畏对儒家经典不吝赞美之辞。除了从历史主义观点外,卫三畏主要采用中国儒家文化与基督教文化的比附方法,论证"孔子加耶稣"传教思想的可行性和必要性。他曾指出:"《四书》《五经》的实质,与其他著作相比,不仅在文学上兴味隽永,文字上引人入胜,而且还对千百万人的思想施加了无可比拟的影响。由此看来,这些书所显示的力量,除了《圣经》以外,是任何别种书都无法相匹敌的。"② 这无疑体现了卫三畏站在传教士立场上的西方文化本体论,希望建构出"孔子加耶稣"的思想模式。遗憾的是,后人在研究"孔子加耶稣"传教思想史时,往往对卫三畏"儒耶合一"的主张有所忽视,有必要予以补充。但是,"儒耶合一"思想并不能掩盖卫三畏的基督文化的本位主义。尽管他指出了儒家思想影响下的不少长处,但仍然认为中华民族需要拯救,

---

① 艾萍:《卫三畏与美国早期中国学研究》,《淮北煤炭师院学报》(哲社科版) 2008 年第 4 期,第 55 页。

② Samuel Wells Williams, *The Middle Kingdom*, Chapter XI, p. 664. 在陈俱译本《中国总论》第 462 页的译文是这样的:就其内在本质上和别的著作比较而言,《四书五经》应当被看成是他们的古代文献中的珍宝,对如此众多的人们心中灌注了不可比拟的影响;从这一点来说,除了《圣经》以外,任何书籍都不会有这样的好处。

需要基督拯救："著作者往往习惯于低估《圣经》对现代文明的影响；但是当我们对欧洲文明和亚洲文明作一比较，这一因素就会作为前者优越性的主要原因而引人注意。现代文明不是奢侈品或文学作品，不是艺术或教士权术，不是战争精神，不是对钱财的热情，也不是手艺的展览和机器的应用，而是献给一个国家以永恒的伟大和繁荣。……基督教是一切文明的缩影，它包含着我们所寻求得到支持的每一论据，说明本质的每一规则。以前的宗教制度和奢华相表里，唯有基督教胸怀文明之境。它在欧洲十分兴隆，然而在亚洲却衰落了，最文明的国家是属于最纯净的基督教。"[1] 对基督教之于中国的拯救，一直到卫三畏逝世前的病重期间，仍然是不变的信仰。在修订《中国总论》前言时，他拒绝出版商关于该书改进说一些言过其实的话，而坚持对他的第二故乡中国"耶稣入华"的一份期待和祝福中国人民的一份善意："把中国人理所当然地归为野蛮民族的时代已经一去不复返了。一个念头刺激着我一生从事这一工作，它就是这样一种希望：传教事业能够发展。在这个事业的成功中蕴藏着中国作为一个民族的拯救，既在道德方面，也在政治方面。"[2]

不管怎样，传教工作都是卫三畏一辈子无法摆脱的生活主旨。在中国布道的进展如何，传教方式的有效性如何，基督教福音必须恩惠全球，这是卫三畏坚持不变的信仰。作为一位虔诚的美国新教传教士，从美国驻华使馆退休回美的卫三畏始终相信传教事业的光明前景："中国的生活已经开始溶入无法辨识的过去，并被我周围的人和场景所淹没。……我也经常回顾自己过去的所作所为，回顾那43年的生活有时会让我想起一些被忽视、未完成和做错的事情。但我很快会想到问题的另一面，并会用这样的话来安慰自己：'如果主让我做某件事，他一定事先知道我所有的计划和希望，因为这也是他意图的一部分。'传教工作的重要性日益增大，这是我这个行将就木的人的看法，当我能够更全面地审视它的时候，我相信它会显得更加辉煌。"[3] 这样的情怀实际上就是一种乐观进取的基督精神，正如卫三畏本人对"God"和"Spirit"

---

[1] [美]卫三畏著，陈俱译：《中国总论》，上海：上海古籍出版社2005年版，第31页。
[2] [美]卫斐列著，顾钧、江莉译：《卫三畏生平及书信》，桂林：广西师范大学出版社2004年版，第310页。
[3] 同上，第288页。

的中文翻译一样。在《汉英韵府》中，他除了将前者翻译为"神"外，更将"神"理解为"精神"："对他必须翻译的用语，卫三畏博士从来没有想到要隐瞒它的真实意思。……确实，卫三畏博士是坚持使用'神'这一译名的人中最杰出的一个。但在他伟大的字典中，他却证实'神'的一个意思是精神。"①

本着基督"拯救"文明停滞中国的信仰本旨，晚年卫三畏的宗教情结更加深厚而坚定，而这种"基督拯救中国"的宗教热情有了实质性的转移。为了开拓福音传教事业，新教传教士试图通过文化融合的方式传递福音，最后却种瓜得豆，在文化、出版、医疗、教育事业上取得建树。他们在学习异族文化的过程中，对学术文化的内在热情和追求真理的天性，使他们的精神世界经历了一个接触、接受到由衷地推崇异族文化的过程。他们的学术信仰获得修正，文化追求因此转向，学者谢利引用传教士葛德基对这种现象的界定，称之为"传教士的改宗"："传教士带着燃烧的热情来到远东传播福音，在这个过程中，却发现东方同时在向他们传递自身的信息。来到远东，他们代表一种普世宗教，希望以此改变当地社会，完成服务的使命。返回故乡，他们带回一种新的更宽广的文化视野，改变本国人的态度，帮助他们由衷地感激远东文明的伟大与价值"，"远东对传教士的改宗，使他不仅是一个传教士，还成为一个国际主义者，成为这个世界继承两大文明的中介。"② 由此可见，奉命来华布道的传教士们从根本上没有完成基督使命，中国依然没有也不会变成基督国家，这是两种异质文明的文化基源，如同血液的 O 型、AB 型、A 型或 B 型一样不可同化而是并存。传教士最终能做的就是中西文明的媒介，是中西文化交流的桥梁，更是中西友谊的历史见证。

在宗教信念转化为现实关怀的进程中，把自己看作中国"游子"的卫三畏，除了在耶鲁学院高举汉学的旗帜而力促中美文化交流外，还更加关注国门开启后自觉走向世界的中国政治的走向和中国人民的幸福。因为，43 年在华的生活和此后在故乡的生活，都让卫三畏始终以上帝的意愿来考量着自己的一切行为，这两个区域和时段的经历是卫三畏人生宝贵的精神财富，构成

---

① [美]卫斐列著，顾钧、江莉译：《卫三畏生平及书信》，桂林：广西师范大学出版社 2004 年版，第 295 页。
② 张静河：《裨治文的"儒生"风范》，《书屋》2017 年第 12 期，第 7—8 页。

了他不可或缺的贯通中西的活水源头。身体每况愈下的晚年卫三畏以巨大的精神力量关注着中国社会的变化，从文化交流和人民生活等方面给予中国尽可能的道义精神上支持和物质文化上帮助，这主要表现在三大方面：反对排华浪潮、救济中国灾民和呼吁对华兴学。

（一）反对排华浪潮是卫三畏退休回美后最投入做的一件维护在美华人权益的事情，它的重要性关乎到中美两国关系的正常发展，"若我们美国人自己可以用要求他们中国人对待我们的方式，反过来对待他们的人民，那么我们的交流将是互利共赢的，毕竟相互需要是深入交流之本"。① 因此，在他看来，排华风波是美国一项不可饶恕的罪恶："回国后首先引起他关注的事情是太平洋沿岸各地对于中国人的敌视与虐待。为了改变东部各州的冷漠态度，他立刻着手唤起公众对这一不光彩事件的注意。他对自己的信念无比坚定，经常不遗余力地批判残酷、非基督教的迫害"，"我们终于发现什么是不可饶恕的罪恶——至少对美国人来说。这提案是几个相似提案中的一个，每个都是驱逐中国人的不光彩的行径。在 18 个月当中只有 600 个中国人移民到美国，然而按照这些恐华分子的思路，你会认为，美国的每一个中国人都有贝阿德的能量、参孙的气力、阿提拉的暴躁。"② 为了更直接地抑制已席卷国会的偏见狂潮，卫三畏向总统海斯送交了由他起草、耶鲁大学全体员工签名的请愿书，呼吁总统否决 1879 年的中国移民法案。这份于 1879 年 2 月 19 日送交总统的请愿书，论证严密，表述准确，突出地再现了卫三畏所有正式文章和纪实文章的写作特点。该请愿书列举了十几个理由来说服总统应当否决这个议案。"作为结论，我们恳请您从一个国家的荣耀和良好的信誉出发，从当事两国相应的权利、知识和文明出发，在各种情况下优先考虑美国的同时，对这一问题进行最审慎的斟酌。"③ 卫三畏晚年为了反对排华奔走呼号，做了很多事情。他反对排华的言行得到美国正义之士和华人的赞赏，并影响了美国当局，在

---

① Samuel Wells Williams, *Chinese Immigration*, Charles Scribner's Sons Printed, New York, 1879, p. 46.
② ［美］卫斐列著，顾钧、江莉译：《卫三畏生平及书信》，桂林：广西师范大学出版社 2004 年版，第 291 页。
③ 同上，第 292—293 页。

当时起到了暂缓排华法令出台和客观护华的作用。① 他的这段反对排华法案的努力与成就,只是漫长的反对美国排华浪潮过程中的一个成功的缩影,但它代表了中美关系正确的发展方向,是美国先进分子的远见卓识,应当成为中美关系走向公正和和平的一次历史见证。当然,卫三畏参与请求废止1879年排华法案的成功,与清政府的保护在美华侨的外交努力也是不可分的。在美华工问题引起清政府的不得不关注,这是代表清政府的"蒲安臣使团"和美国签订《中美续增条约》中的义务和权利。1875年底,清政府任命陈兰彬为首任驻美公使,容闳为副使。陈兰彬在1878年10月28日率领34名随员抵达华盛顿履职,立即设立领事以保护侨民。11月清政府驻旧金山领事馆正式设立,陈树棠为总领事,一位曾经帮助过华人解决纠纷的当地美国公民傅列秘为领事。这批中国使节到美后,为维护华工利益做了卓越的努力,并力促美国政府废除当年的排华法案:"去年(1879年)彼国开议,又欲苛待华人,经副使臣容闳牒外部,言与约不符,始将此例停止。是华人在彼得有保护者,惟恃《续增条约》之力居多。今遣使来华,恐有删改,请派员商议。"②

(二)救济中国灾民,也是卫三畏晚年在美的一项重要善举。如果说在反对排华法案、关心中国劳工问题是他的在华外交的政治使命的一种延续,那么救济中国灾民就是他的一项纯粹的基督教善意和人道主义精神的反映。"1878年中国北方的大饥荒引起了卫三畏深切的同情,发生其他灾难他也会有同样的反应。为了救灾他全力以赴,不管是公开声明,还是私下的请求,只要能引发周围人的同情,他都会热心而不懈地去做。他对受灾地区的熟悉,他和在现场组织各种救灾行动的各差会传教士的私交都使他成为散布信息和在美国筹款的得力合作者。"③ 1878年的中国北方大饥荒,从山西、陕西连续四年少雨就开始露出某些迹象,而且迅速扩大,造成了大量人口在饥馑和瘟疫中锐减:"关于这次严重灾难中的死亡数,留下的只有含糊的数字。……

---

① 李彬:《白鸽长音:卫三畏与美国排华运动》,《全球史评论》2018年第2期(总第15辑),第169页。
② 赵尔巽:《清史稿》卷一五六、志第一三一(邦交志四·美利坚条),北京:中华书局1977年版,第4585页。
③ [美]卫斐列著,顾钧、江莉译:《卫三畏生平及书信》,桂林:广西师范大学出版社2004年版,第293页。

'死亡总人数据称有 950 万到 1300 万'，支持这一报告的证据，和其他编制的资料相比，表明这是可信的。任何国家历史上所记载的灾荒死亡率都不能与之相比拟。"① 对于中国的灾荒，卫三畏不仅与在华传教士保持紧密联系，随时得到真实的报道，同时在国内一些媒体等方面奔走呼吁和筹集灾款。这对于 60 多岁的老人来说，除了演讲和教学外，还向媒体著文呼吁援助中国灾民，确实是不容易的。为了得到更多的救灾募款，卫三畏还和其他人试图劝说美国国会返还 1859 年赔款余额的一部分（这时总数已经达到了 60 万美元），以解救中国的饥荒地区，但是国会议员们对中国人的偏见太深了，哈姆林参议员表示反对这个法案，声称饥民们在拿到钱之前就已全都饿死了。② 此外，在同情和设法救济中国灾民的同时，卫三畏还警醒有关中国部门关注未来的灾害："西藏、蒙古高原的底部区域，温度湿度变化很大，将来就像过去一样，除非认真注意森林和灌溉系统对气候的影响，在一定程度上减轻骇人灾害的发生，这样的大旱难免要作祟。"③ 上述的两件善举，是卫三畏回美国后做的诸多沟通中美人民感情的事情之一。在离开北京回美时，他曾想把修订《中国总论》作为退休后的重要事务，不想却在眼前的好事上花费很多的精力和时间，对此他并不嫌怨，因为他是一位尽职尽责的传教士，他要在上帝的旗帜下，架起东方大国中国和西方强国美国的沟通纽带，就像他回复"伊萨卡 50 周年筹委会"邀请函时所言："我不能告诉你们关于伊萨卡的任何事情，我只能说一些关于我的收养地（指中国）的情况——高兴地说一说它在过去的 50 年中取得的进步；我相信在以后的 50 年中，上帝的智慧和力量将向古老的汉民族展示更伟大的东西。"④

（三）呼吁对华兴学，是卫三畏力促发展中美文化交流，又欲利用办学扩大美国在华影响而勉力做的一项举措。20 世纪初美国向中国退还庚款余额，用于在中国广设学堂和资助中国学生赴美留学，史称"庚款兴学"。庚款兴学

---

① ［美］卫三畏著，陈俱译：《中国总论》，上海：上海古籍出版社 2005 年版，第 1107 页。
② ［美］卫斐列著，顾钧、江莉译：《卫三畏生平及书信》，桂林：广西师范大学出版社 2004 年版，第 294 页。
③ ［美］卫三畏著，陈俱译：《中国总论》，上海：上海古籍出版社 2005 年版，第 1107 页。
④ ［美］卫斐列著，顾钧、江莉译：《卫三畏生平及书信》，桂林：广西师范大学出版社 2004 年版，第 308 页。

是中美关系史和中国留学史上令人瞩目的大事,这方面的研究颇多,但是对于美国最早的退款兴学计划和它的倡议者则鲜有人知。美国学者马丁认为"对20世纪中美关系产生重大影响的庚款兴学无疑应该归功于卫三畏和他早期的退款兴学计划"。① 作为一位长期在华生活的传教士,卫三畏以"上帝之爱人"的基督信仰和改善中国教育状况的知识分子的文化敏感,力图在美国各界游说以期赢得利用清政府赔款余额在华兴办学校的支持。由于它是一项过早呼吁的兴学计划,超越了美国政府的日常外交进程,虽得到总统亚伯拉罕·林肯的同意,后因国会的否决而被迫流产,以至于直到20世纪初,才有美国传教士再次提出对华兴学的主张。从这种历史意义上来讲,卫三畏倡议在华退款办学正是20世纪初美国退还庚款余额在华兴办清华学堂的先声。

呼吁退款在华兴学,是卫三畏踏上美国对华外交道路上的一项重大事件,也是他回美休假期间致力而为的中美文化交流的建设性倡议。从1855年起,卫三畏脱离美部会进入对华外交的领域,1858年6月和11月,卫三畏以美国驻华(广州)使馆头等参赞兼中文翻译的身份参与了中美天津谈判和上海谈判。赔款问题是上海谈判的重要内容之一,它起源于《望厦条约》签订后,美侨利用条约中有中国地方官有保护境内美国商民生命及财产不受伤害的责任等内容,对其在华财产意外损失向中国政府提出了索赔要求。《中美天津条约》签订后,根据美国驻华公使列卫廉提议,美国政府宣布索赔委员会由两个美国人组成,一个是美国驻宁波领事查理·布莱德雷,一个是在中国海关工作的奥力味·罗伯茨。该委员会负责收集和整理美侨在华损失的情况,共有49宗案件,索赔总额为48万多元。② 最先提出索赔要求的是第一位来香港的传教士、美国浸礼会牧师罗孝全。1858年11月8日,中美就赔偿问题在上海举行谈判,并很快签订了《赔偿美商民损失专约》,规定中国赔偿美国五十万两银,合735288美元,以清结历年至今在华美侨向中国提出的各种赔偿:"拟于咸丰九年正月初一起,由广东、福州、上海三港海关,将该银五十万两分别立单,颁给美国使臣所定应收之人领取;其三港该派之额数,现拟定:

---

① Martin R. Ring Anson Burlingame, S. Wells Williams and China, 1861—1870, Tulane University, Ph. D., 1972, p. 57.

② 卿汝楫:《美国侵华史》第一卷,北京:人民出版社1957年版,第203—206页。

广东三十万两，上海十万两，福州十万两，以上款项于中国征美国出入口货税、船钞，以五分之一扣抵，言明作为清结历年至今中国赔偿美国各口商民之数。"① 由于身在美国使团中的地位和在天津谈判与上海谈判中的作用，卫三畏在该赔偿美商损失条约签订之后，被委任来全权负责赔款的处理工作。从 1859 年底到 1860 年 2 月离开澳门回美前，卫三畏在进一步调查核实后，根据理赔程序，计算出所有赔款仅须付出 489694.78 美元："中国方面已经支付了给美国公民的赔款。我们正在办理将这笔赔款分发给美国公民的各项事宜。下个月（1860 年 1 月）我们将要发出第一笔钱，一旦有了第一次的范例和参考，以后的事情就好办了。所以我想在第一笔钱发出后离开中国。"② 在付出第一笔赔款后，卫三畏将此后的账目审查和分发钱款的工作，指派给使团的两名人员专门负责和经办。由于美国索赔的 73 万多美元数额远远超出了美国商民的实际损失，还剩余 20 多万美元。对这笔余款的处置，卫三畏首先想到的是应该把它退还给中国，但中国表示不愿再谈此事。③

清政府的这种不愿提及的痛苦心态，应该是可以理解的，这也许是中国人特有的民族心理，给出的就不再收回，无论此事本身是非对错。于是，卫三畏便设想用这笔钱在中国创办一所西方式的学校。1860 年 11 月，卫三畏致信美国国务卿卡斯，建议将上述商务赔偿的余额作为在华建立一所高等学校的资金，校名初定为美华学院，学校聘请合格教师，指导中国学生学习西方各国的语言和科学，将他们培养成对于他们的同胞和政府有用的人才；并招收美国学生，使之接受中国语文及中国知识训练，作为今后驻华的领事及外交官或从事在华经商等人之用。卫三畏预计这笔余款可以建筑一所能够容纳 50 个学生的学校和维持 2 个外国教师的工资。1861 年春，就在布坎南总统离任前夕，卫三畏特地拜访了华盛顿，再次提出该项建议，但没有任何结果，因为布坎南总统的解释是："这笔钱的所有权属于中国政府，擅自挪用有碍公

---

① 王铁崖：《中外旧约章汇编》第一册，北京：生活·读书·新知三联书店 1957 年版，第 142 页。
② ［美］卫斐列著，顾钧、江莉译：《卫三畏生平及书信》，桂林：广西师范大学出版社 2004 年版，第 220 页。
③ Martin R. Ring Anson Burlingame, *Samuel Wells Williams and China*, 1861—1870, Tulane University, Ph. D., 1972, p. 55.

平，即使是用于某种中国人也许特别感兴趣的慈善活动。"① 1861 年 9 月回到北京后的卫三畏，仍念念不忘他的这项退款兴学计划。林肯总统上台后，他又通过美国驻华公使蒲安臣向国务卿西沃德提出了退款办学的建议，认为中国缺乏对西方社会的了解，以此余款在北京设立一所学校，对中国的好处将更甚于美国，建议强调目前各国正采取措施来帮助中华帝国的重要政治家们使帝国走上新的发展道路，美国人应该继续对此施加更大的影响，在北京建立一所美国学院将对帝国政府维持和平与各省贸易产生持久的卓越的影响。办学计划虽然得到了林肯总统和西沃德国务卿的支持，却因为当时美国正处在内战的关键时刻，国会无暇外顾而予以反对。提案被一拖再拖，遗憾的是，直到 1876 年退休返回美国时，甚至到 1884 年去世，卫三畏的这个愿望都没有实现。1885 年，美国国会通过提案，将此款连本带息退还中国，中国驻美公使郑藻如（1824—1894）在收到 453400 美元后，特地代表中国政府向美国政府表示感谢。②

20 世纪初"庚款兴学"显然是受到卫三畏先前"退款兴学"的感染或启发。1900 年美国参加八国联军侵略中国，从《辛丑条约》的"庚子赔款"中分得白银 3293.9 万两（合 2444 万美金）。中国对美庚子赔款原定在 39 年中（1902—1940）分期偿还，年息 4 厘（本息共计 5355 余万美元）。这个数目大大超过了美国实际上的损失数。1904 年美国总统西奥多·罗斯福自认为美国向中国索取赔款"实属过多"，清政府驻美大臣梁诚向国务卿海约翰交涉赔款核减之事，海约翰允为代谋。1906 年 3 月 6 日，在华有 40 年传教经历的公理会传教士明恩溥专程回美，进谒罗斯福总统。他建议总统将庚子赔款退还一部分，专门开办和津贴在中国的学校："随着每年大批的中国学生从美国各大学毕业，美国将最终赢得一批既熟悉美国又与美国精神相一致的朋友和伙伴。没有任何其他方式能如此有效地把中国与美国在经济上政治上联系在一起。"③ 1906 年美国伊里诺伊大学校长詹姆士也上书罗斯福总统，建议在庚子赔款的

---

① Martin R. Ring Anson Burlingame, *Samuel Wells Williams and China*, 1861—1870, Tulane University, Ph. D., 1972, pp. 55—57.
② [美] 泰勒·丹涅特著，姚曾廙译：《美国人在东亚》，北京：商务印书馆 1959 年版，第 282 页。
③ 杨生茂：《美国外交政策史》，北京：人民出版社 1989 年版，第 254—255 页。

2444万美金中拨出1100万美金"退给"中国，用于兴办教育："如果美国在30年前已经做到把中国学生的潮流引向这一个国家来，并能使这个潮流继续扩大，那么，我们现在一定能够使用最圆满巧妙的方法，控制中国的发展……这就是说：从认识与精神上支配中国领袖的发展。"[1] 罗斯福总统在权衡来自詹姆士、明恩溥以及支持退还庚款的对华友好人士的建议后，给国会提出了一个咨文，内称："我国宜实力援助中国厉行教育，使此巨数之国民能以渐融洽于近世之境地。援助之法，宜招导学生来美，入我国大学及其他高等学社，使修业成器，伟然成才，谅我国教育界必能体此美意，同力合德，赞助国家成斯盛举。"[2] 1908年5月25日，美国国会通过了罗斯福总统的咨文，最终采纳了这个退还庚款兴学的建议。

国会议决退还庚款10785286美元，办法是从1909年起至1940年止，每年收取本利539588.76美元，余数逐年退还。民间赔款多收的1175835美元先于1904年退还。后因第一次世界大战爆发，美国第一次退还庚款暂时停止。直到1924年5月，美国国会参众两院又通过决议，将中国自1917年10月在一次大战中参战后暂停支付的庚子赔款，截至1940年12月每年本利539588.76美元（共12545437美元）退还中国，款项仍逐年用于文教事业。9月，中美组织混合中华教育文化基金董事会接受、保管并使用这项退款。这是美国第二次退还庚款。[3] 美国第一次退还庚款始于1908年，是年7月11日，美国驻华公使柔克义向清政府发出正式声明，建议退还庚款作为遣送留学生赴美之用，并要在北京开设一所预备学校，由美国派员监督庚款用途和培养学生标准。12月28日，罗斯福总统签字同意美国政府索赔之款由原来的24440778.81美元减为10785286.12美元（其中包括众议院在讨论过程中要求增加的200万用以支付迄今尚未得到赔偿的私人损失的备用款额）。它与原定中国付给美国的24440778.81美元之间的差额——10785286.12美元退还给中

---

[1] 郭黛姮等：《一代宗师梁思成》，北京：中国建筑工业出版社2006年版，第2页。
[2] 明恩溥《今日之中国与美国》，见顾长声《传教士与近代中国》，上海：上海人民出版社2004年版，第317页。
[3] 王树槐：《庚子赔款》，台北："中央"研究院近代史研究所1974年版，第287—293页。

国。^① 退款事宜从 1909 年 1 月 1 日开始办理,并设立游美学务处和游美肄业馆。7 月 10 日,清政府颁布《遣派游美学生办法大纲》,中国政府派遣赴美留学生计划正式启动。8 月,游美学务处在史家胡同招考了第一批学生,从 630 名考生中,录取了 47 人,于 10 月份赴美。这便是庚款兴学的由来。9 月,清政府拨给清华园作为校址,开始兴建校舍,1910 年 12 月将游美肄业馆定名为"清华学堂"。"高等科"以美国大学及专门学堂为标准,实际上是一所留美预备学校。中等科和高等科学制各四年;高等科三、四年级相当于美国大学的一、二年级;毕业生可直接插班到美国大学念三年级。1912 年 10 月更名为"清华学校"(留美预备学校),聘请了许多外国教师,英语是常用的语言,除国学课外,其他课多用英语讲课。1925 年设立大学部,开始招收四年制大学生,并开设国学研究院。1928 年更名为国立清华大学,有文、法、理 3 个学院,16 个系。中美两国就"庚款兴学"达成一致,是因为这不仅仅符合中国的利益,而且更加符合美国的利益,正如 1909 年 11 月 15 日的一份领事报告中写道,中国学生来美后"将学习美国的制度,结交美国朋友,回国后便会在中国外交中亲近美国。……退还庚款是山姆大叔历来所做的事情中最有利可图的。他们将形成一支强有力的亲美力量,任何一个政府或欧洲的贸易团体都不能与之匹敌"。^②

第二节　卫三畏中国观形成和重要内容

卫三畏的中国观是美国传教士中国观的典型体现,因为包括美国在内的西方传教士而言,最一致的中国观是:他们心目中的中国是一个等待福音播撒光明种子的异教荒原,只有基督教信仰的传播方能帮助异教中国人摆脱

---

① W. W. Willowghby, *Foreign Rights and Interests in China*, Baltimore: John Hopkins Press, 1927, Vol. II, p. 1013.
② Michael Hunt: "The America Remission of the Boxer Indemnity: Reappraisal", *The Journal of Asian Studies*, Vol. 31, No. 3, May 1972, pp. 557—558.

"黑暗的渊薮"。卫三畏首先就是一名美国的传教士印刷工,来华之前的中国观显然是非自身感受的结果,而是西方中国观的延续或某些与基督教文化歧异的预设内容。换言之,卫三畏中国观的产生是与西方中国观有着很深的渊源关系,美国中国观就本源于欧洲中国观,这是1842年鸦片战争结束之前,西方中国观的一般状态。"最初来华的美国传教士的活动范围仅限于广州一地,没有机会深入中国内地,也没有机会近距离地接触最广大的中国民众。这一时期美国来华传教士眼中'中国形象'的信息来源主要有两方面:一方面是欧洲传教士,尤其是曾经深入中国内地的耶稣会士的著作;而另一方面则是他们本人在广州一地与中国人有限的接触。"[①]

卫三畏的中国观是一个发展的过程,这是近代来华外国人的中国观从形成到成熟的一般规律。他在华生活40余年的这段时间,是中国开始由传统向现代转变的重要时期,他显然是中国现代化启动的参与者和见证人,他的中国观无疑反映了中国现代化的内在诉求。现代化决不仅仅是一个经济概念,对包括卫三畏在内的西方人中国观的研究,应该提高到对外开放和文化交流的高度来认识。[②]从总体上看,卫三畏是在比较、甄别的文化研究过程中构建了自己的中国观,又在此后的在华生活中不断充实他的中国观,并以"中央之国"来界定中国文明历史和现实形象,既有偏见亦有超越当时中国认识的水平。具体而言,卫三畏的中国观形成是一个逐步完整、逐渐完善的发展过程,达半个世纪之久,分成几个阶段。第一阶段是从在《中国丛报》工作时起,到1844年10月离开广州回美探亲,是卫三畏中国观的萌芽时期;第二阶段是在美探亲、演讲和1848年《中国总论》出版,是卫三畏中国观的初步形成时期;第三阶段是返回广州主编《中国丛报》、1856年后涉足外交领域,是卫三畏中国观的充实时期;第四阶段是1876年辞职回美、出任耶鲁汉文教授到1883年出版《中国总论》修订版,是卫三畏中国观的成熟时期。四个阶段是前后连贯、不断推进的过程,卫三畏中国观也是不断摆脱狭隘而逐步提

---

① 姚斌:《早期美国来华传教士笔下的"中国形象"》,《湖南文理学院学报》2008年第3期,第79页。

② 忻剑飞:《世界的中国观:近二千年来世界对中国的认识史纲》,上海:学林出版社1991年版,第15页。

升认识，内容更加客观、善意、热爱，"中国，如今已经成为他的第二故乡"，而在1883年版《中国总论》前言中更是对"他的第二故乡"充满希望："把中国人理所当然地归为野蛮民族的时代已经一去不复返了。……传教事业能够发展。在这个事业的成功中蕴藏着中国作为一个民族的拯救，既在道德方面，也在政治方面。"①

在华43年生活中，卫三畏对中国古典文化进行了潜心研究，加上有机会走入中国民间交流，使得他的视野和心境逐渐打开，一些子虚乌有的臆想开始消失，一些真实的中国影像开始进入他的考察之列，特别是他的中国观中关于"还中国一个公道"的公允之语和中国研究的汉学代表作《中国总论》，在中西交往史上具有振聋发聩的世界性影响和积极的历史意义。从接管《中国丛报》印刷发行工作开始，到辞去传教士之职进入外交界，从辞去美国驻华代理公使回美出任耶鲁大学汉文教授，到安详地离开这个世界，卫三畏都是很认真、很亲自、很求实地研究着中国，很客观、很辩证、很逻辑地认识着中国，也很执着、很完整、很谦逊地宣传着中国。这种精神，是无私的，高尚的，国际的。建立在这种精神之上而形成的中国观，必将有更多的真实与善意、更多的合作与交流、更多的理解与和谐。正是在这种不断提升认识的过程中，卫三畏通过1848年和1883年两版《中国总论》将他的中国观推向极致。蕴藏在《中国总论》中的中国观，毋庸置疑地成为诠释卫三畏中国认识和中国研究的最好证据："我在中国居住了43年的经历，和这一国家的开放逐步迈向顶点的历程是同步进行的。……修订版以同一的目标，坚持出版序言中所述的观点——为中国人民及其文明洗刷掉古怪的、模糊不清的可笑印象"，"要用真实的叙述还中国一个公道。"② 正是秉承真实叙述的思想，

---

① ［美］卫斐列著，顾钧、江莉译：《卫三畏生平及书信》，桂林：广西师范大学出版社2004年版，第261、310页。而在《中国总论》（上海古籍出版社2005年版）的修订版序中，这段文字是这样翻译的："为中国人民及其文明洗刷掉古怪的、模糊不清的可笑印象，这种印象是如此通常地由外国作家加给他们的。我致力于展示他们民族性格中更美好的品质，迄今为止他们没有机会学习那些现在他们正在迅速领会的东西。这一'花团锦簇之乡'的人民被列为不文明的国度，这样的日子已迅速消逝。在更早些及稍晚的年代里，心中出现的希望激励着我，传教事业可能得到发扬。在这一事业取得成功的基础上，中国作为一个民族，在道义和政治两方面，将会得到拯救。"

② ［美］卫斐列著，顾钧、江莉译：《卫三畏生平及书信》，桂林：广西师范大学出版社2004年版，第91页。

卫三畏在发展中西关系，促进中西文化交流，尤其在建设中美人民之间友谊等方面，具有积极的划时代意义。而这种真实叙述的思想，必须通过一定的写作方法才能表现出来，比较法就是卫三畏中国观形成的主要途径，尤其是将基督教文化作为预设的参照物和最终标准，对中国传统文化核心的儒家思想进行比附，既力图寻找两者的共同点，又发现中国文明需要基督拯救的契机，开启了西方来华传教士关于用西方文化改造中国的传统而走向没落的文化的端倪。

第一，卫三畏将儒家"法先王之制"比附近代西方民主政治。卫三畏指出，儒家思想中的"法先王"崇古思想，是先王政治实践中产生的经验总结，并为后来中国社会的发展奠定了政治理论基础，客观上维护了中华民族文化的悠久传承，使得"中国在纯粹专制政府理论下坚持民主习惯的唯一异教徒国家"，"这一政府尊重臣民权利，将他们置于法律保护之下，有法令和法庭，在公众心目中君主维持他的同时承认在上的神灵会责罚他"。[①] 从传教的"耶儒相合"策略来看，卫三畏对儒家思想的认识是有利的，但不能不指出，他这里的善意比较，是一种牵强的比附，因为中国的宗法社会下的"民本"思想和近代西方的"民主"政治是大不相同的，中国专制政府内是极少有民主的权利意识的，直到晚清时，中国传统社会中的主要矛盾是人民群众与专制政府的不可调和的对抗，中央集权的不断扩大，君主专制达到顶峰，严重阻碍民主思想的萌发与成长。卫三畏将先王之制与民主政治相比附，实际意图是想在承认儒家文化价值的前提下，凸显西方文化和中国传统文化之间的相似性，以此说明儒家思想和基督教教义没有本质不同，消弭中国人民对基督教文化的抵触心理。

第二，卫三畏将中华民族传统美德比附《圣经》摩西十诫第五诫。卫三畏批评了当时对中国社会道德简单化评价的倾向，并从道德法则和道德实践两个方面比较客观地分析了中国道德的实际情况，认为中国传统文化中的"敬重亲长"说明中国人民和中华帝国"长期以来就是遵从上帝律法的良好的了不起的标记，他们只是将其铭刻在心，而不是用手写下来"。[②] 其实，卫三

[①] [美] 卫三畏著，陈俱译：《中国总论》，上海：上海古籍出版社 2005 年版，第 715 页。
[②] 同上，第 717 页。

畏认识到尊老爱幼是东西方也是全人类的道德要求,但认为中国传统文化是在遵从上帝的旨意,即认为中国文化实际上也是由基督教衍生出来的,就显得更加附会。中国文化与基督教教义在本质上没有冲突,因为它们是中西民族在各自独立发展的过程中成长起来的两种文化模式,一定有着人类共性的相似点,但仍然是并列、并行的文化形态,不存在谁从属谁的价值评判。

第三,卫三畏将中国社会习俗的婚姻风俗比附《圣经》有关家庭的教义。卫三畏认为中国的婚俗非常完美,包办婚姻强迫青年人履行父母定下的婚约,使青年在最易于放荡之时有了保障,在引诱最强烈之时结婚了事;而女性不能参与社会事务,也是消除了罪恶的主要起因。① 这样的理解,多从其较小的积极意义上来夸大的。其实,我们知道,包办婚姻、歧视女性是父权制残余的表现,这种道德规范严重背离了人性的基本要求,是传统社会的毒素之一。卫三畏将中国的包办婚姻与《圣经》摩西十诫的第十诫"不可贪念人的房屋;也不可贪念人的妻子、仆婢、牛驴,并他一切所有的"条规进行比附,也是不妥的,这同样是为了用基督教教义来诠释中国传统文化的某些细节。

最后,卫三畏将中国政治制度之一的科举制与西方平等自由等人权观念相比附。卫三畏非常认可中国专制制度的合理性,并认为科举制对于维护这种政体的悠久与延续是功不可没的,因为科举制"对每个人的最高才干和精力开放,但它对世袭权利完全中立。因为世袭权利或早或迟会成为既得利益的寡头统治集团或占有土地的封建贵族。然而,科举考试制度以及经典及其注释所教导的政治权利义务作为绝对的力量,使中国免于再次分裂成许多王国","可以恰当断言,这样的考试比其他任何单一的原因在维持中国政府的稳定并说明其连续性之上以及做出了更大的贡献"。② 诚然,科举制度曾在中国历史上起到过一定的积极作用,但无论如何是不可能等同于近代的平等自由权利的。科举制度虽然扩大了社会群体对于政治的参与度,但参与选拔的对象还是有限制的,科举取士只能招揽一些符合中央集权统治需要的所谓人才,与人类平等自由的理想相距甚远。因此,这样的比附也不很恰当,只是一种传教调和策略的文化诠释。

---

① [美]卫三畏著,陈俱译:《中国总论》,上海:上海古籍出版社 2005 年版,第 553—554 页。
② 同上,第 390—392 页。

无论是真实叙述的思想，还是儒耶文化比附的论证，卫三畏的善意和辩证都是显而易见的，他的中国观形成具有逐步完整、逐步提升和逐步和平的逻辑化的演变过程。这个过程有利于消弭中国人民对于基督教文化的对抗和误解，学会吸收和运用其中的西方文化精华，也有利于消弭西方世界对于中国文化和现实社会的仇视和诋毁，学会发现和采纳其中的东方文明的精髓。这样近代中西文化的交流，就在相互和平、相互宽容的交往进程中，实现东西方的双赢。卫三畏采用基督教教义比附儒家思想和中国文化的简单化手法，是想从中国文化中寻找和基督教教义的相同之处，而以基督教教义为其价值基准，来说明中国文化的价值只是体现在与基督教文化相同的地方，最终揭示基督教改造中国及其文化的必要性、可能性和紧迫性。如果撇开基督教文明改造中国文化的终极目标，卫三畏中国观形成的理论与方法对于消除对中国的负面宣传的做法和蔑视诋毁的心理都会有巨大的治疗或辅疗作用，因为人类之间需要的是尊重和共存，而不是仇视和灭亡，正如基督教宣传的"上帝爱世人"。

卫三畏力图将《中国总论》介于百科全书和入门书之间，学术性和趣味性并存，主题众多，内容丰富，涉及中国的各个方面，就其目录而言，"简直像一条在大法官法庭打官司的律师费清单"。①《中国总论》是把中国作为一个整体文明来研究，在逐项分析的基础上加以综合，呈现出多学科研究的性质，被视为美国最早的汉学著作。② 曾被费正清《晚清剑桥史》誉为"百科全书式的著作"的《中国总论》，最初只是卫三畏向美国人介绍中国情况的演讲稿，但从章目而观，他定下的演说和写作计划决非零星片段的东西，而是涵盖一切，想把他所认识的中国一古脑儿地表现出来，因而内容包罗万象，一应俱全，大概著者将所能想到的全列上去了。③ 英文版《中国总论》两版都在千页以上，实为皇皇巨著，特别是修订版（第二版）上下两卷几近 1600 页，迄今

---

① Frederick Wells Williams, *The Life and Letters of Samuel Wells Williams*, L.L.D.: *Missionary, Diplomatist, Sinologue*, Reprint edition published in 1972 by Scholarly Resources, Inc. Wilmington, Delaware, p. 158.

② 侯且岸：《当代美国的"显学"：美国现代中国学研究》，北京：人民出版社 1995 年版，第 11 页。

③ [美] 卫三畏著，陈俱译：《中国总论》，上海：上海古籍出版社 2005 年版，第 1135 页。

为止曾多次印刷。该书不仅是卫三畏中国研究的代表作,更是他的中国观的重要载体。2005年底的《中国总论》中文版本,是由著名学者陈俱先生翻译,并经复旦大学陈绛先生校阅,由上海古籍出版社出版。该译本的翻译质量极高,翻译本身事实上已经构成了对《中国总论》的初步研究。以这个中译本为基础,大有裨益于管窥卫三畏的中国观。

《中国总论》中译本共有26章,涉及中国文明的物质(第1—6章)、制度(第7—9章)、文化(第10—16章)、精神(第17—18章)和现实(第19—26章)等五大方面的内容,而且也是一个递进的过程,首先是物质层面,然后进入制度层面,再进入文化层面,达到精神层面,这四个层面的排列遵循归纳法的写作原则,由表及里,由浅入深,最后根据演绎法,利用前四个层面所确立的理论或观念,用于叙述新近发生在中国的重要历史事件,力图提出一个解决中国现实问题的范式,这是第五个层面的内容。五个层面相互依存,相互佐证,贯穿着实地调研法、统计分析法、比较法等人文社会科学的研究方法,具有极强的针对性和实用性。由此,卫三畏的中国观也就是由这样的五大方面组成,它是一个整体,最终结论是中国需要基督拯救。

(一)在中国文明的物质方面,《中国总论》第1章到第6章主要客观陈述中国地理状况,包括概述中华帝国区划及特征、介绍东部西部各省的地理情况、介绍藩属地域的地理情况,包含满洲、蒙古、伊犁和西藏、涉及中国人口与数据统计以及关于中国的博物志。其中,值得一提的是,根据自己所列出的从明代洪武二十六年到1881年清代光绪七年的"中国历代人口调查统计表"和1710—1882年八次"十八省面积、人口密度、人口数、财政收入对照表",卫三畏计算出中国人口状况:从1711—1753年人口增长了74222602人,每年增加1764824人,42年间的年增长率略高于6‰;1753—1792年人口增长了104636882人,每年增加2682997人,39年间的年增长率为2.5‰;1792—1812年人口增长了54126679人,每年增加2706333人,20年间的年增长率不及1‰。以同一比率计算,目前(1847年中国)人口可能超过四亿五千万人。① 在1900年清政府被八国联军打败后,签订《辛丑条约》时

---

① [美]卫三畏著,陈俱译:《中国总论》,上海:上海古籍出版社2005年版,第192页。

约定"庚子赔款"数为四亿五千万两,很可能使大清国人联想到这是帝国主义列强根据当时认为的中国人口数字四亿五千万进行勒索,意在对全体中国人的集体惩罚。这也可能导致了近代中国人开始自认有着四亿五千万同胞,并在民族危亡关头被用来激励国人团结自强。到抗日战争时期,毛泽东也曾引用这一数字,1937 年 8 月 25 日在为中共中央宣传部起草的《为动员一切力量争取抗战胜利而斗争》提纲中,毛泽东就说过:"只要四亿五千万同胞一起努力,最后的胜利是属于中华民族的!"[1] 简言之,在物质层面上,卫三畏中国观的主要内容是:中国有广袤的土地、丰富的物产和令人瞠目的人口数量。但他疑惑的是,"中国人无疑是世界上最自负的民族之一,不管有多大的虚荣心,他们却从来没有想起自己的人口占全世界的百分之二十五或三十,也没有想利用这一点来提高在外国人或本国人心目中的地位"。[2] 中国人是热爱和平的民族,但对当时的外国人来说这是不可思议的事。卫三畏在物质层面上对中国的阐述,可以说开创了美国中国研究的区域性研究的序幕,尽管叙述中常常夹杂着个人情感的褒贬,但却留下了宝贵的当时中国的史料和最初的人文思想,有助于澄清西方人心中很多模糊的中国印象,也是有助于后人再研究。

(二)在中国文明的制度方面,《中国总论》着力阐述晚清现行的法律制度、皇帝制度和科举制度,力图说明中国长期延续的制度与中国人民的生活习惯和社会条件之间的关系。卫三畏认为中国孤立的地理环境对中国文明而言是一把双刃剑:一方面使中国人无法与别的民族进行广泛的接触和交流,致使中华文明在相当长的历史时期内没有实际上的改变,另一方面却使中国人在没有任何外来提示或影响的情况下设计出自己的组织结构和制度。[3] 毫无疑问,卫三畏在此明确承认了中华文明是具有独创性的,是有着独立起源的文明,也就打破了当时西方人对中华文明的独立性的质疑,因为"在 19 世

---

[1] 毛泽东:《为动员一切力量争取抗战胜利而斗争》,《毛泽东选集》第二卷,毛泽东选集出版委员会 1952 年版,第 357 页。
[2] [美]卫三畏著,陈俱译:《中国总论》,上海:上海古籍出版社 2005 年版,第 193 页。
[3] 同上,第 713—714 页。

纪，人们很难相信中国人不是从某一公认的古老文明的中心获得文明的"。① 具有独创性的中华文明的人文精神的突出表现，就是长期专制政体的社会制度，"这个非基督教国家，其政府在这样大的程度上基于执政者个人品质而更改，人民这样倾向于将机构和个人混而为一，其中缘故，或者是人们对这些机构的性质不完全了解，或者由于需要和习惯，人民轻易地被有计谋、有力量的人所领导和左右；中国政体的长期延续，证明了它适应于人民的习惯和条件，也证明了它的治理一般来说还是可以的"。② 在卫三畏看来，科举制是维持中国稳定的重要原因，科举教育的目的就是培养有统治才能的人进入政府来帮助巩固政权，"可以恰当地断言，这样的考试比其他任何单一的原因在维护中国政府的稳定并说明其连续性之上已经做出更大的贡献"。③ 简言之，卫三畏认为中国制度内在的稳定性和相互牵制的主从关系，保证了中华民族的持久性，其中的积极因素是值得西方学习的，尽管这些制度本身和相互关系上仍有断裂或弊端引发的腐败堕落现象，有时也相当严重。其实卫三畏的目的是要为他的基督教教义开辟在华播散的制度空间，居高临下地宣传基督教融入中华民族的可能性与现实性。

（三）在中国文明的文化方面，卫三畏铺叙最多，综合了他自己和当时西方学者汉学研究的精华。欧洲汉学着力于中国传统文化，如中国语言、文学和历史等，美国早期汉学主要致力于与当时美国利益有关的中国政治、经济和社会等问题。《中国总论》将欧美汉学研究成果有机结合在一起，形成了卫三畏在中国文化层面上的中国观。《中国总论》中有七章的内容具体论述了卫三畏对中国文化的认识和理解，包括中国语言文字、中国经典文献、中国雅文学、中国人的建筑、服装与饮食、中国人的社会生活、中国工艺、中国科学等。在解读以儒家为中心的中国文化经典时，卫三畏指出："中国书籍塑造并坚定了民族性格，从而表现出单调的一致性。……如果这些文献的唯一特征在于数量和著名，现有的研究已经足够了；但是，继续进行研究将进一步

---

① ［英］雷蒙·道森著，常绍明、明毅译：《中国变色龙：对于欧洲中国文明观的分析》，北京：中华书局 2006 年版，第 199—200 页。
② ［美］卫三畏著，陈俱译：《中国总论》，上海：上海古籍出版社 2005 年版，第 269 页。
③ 同上，第 392 页。

揭示出'精彩的修辞和诗意,如画的文字之美使其生色,保存了想象力的全部光辉'。"① 接着,卫三畏以《四库全书总目》为纲要,按照经、史、子、集四个部分逐一进行较详细的介绍。他对儒家思想的研究,完全具有学术眼光的敏锐,见地相当深刻而准确,同时也反映出他的汉学水平已经达到了当时的新高度,在雷缪萨、马礼逊、威妥玛、麦都思、理雅各等人汉学成果的基础上有所突破。他还从社会学的角度,研究中国人的社会风俗和民情,内容有婚姻家庭、社交礼仪、节日庆典、娱乐活动等,描写也是非常细致,栩栩如生地再现了晚清的风土人情,其中他对中国赌博的描写,引起过后人的注意,被一些心理学家作为研究资料使用。② 在中国的科学领域,卫三畏除研究度量衡和贸易货币等外,其他内容都是很少研究或理解不算充分。他主要介绍了中国迄今的数学、天文、历法、地理、计时法、度量衡单位、货币体系、银行信贷、行会组织、军事武器、兵书、声乐乐器、杂耍、绘画雕刻、物理力学、医药、疾病治疗等学科门类。由于几乎全部采用当时西方汉学家的专门研究内容和观点,难免在见解和结论上有些偏颇,"总的来说,中国人的各个学科的学问都是不科学的;尽管他们收集了大量事实,发明了许多工艺,有些进入高度精美的水平,然而,他们从来没有按照特意设计的道路来追寻一项单一目标,求得正确的理解,也没有对已经占有的信息进行恰当的分类整理"。③ 归结起来,卫三畏认为中国的语言文字奇妙而深奥、经典文献丰富而珍贵,中国人的个体生活舒适而雅致,社会生活相对隔离而平静安全,中国的工艺和科学有发展但不先进,总体上远不及欧美文化之优越:"总的来说,中国人表现为奇特的混合体:如果有些东西可以赞扬,也有更多的应予责备;如果说他们有某些显眼的罪恶,他们比大多数异教国家有更多的美德。虚饰的仁慈与内在的猜疑,礼仪上的客气与实际上的粗鲁,部分的创造力与低下的模仿,勤劳与浪费,谄媚与自立,还有其他黑暗与光明并存的品质,奇异地结合在一起。试图用法律制约和普及教育来补救性格上的缺点,他们

---

① [美]卫三畏著,陈俱译:《中国总论》,上海:上海古籍出版社2005年版,第434页。
② Clemens J. France, "The Gambling Impulse", *The American Journal of Psychology*, V. 13, N. 3, Jul., 1902, p. 365.
③ [美]卫三畏著,陈俱译:《中国总论》,上海:上海古籍出版社2005年版,第672页。

无疑抓住了正确方法；他们的不足表明了这两者多么不灵，要等到福音来帮助统治者和被统治者来提高全民族的道德观念。"① 而最后的"福音"之助才是卫三畏对中国文化评判的根本目的。

（四）在中国文明的精神方面，卫三畏谈到中国古史及编年和中国宗教两大类，而前者是他评介的重点。他强烈反对西方人简单地否定中国古代历史的做法，要承认中国历史的悠久和编年记录的仔细公正，认为中国历史也是人类早期历史的重要史料，研究它有利于中外双方互相有更公正的评价，即使早期的中国历史与神话交织在一起，中国近代以来的历史仍然是可信的："每个国家的早期记述，其基础都是先于实际记录和保存下来的真实记录，因此必然是模糊而可疑的。对其他古代人民是正确的东西，同样可以应用于中国人：民族虚荣心和热爱奇迹，影响了他们所有的人，对奇迹的爱好标志着个人以及民族的婴孩时期，一旦被追求真实的精神所取代，就成了许多故事的材料。"② 对中国封建社会频繁的改朝换代，卫三畏也有自己的见解："中国的历次革命，从来没有建立在原则之上；不过是主子的变换，伴随着或多或少的生命的毁灭，对于臣民的权利和统治者的权力并没有更好理解，也没有认识到人对于造物主应尽的崇高义务，显而易见的是，如果有这样的认识就可以推导出自由宗教和政治制度的主旨来。"③ 关于中国宗教，这是卫三畏特别用心用力的一个内容，既是对全书关注的中国文明持续原因的一种终极解释，也是统领全书主旨的一个关于基督信仰的定论。卫三畏及其《中国总论》的灵魂就是基督教文明至上，从单纯的宗教信仰来阐述，也是为了证明基督教这个宗教本身就是优越于世界上其他任何宗教，异教之国之人都必须或早或迟地进入基督教文明的光辉之下。卫三畏首先定调说中国宗教与世界上其他异教相比，与基督教教义更近："中国宗教有两个否定性的特征，这是和其他大多数异教国家的信仰不相同的。中国宗教不存在用人当作祭品，也不存在罪恶的神化。……另一点更突出的特征是中国人的偶像崇拜不存在肉体方面的神化，像许多其他异教国家那样，以宗教的名义、掩护、鼓励放荡

---

① ［美］卫三畏著，陈俱译：《中国总论》，上海：上海古籍出版社2005年版，第583页。
② 同上，第675页。
③ 同上，第704页。

的仪式和狂欢，窒碍崇拜者的思想，污染他们的心灵。"① 其次指出中国人真正的宗教是祖先崇拜，认为是维持中国封建制度永久性的关键，其中的祭祖属于偶像崇拜，是迷信的，有罪的，但祭祖的习俗是有利于加强家庭感情，要排除也是非常困难的。在分析了中国人的丧葬习俗、风水术和祭祖礼仪之后，卫三畏认为中国没有西方意义上的宗教。尽管国家祭祀活动表达了皇权是天地的代理人，而儒佛道三教并存于中国，可以在每一人身上存在并相互作用，"这三教并不相互干扰，一个人可以到佛教的庙里参拜，也可以参加道教节日，同时接受孔子的全部教义，在国务场合礼拜孔子。……中国没有通常意义上的'宗教'一词，'教'字的意义是'教导'或'教义'，适用于所有具有信条、信念或仪式的派别和会社；祖先崇拜从来不称为'教'，因为每个人在家里都要遵行，就像服从双亲一样；这是义务，不是'教'"。② 同时，他又比较了三教之间的优劣，认为国家宗教和儒教包含着无神论和对宗教的冷漠，但对教导人民起到良好的作用。而儒教和佛教相比，前者要胜一筹，"孔子及其学派的教导并不完美，如按神示的标准来衡量则是错误的，只要人们得不到更好的东西，就永远不能从自私的无神论和愚蠢的迷信解脱出来；佛教的奇谈怪论既不合乎道理，也不谴责罪恶，他们独身禁欲而无所事事，无益于社会。如果说前者不好，后者就更坏"，佛教和道教能够在中国存在，只是因为"这两种宗教只要没有干扰政府，是会得到容许的"。③ 卫三畏对中国道教的奠基人、哲学家老子及其《道德经》还是保留意见的，"老子的著作变得极有趣味。然而中国人对这些伟大的著作一无所知，看待这一哲学系统宁可当作聪明人的幻想，而不认为是务实的思想家的教导"。④ 总之，卫三畏认为中国古史有着自身发展的轨迹，史学也相对发达，而中国宗教教派林立却主次分明，维持中国历史的延续，但只是相对于其他异教国家是一种接近基督教文明的史学与宗教。

（五）在中国文明的现实方面，卫三畏的关注程度和批评力度都比之前要

---

① ［美］卫三畏著，陈俱译：《中国总论》，上海：上海古籍出版社2005年版，第716—717页。
② 同上，第717页。
③ 同上，第726页。
④ 同上，第728页。

强烈得多。这种倾向同样可归结到他的宗教观,即中国需要基督教。这部分有六章的篇幅,内容包括中国基督教会、中国商业、中国外交、两次鸦片战争、太平天国叛乱和中国近事(如洋务运动、教案、外交往来)等,并不时提出自己对于当时中国困局的具体建议,充满着对中国进步的希望。首先,卫三畏谈到基督教在华传教史,从唐代聂斯托利派传入中国时,直到卫三畏自己生活的年代。实际上,卫三畏在勉力编写基督新教在华传教简史,其中,他对马礼逊推崇备至,将他和利玛窦并称为新教和天主教在中国的两位奠基人。同时,他也看到了在华传教的不利因素,"人们对于基督教教义的无知,政府因外国侵略而恐惧自身的稳定,吸食鸦片和贵金属外流所产生的严重后果,以及由于无耻的外国人和被激怒的本地人在交往中产生的麻烦常常导致骚乱和政府当局的干预,这些都将引起我们所担忧的结局","中国人的一般性格是漠视宗教的,他们关心得多的是金钱和权力,而不是哪一种宗教仪式。……使我们能够希望真理的酵素将渗透到社会大众之中,使之革新、纯化、增强,而不必消弱、瓦解或破坏政府"。① 卫三畏批评了中外在处理国家间关系时的不良做法,他认为晚清政府的朝贡体系要承担引发中英武力冲突不可避免的责任,更对挑起鸦片战争的西方列强对中国的侵略行径更予以谴责:"这是一次鸦片战争,显然是非正义的战争。再者,这是一场不道德的争夺:真正发动战争的是大不列颠这样的首屈一指的基督教强国,强加于异教国家之上,他们正致力于扫除如此为害人民的罪恶,结果付诸东流。"② 其后的三章内容,是卫三畏之子卫斐列协助编著而成的,是1883年版《中国总论》的新增内容,主要谈到太平天国、第二次鸦片战争和洋务运动等中国政治与历史事件。卫三畏谴责了第二次鸦片战争中四个列强的非正义,"唯一的异教大国不得不受条约的约束,这一条约是由一小撮人盘踞在京城入口处用强力向皇帝取得的。正如一个英国官员精辟地写道,两个强权掐住中国的喉咙,另两个站在一旁怂恿,也能分沾赃物"。③ 并且认为在第二次鸦片战争后,中国的闭关自守终于结束,开始了基督教引领中国走向进步的历史进程,"允许自由信仰基督教,外国公使驻在北京,

---

① [美]卫三畏著,陈俱译:《中国总论》,上海:上海古籍出版社2005年版,第833页。
② 同上,第949页。
③ 同上,第1051页。

自由到各地旅行，这三条大道过去封锁起来，阻碍中国的福利和进步，现在靠条约打通了，通过这些，中国就将取得历史上从未有过的更真实的进步"。① 第二次鸦片战争后的 15 年，卫三畏生活在中国政治变革中心北京以及从事着外交工作，这些记录无疑成为研究这一阶段中国社会变迁的第一手历史资料。总之，卫三畏认为在华传播基督教大有希望；与中国贸易有利可图但须遵章守法；虽然谴责鸦片战争等西方侵华罪行，却认为是在执行上帝的意志；中国在武力面前完全开放门户，成为世界大家庭一部分，是基督教的胜利也是中国的新生。至此，卫三畏撰写《中国总论》的主旨昭然于世，就是中国发展必须有基督教的参与和引导，而且正在适当地位上迅速前进。

综上所述可知，卫三畏非常关注中华文明，认为中国这样一个大国应当是全人类中占有令人瞩目的地位，具有独特的文化价值，迄止近代以来是现存制度和文学方面最文明的异教国家，中国人的历史在某些方面比其他任何民族的编年史都显得更为仔细和公正。② 虽然中国人比较难以接受西方文明，但中国也是务实的民族，积极学习真理，正在摆脱半野蛮状态而走向进步。更重要的是，卫三畏并不主张中国全盘西化，而是希望中华文明中好的因素能够保留下来并获得新生。③ 因此，卫三畏的中国观是一个多结构多层次多内容的、相互依赖又相互制约的中国认识："我的意图是，通过对他们的政府及其行为准则、文学和科举考试的梗概、社会、实业、宗教状况，进行朴实无华的描述，就像讲述其他国家一样，将他们放在适当的位置，这将有助于修正或补充这些观点于万一，我的目标就不致落空。"④ 在卫三畏心目中，中国是一个半文明半野蛮的东方大国，文明处于停滞和堕落中。中国社会存在严重缺陷，这与中国人的性格相适应，所以自身力量已经无法挽救，必须由西方近代文明国家来帮助它突破障碍而获得进步。中国不仅需要西方的科学技术，也需要西方的制度与精神，最重要的是让基督教进入中国，向中国人传

---

① ［美］卫三畏著，陈俱译：《中国总论》，上海：上海古籍出版社 2005 年版，第 1054 页。
② Samuel Wells Williams, Frederick Wells Williams, *A History of China*, New York: Charles Scribner's Sons, 1897, p. 1.
③ ［美］卫三畏著，陈俱译：《中国总论》，上海：上海古籍出版社 2005 年版，第 394、1108、1110 页。
④ 同上，第 3 页。

播基督福音,借以从根本上改造中国国民精神。这实质上就是西方中心主义和基督教文明至上论的必然结论,充分代表了包括早期来华新教传教士在内的西方人对中国及其文明的基本看法。

第三节 卫三畏中国观之历史评析

美国早期汉学发展和中国观逐渐形成,传教士群体的摩画作用不可忽视。裨治文创始的《中国丛报》,从汉学研究的角度上可称得上美国人在境外所办最早的汉学杂志。如果说裨治文为美国人研究中国的第一人,那么卫三畏以其广度、深度和卓越的成果在19世纪成为美国人研究中国的集大成者。裨治文的最大成就是向中国人深刻地介绍了美国,而卫三畏的最大成就乃是通过其汉学研究成果非常系统地向美国人介绍了中国。在《中国总论》出版前,无论传教士还是外交官和商人们,对中国的认识大都处于感性认识之上,缺乏对中国文明整体解析,只是从外部对中国各方面作片段描述。《中国总论》是美国最早的汉学研究著作,也是第一部基于长期在中国的内部进行观察而写作的百科全书式著作。由于卫三畏在美国学术界所产生的影响力,使他成为美国学院式汉学讲座的第一位教授。卫三畏最早完成了由中国通向汉学家的转型。[①] 正是在这部汉学研究的集大成著作中,卫三畏的中国观也显出与其他传教士不同的态度,在早期中美文化交流方面是一个不可磨灭的文化记忆。他是一名虔诚的基督徒,当然希望中国人能够皈依基督教,依靠上帝来拯救中国,而战争开放中国给基督教则是天经地义的手段:"基督教天生带有强烈的对外征服的冲动。基督徒认为,前往每一块荒凉野蛮之地传布上帝的福音是他们的神圣使命,每个民族的历史最终将统一于上帝的永恒,为实现这一伟大目标任何手段都是可以考虑的。"[②] 美国人对近代早期中国的了解,几乎

[①] 孔陈焱:《卫三畏与美国汉学研究》,上海:上海辞书出版社2010年版,第233—234页。
[②] [英]李提摩太:《亲历晚清四十五年:李提摩太在华回忆录》,天津:天津人民出版社2005年版,第374页(注1)。

全部来源于来华传教士，而传教士在华活动是中美关系史的重要组成部分，"传教士在晚清西学东渐中，担当了相当重要的角色，大部分时间里是主角"。① 从这一角度而言，研究美国传教士的中国观，实为了解早期中美关系的一把钥匙。早期来华的美国人主要有三种类型：商人、外交官和传教士，而传教士的影响往往在前两者之上，这是因为美国是一个崇奉新教教义的国家。其实，任何"形象制造者"都受到来自多方面的影响与制约，异国现实自不必说，即使是在想象的世界中，他们同样受着时代精神与个人期待视野的双重约制，这就意味着，异国形象的塑造背后交织着复杂的必然性与偶然性。故把中国描绘成一个黑暗无知的国度，成为"西方宗教拯救中国"论的前提。唯其如此，基督教的光明福音才大有用武之地，可以成全中国跻身世界民族之林的未来。②

卫三畏在他1833年来华后寄出的第一封家书中，写下了他对中国的第一印象：中国是一个庞大的异教国家，偶像崇拜盛行，由于缺乏基督教信仰，正不断走向堕落。要想引导中国这个"智慧民族"走向光明的前景，则必须要用西方的基督教信仰改造中国的国民性；尽管这一改造的过程由于中国政府的干涉和中国民众的"偏见"而困难重重，但是通过"热情的基督教徒的努力，福音终将传遍这个异教的国家，这里的人们终将得到灵魂的拯救"。③ 正是带着这样的传教预设，卫三畏将他在广州的所见所闻都与传教工作挂上钩，为福音播华预设中国堕落的基调。1838年，他从澳门致书美国家人的一封信中，深刻表达了他对于"天朝臣民"的不屑心态："就这样我们与天朝的臣民逐渐熟悉起来，但我们发现很难在他们的习俗和性格中找到与天朝的盛名一致的东西。"④ 正是有着"拯救"动机，卫三畏确立了一项毕生为之努力的事业：将"一线基督教的光明"和福音带给中国"异教徒"，能给中国人带来灵魂的拯救！同时，从中美关系发展史和早期西方来华传教史的角度看，

---

① 熊月之：《西学东渐与晚清社会》，上海：上海人民出版社1995年版，第22页。
② 姚斌：《早期美国来华传教士笔下"中国形象"》，《湖南文理学院学报》（社科版）2008年第3期，第78页。
③ ［美］卫斐列著，顾钧、江莉译：《卫三畏生平及书信》，桂林：广西师范大学出版社2004年版，第23页。
④ 同上，第55页。

卫三畏的中国观处在承上启下的历史地位。从其在华三种身份（传教士、外交官、汉学家）的活动总体上观察，可认为他的中国观有三大任务。首先要从中国历史的视角，清理早期传教士中国认识中的简单化倾向，清除对中国误解、贬低甚或仇视的话语霸权；其次要从中国文化和文化交流的视角，肯定中国传统文化的价值和中国文明的国际影响与现实意义；最后要从世界近代化的视角，在承认儒家文化的前提下，用西方（基督）文化改造中国文化的实践。"基督教文明至上论"就是卫三畏中国观的核心和归宿，是贯穿在集传教士、外交官和汉学家于一身的卫三畏一生的不可推卸的神圣使命。因此，卫三畏的中国观也成为当时架设在中外理解之途上的一座桥梁，"卫三畏的中国观代表了早期来华新教传教士的基本看法"。①

（一）"还中国一个公道"

自工业革命以来，将西方近代文明作为判别文明的唯一标准，用两极对立的简单化思维看问题是普遍流行的认识非基督教国家的思维模式。从这一模式出发，西方和中国成了非此即彼的截然两端。如果西方是文明的化身，中国便是野蛮的象征。19世纪欧洲最显著的特征是开始于18世纪的工业革命在这个世纪里逐渐完成并取得了巨大的经济效益。世界在欧洲的脚下，他们当然要认为这是由于他们文明的优越所带来的。黑格尔说中国历史"我们不必深究，因为这种历史本身既然没有表现出有何进展，只会阻碍我们历史的进步"。19世纪的"近代史学之父"兰克直言"印度和中国根本就没有历史，只有自然史"。② 经过鸦片战争，东西之间的武力交锋，中国的"神话"最终被打破，呈现在西方人面前的是一个政治腐败、经济落后、人民愚昧的国度。包括马克思在内，西方学者普遍认为近代中国的制度和文明处于停滞状态。

中美在1784—1844年间的60年交往，虽然美国对华贸易密切，传教事业已经展开，但两国之间的相互了解仍然非常有限。中国政府固然妄自尊大，美国政府也稀里糊涂。自18世纪下半期以来，中国形象开始走向负面。鸦片战争后中国的形象更是一落千丈，美国人在欧洲特别是英国的影响下逐渐形

---

① 吴义雄：《在宗教与世俗之间》，广州：广东教育出版社2000年版，第468—479页。
② 陈立柱：《西方中心主义的初步反省》，《史学理论研究》2005年第2期。

成了一种以轻蔑的口气谈论中国人的风气。① 来华贸易的商人和水手对中国的情况仍然无法了解，这里面有中国政府限制的原因，有语言不通的原因，更有志趣的原因。美商向国内政府的报告限于商务，其他涉及极少。美国国内民众对于中国的知识就更加隔阂。1848年卫三畏的《中国总论》出版前，美国人还没有出版过一本有关中国历史文化的书籍，只有少数人从欧洲一些有关中国的书籍中了解到信息。这些少得可怜的信息让西方人"马上自以为是地、无知地、几乎毫无新意地"认为"（中国人）是欧洲人的模仿者，而他们的社会状况、艺术和政府不过是基督教世界同一事物的滑稽表演"，"中国给自己的城镇所作的命名，上帝给中国人的相貌所留下的特征，他们所选择的服装与风尚，他们的机械器皿、宗教节日、社会习俗，简而言之，几乎中国及其人民的每一方面，无不成为嘲笑的对象或讽刺的主题"，"中国人成为令人厌烦、稀奇古怪、不文明的'猪眼'人，嘲笑他们而不必冒任何风险；'庇护万类的种族'、'拖着长尾巴的天民'，自负、无知，几乎不可救药。"② "在美国等地出版的流行小说中，华人总是被丑化的对象，或者是男盗女娼、走私贩毒，或者是苦工流氓。更有甚者，则是将华人视为'黄祸'，即向西方世界传播贫穷。"③ 在美国人眼里，中国开始"被西方视为劣等民族、失败者和臣民、西方利益的牺牲者、轻视和怜悯的对象，最后成为美国人眼中的被保护人"。④ 因此，这一时期传教士中国观的主题是：中国是一个停滞、堕落、野蛮及走向死亡的异教国家，需要西方文明和基督教拯救，西方应承担起拯救中国的责任。到第二次鸦片战争结束，随着清政府禁教政策的逐渐解除和传教活动的进一步展开，西方人对中国和中国人的了解增多，一些传教士对两极模式产生了质疑。裨治文虽然主张全面介绍中国，但又陷入简单否定的怪圈，在中国观上走向更加负面的评价。但卫三畏却能在裨治文全面介绍中国的思想指导下，对中国研究更加细致、公正和深入。《中国总论》可以说是

---

① 顾钧：《〈中国总论〉的前世今生》，《中华读书报》2011年6月15日，第14版。
② ［美］卫三畏著，陈俱译：《中国总论》，上海：上海古籍出版社2005年版，第2—3页。
③ 沙莲香：《外国人看中国100年》，太原：山西教育出版社1999年版，第213页。
④ ［美］欧内斯特·梅等编：《美中关系史论》，北京：中国社会科学出版社1991年版，第35—36页。

早期来华传教士的代表作品，不仅中国研究的方法和范围得以明确，而且卫三畏的中国观也相对成熟。蕴藏于《中国总论》中的卫三畏中国观，不仅支配了卫三畏中国研究的内容和方向，也有利于当时西方人重新认识和反思对华的态度，是架设在中美人民之间的一座精神桥梁，有益于中美文化交流的。

卫三畏所著《中国总论》的基本出发点，正如他自己所言，是要"用真实的叙述还中国一个公道"。① 他极力反对那种简单化认识模式下看待中国，及其得出的对中国的蔑视和偏见。在两版《中国总论》的序言中，他都一致地谈到自己编纂《中国总论》的目的，就是要为中国人及其文明"洗刷掉如此经常强加在他们的那些奇特的、几乎无可名状的可笑印象"。对中国文明的这份同情和理解，加之多年在华生活和深入观察，卫三畏力图通过《中国总论》来纠正当时西方世界流行的有关中国的蔑视和诋毁，并提出了自己的新见解。如他认为中国专制制度有存在的合理性，认为中国社会道德的"堕落"与"罪恶"是夸大其词和简单化的，认为中国人生活习惯是出于亚洲人的衡量标准的，认为中国古代科技与工艺对西方有巨大贡献，认为中国人具有和平性格，不是诉诸武力的肇始者。一句话，卫三畏始终认为中国文明是人类文明中的"庞大的一部分"，"是人类最聪明、最有价值的心灵连续许多年代辛劳的结果。这是在特殊的文明中发展起来的，它所吸取的养分完全不同于西方圣人和哲学家的著作，研究其中优缺点也许会增加好奇心，可以获得将中国文献同亚洲其他国家甚至欧洲国家进行比较的标准。"② 这些积极的阐述就使他与其他许多传教士的灰色中国观有着明显而本质的区别。"还中国一个公道"必然有如"星星之火，可以燎原"之势，在美国人民心中将逐步形成正确而公允的对华认识，卫三畏被授予法学博士荣誉学位便是一证。历时三十多年后，中华民族在经受众多帝国主义侵略而依然顽强生存于东方，印证了卫三畏的中国文明具有内在发展的巨大力量。所以，新版《中国总论》在1883年后再版，很快不断重印。

当然，卫三畏"还中国一个公道"并非是他心目中的中国的世界性地位

---

① [美]卫斐列著，顾钧、江莉译：《卫三畏生平及书信》，桂林：广西师范大学出版社2004年版，第91页。

② [美]卫三畏著，陈俱译：《中国总论》，上海：上海古籍出版社2005年版，第402页。

的至高无上，而是相对于异教国家而言的，自然不能与基督教国家相提并论。在传教士们看来，只有基督教国家才是文明国家，中国的位置就在野蛮民族与近代文明——即西方资本主义文明之间的中间地带。"半文明、半开化的状态"似乎可以代表传教士们的基本中国观，即早期新教传教士对中国的基本看法概括为卫三畏曾说过的"半文明的国家或有缺陷的文明的国家"。① 事实上，"半文明、半开化"的中国观并未脱去灰色的认识，它是晚清中国在西方人眼中的负面国际形象。这种中国观的形成有着复杂的多方面原因。美国人对中国的蔑视基本上与中国本殖民地化程度成正比，在世纪之交达到顶峰。因此，近代中国落后事实成为这种观念或"偏见"的决定性因素，因而成为中国人理应富国强兵的历史教训。尽管如此，卫三畏的中国观主旨显然超越了西方的偏见，从各种比较的论述中，我们可以发现同为美国人的卫三畏，他看待中国时是那么平和、冷静和宽容。这样的鲜明对比，从历史过程、文化发展和人类文化多元化的角度看，卫三畏的中国观是那么进步、安全和充满上帝之爱。

（二）中国文化具有独特的价值

在《中国总论》第一章的结尾，卫三畏指出："对于这个占着世界上这么大的部分的地方及其人民，在地理、政治、风格、文学和文明方面作充分的记述，需要许多熟悉他们的语言、制度的观察家进行共同的努力。……中国人的勤劳，使他们在世界上所有国家中获得崇高的地位。……他们发展一切行业的技艺，无论是农业的或是制造业的技艺，以维持最大量人口的衣食、教育，使人类生色增辉，并把他们团结在一个统治制度之下。"因此，无论是以前的中国还是现在的中国，在人类发展的进程中必须有她的地位，这是由她的独特发展道路所决定的："由于自然疆域而与其他民族隔绝，他们的文明是在独特的影响之下发展起来的，必须将它和欧洲文明相比较，而不是以欧洲文明来评判，这两个人类种族的差异也许达到可能的最大程度，但似乎也有一致的共同本性和需求。……这样一个国家应当在人类历史上占有令人注目的地位；研究他们的特点和状况，这是每一位对人类表示良好祝愿的人都

---

① 吴义雄：《在宗教与世俗之间》，广州：广东教育出版社 2000 年版，第 479 页。

会接受的。"① 这种对中国独特发展的研究结论，无疑是先见的、先进的，对中国这个"第二故乡"的客观认识和深刻体验，从而也使他有别于其他来华的西人，充分表现出卫三畏的世界性观点和宽阔的人文胸襟。

卫三畏满怀深情地肯定中国在世界上应有的地位，基本上出自他对于中国文化的认识高度和研究深度。尽管长期从西方人总体歧视的背景下进行研究工作，但是他的亲身经历和长期思考的结果便是凝聚在《中国总论》中的中国认识的基本理论：中西方文明之间存在着很大的差异，不能完全笼统地把中国列入野蛮文明国度的范畴。中国文化中不仅有大量悠久、丰富的可取之处，而且还有些已成为人类共同的财富。按照卫三畏的言下之意，就是差点超过《圣经》所代表的人类的全部方面，如他对中国古老和伟大文明表示钦佩，赞扬中国人所具有的勤劳节俭的传统，认为中国人在生产总的方面，在家庭生活的艺术和群众的舒适方面，比曾经存在的任何异教或伊斯兰教国家，或比有些自称基督教的国家达到更高的地位，还对中国儒家经典推崇备至，"孔子的著作同希腊和罗马哲人的训言相比，它的总旨趣是良好的，在应用到它所处的社会和它优越的实用性，则超过了西方的哲人"，而"四书五经的实质与其他著作相比，不仅在文学上兴味隽永，文字上引人入胜，而且还对千百万人的思想施加了深远的影响。由此看来，这些书所造成的影响，除了《圣经》之外，是任何别种书都无法与之比拟的"。②《中国总论》可以看作卫三畏中文学习的最高成果，更是他的中国研究的标志性成就，同时也是美国第一部关于中国的百科全书，也是美国第一部汉学著作。与美部会派到中国的裨治文、伯驾等传教士不同，卫三畏不是严格意义上的传教士，他没有接受过神学教育，也没有被授予过神职（从未按立为牧师、授予教职）。③ 但他在中国的活动，与一般传教士并无不同，事实上他在许多场合也被称为传教士。在美部会的正式文件中，他的身份一直是印刷工。与其他传教士不同的是，卫三畏对中国的历史文化有特别的爱好，这种爱好便是《中国总论》得以问世的内在动力之一。此后卫三畏又担任过耶鲁大学中文教授、美国东

---

① [美] 卫三畏著，陈俱译：《中国总论》，上海：上海古籍出版社2005年版，第30—31页。
② Samuel Wells Williams, *The Middle Kingdom*, New York, 1888, Vol. 1, pp. 663–664.
③ 李志刚：《基督教早期在华传教史》，台北：商务印书馆1985年版，第361页。

方学会会长，一时享有"中国通"的美誉，都表明他在汉学研究领域的贡献之大和地位之高。同时，也足以说明他对中国历史与文化的研究之深刻和理解之精准，《中国总论》就是建立在作者对中国全面而深入了解的基础上，它几乎涵盖了中国社会与历史文化的所有重要方面，将其书名定为"总论"，是很贴切的。

从学术价值上来说，《中国总论》对中国文化独特价值的见解，充分反映了卫三畏作为一位汉学家的研究水平。美国汉学起步晚，自然受到欧洲汉学的影响，卫三畏及其《中国总论》也多借鉴儒莲、理雅各等欧洲汉学家的中国文化研究成果，这样的研究方法既符合学术规范又避免了重复劳动，同时也使美国汉学成为真正意义上的"国际汉学"。因此，从一开始，美国汉学就站在很高的起点上，《中国总论》成为当时西方人汉学研究的集大成者，就是因为卫三畏不仅站在巨人的肩膀上，而且他也的确比前人看得更远，在19世纪后半期，《中国总论》被认为"在一代人中独树一帜，并且成为研究中国的学者们的标准参考书，甚至被一些英中教育机构采用为教科书。大部分章节已被译为德文与西班牙文"。[①] 这种潜在的国际性影响，也促进了美国汉学在短短半个多世纪之后，就进入了它的现代形态——以费正清为代表的中国学研究的新高度。《中国总论》是一种穷尽式的研究，尽量穷尽本课题所有的资料，是不折不扣的全面研究，或者说是将中国研究作为"一种纯粹文化"来进行"综合的研究"的著作，"颇像今日一门区域研究课程的教学大纲"，卫三畏也是当时"美国最有影响的史学家"。[②]

（三）中国需要基督拯救

卫三畏对中国文化独特价值的论证，并不是为了说明它的完美无缺，而是为了给西方文明找到在中国文化发展进程中的适当位置："我们不想将中国描写得比它实际的要糟，也不想大谈特谈它的优点而使人感觉它不需要福音"，"很容易把中国早期的历史捧上了天，就像法国作者所做的那样，但贬

[①] ［美］卫斐列著，顾钧、江莉译：《卫三畏生平及书信》，桂林：广西师范大学出版社2004年版，第296—297页。

[②] ［美］费正清：《七十年代的任务》，载陶文钊编选《费正清集》，天津：天津人民出版社1992年版，第441页。

低他们也同样是不正确的,而这时现在普遍流行的做法。"① 因此,尽管中国的语言文字奇妙而深奥、经典文献丰富而珍贵、中国人的个体生活舒适而雅致、社会生活相对隔离而平静安全、中国的工艺和科学有发展但不先进,但从总体上来说,这些远不及欧美文化的优越。原因很简单,就是中国之所以值得用基督教来拯救,就是因为它曾拥有灿烂的古代文明,而它近代的衰落正是因为缺乏基督教。说得温和点,就是中国需要基督教教义,并不意味着要摧毁中国传统文明,而是要进一步完善它,使它更具有价值。② 正因为如此,《中国总论》的出版便在西方引起了强烈的反响,"很难再找到一本像《中国总论》这样的书,为了异族的幸福,以那样的语言,展示了一个辉煌、可敬的文明和它具有的广泛而深远的影响力。……这些篇章所刻画出的诚实和博爱,将告诉未来的读者,它的作者热爱并研究这个民族,让后代记住作者对他们抱有的希望"。③ "抱有的希望"就是贯穿《中国总论》的主旨和卫三畏始终不移的信念:基督教拯救中国!无论在广州编辑印刷《中国丛报》、置身中美外交还是从事中国研究,卫三畏时时刻刻站在基督教传教士的立场,从西方文化本体观出发,将"基督教文明至上论"应用到所有方面,既作为预设前提或基础,也作为结论或解决方法。

在《中国总论》第一章的开篇,卫三畏就明确指出研究中国的终极目的是传播福音:"考察研究这样的人们和如此广阔的国家,一定能使我们得到教益,而且十分引人入胜;如果导向正确,能够以更坚定的信念来对待《圣经》上的箴言和律令,使每个国家在这尘世上都能在其个人、社会和政治关系上得到最高度的发展,到了另一个世界能够享受幸福。我们期望,在世界史上的今天,比起以往有更多的人渴望了解别人的状况和需求,这并不完全出于他们自己的爱好,并非对自己的高超知识和优越条件感到庆幸,而是为了使他们的同类也能受益,也能自由地分享他们所得到的恩赐。希翼这样做的人

---

① Samuel Wells Williams, *The Middle Kingdom*, New York & London: Wiley and Putnam, 1848, Vol. 2, pp. 99, 193.
② Samuel Wells Williams, *The Middle Kingdom*, Vol. I, New York, 1882, p. 836.
③ Frederick Wells Williams, *The Life and Letters of Samuel Wells Williams*, L.L.D.: *Missionary, Diplomatist, Sinologue*, New York and London, 1972, p. 399.

将会发现，世界上所有种族中只有为数不多的几支能够和包含在中华帝国之内的各族相媲美，值得人们尽最大的努力去进行研究。至于说到我们的神圣宗教，用纯净、崇高、有益身心的教义去发展和促进他们的社会进步的理论，从这一角度来看中华各族的重要性，可以说全球无出其右了。"① 将中国放在基督教的视野中来研究，其中就已经包含了西方优越论的预设前提，西方中心主义俨然成为卫三畏中国研究的指导思想。因此，在介绍中国的物质与制度方面有一定的客观因素的同时，他对中国文化、中国精神和中国现实的评判上自然很难做到不偏不倚，偏颇自不能避免。但从总体上而言，他的评判是公允和偏上的，而批评也是比较善意地劝谏，认为"1000年以前他们是世界上最文明的国家"，② 现在发展缓慢或者是停滞不前了，要使之再文明起来，就需要基督教的参与或拯救。

其实，这种传教士的情怀，同样是可以理解的。卫三畏毕竟是在近代西方文明环境中成长起来的新教传教士，很本能地看到所谓的异教国家与其钟爱的基督教祖国的差异，使得他在看待中国问题上，无法超越近代西方新教文明的价值观，只不过，卫三畏这位被在华外国人称为"贤明的长者"从近代化视角出发，对中国文化和政治制度的观察和批评是比较冷静和客观的。无论是整体或个别的褒扬，还是全面或局部的贬抑，他的目的都是一个，就是确证中国需要基督教拯救。在他看来，中国要想从半文明步入"文明"社会，唯有基督教的发展才是最适当的手段，"没有基督教就根本不会有任何真正的发展，中国不可能有所发展进步，因为她是一个盲人，缺少了上帝的引导"。③ "中国人不仅需要标志西方文明的技术，而且还需要耶稣基督的教义。"④ 让基督教进入中国，就成为卫三畏在华活动的最高任务，更确切地说是他毕生的唯一使命："对卫三畏来说，只要一个人心中有基督教的事业，'不管他是希腊人还是犹太人、切包皮的还是没有切包皮的、野蛮的还是文明

---

① [美]卫三畏著，陈俱译：《中国总论》，上海：上海古籍出版社2005年版，第1—2页。
② 同上，第31页。
③ [英]雷蒙·道森著，常绍召、明毅译：《中国变色龙》，北京：时事出版社1999年版，第99页。
④ John King Fairbank, "Assignment for the 70's", The American Historical Review, 1969, No. 3, pp. 865, 866.

的、奴役的还是自由的,都是基督徒',他都十分欢迎和愿意帮助,并且一生都是如此。"① 同时,无可讳言,卫三畏在华 40 余年的活动,其传教方式走过了"从教化到对话"的转变,但西方优越性的自负一种成为其俯视羸弱晚清中国的强势心理。卫三畏始终未能把中国人放在完全对等的伙伴位置上,特别是在道德和精神的层面上。身处所谓"轴心文明"的人们往往患有"老子天下第一"的自恋症,他们意识不到,这个五彩缤纷的世界本来就是由形形色色、各有偏好的人群组成的,谁都无法指望能够按照自己的期待来彻底改变他人。从这一点来看,卫三畏的转变过程所显示的方向对我们建构今日地球村的和平共处规则非常具有启迪作用,那就是要学会把"老子化胡"的心态改为"相敬如宾"的心理,对异民族、异文化和异文明采取宽容、尊重和学习的态度,以便用文明对话来取代文明对抗,从而把亨廷顿认为不可避免的"文明冲突"消弭于萌芽状态和无形之间。②

有必要指出,卫三畏所坚定的"基督教拯救中国"模式是"孔子加耶稣"思想模式。他对以儒家思想为代表的中国文化不吝赞美之辞,除了反映一种历史主义的观点外,更主要的他站在基督教文明至上论的传教士立场上,希望建构出"孔子加耶稣"的传教路径。"孔子加耶稣"的思想是 1830 年代以后,由于"以耶代孔"的传教方针受到阻碍,西方传教士所着力提倡的一种在华的文化策略。当时在华的西方新教传教士,如马礼逊、理雅各、慕维廉、李提摩太、林乐知、丁韪良、李佳白和花之安等人,通过对中国社会、文化、礼仪和风俗的深入了解和研究,最后选定儒学作为同盟者,提出了"孔子加耶稣"的传教战略。③ 不过今人在讨论这一传教思想的发展过程时,往往对卫三畏有所忽略,应该予以弥补。④ 当然,卫三畏从偏颇的宗教观和西方道德价值取向来分析中国社会,提出所谓的中国出路问题,完全是一种脱离中国实际的主观愿望。"卫三畏的中国观本身就带有很突出的矛盾性,他对中国的批

---

① [美]卫斐列著,顾钧、江莉译:《卫三畏生平及书信》,桂林:广西师范大学出版社 2004 年版,第 43 页。

② 陶德民、顾钧:《从教化到对话:写在卫三畏诞辰 200 周年之际》,《中华读书报》2012 年 12 月 19 日,第 19 版。

③ 顾卫民:《基督教与近代中国社会》,上海:上海人民出版社 1996 年版,第 267 页。

④ 张宏生:《卫三畏与美国汉学的起源》,《中华文史论丛》2004 年第 80 辑,第 68 页。

评中有一类从近代化的视角出发，对中国文化和政治制度比较冷静和客观，另一方面他有偏颇之处。文化背景和传教士身份使得他在看待中国很多问题上，无法超越近代西方新教文明的价值观。他的中国观中的矛盾性，或者说是两重性，实质上是其在华传教策略在中国认识上的反映。这事实上也是美国初期对华外交的一个特点，即以传教士充当其中的重要角色。"① 也就是说，卫三畏的中国观除了更大部分地遵循客观之外，还有简单化的内容，明显地带有西方中心主义色彩，有些地方是错误甚至是歪曲的，他的书信和书籍在当时的欧美国家广为流传，无疑造成了一定的负面影响。

事实上，近代中国社会最迫切的问题是抵御外侮和民族独立，并在此基础上谋求政治民主、经济发展和社会近代化。如果仅将中国专制政治和缺乏基督教信仰作为中国文明出路的唯一障碍显然视为福音张目，因为东西列强对中国的侵略、剥削和压迫是最大的障碍之一，这与福音"善待"他国的宗旨是不相容的。因此对待卫三畏的中国观必须有辩证、理性和清醒的心理，认识到传教士们对中国的批评"无疑就像一面镜子，使那个时代的中国人从中窥见了自身的丑陋，具有警醒奋起的效用"。② 通过了解西方人对中华民族的看法，可以使我们理性地研究和剖析自己，客观地了解我们本民族的长处和不足，最终达到提高民族素质的目的。卫三畏"一家之言"的中国观无疑也是一笔内容丰富、愈久弥香的历史文化资源。所以，他和他的《中国总论》及其中国观的不足是次要的，贡献是主要的，毕竟瑕不掩玉。"判断历史的功绩，不是根据历史活动家没有提供现代所要求的东西，而是根据他们比他们的前辈提供了新的东西。"③ 卫三畏"提供新的东西"，就是他真实的观察和叙述。而我们所要做的，是对其中的缪误持"博雅君子，谅无哂之"的胸怀，④ 而发扬光大它的积极成果。如果我们能够以宽阔的胸怀和气度，以良好的学术心态来冷静地思考卫三畏这位异邦的"贤明的长者"的批评，将会有助于我们更好地进行自我定位，是谓"知人者智，知己者明"，也可"知己知彼，百战不殆"。

---

① 杜兰兰：《一个美国驻华公使的"中国观"》，《黑龙江史志》2010年第14期，第47页。
② 顾长民：《基督教与近代中国社会》，上海：上海人民出版社1996年版，第298页。
③ 列宁：《评经济浪漫主义》，《列宁全集》（第二卷）（1895—1897），北京：人民出版社1984年版，第154页。
④ 梁启超：《西学书目表》，《时务报》第8册，光绪廿二年（1896）九月十一日出版，序例。

结　语

　　《圣经》谓"上帝就是爱",罪就是全人类问题,是普世性现象。传教士秉承圣子之道,在世界各地进行着"上帝爱世人"的异教"救赎"的"伟大事业",他们是那么虔诚。卫三畏是来华新教传教士之一,几将全部心血投入"上帝爱人"的世俗实践中,集中表现在对中国和中国人民,同时也对美国人民和世界其他人民做出维护正义和关注人类进步的事业上:"他(卫三畏)对(基督教)信仰非常虔诚,时时刻刻都牢记着这样一个事实:上帝在注视着我们的一举一动,聆听着我们所说的每一句话。"[①] 而学界对基督新教在华史并没有进行很好的研究,多是由于中外研究者的文化心理差异和政治意识隔膜。费正清指出:"19世纪中国与西方的关系中,新教传教士仍然是研究最少,但却是那时最有研究价值的角色。……只有传教士跨越两种文明,直接谋求与普通的人们接触。即使不是唯一的,他们也是连通中国乡村和美国小镇主要的人物。他们谋求改变中国人的思想和心灵。他们洞察中国人的生活,在所有来华入侵者中他们涉足本地生活最深。……由于他们的双重角色,在历史上一些人眼里他们是救世主或恩人,而在另一些人眼中他们是文化帝国主义者。"[②] 费正清先生的言论也就为我们研究来华传教士预留下某些理论与方法上的基调。因此,本书正是本着卫三畏"上帝之爱人"的宗教理念和实践活动,来阐释他以在华43年生活为核心的中国关怀和中国(文化)研究,从中领略他在促进中国社会进步和维护中国人民权益方面的历史贡献,而尽量低

[①] [美]卫斐列著,顾钧、江莉译:《卫三畏生平及书信》,桂林:广西师范大学出版社2004年版,第195页。

[②] Suzanne Wilson Barnett, John K. Fairbank, eds., *Christianity in China: Early Protestant Missionary Writtings*, Harvard University Press, 1985, p.2.

调论述他的间接和根本的美国利益至上的本质。

由早期中美人民之间的相互关系上升到中美两国政治、外交关系的发展，传教士外交官的历史作用不容忽视，"从事外交仅仅是 19 世纪 30 年代传教士在广州开始的为寻求更好的进入中国并改变其宗教信仰的方法所做的探索的一种延伸"。① 进入 20 世纪后，美国驻华外交官日趋专业化和职业化，传教士外交官对华政策的影响才渐渐退出历史舞台。卫三畏作为美国对华外交的一名传教士外交官，其外交活动和历史影响在中美早期关系史上是值得记述的，"美国人虽然在美国国内颇重视政教的完全分离，可是在中国，议定《望厦条约》时却有裨治文、伯驾和卫三畏，参加外交工作并升任到最高官阶的则有伯驾。在大沽（天津条约初步谈判在大沽进行）和天津有卫三畏和丁韪良"。伯驾是 1855 年被任命为美国第一个传教士出身的驻华公使，而在此稍前，卫三畏就走上了美国对华外交的道路。1855—1876 年间，卫三畏一直是美国驻华公使馆秘书兼翻译，还曾 9 次代理美国驻华公使。同时，卫三畏还勤于研究和介绍中国传统文化，被誉为"一位审慎的观察家，也是各外国使馆中最习知中国情形的一位人士"。② 20 年的外交经历占据卫三畏在华生涯之近半，对中美早期关系的影响尤为深远，正如史学家李定一所言，在早期中美关系史上产生影响的传教士"最重要的除伯驾及裨治文外，影响美国外交甚远的，应推卫三畏"。③ 第二次鸦片战争以及《天津条约》《北京条约》签订后，外国公使进驻北京逐渐成为现实，美国驻华公使馆在使团秘书卫三畏的努力下在北京稳定下来，中美外交进入严格意义上的近代国际外交的范畴，清政府随后也向美国等西方国家派驻了使节。卫三畏为美国北京公使馆的建设有所贡献，对近代美国驻华使馆体制的形成也功不可没。

自 21 岁赴华从传教士印刷工做起，在《中国丛报》20 年的印刷、编辑进程中，卫三畏逐渐将中国作为他的第二故乡，摒弃了 19 世纪以来西方一般性的对华贬斥的中国认识，并逐渐提升了自己的中国观，以"中央之国"和需

---

① ［美］韩德著，项立岭等译：《中美特殊关系的形成：1914 年前的美国与中国》，上海：复旦大学出版社 1993 年版，第 33 页。

② ［美］泰勒·丹涅特著，姚曾廙译：《美国人在东亚》，北京：商务印书馆 1959 年版，第 478、288 页。

③ 李定一：《中美早期外交史》，北京：北京大学出版社 1997 年版，第 156 页。

结　语

要基督拯救为核心,大力推动中学西播,为中西文化交流做出了自觉的历史性贡献。鉴于基督拯救中国的西化式的世俗需要,卫三畏义无反顾地离开美部会而投身到美国对华外交的实务事业中,在二十多年外交生活中,卫三畏不仅全面地促进了美国在华权益的获得和维持,而且更加深入地接触和理解中国历史进程和文化特点,为日后修订《中国总论》奠定了雄厚的思想基础和资料来源。总体而论,卫三畏的中国观,实质上就是当时中美交流的重要内容,是"中学西渐"与"西学东渐"交相辉映的文化长卷,甚至迄今仍是中美关系研究的重要素材。因此,卫三畏与晚清中国的历史交往,就是一部中美文化交流的历史剧曲,所蕴涵的文化精髓,不是文明的冲突,而是文明相互接纳和共享的人类祈愿。在此,稍加阐释中西文化交流和文明冲突的问题,来作为对卫三畏及其与他关联的中美关系的一种小结和未来期待。

19 世纪中叶,中西文化真正开始进入正面交锋、沟通交融的时期。在中国人"开眼看世界"的同时,西方人也在尝试碰触这个古老东方的"庞然大物"。[①] 中西文化自古就是双向交流,只是特定时期强弱不同而已。所谓文化,自古以来定义繁杂,简单来说,文化是人类所独具的一种精神现象,作为一种符号系统,它构成了人与动物的本质区别,它以人类为载体,是人类的一种属性,与人类共存亡。可以说,文化是人类精神的主体设计者与承担者,是人类自我意识的最高凝聚。在谈及任何一种文化时,人们首要关注的是宗教、哲学和科学三大领域。然而,宗教、哲学和科学在中西方文化中的表现是显著不同的,三者在西方文化中得到了长期的、系统的、典型的发展,而在中国传统文化中没有得到充分的发展,由此奠定了中西文化的本质区别。[②] 中西文化的本质差异,导致了中西文化交流中自古至今都让人无法回避的一个"古老而现实的问题":如何看待"文明的冲突"？美国政治学者亨廷顿在 1993 年指出:文化将是分隔人类和引起冲突的主要根源,由于文化因素在全球秩序中变得越来越重要,整个世界正在进入一个"文明冲突"的历史时期。文明之间的差异是最根本的差异,文明之间的断层是未来的战线。文化的差

[①] 周健、姚旸:《19 世纪中期来华西人中文著作译介活动探析:以〈中国丛报〉为中心》,《中国国家博物馆馆刊》2020 年第 5 期,第 132 页。

[②] 张忠利:《中西文化纵横论》,天津:天津大学出版社 2008 年版,第 1—2 页。

异加重了经济冲击,"文明的冲突"将主宰全球政治。亨廷顿将文化认同和文化身份的差异视为未来世界冲突的主要根源。在新的世界格局中,文化认同成为国家之间联盟或对抗的主要因素,"不同文明集团之间的冲突就成为全球政治的中心"。① 从表面上看,亨廷顿承认文化的多元存在,承认文化之间的相互影响,但是他认为这只是一种冲突的存在和表现而否认文化之间可以实现和平共融:"历史上文化时尚一直是从一个文明传到一个文明。一个文明中的革新经常被其他文明所采纳。然而,它们只是一些缺乏重要文化后果的技术或昙花一现的时尚,并没有改变文明接受者的基本倾向。文明接受者之所以'接纳'这些进口,或者因为它们是舶来品,或者因为它们是被强加的。"② 近代前后的晚清中国就是这样接受着"西学",同样也主要是被动地输出"中学",因此,对近代西方人来讲,中国文化没有西方文化的优越,已经走向堕落和腐朽,传教士更加把这种意向演绎成"上帝的意志",得出"异教中国需要拯救"的宗教结论,并在"西学"文化输入中国时加入了耶稣的话语,激化了中国文明与西方基督教文明的冲突,一直延续到 20 世纪中叶。

如今,从中外交往的自古至今的历史中,我们只要通过理智的梳理和分析,就可以看出,这种"文明冲突"的本源就在于坚持"一元文化观"。"一元文化观"认为人类文化的演化只能是单一的文化路径,在众多的文化模式中,唯有一种是正宗的、正确的,其余的一概是不正确的。他们不承认每种文化都有其合理性和存在价值的,从而把文化的共性绝对化,采取非此即彼的思维模式来看待不同文化间的交流。显然,"一元文化观"无法从根本上转变不同文化间的对立状态,相反,在某种情况下,使得文化间的对立状况变得更加突出和激烈。③ 中国和外国都是如此地坚持"一元文化观"。从"一元文化观"出发,中国人不可能真实地了解西方,西方人也不可能真实地认识中国,相互之间的无知和误解不断日积月累,文明的冲突就像仇恨情绪一样总会一发不可收拾,人类丑恶的一面就将以侮辱、战争、屠杀等等表现出来,

---

① [美]塞缪尔·亨廷顿著,周琪等译:《文明的冲突与世界秩序的重建》,北京:新华出版社 2002 年版,第 129 页。

② 阮炜:《中国与西方:宗教、文化、文明比较》,北京:社会科学文献出版社 2002 年版,第 74 页。

③ 陈敬:《赛珍珠与中国:中西文化冲突与共融》,天津:南开大学出版社 2006 年版,第 86 页。

结　语

令世界各族人民都深受其害。

　　近代文化语境下的中西关系中，欧洲处于明显的强势地位。因此，近代中西文化之间的接受，或者源于"猎奇"，或者源于"征服"，而不是相互理解。同时，"中学西渐"和"西学东渐"的文化交流不是出于正常的双向对流，而是在流动过程中进行严重的对峙，这在商人、外交官、军事家等实力派人士那里表现得强烈而明显，在传教士和文化学者那里显得相对平和而公允。集传教士、外交官和汉学家于一体的美国人卫三畏，是早期来华的传教士学者中的一位代表，他除了力图剥离西方人强加于中国人身上的不公正形象，还将亲历的记录和研究中国的著述西传，让美国民众了解一个真实的中国，以推动中国的近代化和基督化，不管这样的工作是大是小、是对是错，都留在他的第二故乡中国，成为历史研究的对象和中美人民交往的见证。卫三畏尽力以"业余汉学家"的学者眼光来观察和描写晚清中国，虽然在研究中国的过程中也常常处在思想矛盾和内心斗争中，但他还是以同情和客观的文化话语创造了像《汉英韵府》《中国总论》这样流芳百世的汉学经典，成为美国"汉学之父"。20世纪初，随着自由主义思潮的兴起，美国传教士中出现了一批对传教持怀疑与否定态度、对中国文化采取更为客观态度的传教士，以胡美、乐灵生、赛珍珠等为代表。[①]其中，赛珍珠是美国国籍作家，在中国镇江长大，曾执教于南京金陵大学，1932年借其小说《大地》，成为第一位获得普利策小说奖的女性，1938年获诺贝尔文学奖。她也是唯一同时获得普利策奖和诺贝尔奖的女作家，作品流传语种最多的美国作家。赛珍珠始终站在多元文化主义的立场，无论对待中国的儒家传统，还是看待美国的帝国主义政策，她均能采用一种"双焦透视"的视角，形成了她自己的"文化和合主义"的中西文化观。她预示到人类社会发展的前途应是东西方文化共融而致的"文化和合"。"和"并不意味着将一种文化强加给另一种文化，而是在互相尊重和理解的基础上的求同存异，如中国先哲所说："和实生物，同则不继"，"以同裨同，尽乃弃矣"（《国语·郑语》）。因此，求同存异并不意味着用中国文化取代西方文化。赛珍珠的这种"文化和合"观无疑可以成为不同

[①] Lian Xi, *The Conversion of Missionaries: Liberalism in American Protestant Missions in China 1907—1932*, Pennsylvania State University Press, 1997, pp. 25—130.

于"文明冲突论"的一种新的价值理念,更有助于世界和平的真正到来。①

人类历史的进步就是蕴藏在这些优秀的具有世界文化观的平凡而伟大的人的思想和实践中。国与国之间的平等睦邻、人与人之间的和谐汇通,是人类族群"和平共处"的基础,而这种境界的实现决非一蹴而就,"大同"任重而道远。卫三畏在晚清时代寓居北京,不仅接受了中国"天朝"的文化概念,而且自觉或不自觉地在其论著中将中国称为"The Celestial Empire",即"天朝"(天上的帝国),在一定程度上强化了中国在当时世界中的自我定位。根据卫三畏的记载,当时的中国约占亚洲大陆的三分之一,占全球有人居住的地方近十分之一,是世界上仅次于俄罗斯的最大的帝国。他提醒美国人,中华帝国幅员广阔,比美国疆域更宽广,人口比美国多出几千万。② 中国的大和人口众多的特征,是卫三畏特别强调的,这被他用来解释为何这部《中国总论》篇幅如此巨大。他的这种强调,在无意间向西方,尤其向美国人传输了一种"大中国"的印象。对于当时处于上升期的美国来说,当时的中国,或者说"天朝",已经成为一个太平洋彼岸的巨大的存在。③ 在他的汉学成果中,卫三畏致力将《中国总论》打造成中美文化关系的沟通桥梁,其中要做的一件大事,就是"还中国一个公道",即要洗刷强加在中国人及其文明上的一些可笑印象。他将中国视为异教国家中的领先国度,总是在"中央之国"的位置,他相信中国的未来一定更加进步,只需要基督教的"拯救"。因此,卫三畏在赞美中国文明的同时,也对中国的现实提出尖锐的批评。例如,卫三畏总结中国人的社会生活时写道:"总的来说,中国人表现为奇特的混合体:如果有些东西可以赞扬,也有更多的应予责备;如果说他们有某些显眼的罪恶,他们比大多数异教国家有更多的美德。虚饰的仁慈与内在的猜疑,礼仪上的客气与实际上的粗鲁,部分的创造力与低下的模仿,勤俭与浪费,谄媚与自立,还有其他黑暗与光明并存的品质,奇异地结合在一起。"④ 不能否认,当

---

① 陈敬:《赛珍珠与中国:中西文化冲突与共融》,天津:南开大学出版社2006年版,第7—8页。
② [美]卫三畏著,陈俱译:《中国总论》(上册),上海:上海古籍出版社2014年版,(初版序)第2页。
③ 何辉:《卫三畏向西方介绍的中国》,《国际公关》2017年第1期,第90页。
④ [美]卫三畏著,陈俱译:《中国总论》(上册),上海:上海古籍出版社2014年版,第583页。

结　语

时中国政治文化制度、公民素质和能力，确实有点差强人意，对卫三畏的某些评价或警醒也是应该抱有"有则改之无则加勉"的博雅君子的纳谏态度。这样就能更好的兼容并包，去伪存真，去粗取精，以各种优良的知识、道德、技能武装自己，创造更加美好、和谐、互助、共荣的地球新文明。因此，本书所研究的事主卫三畏，毋庸置疑地属于优秀而平凡的世界公民，他的历史文化成绩是先贤留下的一份宝贵遗产，是全球化时代的一项人类共同财富。

余论：从卫三畏想到中美关系的前景

从1784年"中国皇后号"航抵广州，开辟中美直接往来的历史纪元起算，迄今不逾两个半世纪。最古老的帝国与最年轻的帝国发生关系并延续关系的历史，如今却成为东西方具有强大实力和发展潜力的两大主权国家之间进行博弈的学术对象。穷根究底地梳理和客观公允地探索，成为美国中国学和中国美国学的基本学术原则。在200多年的时间里，中美之间既存在着矛盾和分歧，也交互着共同利益和国际责任。中美两国的精英人物和广大人民的勤劳、实践和相互学习，使完全异质的中西文化在人类文明的建设中得到实际的交流和研究，为全人类的未来发展和社会进步注入了更多、更好的积极因素，值得不断继续和发扬。然而，我们不可避免地看到，阻碍和破坏中美关系的因素始终存在，不仅使两国文化交流时断时续甚至停滞不前，而且造成了诸多不必要的误解甚至剑拔弩张。如何尽最大可能消除或正确对待分歧，维护和发展共同利益，加强合作，避免对抗，实现共赢，促进世界和谐，是中美关系走上健康发展道路的关键所在。从长远发展的国家关系的角度来看，中美之间并没有根本的利害冲突，在许多领域中，中美双方是能找到共同点的。只要中美两国能从全球和亚太发展的战略高度，从未来的角度看待中美关系，超越意识形态和价值观念的分歧，就能维护和发展其共同利益，矛盾和分歧就会通过平等的、富有诚意的对话和协商得到解决，中美关系就能健康、顺利地向前发展。

"增进了解"是基础之步，关键之步，最难的一步，也是最长期的过程。法国哲学家和历史学家米歇尔·福柯曾说过，对于生活在一种文化中的人来

余论：从卫三畏想到中美关系的前景

说，"真正理解另一种文化的真相是完全不可能的"。[①] 这种看法或许有点绝对和悲观，但指出了中外文化之间的了解艰难的客观事实，也揭示了努力接近这种真相的相对可能性。"了解"方向的无知，"了解"方法的单一，"了解"过程的急促，"了解"结果的无效，尤其是实践未行而偏见先入的"了解"，都对不同民族之间的相互认识和关系建设是百害而无一利的，无数的误解、诋毁、仇视、抹杀等都是这样的渐深积累下的不幸产物。"了解"的内容也是至关重要，因为它决定了"扩大共识"的内涵，所谓"共识"是在"了解"不同民族或国家固有差异的前提下，渐行渐多地寻找共同点，并在求同存异的原则下，尽可能扩大文明的共同内容、消减文明中不和谐的部分，实现各民族自己特色的改革，使人类文明多元化在共同作用于人类未来福祉的实践中，发挥各自的历史和现实价值。作为人类文明建设的任何一个人，都应该学会并实践这样的世界观和文明观，其中的那些优秀者，实现了个人的自身价值和社会价值，他们就是人类文明建设的精英分子，是人类文化的共同使者，也是人类崇高的世界思想的践行者。他们或许已经成为后人时常缅怀的历史人物，或许还在人世间默默地创造着这样文化的现实人物，不管成就大小，都是我们敬仰的伟大的地球人。在人类文明发展史上的中美关系上，就有这样的历史人物。一百多年前的美国人卫三畏的名字，对于当前绝大多数的中国人而言，都是很感陌生的，但他在美国和西方社会却是赫赫有名的历史人物。

作为美国"汉学之父"，卫三畏在生命存续 72 年间，在华生活了 43 年，超过之半，使他收获了另一个情感归宿：中国是他的第二故乡。一生拥有两个故乡的人，无疑是幸福的，也是以一种文化视角审视另一种文化的良机和最好"共识"。诚然，卫三畏用他一生孜孜不倦的观察和笔耕，用他那些流传后世的汉学学术著述，用他展望中美两国人民世代友好的平和心愿，都向世人呈现出一位西方人对于中国及其文明的朴素而真诚的观念。尽管在 19 世纪，晚清中国显然落后于西方世界，但并不妨碍卫三畏对中国进行客观的研究和公允的评价，而且不厌其烦地向美国民众和西方人士传递中西关系的历

[①] Michel Foucault, *The Order of Things*, New York: Vintage Books, 1971, p. xv.

史真谛：和平而非战争，共处而非争斗，学习而非偏见，进步而非倒退。卫三畏就是这样的独具慧眼看中国的学贯中西的文化人！

一、卫三畏对中美关系发展的三大历史功绩

卫三畏首先是一个传教士，但他的传教士身份却是外延丰富、内涵深刻的。从传教士印刷工开始，他把《中国丛报》印刷所打理得有条有理、有声有色，也把他的业余传教活动做到比专业传教士的直接布道活动毫不逊色，并从这样的传教困局中看到了"儒耶合一"策略的实用性和文字传教的有效性，从而走上了与美部会平和"断绝"关系的道路，找到了"外交布道"的途径，使"宗教宽容"产生了西方福音可传布全中国的"国际法"效率。这样，卫三畏获得了另一种身份：传教士外交官。这种身份展现了卫三畏的西方近代观和晚清中国的传统外交之间的调整或兼容的政治能力。而在传教士外交官之前，卫三畏还是一位传教士汉学家，他以《中国丛报》上的汉学经验、在美国国内百场以上的巡回演讲稿，以及对中国亲身体验与中西文化的糅合，演绎出了名噪中外的汉学巨著《中国总论》。1848年初版的《中国总论》是美国人自己撰写的第一部全面介绍中国历史文化和晚清社会的名著，从而开始了美国人自己的汉学研究的道路，具有起点高、速度快、注重现实研究的学术特点。从1856年起到1876年退休离华，20年近似职业外交官（使馆秘书兼翻译、代理公使）的卫三畏，努力地配合着美国对华政策的旋律，不仅承担了创建美国驻华使馆的历史重任，开创了美国驻京公使馆体制，还积极支持美国首任驻京公使蒲安臣的"合作政策"和肩任晚清中国第一任赴外使团的行动，并谢绝驻华公使之职，而职守着秘书一职，成为美国驻华公使馆不可替代的中英文翻译人才。在使馆工作期间，卫三畏仍旧不忘中国研究的学术活动，克服身体渐衰等不利因素，除参与中美之间的文化交流活动外，还修订撰写汉英字典《汉英韵府》，在西方宗教界和外交界产生了强烈的反响，他也因之收获了外交官汉学家的美誉。1876年退休回美后，卫三畏不仅时常关注他的第二故乡的近况，还义不容辞地承担起美国第一个高校汉学讲座教授之重任，扛起了耶鲁大学的首杆美国汉学大旗，开创了与欧洲并

驾齐驱的汉学学科建设的新时代。同时，卫三畏积极利用他晚年宝贵的七年时光，历经艰辛地修改《中国总论》，使修订版在他归隐上帝怀抱之前的四个月出版问世，成为卫三畏献给中美文化交流史上的最后的也是最珍贵的文化经典。一个西方人拥有如此多的身份：传教士、外交官、汉学家，足以让我们感受到卫三畏的风雨沧桑和人生经验，感觉到他的阅历视野、学贯中西和硕果累累。

然而，这一切身份及其背后的人生活动，都有着这样的终极目标：为构建中美关系做贡献。传教士的目的是让美国的宗教文化进入晚清中国，以期实现基督化中国的福音；外交官的目的是让美国获得同等甚或超越欧洲在华的利益，并实现中美关系的永远发展下去；汉学家的目的是让美国民众最大限度地了解传统中国及其文明，最大程度地认识晚清中国的现实状况和各种政策，并尽可能地传递一种自己的学术观念，即一般而言的近代中国观。卫三畏来华前，殖民地时期的美国就有人来华经商，独立后的次年"中国皇后号"就远赴广州，开始了中美（经济）关系的第一页。历时半个世纪后，卫三畏作为一名传教士印刷工来到中国，是早期来华的美国传教士之一，无疑是早期中美（文化）关系形成的参与者和建设者之一。所以，要从积极的"了解"的认识角度而言，卫三畏对中美关系的形成和发展的历史作用，主要表现在以下三个方面：一是比较客观而公允地评价中国、中国人及其中国文明；二是比较切实地加强和推动中美文化交流，并有所成效；三是比较认真而诚心地关注中国的发展和进步，希望中美关系健康而和谐。

（一）卫三畏比较客观而公允地评价中国、中国人及其中国文明。卫三畏来华 11 年后的 1844 年首次回国，已经不再是那个在伦塞勒学院充满植物学家梦想的学生，而是对异乡中国有着深切了解和深刻感受的中年人了。而立之年后的卫三畏开始在美国各地进行大量的巡回演讲，主题都是与中国有关的历史文化和现实社会情况。随后以一位汉学者的学理化演绎，将这次演讲的所有稿件整理成长达 1200 多页的著作《中国总论》，出版后引起巨大反响。作为美国第一部由美国人自己撰写的汉学著作，《中国总论》已经向美国民众展示了一个截然不同的中国观，已然将 1844 年《望厦条约》签订前的美国人对华的诋毁和仇视看法置之一边，"为中国人民及其文明洗刷掉如此经常地加于他们的那些奇特的几乎不可名状的可笑形象",而尽力呈现客观的评价。真实地展示中国和客观地评价中国,将它"放在适当的位置上",是卫三畏撰写《中国总论》的首先而且是主要动机之一。在卫三畏看来,对晚清中国的定位是:现存异教国家中最文明的国家。① 这是当时来华的西方人能够给予晚清中国的最高评价了。中国近代史的屈辱过程和国际地位的历史存在,是完全被西方列强视为野蛮和落后民族的最好证据:中国没有半点文明可言,只是被消灭。几乎所有来华的西方人,都持有这样的观点。卫三畏作为其中的一员,能够在纷繁的中西关系中看到了中国存在的生机和进步的力量,甚比八国联军统帅看到中国民众的力量而不可被瓜分要有远见得多,而且还能从第一次鸦片战争的中英关系中看到"英国对中国的远征,与其说是打开中国的大门,倒不如说是从中国获得了极大的利益"。很显然,卫三畏具有的慧眼,并不是当时有的人能够比拟的。卫三畏看待中国,也没有完全脱离一种典型的西方中心主义和西方优越论的思想束缚。随着西方对华的强势,传教士的文化殖民心理的加强,歪曲事实而夸大中国丑陋的各种宣传和结论铺天盖地,即便是在华的西方人都不能尽得真相,勿提毫无亲身经历中国的西方人了。卫三畏在这样的大量歪曲的政治舆论和西方文化强势的氛围下,能够仗"义"执言而不与当时西方几乎统一的"中国观"一致,可谓"艺高人胆大"了。

尽管卫三畏通过各种演说、著书立说和参与传教活动等来尽力纠正19世纪以来西方人对于中国的轻蔑和无知,希望不要把晚清中国视为绝对未开化的国家,但我们也应该看到,卫三畏指的"中国是异教国家中最文明的"是相对于西方基督教国家而言的,即晚清中国没有基督教国家文明,没有美国、英国、法国文明,因为中国传统文明是先进的,现在已经停滞了,要想再进步,就必须得到基督文明的拯救。"耶稣拯救"在于两方面,即晚清中国不仅需要西方的科技文化,更需要基督文化和基督化,而后者才是最终的归宿。这无疑表现出了卫三畏传教士的宗教意识和西方文化优越于东方的思想。对此,我们不必感到惊讶,否则就无法认同卫三畏是一个美国人了。我们更应该看到的是,卫三畏的世界胸怀和客观精神在他一生中始终存在。在客观评

---

① [美]卫三畏著,陈俱译:《中国总论》,上海:上海古籍出版社2005年版,第2—3页。

价中国的同时，卫三畏也真诚地指出了当时中国社会的种种落后和愚昧的地方，这在《中国总论》中随处可摘取，但大多数情况下都是辩证而论的，因为卫三畏这样的论述是以西方文化作为参照系的。因此，从完整意义上看，《中国总论》是卫三畏"中国观"的最重要体现，而他的"中国观"就是从他尽可能客观地评价中华文明的成就和落后之处而得出来的，也是《中国总论》的文化价值之所在。从整体上来讲，《中国总论》中虽有一些可以商榷之处，但其力求客观的科学态度是值得肯定和后人仿效的。作为一个外国人、一个传教士，卫三畏不可避免地有着历史和自身的局限性，但这与因个人喜好而故意无视甚至歪曲事实进行的研究，还是具有本质的差别的。这同样是我们今天在研究卫三畏和中美关系时必须清醒地认识的重要课题。

《中国总论》既是卫三畏本人在汉学领域成就最大的代表作，也是当时美国研究中国最早的最具权威的著作，已经超越了先前西方人门多萨的《中华大帝国史》、杜赫德的《中华帝国全志》和德庇时的《中华帝国及其居民概论》等中国研究之书，具有极强的广度和深度。卫三畏通过对中国历史文化的研究，充分认识到儒家思想在中国社会中的重要地位，认识到儒家思想对中国人的心理和行为的巨大影响。卫三畏指出，中国的社会构成，关键在于确立一种恰当的关系，使人们找准自己的位置，从而使得教化成而天下治。儒家的哲学向内用功，也就是通过认识自己，进而认识和掌握整个世界，儒家的哲学又是一种实践哲学，注重在实际生活中的认知，注重实践层面的操作，而不把重点放在纯理性的思辨上。卫三畏认为儒家的许多精华，如中国人伦理道德观、人格品性等都是可以乐以称道的，而且他更认为，中国需要基督教教义，并不意味着要摧毁中国的传统文明，而是要进一步完善它，使它更具有价值。对于19世纪晚清中国开始的近代化运动，卫三畏的看法与其他外国人相比也具有独到之处，他认为，中国的发展变化是以一种相当保守的形式出现的，按照中华文化的特点，在中国进行政治、社会、宗教体制的全面改革时，保守的做法是有利于保持中国的统一局面和经济发展的。因为，中国的上层社会更加注重物质，而不是精神，所以对基督教文化不容易产生狂热，吸收基督教思想只能在不消弱、瓦解、摧毁政权统治的基础上去改革、教化和吸收。因此，卫三畏从上帝主宰一切的天命思想出发，比较客观地指出对于太平天国的中立原则的宗教观,认为当时中国很多人狂热地支持这一场革命运动是不符合逻辑的,因为太平天国革命的口号是片面的,中国的问题在于下层民众,而不在于政府,改变统治者仅仅是改朝换代。站在基督教的文化立场上,卫三畏对中国人一切生产和文化活动的理解,是建立在对中国文明处在停滞状态下的思考的,因此难免具有片面性,不过,这并不妨碍卫三畏对于中国整体认识上的客观性和公允。卫三畏指出的中国文明的落后之处和片面性的评价,从鲁迅先生的"中国人总不肯研究自己"的角度上看,应该成为一种不可多得的优秀教材。理性地研究和解剖我们自己,客观地了解我们自身的长处和不足,是民族进步的必要条件,而了解外国人对我们的看法,从中汲取有价值的东西,则是其捷径之一。卫三畏的《中国总论》,在百余年前就以西方人的独特视角和宗教观点,及其中时常出现的智慧的闪光,对我们今天的一般中国人来说不仅饶有兴味,而且不乏启迪,而对学术研究工作来说,更是富含十分珍贵的历史资料,因为《中国总论》原著中有许多插图,大都系西方学者、旅行家所绘制,生动地反映了当时晚清中国的社会生活的诸多方面,书中还大量引用了当时西方学者研究中国问题的著作,这些著作涉及面之广、研究之深入细致,一样会令今天的研学之人大开眼界,大受裨益。同样,对美国而言,卫三畏《中国总论》及其蕴涵其中的中国观,是架在中美人民之间的一座相互了解和扩大共识的桥梁,虽逾百余年,至今仍是宝贵的历史教科书,而且它还是美国早期的传教士汉学向学院式的职业汉学转变的重要奠基之作。

(二)卫三畏比较切实地加强和推动中美文化交流,并有所成效。毋庸置疑,卫三畏是美国汉学的开山鼻祖,从传教士的业余汉学到职业汉学学科的形成,甚至是20世纪建立的美国中国学,都是中美文化交流的一支重要生力军。美国汉学本身的形成和演变都在范围有大有小、程度有高有深、效果有大有小地推动着中美之间文化交流事业的发展。卫三畏通过《中国总论》所确立的传教士汉学和耶鲁学院式汉学的主旨,实际上是以美国文化作为参照和对比下的学术成果。如今研究《中国总论》,也就是同时在研究中美两国文化的内容和性质,尽管中美两国的文化有很多的不同点,但无法漠视它们之间可以相通的文化共性。《中国总论》所阐述的20多个方面的标题,同样可以用作各国学者来研究美国文化的学术框架，因为中美两国间的差异更多地表现在文化形式上，而不是在文化的实质上，都是人类文明的不同分支而已。如用西方基督教思想，就可以说是上帝的安排，都是上帝的子民所创造的不同文化而已。中国人不皈依上帝，并不等于不喜欢或不享用其中的适合因素，即使作为一种文化的学术研究，也不乏修身养性之功。文化是无国界的，文明是人类共享的，难分孰优孰劣，唯有自我选用的主观实践而已。从这样的文化意义上讲，卫三畏文字传教下的汉学成果，都是在为中美文化交流做着积极的贡献。在《中国丛报》上的印刷、编辑和写作活动，是卫三畏最初所做的中美文化交流的活动。为了做好印刷工作，学习汉语进而研究中国的历史和现实是很必要的且是渐进的过程，卫三畏的刻苦努力，终于得到回报，他不仅中文进步很快，而且对中国历史文化有了异于他人的深刻理解，这就是为什么他在华生活11年后回到美国时，能够那么侃侃而谈地进行那么多场演讲，而且能够在那么短的一两年内将演讲稿内容辑撰成书。1848年出版的《中国总论》，从个人意义上来讲，是在卫三畏心中的一场中美文化交流下的精神产物。1883年修订的《中国总论》，凝聚了卫三畏在华生活43年的经历和思考，凝聚着大量第一手中国资料掌握的勤奋和辛劳，也同样保存着当时及之前的诸多学者对中外文化交流研究的历史印迹。《中国总论》这部不朽的汉学著作把中国研究作为一种纯粹的文化来进行综合的研究，是标志美国汉学开端的里程碑，并与卫三畏花费11年编写而成的字典《汉英韵府》一起成为自19世纪70年代以来西方人研究中国的必备参考书。《中国总论》的最主要价值在于提供全面而准确的中国信息，是一部很好的入门书和普及读物，也不乏学术价值，对美国等西方人了解中国无疑会起到重要的促进作用。这样的"中学西渐"的载体，对促进中美文化交流，是无声而有益，而它的深刻意义，只有在中西方更广更深的文化交往中才能得到表现，才能为更多的人们所认识和理解。当然，无法否认的是，也是由《中国总论》为代表所奠定的汉学成就，使卫三畏最终成为耶鲁大学汉学讲座的首任教授，成为举起美国汉学研究的职业化大旗的第一人，历史功绩十分重大。卫三畏将中美文化交流的阵地从他的第二故乡晚清中国的土地上转移到自己故乡美国的大学中，所产生的文化交流作用是直接和显性的，"古老的中华民族及其语言在耶鲁得到承认"。这样的"星星之火"如今已经在美国形成了燎原之势,美国汉学或中国学的研究已经在全世界独占鳌头,成为中流砥柱,回首往昔,卫三畏的开创之功是不可没的。

从某种意义上来讲,卫三畏是中美文化交流的使者之一。美国开国虽迟,但与古老中国的亲密接触却最快。1783年《巴黎和约》签订的第二年,一艘具有典型中华文化意义的"中国皇后号"商船就抵达了晚清中国当时唯一的外贸口岸广州。这第一次独立主权国家意义上的商业贸易,就使美国商人获利颇丰,以致美商纷至沓来,美国的资本积累在与中国贸易中逐渐成熟,到该世纪末就在资本主义经济上与英法老牌资本主义国家分庭抗礼,进而祈求更广阔的中美交往。美国商人的开海辟路,新教传教士的推波助澜,美国外交官的鱼贯而入,以及后来美国军队的长驱直入,使得中国和美国的交往变得无处不在、无时不作、无所不能,但各类人行为的意义无法统一而言。就像新教传教士来华不索求任何物质利益一样,他们带来的只是基督教义,虽然当时中国人民最需要的是米饭和平等,而传教士送来了《圣经》和其中的未来天堂生活,无怪乎中国人难以接纳他们。但这种唯一的基督教义,却是西方文化的精髓,最初还是含有与中国文化的交流的本意的,不成想它变成了打开晚清中国的封闭门户的敲门砖。以英国为首的西方列强在坚船利炮的武力政策下,劳师远征中国,传教士的教义变成了他们帮助同胞胁迫晚清政府屈签不平等条约的信条。美国早期来华的传教士裨治文、伯驾、卫三畏、丁韪良等人都不同程度地参与了不平等的《望厦条约》谈判和签约活动,并在其中起着至关重要的作用。这样的政治外交,也是中美文化交流的一项内容,不仅使传教士在其中大显身手,也潜移默化地影响了晚清中国的外交思想和文化交流的启蒙。随着传教的受阻和印刷工作的结束,卫三畏转而加入美国驻华使团,长期担任使馆秘书兼中文翻译之职,使他获得了加强中美文化交流的能量。1858年6月18日,清政府被迫与美国签订《天津条约》,卫三畏时任美国驻华使团头等秘书兼翻译,在谈判中他主张将传教宽容的内容加进去。这是一件在中西文化交流史上非常重要的事情,因为从此以后西方传教士在中国的传教就完全合法化了。这个传教宽容的条约法律的意义,是作为传教士外交官的卫三畏能做到的最大的有关中美文化交流的历史事件,包括基督教文化在内的几乎所有"西学"都可以援引这样的条约进行毫无阻挡地输入中华大地,"西学东渐"获得了前所未有的发展。当然,事物发展是辩证的,中国人,特别是一些先进知识分子,在东渐汹涌的西学潮流中看到和寻觅到了富国强兵、变法改革的良方妙药,晚清中国随之开始的洋务运动、维新变法运动、义和团运动和辛亥革命等,都是中西文化交流下的历史产物,尽管这些运动没有取得预期的效果而归于失败,但中国人的民族觉醒和平等独立的意识获得了前所未有的增强,如同卫三畏在修订版《中国总论》的最后一章的结尾部分写道:"最近30年的经验也许比他们历史上任何一个世纪得到的更加重要,没有经历那么多痛苦,走过那么长误解误传的乖戾道路,这些经验是不能产生的。但是,大事可以看清,甚至粗略的读者也会看到,在中国人性格中有这样的因素,时候一到,他们就会跃出过去陷入的极端落后的地位,将自己提升到最先进国家的行列。"①尽管至今中国尚没有跨入世界上"最先进国家的行列",但胜利在望的。这样的预言,出自卫三畏之口,实不会令人意外的,因为他对中国及其人民的理解是多么透彻和深刻,对中西文化异同点的了解是多么的明晰和丰富。实际上,在卫三畏的人生观中,他只是从传教士的精神出发来看待自己的政治外交的,对于驻华公使之职的淡漠,就是很好的例证。而他的世界观中,是希望中西文化之间有着更加紧密的联系,因为对卫三畏而言,传教的福音效果和前途未知,都让他知道这样的福音事业也许永远只是一种天堂的幻想,只是充满着希望而已,"一个念头刺激着我一生从事这一工作,它就是这样一种希望:传教事业能够发展"。②因此,加强中美两国之间的文化交流,实现各民族文化共享,是卫三畏的真实希望。

最具典型意义的中美文化交流的生动例子,是发生在1867—1869年间的首次中美国家级图书交换,《皇清经解》等书成为美国国会图书馆收藏中文书籍之始,卫三畏时任美国驻华使馆秘书兼翻译,也多次参与其中。现美国国会图书馆东方部藏有最早入库的中文图书10种,约1000册,分装成130函,

---

① [美]卫三畏著,陈俱译:《中国总论》,上海:上海古籍出版社2005年版,第1110页。
② [美]卫斐列著,顾钧、江莉译:《卫三畏生平及书信》,桂林:广西师范大学出版社2004年版,第310页。

每个函套上贴有白纸书签，上面印有英文说明：Presented to the Government of U. S. A. by His Majesty the Emperor of China，June 1869. 中文译为：1869年6月中国皇帝陛下赠送美国政府。这是美国各图书馆中收藏最早的，也是最大的一批中文图书，同时也是以政府名义赠送的。至于这批赠书的经过，鲜有资料详证，唯有清政府恭亲王奕䜣的两件奏折，美国国务院与其驻华使馆之间的有关往来公文。钱存训先生曾为此作过考证，并撰文发表在《哈佛亚洲学报》第25卷（1964—1965年）上。这批赠书并不是清政府主动赠送的，而是在美国政府三次请求后并采取以物易物的办法才使该批赠书得以成行。第一次请求是在1867年，当时美国国务院于是年3月2日通过一项法案，将美国政府出版物每种留出50份，责成司密逊学院和其他国家办理交换事宜，该学院随即经由国务院通过驻华使馆行文请求办理图书互换事宜，但清政府置之未复。第二次是大约过了一年后，美国驻华代办卫三畏找了一个机会再度向清政府总理衙门提出，并面托一位与外国使节往来较密的董恂（字忱甫，江苏人）从中说和。董恂虽私自赞成，但说此举须经其他衙门批准，恐一时不易实现。经过初步接洽，卫三畏乃复函司密逊学院院长亨利教授，说中国政府虽对书籍至为重视，但与美国政府机构之出版物及报告书性质并不相同，而且目前中国国内能通读西文书籍者全国恐不及20人，而美国国内能通晓中文书籍者更属寥寥无几；即使交换成功，对两国均有裨益，但目前恐亦无人可以阅读，建议此举从缓办理。第三次是大概又经过了半年时间，美国新任驻华公使劳文罗到北京上任，旧事重提，此次主动者是美国农业部因中国农产丰富，几千年来给养如此庞大人口，甚想获得这方面的资料，以资借鉴，因此特派薄士敦上校为驻华特派员，主持有关农业方面的联系。薄士敦抵达北京时，除带有五谷、蔬菜及豆类种子外，并携来书籍若干种，都是有关美国农业、机械、采矿、地图及测量太平洋地区铁道的报告书，希望与清政府交换同等性质的书籍。劳文罗公使于1868年9月29日抵达北京当递送国书时，总理衙门大臣奕䜣及其僚属董恂、宝鋆、谭廷襄、徐继畬等人均予接谈。劳公使将交换农业种子及图书之事再度提出，并介绍了薄士敦上校驻华任务，希望两国间建立交换关系。薄上校偕同卫三畏于同治七年（1868）九月初四晋谒恭亲王，递送携华之种子及图书，并表示希望同等物件送还美国以作交换。劳文罗在致美国国务院报告书中说：虽清国政府中无人可以阅读该项英文书籍，但其中地图、机械、图画及表解，恭亲王及其僚属均极有兴趣，希望在不久的将来，外国书籍能为中国人所重视；至于农业种子，当可在短期内发现其价值。当时总理衙门虽原则上同意两国间建立交换关系，但对于此举是否确当以及送何种书籍，未敢擅作主张。恭亲王于同治七年十月初四，沿引道光二十四年间中国曾赏给俄国住京人书籍为例奏请请旨遵行。总理衙门获钦准后，于同治八年四月二十七日（1869年6月9日）将购得之书籍种子一并具函致送美国驻华使馆，表示还答美国政府赠书及谷种之盛意。这批赠书清单是：《皇清经解》（道光九年广东粤雅堂刊本）360册；《五礼通考》（乾隆十九年江苏阳湖刊本）120册；《钦定三礼》（乾隆十四年殿本）136册；《医宗金鉴》（乾隆五年北京刊本）90册；《本草纲目》（顺治十二年北京刊本）48册；《农政全书》（道光十七年贵州刊本）24册；《骈字类编》（雍正五年北京刊本）120册；《针灸大成》（道光十九年江西刊本）10册；《梅氏丛书》（康熙四十六年北京刊本）10册；《性理大全》（明永乐十四年内府刊本）16册。另赠送美国的还有花卉、五谷、豆类及蔬菜种子共106种。这批图书中并无史、集之分，其大部分内容也不是美国政府原来希望得到的资料，但为中美文化的交流奠定了基础。[①]

退休回美的卫三畏依然兴致勃勃地参与中美文化交流的相关活动。积极、勤奋的心态，还有他的能力和眼光，使卫三畏自然而然地跻身当时美国有教养的人当中，在耶鲁大学的教授职位使他在这个圈子中引人注目，并带给周围人知识博学、胸怀宽广和性格平和的美好印象。尽管年老体衰，卫三畏仍旧参与一些重要的中美文化交流活动，在1877年4月就加入了一个每年聚会五六次的社交和文学俱乐部，并在该俱乐部四年当中的九次研讨会上提交不同主题的论文。值得提及的还是他在晚年出任美国东方学会会长（1881—1884），这是继耶鲁教授荣誉后的又一大殊荣。裨治文和卫三畏都是美国早期来华的传教士，最早的汉学研究者，顺理成章地成为东方学会的首批会员，鉴于在华工作的繁重以及汉学研究的范畴差异，卫三畏并没有在学会会刊

[①] 彭道杰：《首次中美国家级图书交换始末》，《高校图书馆工作》2000年第3期，第77—78页。

《美国东方学学会杂志》(季刊)上发表文章,只是到出任会长稍前才在会刊第 11 卷上发表了与传统汉学主旨一致的考证文章《扶桑考》。在会长工作期间,有力地推动了东方学会的汉学研究,使东方学会成为 20 世纪以来美国最有实力的汉学研究阵地,一批学贯中西的学者云集左右,并在 20 世纪出现了美国汉学的转型:中国学研究的兴起。此外,卫三畏还担任过美国圣经学会的第九任主席,似乎是对他一生致力献身传教事业的一种褒奖,"在史无前例的四十三年工作期间,您在与中国人以及在华外国人的所有文字、外事与社会交往中,忠诚而一贯地保持了作为一个基督徒与传教士的本色",[①] 特别是他的有深刻见地的《关于 God 和 Spirit 的中文译名之争》论文,结束了中美文化交流上的无谓争论,促进了基督文化在中国的传播。晚年的卫三畏是以他的存在和榜样的力量对所有被纳入他的广博的文化视野中的人给予一种激励,他的耶鲁教授的活动不是在教室、研究室和图书馆度过,而是在他的汉学研究过程中体现出来。中国不仅是他的研究对象,也是他的第二故乡,对《中国总论》的修改就成为他最后对遥远中国的思念和精神寄托。可以说,修订《中国总论》的 7 年过程和著作本身所展现出来的中美文化再考量,是那么的审慎、爱护和亲和。1883 年修订版《中国总论》得以面世,成就了卫三畏"美国汉学之父"的名至实归,也使美国汉学研究和中美文化交流进入新的时代,"对大批寻求关于中国信息的人来说,这部关于中国及其人民的总论性著作一直被认为是公允和值得信任的,它的成功或许归功于卫三畏的聪明才智——它的头脑不仅活跃,而且记忆力好,同时既耐心而又诚实,从不歪曲事实来迎合自己的理论"。[②]

(三)比较认真而诚心地关注中国的发展和进步,希望中美关系健康而和谐。在华 43 年的生活,卫三畏前后显示出两种明确的身份:传教士和外交官,而深含着另一种贯穿始终的身份:汉学家。一经抵达广州,首先面临的是中文学习和汉学研究问题,否则传教和生活无从谈起。从传教的文化角度上考察,卫三畏的汉学研究的最终结论是:中国文化较其他异教国家的先进,

---

[①] [美]卫斐列著,顾钧、江莉译:《卫三畏生平及书信》,桂林:广西师范大学出版社 2004 年版,第 285 页。

[②] 同上,第 311 页。

但不可与基督文化相提并论，必须需要基督拯救才能步入近代文明国家的行列。从外交官的角度来讲，卫三畏将传教宽容条款塞进世俗的中美条约中，也是凸显出中国需要基督拯救的历史必然性，基督教在华传播是他一生的希望和工作的动力。撇开文化研究上的是非曲直，让西方世界自诩最先进的基督文化进入中国，用来修正或提升晚清中国的文明程度，从动机上看并非一无是处，而是具有积极的文化交流的意义。长期在中华大地上的所谓主流的儒家文化，如果评价它在二千年来的丰功伟绩，自有无可厚非之功，但如果作为一种开放而与时俱进的思想文化体制，它必然也必须得到其他文化的精髓加入和广泛交流，才能不断焕发新的生机。卫三畏的中国研究始终没有西方狂热殖民分子那样的诋毁、仇视甚或消灭中国及其文明的思想原则，而是把中国放在世界文明的框架下，进行着古代文明和近代文化的深刻对比，从中找寻可以解决的良方。虽然让美国等西方国家从中获得了在华的诸多特权，但是，卫三畏不仅反对非正义的战争，也非常不满自己同胞对文明古国中国的敌视。这可能源自他的传教士本性，更多的是来源于他的世界主义观。人类文明的发展并非某一个民族国家可以主宰的，可以统领一切的，而是人类的共同努力和共同享有的，既是权利，也是义务。因此，在卫三畏看来，中国文明在过去已经为人类社会创造了积极的历史性贡献，即便近代走向堕落和落后，并不意味着这种文明的一蹶不振，而是在西方的咄咄逼人的情势下暂时韬光养晦，在繁多的民族屈辱和无数次经验总结之下，一定有着发展的希望，"把中国人理所当然地归为野蛮民族的时代已经一去不复返了"。[①] 这句振聋发聩的语句，彰显在《中国总论》修订版的"前言"中，充分再现了卫三畏始终不渝的对第二故乡中国及其人民的祝福之善意，使所有此著的读者都能感受到卫三畏不仅研究过中华民族，而且热爱这个民族，他对中国人抱有希望："中国从半野蛮状态朝着她在各国中的适当地位迅速前进，这样的过程现在已经被一些人们所理解……各方面都充满着希望的征兆，少量谬误被大量真正的成功所抵消，我们审慎地深信，这样的成功是永恒的。"[②]

---

① ［美］卫斐列著，顾钧、江莉译：《卫三畏生平及书信》，桂林：广西师范大学出版社2004年版，第310页。

② ［美］卫三畏著，陈俱译：《中国总论》，上海：上海古籍出版社2005年版，第1108页。

正是在热爱中国和对之抱有希望的正确思想支配下,卫三畏认真而诚心地在美关注着中国的每一进步。退休回美之初,卫三畏就义不容辞地加入了反对美国政府"排华法案"的抗议队伍,并以自己在耶鲁的威望,加上当时他是对中国最了解和最有发言权的美国人,于1879年2月底向总统递交了由他起草、耶鲁学院全体员工签名的请愿书,呼吁总统否定该年初国会的限制中国移民的议案,同年9月,他又撰文《中国移民》,详细叙述了中国移民的起因、性质和前景,痛斥了国人由于无知而产生的排华情绪和行动。为了解决华侨在美的不利境遇,晚清政府最终派遣官员赴美、秘鲁、古巴等地调查,随后任命了先前担任中国幼童留学美国的正、副监督陈兰彬和容闳为驻美正、副公使,开创了中国驻美使馆体制。从1863年美国驻华使馆体制在卫三畏的千辛万苦下在北京落户,开辟了美国对华的直接高层的外交关系的新纪元,而时隔十五年后晚清中国才在美国首都华盛顿建立了对等的公使馆,这样的进步,是令卫三畏感到高兴的事,因为早在19世纪60年代,卫三畏就曾建议清廷重臣李鸿章遣使驻美,但被搁置未行。卫三畏在华外交官生涯里,特别支持了清政府委任蒲安臣为大清使臣出使西方诸国的外交行动,认为这是晚清中国进入近代外交的国际体制的最好表现,蒲安臣病逝后,两位中国副使志刚、孙家谷继续完成出使任务,无疑开创了中国人自己的外交轨迹,对中国的近代化具有不可忽视的促进作用,"中国政府初次的外交努力意在使自己国家置身于各国大家庭之中"。[①] 对于容闳率领的中国留美幼童的文化活动,卫三畏同样给予深厚的希望,何况卫三畏受聘耶鲁汉学讲座首任教授,与这位中国友人关系密切。尽管1881年清政府终止了幼童留学,但卫三畏对这个受到高度称赞的进步项目的结果予以了高度的评价:"无论如何,一点也不能认为这个实验失败了,我们只要想一想每个学生学到的英语知识和西方教育原理;这些年轻人现在受政府聘请在电报局、兵工厂、学堂等处做事,将来就会看到在不同的行业能够尽心称职,他们可能取得多么大的成就啊!"[②]

关注现实和当代问题是卫三畏希望建构良性发展的中美关系的学术前提,《中国总论》将它作为深刻的文化意义深藏其中,成为读者思考延伸的终极结

---

① [美]卫三畏著,陈俱译:《中国总论》,上海:上海古籍出版社2005年版,第1081页。
② 同上,第1109页。

论，也是一个学术研究的题中之意，恰如"不识庐山真面目，只缘身在此山中"的玄妙。起源于向美国人介绍中国情况的演讲稿，《中国总论》却向读者显示了著者的演说和写作计划绝非零星片段的东西，而是涵盖一切的，想把他所认识的中国一古脑儿地表现出来，内容是包罗万象，一应俱全的。卫三畏在华43年，学到了不少中国学问，在当时来华的西方人中可谓凤毛麟角，加上亲历、亲见和亲闻，还大量摘引了几百年间西方人的汉学著作中的内容，学理化和逻辑化地将之汇整成书（初版1200多页，修订版1600多页），自然是洋洋大观，令人叹为观止。作为一个美国人，这一部皇皇巨著足以让卫三畏受之无愧于"中国通"的称誉了。特别是《中国总论》修订版的最后三章，突出了晚清中国的近况，努力向西方人展现了中国的发展和进步。卫三畏以其独特的知识结构、文化背景和思想观念，以其独到的眼力，细致的观察，创造出了《中国总论》，其中不乏很多发现和创见，这对中国人而言，不仅可从中看到一个多世纪前的旧中国的某些历史陈迹和西方人的对华认识，而且其中保留下来的珍贵资料成为中国学人进行学术研究的重要基础。反过来，这对美国人也是具有对等的影响效果的。历史在向前发展，人类社会的变迁也在不断进行中，"温故而知新"才能使东方大国和西方强国之间关系获得某种历史的诠释和指引，在日益利益共同化和冲突全球化的21世纪，如何将中美关系领向积极、健康和共赢的良性轨道，是两国先进人物必须研究的现实课题，也是全体人类希望看到的文明前景之一。

二、求同、合作、共赢：中美关系的前景

如果要将上述卫三畏对早期中美关系的三大历史贡献用最简洁的语言表达出来，就是求同、合作和共赢。实际上，这就是看待当前中美关系的最根本主旨和展望中美关系前景所应遵守的行为规范。其中，"求同"是千秋不易的原则，"合作"是最佳的手段，"共赢"是必然的追求目标。它们之间不可分割的内在逻辑性和历史与现实交互印证的客观性，是人类社会走向未来、获得共同发展的最宝贵的文明经验，也是无限地激励着时代地球人秉承异中求同、共谋发展、开辟未来的精神财富。

自古至今的人类发展史，已然建构了一个"求同"的历史过程：每一个文明中心的千年发展，最终走向文明的接触、交融和共性发展。众所周知，世间一切事物间都存在着差异性，就像黑格尔所言，凡物莫不相异。何况，即使是同一个事物，从不同的角度观察，或对于不同的认识主体，也会有不同的看法。因此，我们首先得承认事物的差异性，这是不以人的意志为转移的客观存在，存在差异性，存在不同的观点、不同的方法是正常的状态。但是，我们更应该看到任何事物之间的共性，这种共性才使我们的人类文明事业得到切实的发展。从认识世界和改造世界、认识社会和改造社会的角度来看，我们所做的每一件具体工作就是不断地在寻找异中之同和同中之异，从而不断地加深对客观事物的全面认识，不断地寻求合理的动态平衡，并推动人类社会的发展。所以，在任何时空条件下，我们都应该清楚，事物存在的差异性和共同性并非天然对抗，而是在异中求同的社会实践中获得共同利益，造福全人类的福祉。在这样的"求同"历史中，作为传教士、外交官和汉学家的美国人卫三畏，并没有什么高深理论的创立，也没有什么雄心勃勃的殖民或征服，而是以平和而客观的心态，来看待中美两国及其人民之间的差异，并从中发现中美之间的某些共性，以此共性为前提和出发点，将出生地（美国）和收养地（中国）有感情地纳入自己人生的全过程中，通过在华的一系列文字传教和中国文化研究等活动，既向美国传播中国知识及其文明的进程，又向中国传布西方的科技文化和基督文明，成为中西文化交流使者的无冕之王。这就是"求同"的原则力量和精神风貌。

卫三畏在华43年和在美前后近30年的生活史，告诉我们，他是多么坚定地践行着"求同"的人类文化交流的宗旨和原则的。在《中国总论》初版序言中，卫三畏通过对晚清中国的政府及其行为准则、文学和科举考试的梗概、社会、实业、宗教状况，进行朴实无华的描述，就像讲述其他国家一样，将他们放在适当的位置上，"很容易把中国早期的历史捧上了天，就像法国作者所做的那样，但贬低它也同样是不正确的，而这是现在普遍流行的做法"。[①] 很显然，这样描述得出的结果，自然是以卫三畏的美国文化和文明观为参照

[①] Samuel Wells Williams, *The Middle Kingdom*, 1848, Vol. II, New York, p. 193.

系和对等物的,这两种完全异质的文化之间,在一般人眼中几乎是没有任何共性的,而在卫三畏的笔下却是无可回避的事实存在,简单而言,即中国是最文明的异教国家,虽无法比及西方基督教国家,但几乎不缺什么,缺乏的只是基督福音而已,"我们不想将中国描写得比它实际的要糟,也不想大谈特谈它的优点而使人感觉它不需要福音"。① 换言之,如果中国再有了基督教,则西方诸强国也可能难以匹敌了。但假设是不能作为历史与现实的证据的,因为至少有一点,是中国社会与基督教之间还有一个漫长的"求同"进程,如果只将它作为一种西方文化,而不仅仅视为一种宗教的话。从整体上来审视《中国总论》,卫三畏站在中美文化交流的历史高度和未来广度上,尽力发掘中美之间已经存在的"共性"和预见未来交往中还会出现的"共性"。修订版《中国总论》全著内容共 26 章,从细节上看,至少说明了中美之间有 26 个共性层面,每一个层面深入分析下去还会有许许多多的共同点。这些共性越多,中美之间的关系就越会走向紧密,共同利益也就越大,也就预示着中美之间的各种交往的可能性和必然性就越大,毕竟中华民族五千年的文明岁月和成就非一朝一日所能为他人心领神会的。最古老的东方帝国和最年轻的西方强国之间的"求同"之路是漫长的,也是切实可行的。在修订版《中国总论》前言和最后一章结尾中,卫三畏深情地肯定中国人的未来不是西方人所言的那样停滞不前,而是处在一个学习进步、再学习再进步的辩证过程中的,"我致力于展示他们民族性格中更美好的品质,迄今为止他们还没有机会学习那些现在他们正在迅速领会的东西","最后一点就是(中国)人们的勤劳、忠实、尊重生命财产——所有这些特征都是一定的根据,令人相信中国的新生一定能实现,就像发酵剂在面团里活动一样,不会使容器振动"。② 卫三畏这样的民族文明"求同"思想是他的汉学研究成果中最重要的贡献之一,具有理论和实践的双重认识意义和历史警醒作用。

"合作"是"求同"最合理、最有效也是最直接的手段,虽然"合作"也包含事物发展的一种潜在的目的,但绝不应是针对任何一个国家、一个民族的敌对言行。"合作"是最大限度地扩大共性,最大限度地减少差异、降低矛

---

① Samuel Wells Williams, *The Middle Kingdom*, 1848, Vol. II, New York, p. 99.
② [美]卫三畏著,陈俱译:《中国总论》,上海:上海古籍出版社 2005 年版,第 4 页、第 1110 页。

盾以及由此引起的损失，即便是在无法修正或变革的民族习惯、国家方式、社会体制之下。作为一种联合行动的方式，"合作"是个人与个人、群体与群体之间为达到共同目的，彼此相互配合的一种联合行动。从理论上来讲，成功的合作需要具备的基本条件主要有：一是一致的目标。任何合作都要有共同的目标，至少是短期的共同目标。二是统一的认识和规范。合作者应对共同目标、实现途径和具体步骤等，有基本一致的认识；在联合行动中合作者必须遵守共同认可的社会规范和群体规范。三是相互信赖的合作气氛。创造相互理解、彼此信赖、互相支持的良好气氛是有效合作的重要条件。四是具有合作赖以生存和发展的一定物质基础。必要的物质条件（包括设备、通讯和交通器材工具等）是合作能顺利进行的前提，空间上的最佳配合距离，时间上的准时、有序，都是物质条件的组成部分。

　　作为最古老的中国和最年轻的美国，两国历史上的"合作"和当前的"合作"是否为成功的"合作"，本身也是一个学术研究的课题，同时更是借古鉴今的一个再思考的问题。不容置疑，自1844年中美初交以来的《望厦条约》，中美之间很难有着成功的"合作"，基本上是一种侵略和被侵略的国家关系，一个是主权不断丧失和一个非法利益的不断获取的关系。所有在近代不平等条约下的不平等事实所决定的中美关系，都向中美人民提出了这样一个不可回避的两国关系如何建构的问题："战"还是"和"？一种正常国家关系之外的利益获得，并不是永恒的，付出的代价或失败将是随着利益之"度"而形成，如同"过犹不及"一样的辩证。如何做到合法合理合情的海外利益，几乎当时所有来到晚清中国的美国人都进行过思考和探索，但极少有人或组织得出正确或比较正确的"合作"途径。作为传教士，卫三畏从"基督爱世人"的宗教角度，看到了中美各自在耶稣世界中的位置，将他们都视为上帝的子民，他们之间并不是绝对的对立和你死我亡的博弈，而是合作和帮助。"赞美上帝，他许诺把全世界送给他的儿子，这一伟业永远不会缺乏辅佐的大臣与奴仆。当我们看到汉族的子孙（代指中华民族）凭借我们（基督教国家）的帮助到达幸福的彼岸时，我们就可以一起欢呼庆贺了。"[①] 从这个意义上来

---

① ［美］卫斐列著，顾钧、江莉译：《卫三畏生平及书信》，桂林：广西师范大学出版社2004年版，第310页。

余论：从卫三畏想到中美关系的前景

看，美国在近代迫使清政府签订的《望厦条约》《天津条约》《辛丑条约》等一系列不平等条约，都是对上帝意旨的亵渎，是不可饶恕的反人类行为，尤其通过非人道的侵略战争和屠杀手段获得非法利益，更是天人公愤的暴行。从外交官的角度而言，卫三畏不仅反对一切武力形式的战争威胁和叫嚣，而且阻止一切种族歧视和排外现象。他曾谴责大英帝国的万里远征，不是为了打开中国门户而输入基督文化，而是那些满足私欲的在华利益，也指摘了英法两国在第二次鸦片战争中的暴行和对北京园林文化的摧毁，虽然也有西方国家彻底开启中国门户的窃喜。他曾谴责了华工被贩美洲等地的丑恶行径，并利用外交权利解救被贩人口，更主要的是对自己国家政府那样排华浪潮甚为震惊，而退休回美，举起请愿大旗，呼吁总统否决国会的排华议案，可谓大智大勇。更值得一提的是，卫三畏开创了美国驻京公使馆体制，使美国对华外交和交往建立在直接而比较平等的国际法原则基础上，同时大力支持蒲安臣公使卸任后肩负中国使臣职责远赴欧美各国，开启晚清中国遣使制度的先河，并在多次代理驻华公使的位置上，积极赞成中国驻外使节的外交实践。如此等等，都是卫三畏追求中美"合作"的一种体现。

当然，我们还须看到，蒲安臣公使在华期间推进和执行的"合作政策"并非完全实质意义上的"合作"，而主要是一种维护美国在华既得利益和力争更多权益的一种权宜之计，也是一种抢在欧洲列强之前的获取晚清中国"好感"的外交策略。同样，我们也无法否认这样的"合作"，至少对此后中西之间的某种"合作"开辟了先机，如太平天国就是在中外反动势力的联合绞杀下归于失败，还有洋务运动的兴起，总理衙门和同文馆等机构的设立，也无法剥去中外"合作"的影子。因此，无论从哪一个视角来审视中美近代关系史，我们都可以看得到在两国之间无限利益之对立中，还依稀有着"合作"的余味，而且合作的领域也在不断扩大之中，合作的效果也在不断显明之中。例如，卫三畏首倡的"退款兴学"，虽然主张在北京筹办华美学院、培养美国对华外交人才的办学计划被搁置，但不能阻碍美国对华"合作"的"深谋远虑"，《辛丑条约》后的"庚款助学"就是将四十多年前的卫三畏办学计划付诸实践的典型事例，撇开政治的疑云，庚款兴学无疑是中美关系史和中国留学史上令人瞩目的大事，同时更具有中美文化交流的历史意义。

从汉学家的角度来看，卫三畏一直反对没有深入了解中国的前提下胡言乱语。1846年9月在纽黑文美部会总部的一次演讲会上，就一场关于一夫多妻制的讨论让卫三畏感到不悦："在这场讨论中有些人心情不太愉快，因为他们听到了一些匪夷所思的事情，并由此判定，教会学校中的有些学生有六个妻子，而他们的老师对妻妾成群的现象却持默许的态度，这便是他们心生不悦的原因。对此我感到既可笑又惊讶，又有些悲哀。他们竟从一件事情就得出这样的解释和结论，这也说明他们对派驻国外的传教士太缺少信任。"① 在百场演讲后，卫三畏将之付诸文字，成了1848年初版的《中国总论》。在序言中，卫三畏指出他力图使自己的作品介于百科全书和入门书之间，要给美国等西方人提供一部可供参考的资料，而不是一本消遣性的读物，虽然有些人"似乎觉得这样郑重其事地谈论中国是一件很荒谬的事。卫三畏常常为此而气愤，他自知能力有限，无法改变所有人的错误观点，但是通过这本书，他还是尽了全力要打消人们对中国的嘲弄和偏见"。② 三十余年后，卫三畏又将初版进行修订，1883年底将之出版。两版《中国总论》不仅成为此后很长时间内美国人了解中国的最重要的资料之一，而且也是卫三畏留给后人的关于中美关系未来走势的风向标：从了解走向合作。

"共赢"是一种伟大的人类理想，也是一种可望又可即的实践。人类文化的多元性，使这个世界变得丰富多彩和魅力无穷；人类文明的统一性，使人类社会具备坚定的灵魂和无线生机。个性和共性和谐相生，了解和合作肝胆相照，人类的现实就会像传教士心中的天堂充满着光明，就像文化人笔下的人伦富含着温馨。所有人都在期待着和平、富足和安详，这就是"共赢"最实际的意蕴。作为东西方的两个大国，中国和美国不是在对抗中获得双赢，也不是在全球化的国际格局下隔绝不往，而是在不断交往、不断"求同"、不断"合作"、不断面向未来中获得双赢，促进世界各国人民的共赢。从20世纪中期开始，中国是最大的发展中国家，又是社会主义国家，走的是和平发展的强国之道和维护世界正义之路。美国是"二战"后全球首屈一指的超级

---

① ［美］卫斐列著，顾钧、江莉译：《卫三畏生平及书信》，桂林：广西师范大学出版社2004年版，第82页。

② 同上，第90页。

强国，所奉行的是一条霸权主义的国家关系政策，必然成为世界人民走向和平、富足的重大障碍。正如有学者所分析的那样："从地缘战略上看，美国在欧亚大陆西有北约东扩，东有美日军事同盟的西进，这种东西夹击在地缘上对整个欧亚大陆形成了向中心包抄和挤压之势，加之美国在海湾—高加索—里海—中亚地带的渗透和控制。可以说，美国正在一步步实现它的先控制欧亚大陆、进而控制整个世界的战略意图。"[①] 这就是美国希望建立自己主导的"世界新秩序"。很显然，这种"世界新秩序"是对中美"双赢"理想的践踏，对全球"共赢"战略的藐视，自然是世界各族人民利益的最大威胁。发展中的东方中国，自然成为超级美国将之纳入它的新秩序的最大对象之一，无疑不会得到中国人民的任何让步，而是不断地将之消弭的努力。对中国政府和人民而言，中美关系不是对抗性的，中美之间存在着广泛的共同利益，要寻求更大程度上的合作，在地区与全球安全、经贸和文化交流、全球性息息相关事务上构建"共赢"的发展平台。因此，概括地讲，中国对美政策的基本原则是：坚持从战略高度和长远观点来审视和处理中美关系，牢牢把握两国关系的大局；积极寻求共同利益的汇合点，相互尊重，平等协商，互不干涉内政，求同存异，妥善解决分歧；切实遵守中美三个联合公报所确立的各项原则，特别是坚持一个中国的原则，妥善处理台湾问题。[②] 这种"求合作，不对抗"的"共赢"战略，是中国政府和人民发展与美国关系的最根本外交政策，不仅着眼于中美之间的双赢，更长远于共创人类社会美好的未来。

中美的双赢，需要双方都树立全球意识，在合作中发展经济，在经济发展中实现共赢。合作共赢是中国的对外开放战略，是科学发展观关于"统筹国内发展和对外开放"目标的具体体现。在经济全球化时代的背景下，深化国内经济体制改革，开展与世界各国的经济合作，是中国政府坚持走和平发展道路的理性选择，是中国在新世纪抓住机遇应对挑战的智慧之路。一个13亿人口的大国，要在全球化的机遇中和平崛起，不仅包含着对物质利益的追求，更要着眼于通过国家之间经济合作的路径，更好地促进国内发展和改革，实现中国的现代化。很显然，当前中国的经济发展需要充分利用国际国内两

---

① 殷雄：《剑与血：北约东扩的背后》，北京：新华出版社2000年版，第375页。
② 韩玉贵：《冷战后的中美关系》，北京：社会科学文献出版社2007年版，第77页。

个市场、两种资源，而互利共赢是中国和中国经济实体积极参与国际经济竞争和坚持国际经济合作的行为准则。中美关系起源于两国商贸，1784 年"中国皇后号"首航广州，开启了中美直航经贸的新时代。商业贸易一直成为中美关系的重要内容，同时也是中美关系发展的障碍之一，因为贸易摩擦无时不在。尽管如此，中美贸易的历史价值和现代意义是不容忽视的，它不仅有利于中美两国经济的提升，也有助于中美其他关系的良性发展。在华生活的时代，卫三畏不仅亲历了各种条约对于西方国家对华贸易的种种优待和促进，而且也从中得到了美国商界的支持，在华的各种传教组织、文化组织都多少得到商界物质上的帮助，卫三畏曾将《英汉韵府历阶》献给纽约商人奥立芬，就是一种肯定和回报。"二战"以来，特别是中美关系正常化以来，中美间的经贸关系基本上正常而高效的，原因在于经济发展日益全球化、国际经济竞争日趋激烈、中国和平崛起与中美间的共同利益增加，特别是中美经济结构的互补性与互利性，使中美之间加强经济交往具有合作双赢和共赢的利益最大化。

中美的双赢，必须加强中美文化交流，在文化交流中增进了解，扩大共识，实现共赢。中美关系起源于美国商人远航广州开辟直航，奠基于新教传教士不辞辛劳地传播中美文化，发展于美国政府对华的逐步走向客观而真实的文化合作，而最终成就于中美两国政府及其人民之间的毫无芥蒂地共肩全球化使命。我们知道，西方世界对中国及其传统文化的认识有着漫长的历史，在不同的时期有着完全不同的认识。这些各式各样的对华认识，不是来自亲临华夏，不是来自中国人的西传，而是最早来自极少数旅行者和传教士的笔下。笔下的中国形象的完整性和正确性，不是几个旅华者的那么短暂时光下所能建构的，因此可信度不大；而早期来华的耶稣传教士肩负的某种信仰使命，对中国的考察不免流于形式，而强加意志于考察物，以为上帝的旨意，因而缺乏深入的研究，多美化和炫夸中国的富足和文明。随着西方资本主义工业文明的到来，为了自由市场和海外贸易，西方文化和近代科技的东渐，逐步改变了西方对东方的认识。东方国家的普遍闭关，引起了商业资本家和福音传教士的越来越多的不满，于是中国成了西方人的众矢之的。相比于基督教文化，中国传统文化的异质特点，变成了绝大多数新教传教士口诛笔伐

余论：从卫三畏想到中美关系的前景

的对象，是福音临华的巨大障碍。因此，在一片战争叫嚣之后，东方中国首次在西方武力的压迫下，以 1842 年屈辱的《南京条约》为开端，打开了紧闭的门户。传教士纷纷东来，传教士也开始分化。一个缓慢前行的晚清中国，给不同的西方人以不同的感觉，西方汉学也就在新教传教士那里获得不同的前行方向：传教士汉学开始了它的发展时期，美国早期汉学由是崛起。以裨治文、卫三畏为中心，以《中国丛报》为发端，以卫三畏《中国总论》为奠基，美国早期汉学成果迭出，不仅具有起点高、注重现实问题研究的特点，而且大有后者居上之势，为美国专业汉学的建立打下了坚实的基础。汉学本身就是中西文化交流的产物，美国早期汉学史或者说美国的中国学史的起点就是来华传教士。正是这些来华的新教传教士，才开始把中国的知识逐步向西方传播，他们成为中国和西方交流的桥梁，站在文化的双行道上，既把西方介绍到中国来，也把中国介绍到西方去。因此，研究美国早期汉学和 1877 年由耶鲁大学首创后的美国学院式专业汉学，就是在研究中美文化交流的历史和学术。从传教士汉学入手，从个案研究入手，是当前我们梳理美国的中国研究模式和发展内容的基本方法，因为传教士汉学与美国汉学和中国学之间具有内在的逻辑关系，它绝不会游离于美国的中国研究脉络之外的非学术的东西，而是整个今天美国中国学发展的一个前提和基础。卫三畏及其《中国总论》就是其中一个典型的个案，也是美国早期汉学和学院式汉学的代表性事件。撇开僵化的政治评判，在重新审视传教士是近代帝国主义侵华急先锋的同时，更要站在现代化和人类未来的角度上来研究新教传教士。从中国近现代化总体发展的客观历史上看，来华传教士仍是具有相当大的历史功绩的。20 世纪 80 年代以来的中西文化交流史研究领域的渐次拓展，使人们发现中国近代以来的历史和思想与西方传教士为中介的欧美思想的输入关系很大，有必要深入探究晚清时期来华的新教传教士，以期找寻中国走向现代化的失败或成功的历史原因。以古鉴今，我们就可从中发现东西方文化交流的重要性和现实性，并在不断而深入的交流中增进了解扩大共识，在共识扩大中加强合作实现共赢。

几千年来的大国兴衰史告诉我们，偏见和战争的结局是两败，求同和合作的结果是"共赢"。中国改革开放的现实告诉世人，任何一国在着眼于本国利益的同时，只有尊重对方的利益，只有将历史的恩怨、社会制度的异同和意识形态的差别放在"求同存异"、寻找利益交汇点的大原则下去处理，才能实现国际合作最大化和国际争议最小化。中美两国的两百多年的交往，都走过了无数次理解和误解的风风雨雨，如今站在21世纪全球化的起跑线上，两个大国唯有增进了解、加强合作、实现双赢，才能为全人类的福祉做到"共赢"。历史是一面镜子，就像卫三畏中文名的内涵那样，中美人民都应该从神圣的历史那里学会尊奉"天命""大人"和"圣人之言"，并以"其唯廉士，寡欲易足"的"廉士"精神，将全人类的热情和智慧凝聚起来，齐心协力开创未来，和谐幸福世世代代。当然，我们坚信：中美关系的前景是美好，道路是曲折的，任重而道远！

参考文献

一、中文专著

马克思：《资本论》第3卷，《马克思恩格斯全集》第25卷，北京：人民出版社1975年版。

恩格斯：《马克思恩格斯选集》第2卷，北京：人民出版社1972年版。

列宁：《列宁全集》（第三卷），北京：人民出版社1984年版。

列宁：《列宁全集》（第二卷），北京：人民出版社1984年版。

毛泽东：《毛泽东选集》（一卷本），北京：人民出版社1964年版。

仇华飞：《早期中美关系研究（1784—1844）》，北京：人民出版社2005年版。

陈敬：《赛珍珠与中国：中西文化冲突与共融》，天津：南开大学出版社2006年版。

戴逸：《语冰集》，桂林：广西人民出版社1999年版。

冯绍雷：《国际关系新论》，上海：上海人民出版社1994年版。

方汉奇：《中国新闻事业通史》（第1卷），北京：中国人民大学出版社1992年版。

顾学稼：《美国史纲要》，成都：四川大学出版社1992年版。

顾长声：《传教士与近代中国》，上海：上海人民出版社2004年版。

贾祯：《筹办夷务始末》（咸丰朝）第2卷第8卷，北京：中华书局1979年版。

顾钧：《卫三畏与美国早期汉学》，北京：外语教学与研究出版社2009年版。

顾裕禄：《中国天主教的过去和现在》，上海：上海社会科学院出版社1989年版。

顾卫民：《基督教与近代中国社会》，上海：上海人民出版社1996年版。

郭黛姮：《一代宗师梁思成》，北京：中国建筑工业出版社2006年版。

黄安年：《美国的崛起》，北京：中国社会科学出版社1992年版。

侯且岸：《当代美国的"显学"：美国现代中国学研究》，北京：人民出版社1995年版。

孔陈焱：《卫三畏与美国汉学研究》，上海：上海辞书出版社2010年版。

雷雨田：《近代来粤传教士评传》，上海：百家出版社2004年版。

李定一：《中美早期外交史》，北京：北京大学出版社1997年版。

梁碧莹：《龙和鹰：中美交往的历史考察》，广州：广东人民出版社2004年版。

梁廷枏：《粤海关志》卷24，粤东省城龙藏街业文堂承刊，台北：文海出版社1975年版。

刘澎：《当代美国宗教》，北京：社会科学文献出版社2001年版。

楼宇烈、张志刚：《中外宗教交流史》，长沙：湖南教育出版社1998年版。

罗荣渠：《现代化新论：世界与中国的现代化进程》（增订版），北京：商务印书馆2004年版。

莫东寅：《汉学发达史》（海外汉学研究丛书），郑州：大象出版社2006年版。

忻剑飞：《世界的中国观：近二千年来世界对中国的认识史纲》，上海：上海学林出版社1991年版。

齐小新：《口述历史分析：中国近代史上的美国传教士》，北京：北京大学出版社2003年版。

乔明顺：《中美关系第一页》，北京：社会科学文献出版社1991年版。

钱林森：《文化：中西对话中的差异与共存》，南京：南京大学出版社1999年版。

卿汝楫：《美国侵华史》（第一卷），北京：人民出版社1957年版。

孙越生、陈书梅主编：《美国中国学手册》（增订本），北京：中国社会科学出版社 1993 年版。

孙越生、李明德主编：《世界中国学家名录》，北京：社会科学文献出版社 1994 年版。

沙莲香：《外国人看中国 100 年》，太原：山西教育出版社 1999 年版。

谭树林：《马礼逊与中西文化交流》，杭州：中国美术学院出版社 2004 年版。

王玮：《美国对亚太政策的演变（1776—1995）》，济南：山东人民出版社 1995 年版。

王立新：《美国传教士与晚清中国现代化》，天津：天津人民出版社 1997 年版。

文庆等编：《筹办夷务始末》（道光朝）第 6 卷，北京：中华书局 1964 年版。

王铁崖：《中外旧约章汇编》（第一册），北京：生活·读书·新知三联书店 1982 年版。

王东、闫知航：《让历史昭示未来：中美关系史纲》，上海：东方出版中心 2006 年版。

吴义雄：《在宗教与世俗之间》，广州：广东教育出版社 2002 年版。

王树槐：《外人与戊戌变法》，上海：上海书店出版社 1987 年版。

王毅：《皇家亚洲文会北中国支会研究》，上海：上海书店出版社 2005 年版。

熊月之：《西学东渐与晚清社会》，上海：上海人民出版社 1995 年版。

杨生茂：《美国外交政策史（1775—1989）》，北京：人民出版社 1989、1991 年版。

杨森富：《中国基督教史》，台北：商务印书馆 1984 年版。

袁腾飞：《历史是个什么玩意儿》，石家庄：花山文艺出版社 2009 年版。

阎广耀、方生选译：《美国对华政策文件选编》，北京：人民出版社 1990 年版。

阎宗临：《传教士与法国早期汉学》，郑州：大象出版社 2003 年版。

阮炜：《中国与西方：宗教、文化、文明比较》，北京：社会科学文献出版社 2002 年版。

张宏生：《戈鲲化集》，南京：江苏古籍出版社 2000 年版。

赵尔巽：《清史稿》卷一五六、志第一三一（邦交志四·美利坚条），北京：中华书局 1977 年版。

张忠利：《中西文化纵横论》，天津：天津大学出版社 2008 年版。

杨天宏：《基督教与近代中国》，成都：四川人民出版社 1994 年版。

胡适：《胡适作品集 25·胡适演讲集（二）》，台北：远流出版公司 1986 年版。

黄文江：《欧德里的汉学研究》，《国际汉学》第 14 辑，郑州：大象出版社 2006 年版。

仇华飞：《早期中美文化交流中的人物与书刊》，《上海档案史料研究》第 2 辑，北京：生活·读书·新知三联书店 2007 年版。

沈谓滨、杨勇刚：《1844—1858 年外国传教士对中国内地的渗透》，载《近代中国教案研究》，成都：四川省社会科学院出版社 1978 年版。

顾钧、宫泽真一主编：《美国耶鲁大学图书馆藏卫三畏未刊往来书信录》，桂林：广西师范大学出版社 2012 年版。

陶文钊编选：《费正清集》，天津：天津人民出版社 1992 年版。

傅伟勋、周阳山编：《西方汉学家论中国》，台北：正中书局 1993 年版。

二、中文译著

[美] 卫三畏著，陈俱译：《中国总论》（上下册），上海：上海古籍出版社 2005、2014 年版。

[美] 卫斐列著，顾钧、江莉译：《卫三畏生平及书信：一位美国来华传教士的心路历程》，桂林：广西师范大学出版社 2004 年版。

[美] 爱德华·V. 吉利克著，董少新译：《伯驾与中国的开放》，桂林：广西师范大学出版社 2008 年版。

[美] 艾伦·D. 赫茨克著，徐以骅等译：《在华盛顿代表上帝》，上海：

上海人民出版社 2003 年版。

［英］伯尔考维茨著，江载华、陈衍译：《中国通与英国外交部》，北京：商务印书馆 1959 年版。

［加］卜正民、若林正著，弘侠译：《鸦片政权：中国、英国和日本，1839—1952 年》，安徽：黄山书社 2009 年版。

［美］丁韪良著，沈弘等译：《花甲记忆：一位美国传教士眼中的晚清帝国》，桂林：广西师范大学出版社 2004 年版。

［美］费正清著，张理京译：《美国与中国》（第四版），北京：世界知识出版社 2002 年版。

［美］费正清主编：《剑桥中国晚清史，1800—1911 年》（上卷），中国社会科学院历史研究所编译室译，北京：中国社会科学出版社 1985、1993 年版。

［美］费正清著，陶文钊编选，林海等译：《费正清集》，天津：天津人民出版社 1992 年版。

［美］韩德著，项立岭等译：《中美特殊关系的形成：1914 年前的美国与中国》，上海：复旦大学出版社 1993 年版。

［美］韩德著：《一种特殊关系的形成》，《中山大学史学集刊》2 辑，广州：广东人民出版社 1994 年版。

［美］哈罗德·伊罗生著，于殿利、陆日宇译：《美国的中国形象》，北京：中华书局 2006 年版。

［美］杰西·卢茨著，曾钜生译：《中国教会大学史》，杭州：浙江教育出版社 1987 年版。

［英］李提摩太著：《亲历晚清四十五年——李提摩太在华回忆录》，天津：天津人民出版社 2005 年版。

［英］雷蒙·道森著，常绍召、明毅译：《中国变色龙》，北京：时事出版社 1999 年版。

［英］雷蒙·道森著，常绍明、明毅译：《中国变色龙：对于欧洲中国文明观的分析》，北京：中华书局 2006 年 7 月第 1 版。

［美］赖德烈著，陈郁译：《早期中美关系史（1784—1844）》，北京：商

务印书馆 1963 年版。

［美］马士著，张汇文等译：《中华帝国对外关系史》第 1 卷，上海：上海书店出版社 1957、2005 年版。

［美］马森著，杨德山等译：《西方的中华帝国观》，北京：时事出版社 1999 年版。

［美］吉尔伯特·C. 菲特、吉姆·E. 里斯著，司徒淳、方秉铸译：《美国经济史》，沈阳：辽宁人民出版社 1981 年版。

［美］杰西·卢兹著，曾钜生译：《中国教会大学史》，杭州：浙江教育出版社 1987 年版。

［美］孔华润著，张静尔译：《美国对中国的反应：中美关系的历史剖析》，上海：复旦大学出版社 1989 年版。

［美］迈克尔·韩德著，项立岭、林勇军译：《中美特殊关系的形成：1914 年前的美国与中国》，上海：复旦大学出版社 1993 年版。

［美］欧内斯特·梅等编：《美中关系史论》，北京：中国社会科学出版社 1991 年版。

［法］史式徽著：《江南传教史》，天主教上海教区史料译写组译，上海：上海译文出版社 1983 年版。

［美］史蒂文·苏本、玛格瑞特·伍著，蔡彦敏、徐卉译：《美国民事诉讼的真谛》，北京：法律出版社 2002 年版。

［葡］施白蒂著，姚京明译：《澳门编年史》（十九世纪），澳门基金会 1998 年版。

［美］赛义德著，王宇根译：《东方学》，上海：生活·读书·新知三联书店 1999 年版。

［美］塞缪尔·亨廷顿著，周琪等译：《文明的冲突与世界秩序的重建》，北京：新华出版社 2002 年版。

［英］威妥玛著，张卫东译：《语言自迩集：19 世纪中期的北京话》，北京：北京大学出版社 2002 年版。

［美］泰勒·丹涅特著，姚曾廙译：《美国人在东亚：十九世纪美国对中国、日本和朝鲜政策的批判的研究》，北京：商务印书馆 1959 年版。

［新］卓南生著：《中国近代报业发展史（1815—1874）》增订版，北京：中国社会科学出版社 2002 年版。

［美］卫三畏著，史其志译：《派往中国的全部传教士名单》，载北京太平天国历史研究会编《太平天国史译丛》第 2 辑，北京：中华书局 1983 年版。

［美］詹姆斯·罗伯逊：《美国的记忆》，载常冬为编：《美国档案：影响一个国家命运的文字》，北京：中国城市出版社 1998 年版。

［法］P·W·费伊：《鸦片战争时期法国天主教会在华的活动》，复旦大学历史系编：《中外关系史译丛》第 5 辑，上海：上海译文出版社 1991 年版。

三、期刊论文

庄新：《科技史视域下 19 世纪美国汉学家对中国博物学典籍的译介》，《自然辩证法研究》2021 年第 3 期。

庄新：《中科院馆藏〈中国丛报〉对博物学典籍的译介》，《中国科技翻译》2020 年第 4 期。

石雅洁：《联结中外：〈中国丛报〉三位编者的共同视域与立场》，《青年记者》2020 年第 28 期。

张颖：《美国汉学家卫三畏〈英华分韵撮要〉的粤语音系比较研究》，《文化学刊》2020 年第 8 期。

周健、姚旸：《19 世纪中期来华西人中文著作译介活动探析：以〈中国丛报〉为中心》，《中国国家博物馆馆刊》2020 年第 5 期。

苏精：《卫三畏与中文活字》，《印刷文化》（中英文）2020 年第 1 期。

郭满：《开国序曲：1837 年美船"马礼逊号"的日本之行》，《海交史研究》2020 年第 1 期。

李彬：《白鸽长音：卫三畏与美国排华运动》，《全球史评论》2018 年第 2 期（总第 15 辑）。

张静河：《无言谁会凭阑意：耶鲁教授卫三畏父子》，《书屋》2018 年第 4 期。

顾钧：《鸦片战争以前来华美国人的汉语学习》，《江苏大学学报》（社科版）2012 年第 4 期。

张颖：《卫三畏与 19 世纪美国汉语教学的初创体系》，《岭南师范学院学报》2017 年第 5 期。

邹朝春：《1832 年〈中国丛报〉的创刊》，《历史档案》2016 年第 2 期。

张建英：《〈聊斋志异〉在〈中国丛报〉的译介》，《东方翻译》2016 年第 6 期。

朱振武、杨世祥：《〈聊斋志异〉在英语世界的百年传播》，《蒲松龄研究》2015 年第 1 期。

邓绍根：《美国在华早期宗教新闻事业的守护者：卫三畏与〈中国丛报〉》，《新闻春秋》2013 年第 2 期。

陆亨：《〈中国丛报〉的停刊原因初探》，《国际新闻界》2007 年第 6 期。

林琳：《〈汉英韵府〉北京话音系比较研究》，《齐齐哈尔大学学报》（哲社科）2017 年第 1 期。

梁碧莹：《来自大洋彼岸的中国观》，《中国图书评论》2016 年第 8 期。

刘开军：《来华传教士与晚清史学批评》，《人文杂志》2013 年第 4 期。

张静河：《裨治文的"儒生"风范》，《书屋》2017 年第 12 期。

何辉：《卫三畏向西方介绍的中国》，《国际公关》2017 年第 1 期。

侯建峰：《〈中国丛报〉近五年研究综述》，《教师》2011 年第 6 期。

杜兰兰：《一个美国驻华公使的"中国观"》，《黑龙江史志》2010 年第 14 期。

艾萍：《卫三畏与美国早期中国学研究》，《淮北煤炭师院学报》（哲社科）2008 年第 4 期。

仇华飞：《论美国早期汉学研究》，《史学月刊》2000 年第 1 期。

陈立柱：《西方中心主义的初步反省》，《史学理论研究》2005 年第 2 期。

董小川：《美国政教分离制度的历史思考》，《历史研究》1998 年第 4 期。

顾钧：《卫三畏与〈中国总论〉》，《汉学研究通讯》2002 年第 3 期。

甘开鹏：《美国来华传教士与晚清鸦片贸易》，《美国研究》2007 年第 3 期。

黄亦君、李晓兰：《卫三畏的汉学观》，《贵州文史丛刊》2009 年第 1 期。

何大进：《美国赴华传教士与〈中美望厦条约〉》，《广州大学学报》（综合版）2001 年第 7 期。

侯且岸：《论美国汉学研究》，《新视野》2000 年第 4 期。

李同法：《卫三畏与〈中国总论〉》，《廊坊师范学院学报》（社科版）2008 年第 6 期。

刘晓多：《近代来华传教士创办报刊的活动及其影响》，《山东大学学报》1999 年第 2 期。

刘中民：《"重陆轻海"的海防观与鸦片战争的败绩》，《海洋世界》2009 年第 2 期。

陆亨：《〈中国丛报〉的停刊原因初探》，《国际新闻界》2007 年第 6 期。

谭树林：《〈中国丛报〉考释》，《历史档案》2008 年第 3 期。

王安：《美国现代文明熏陶：浅析卫三畏观察中国出发点》，《考试周刊》2008 年第 48 期。

伍玉西：《基督教新教在广州传播述论》，《韩山师范学院学报》2005 年第 1 期。

吴义雄：《〈中国丛报〉与中国语言文字研究》，《社会科学研究》2008 年第 4 期。

杨卫东：《美国传教士与近代美国对华政策》，《九江师专学报》2001 年第 1 期。

姚斌：《早期美国来华传教士笔下的"中国形象"》，《湖南文理学院学报》2008 年第 3 期。

张宏生：《卫三畏与美国汉学的起源》，《中华文史论丛》2004 年（总第 80 辑）。

张佳生：《基督教伦理与西方世界的兴起》，《南华大学学报》（社科版）2008 年第 1 期。

周琪：《"美国例外论"与美国外交政策传统》，《中国社会科学》2000 年第 6 期。

周海生：《清季遣使之争与驻外使馆的建立》，《历史教学》2006 年第 11 期。

梁启超：《西学书目表》，《时务报》第8册，光绪廿二年（1896）九月十一日出版。

齐文颖：《美国"中国皇后号"来华问题研究》，《环球时报》2005年10月10日。

陶德民、顾钧：《从教化到对话：写在卫三畏诞辰200周年之际》，《中华读书报》2012年12月19日，第19版。

顾钧：《从〈英华分韵撮要〉到〈汉英韵府〉》，《中华读书报》2020年4月8日，第14版。

顾钧：《〈中国总论〉的前世今生》，《中华读书报》2011年6月15日，第14版。

四、英文资料

Samuel Wells Williams, *Chinese Immigration*, Charles Scribner's Sons Printed, New York, 1879.

Alexander Wylie, *Memorials of Protestant Missionaries to the Chinese*, Shanghai: American Presbyterian Mission Press, 1867.

Bass H. J., George A. B., Emma J. L.: *Our American heritage*, Morristown: Silver Burdett Company, 1978.

Catherine L. Albanese, *America Religions and Religion*, Wadsworth Publishing Company, 1992.

Clifton Jackson Phillips, *Protestant America and the Pagan World: The First Half-Century of the American Board of Commissioners for Foreign Missions, 1810—1860*, Cambridge, Mass: East Asian Research Center, Harvard University Press, 1969.

Daniel Henderson, *Yankee Ships in China Seas*, New York: Hastings House, 1946.

Deborah L. Madsen, *American Exceptionalism*, Edinburgh: Edinburgh University Press, 1998.

Edward D. Graham, *American Ideas of Special Relationship with China 1784—1900*, New York: Garland Publishing, Inc., 1988.

Foster Rhea Dulles, *The Old China Trade*, Houghton Mifflin Company, Boston and New York, 1930.

Foster RheaDulles, *China and America: The Story of their Relations since 1784*, Princeton University Press, 1946.

Frederick Wells Williams, *The Life and Letters of Samuel Wells Williams: Missionary, Diplomatist, Sinologue*, New York: G. P. Putnam's Sons, 1889.

Frederick Wells Williams, *The Life and Letters of Samuel Wells Williams, L.L.D.: Missionary, Diplomatist, Sinologue*, New York and London, 1972.

George W. Pierson, *Yale College: An Educational History*, New Haven: Yale University Press, 1952.

Harold S. Matthews, *Seventy-Five Years of the North China Mission*, Yenching University, 1942.

John King Fairbank, *China Perceived: Images and Policies in Chinese-American Relations*, New York: Alfred A. Knopf, 1974.

John King Fairbank, ed., *The Missionary Enterprise in China and America*, Cambridge, Mass.: Harvard University Press, 1974.

Jonathan Goldstein, *Philadelphia and the China Trade 1682—1846*, Pennsylvania University Press, 1978.

Kenneth Scott Latourette, *The History of Early Relations between The United States and China 1784—1844*, New Haven: Yale University Press, 1917.

Kenneth Scott Latourette, *A History of the Expansion of Christianity*, New York and London: Harper & Brothers, 1937—1945.

Kwang-Ching Liu, *American Missionaries in China: Papers from Harvard Seminars*, Cambridge: Harvard University Press, 1966.

Lian Xi, *The Conversion of Missionaries: Liberalism in American Protestant Missions in China 1907—1932*, Pennsylvania State University Press, 1997.

Loren Baritz, *City on a Hill, A History of Ideas and Myths in America*, New York, London and Sydney: John Wiley & Sons, Inc., 1964.

Martin R. Ring Anson Burlingame, *S. Wells Williams and China, 1861—1870*, Tulane University, ph. D., 1972.

Michael C. Lazich, *Elijah Coleman Bridgman (1801—1861), America's First Missionary to China*, The Edwin Mellen Press, 2000.

Mrs. Eliza A. Morrison Complied, *Memoirs of the Life and Labours of Robert Morrison*, 2 Vols, London, 1839, Vol. I.

Murray Aaron Rubinstein, *The Origins of the Anglo-American Missionary Enterprise in China*, 1807—1840, The Scarecrow Press, Inc. Lanham, Md., & London, 1996.

Perry Miller, *The Life of the Mind in America*, New York, 1965.

Robert Erwin Johnson, *Far China Station: The U. S. Navy in Asian Waters 1800—1898*, Naval Institute Press, 1979.

Roberto Paterno, *Devello Z. Sheffield and the Founding of the North China College*, Kwang-Ching Liu, ed., *American Missionaries in China: Papers from Harvard Seminars*, Cambridge: Harvard University Press, 1966.

Samuel Couling, *The Encyclopaedia Sinica*, Oxford University Press, 1983.

Samuel Wells Williams, *The Middle Kingdom*, New York, 1882, revised, ed., 2.

Samuel Wells Williams, *The Middle Kingdom*, Vol. II, New York & London: Wiley and Putnam, 1848.

Samuel Wells Williams, *A Syllabic Dictionary of the Chinese Language*, Shanghai: American Presbyterian Mission Press, 1874.

Samuel Wells Williams, Frederick Wells Williams, *A History of China*, New York: Charles Scribner's Sons, 1897.

Samuel Wells Williams, *Our Relations with the Chinese Empire*, Florida: Hard Press Publishing, 1877; 2013.

Suzanne Wilson Barnett, John K. Fairbank, eds., *Christianity in China: Early Protestant Missionary Writtings*, Harvard University Press, 1985.

W. A. P. Martin, *Lore of Cathay, or the Intellect of China*, London, 1901.

Williams C. Hunter, *The Fan Kwae at Canton Before Treaty Days*, London, 1882.

Williston Walker, *A History of the Christian Church*, fourth edition, New York: Charles Scribner's Sons, 1985.

W. W. Willowghby, *Foreign Rights and Interests in China*, Baltimore: John Hopkins Press 1927.

Elijah Coleman Bridgman, "The Chinese Language", *The Chinese Repository*, Vol. 3.

E. Wentworth, "Williams's Middle Kingdom", *Methodist Quarterly Review*, Vol. 66, 1884.

Elizabeth L. Malcolm, "The Chinese Repository and Western Literature on China", *Modern Asian Studies*, Vol. 7, No. 2, 1973.

Francis L. K. Hsu, "Social Mobility in China", *American Sociological Review*, Vol. 14, No. 6, Dec., 1949.

John King Fairbank, "Tributary and China's Relations with the West", *The Far Eastern Quarterly*, Vol. 1, No. 2, Feb., 1942.

John King. Fairbank: "Assignment for the 70's", *American Historical Review*, Vol. 74, No. 3, February 1969.

Kenneth Scott Latourette, "Far Eastern Studies in the United States: Retrospect and 'Prospect'", *The Far Eastern Quarterly*, Vol. 15, No. 1,

Nov., 1955.

Laurence G. Thompson, "American Sinology 1830—1920: A Bibliographical Survey", *Tsing Hua Journal of Chinese Studies*, Vol. 2, No. 2, 1961.

Michael Hunt: "The America Remission of the Boxer Indemnity: Reappraisal", *The Journal of Asian Studies*, Vol. 31, No. 3, May 1972.

William J. Donahue, "The Caleb Cushing Mission", *Modern Asian Studies*, Vol. 16, No. 2, 1982.

W. South Coblin, "A Brief History of Mandarin", *Journal of the American Oriental Society*, Vol. 120, No. 4, Oct.—Dec., 2000.

Ralph Braibanti, "The Ryukyu Islands: Pawn of the Pacific", *The American Political Science Review*, Vol. 48, No. 4, Dec. 1954.

Samuel Wells Williams, "Works on China", *The Chinese Repository*, Vol. 18.

Samuel Wells Williams, "New Orthography Adapted for Representing the Sounds of Chinese Characters", *The Chinese Repository*, Vol. 11.

Samuel Wells Williams, "Voyages of the 'Himmaleh' and 'Morrison' in 1837", *Chinese Recorder*, Vol. 7.

Susan Reed Stifler, "An Early American Sinologue: Elijah Coleman Bridgman", *The American Graduate's Quartly*, Feb. and May, 1935.

Teng, S. Y. Review, "A Short History of the Chinese People", *The Journal of Religion*, Vol. 24, No. 4, Oct. 1944.

附　录

附录一：卫三畏年谱[①]

1812—1817 年　1 岁至 5 岁

9 月 22 日，卫三畏出生在美国纽约州伊萨卡市的一户清教徒家庭，取名为塞缪尔·韦尔斯·威廉斯（Samuel Wells Williams），长子。父亲威廉·威廉斯是一位出版家、报纸编辑和印刷者。婴儿期和童年受到母亲的姨妈达纳和外婆的照料，在新哈特福特附近的农场度过。时人多称呼他韦尔斯。

1817 年或 1818 年　5 岁或 6 岁

卫三畏开始接受正式的学校教育，他得到了萨拉·克拉克夫人、麦克洛斯基、H. G. O. 德怀特等教师的教诲。同时在其父亲创办的主日学校学习，初步具备虔诚的基督教信仰。

1827 年　15 岁

是年秋，卫三畏开始在埃利·伯查德牧师开办的帕里斯希尔学校学习，阅读到夏威夷传教士的书籍，课后在父亲的书店做售货员。

1831 年　19 岁

2 月，卫三畏在弟弟弗雷德里克的陪同下做了入教宣誓，加入了伊萨卡市

[①] 以下卫三畏年谱的主要参考文献有：1. Frederick Wells Williams（卫斐列），The Life and Letters of Samuel Wells Williams, L. L. D.：Missionary, Diplomatist, Sinologue, Reprint edition published in 1972 by Scholarly Resources, Inc. Wilmington, Delaware. 2. ［美］卫斐列著，顾钧、江莉译：《卫三畏生平及书信：一位美国来华传教士的心路历程》，桂林：广西师范大学出版社 2004 年版。该书译自卫斐列的卫三畏传记 1888 年第一版，有部分章节未作翻译。3. 谭树林《〈中国丛报〉考释》，《历史档案》2008 年第 3 期。4. 孔陈焱《卫三畏与美国汉学研究》，上海：上海辞书出版社 2010 年版，第 240—249 页。

的第一教会。是年秋,母亲去世。失去了与朋友詹姆斯·达纳一起上耶鲁求学的机会。他离开家乡前往特洛伊镇,在伦塞勒工艺学院学习自然科学,立志成为一个博物学家。

1832 年　20 岁

4 月,卫三畏接受父亲的建议,决定前往中国,管理美部会传教团印刷所的在华印刷传教工作。7 月,参加伦塞勒学院伊顿教授组织的科学考察团,穿越马萨诸塞进入新罕布什尔,进行为期一个月的野外考察。收到美部会秘书安德森牧师 7 月 12 日发自波士顿的信,希望他当印刷工,并最晚在明年春天前做好赴华的准备。此后回到家乡,开始学习印刷业务。

1833 年　21 岁

3 月,卫三畏父亲续弦,继母凯瑟琳·亨廷顿视他如己出,相处融洽,他亦以其爱和孝心回报。4 月,在父亲的印刷所里通过六个月的培训,完成所有的有关书籍印刷和制作的训练项目,并基本掌握了操作技术,为他前往中国胜任印刷工作打下了基础。5 月,卫三畏在波士顿美部会办公室接受最后的指示,商人奥立芬先生为他和同行的牧师特雷西提供旅费。6 月 15 日卫三畏一行登上了"马礼逊号"船,开始起程前往中国广州。10 月 25 日下午,"马礼逊号"船停靠广州以南 12 英里处的黄埔港。下船后住进广州的金官商行,受到美国第一位来华传教士裨治文的热情接待。此后,卫三畏被介绍和认识马礼逊博士和其子马儒翰、史第芬等人。几天后,他见到了中国第一位也是当时唯一的新教皈依者梁阿发。卫三畏一到任,就承担起英文月刊《中国丛报》(*Chinese Repository*)的印刷业务。几个月后,他开始为丛报写稿,之后一直不曾中断,直到《中国丛报》1851 年停刊。

1834 年　22 岁

2 月,卫三畏在《中国丛报》上发表最初的两篇文章《中国的度量衡》《广州的进出口》。是年夏,卫三畏一行前往澳门旅行。8 月 1 日,参加马礼逊博士的送葬队伍,前往澳门。东印度公司结束了在华垄断地位,新教传教的一个障碍消失。卫三畏所在的广州传教团新增传教士伯驾博士。伯驾博士在广州建立免费服务的药房和医院。

1835 年　23 岁

8月20日，卫三畏致信安德森牧师，汇报广州政府对于传教团的敌对行为和印刷所工作难有进展的状况。11月23日，陪同英国圣书公会代表李太郭先生登上广州港口的一些舢板船上，到中国水手中间传播基督福音。12月，遵守美部会传教团的决定，将印刷所转移到澳门，创建了贝鲁因印刷所。在澳门期间，他利用东印度公司的中文铅字，重新印刷麦都思的《福建土话词典》（历时一年多，到1837年6月完成），还经常在澳门附近散发传教书籍。

1836 年　24 岁

6月25日，卫三畏认识了住在澳门的英国传教士郭实腊家中的华园等3位海难中遇救的日本水手。9月1日，和伯驾、马儒翰一道前往广州办事，为期一周。

1837 年　25 岁

1月5日，卫三畏的朋友之一史蒂芬在新加坡去世。这是他在华第一次体验失去朋友的痛苦。7月4日，和金先生夫妇、伯驾博士一起乘坐"马礼逊号"离开澳门前往日本，目的是将7位遭遇船难的日本水手送回日本，最终目的是要传播文明和基督教。7月12日，到达琉球的那霸港，上岸考察，与当地官员接洽。30日，深入日本东京湾（时称江户湾），遭到炮击。8月10日，到达日本南部萨摩附近的鹿儿岛湾，后遭到萨摩藩主武力驱逐。8月29日，卫三畏等一行和7位日本水手返回澳门。这是他的第一次日本之旅，历时56天。随后，他师从其中的一位日本水手，开始认真学习日语。9月，开始全力投入裨治文的《广州方言中文文选》一书的扩充和印刷工作。

1838 年　26 岁

是年冬，卫三畏在一位日本水手老师的帮助下，终将《马太福音》译为日文。之后又编写了一个规模不大的日语词汇表。

1839 年　27 岁

2月，卫三畏接待经澳门前往广州担任"马礼逊教育会"教师、耶鲁大学的勃朗牧师与夫人。他与勃朗在澳门相处7个月，结下了亲密的友谊。是年夏，陪同裨治文前往广州的虎门晤见钦差林则徐。对卫三畏而言，林氏是他见过的所有中国人当中最英俊最聪明的人,但也是一个相当自负的人。

1840 年　28 岁

卫三畏将《创世纪》译成日文。同时开始将其在第一次鸦片战争爆发前后的所见所闻写成书信,多次寄回美国给父亲,对战争的结果评论说:"上帝最终与这个民族开始打交道了,他会与他们一起进入最后的审判,并会向他们展示仁慈。"

1841 年　29 岁

卫三畏扩充和印刷的裨治文的《广州方言中文文选》一书在澳门出版,该书近一半的内容是卫三畏提供的,但他的名字没有作为作者或编者写在书的封面上。是年春,卫三畏开始印刷一部 8 开本、300 页的中文语法书《拾级大成》(Easy Lessons in Chinese)。

1842 年　30 岁

卫三畏的第一本著作《拾级大成》面世,成为当时外国人急需的中文教科书。7 月,卫三畏迁居香港。英国驻华全权公使亨利·波廷格(璞鼎查)爵士代表英国政府将原属东印度公司的一套中文字模正式赠送给他。

1843 年　31 岁

卫三畏着手编写他的第二本书《英华韵府历阶》(Ying Hwa Yun-fu Lih-kiai)。在 1843—1844 年间,卫三畏投身各种各样的工作当中,除了日文翻译、给丛报定期撰稿和编辑、有关中国的专著写作外,他还经常代替一位专职牧师在澳门的英国教堂主持礼拜仪式。

1844 年　32 岁

1 月,《英华韵府历阶》出版,这是一本官话的英汉字典,8 开本,582 页。此后,编辑发行了一本部头较小的书《中国商务指南》(A Chinese Commercial Guide),8 开本,370 页,它为外国商人提供了条约中有关贸易和航行的有用信息。① 又印刷出版一部简要介绍中国地理的书《中国地志:按字母顺序排列的中华帝国的省、府和县,以及它们的经纬度》(Chinese Topography: an Alphabetical List of the Provinces, Departments, and Districts of

---

① 该书是以马儒翰 1834 年编的一本指南的第二版形式出现,没有署上卫氏的名字,直到第 4 次印刷前全面修订时才署名卫三畏。

the Chinese Empire, with their Latitudes and Longitudes)。其间 2—8 月，卫三畏被聘为以顾盛为全权代表的美国政府与清政府签约团的成员帮办有关中文函札等事宜。7 月 3 日中美在澳门望厦村签订《望厦条约》的谈判过程中，顾盛多利用卫三畏的印刷所和翻译作品。9 月，收到继母写自 4 月的来信，得知父亲病重，要求回国探望。11 月，阔别家乡 11 年之久的卫三畏搭乘美国商人吉登·纳尔先生的邮船从香港出发，回美探亲。9 天后到达新加坡，得知英国传教士戴尔去世，托其所购置的刻活字工具已经运到暹罗（泰国），失望至极。美部会中国传教团总部在中国割让香港给英国后搬到那里，印刷所也在卫三畏离开后从澳门搬到香港。

1845 年　33 岁

1 月，卫三畏转乘汽轮经过锡兰（斯里兰卡）到达印度孟买，和 D. O. 艾伦先生及其他美国传教士相处两周，讨论在中国和印度的传教和印刷工作。2 月 17 日，乘坐邮轮经过亚丁到达苏伊士，沿驿路抵达开罗。在开罗，他与从印度回国的匹克林博士（美国博物学家，《人类种族》的作者）一起观光数周。后又与一位法国绅士伴游尼罗河 50 天，穿越沙漠，两周后抵达巴勒斯坦耶路撒冷朝圣，逗留一个月。随后，他独立旅行贝鲁特，与那里的美国传教士度过 10 天后，南下亚历山大。7 月，乘坐汽轮离开马尔，沿意大利海岸前往马赛。停靠各港时，他匆匆访问锡拉库萨、墨西拿、那不勒斯、罗马和热那亚。抵达马赛后，沿罗纳河而上到达巴黎。在巴黎，他查询中文铅字的销售情况，购买到一套中文铅字样品，参观法国皇家图书馆，与法国汉学家儒莲、巴赞等交往，逗留两周。8 月 25 日，卫三畏转道英国，在伦敦停留 20 天，关注传教事务，拜访英国圣书公会秘书勃朗恩先生，并购买到一套满文铅字和字模。9 月底，从利物浦出发，乘船渡过大西洋，于 10 月 15 日终于抵达美国纽约。美部会中国传教团总部放弃香港的传教站回到广州，印刷所也搬回广州。卫三畏在探望父亲期间，还在包括伊萨卡在内的纽约州和俄亥俄州的大多数市镇发表一系列演讲，达 100 余场，内容是关于中国的社会生活、历史和社会制度等方面。演讲的一个目的是筹集足够资金，购买了一套中文活字，其中活字的配套新设备的资金由长老会出资一半。

1846 年　34 岁

卫三畏决定将演讲内容付诸文字，编纂成书。他住进纽约的哥哥德怀特·威廉斯的家中，专心写作。偶尔被邀请去教堂、主日学校、科学协会、教育机构和各种私人聚会。是年冬，卫三畏相识了被哥哥邀请赴家庭聚会的萨拉·沃尔沃斯小姐（纽约首席法官的侄女）。

1847 年　35 岁

是年春，卫三畏在普拉兹堡演讲期间，登门拜访了萨拉·沃尔沃斯小姐。回到纽约后，便通过书信和萨拉小姐订立婚约。卫三畏将脱胎于演讲稿的书定名为《中国总论》，交由出版社审校。11 月 25 日，卫三畏与萨拉小姐于感恩节这天在普拉兹堡举行婚礼。短暂旅行后，新娘回到普拉兹堡，新郎去了波士顿。12 月，《中国总论》（The Middle Kingdom）由纽约的威利和帕特南公司印刷出版。《中国总论》的出版曾得到巴素·巴特利特先生和吉迪恩·奈先生热心和慷慨的帮助。

1848 年　36 岁

是年夏，卫三畏获得美国联合学院授予的法学博士荣誉学位。6 月 1 日，卫三畏夫妇乘船离开纽约，经过好望角前往中国广州。9 月 1 日，他们平安地到达广州。此时，距离他上次离开广州，正好三年零十个月。继续编辑出版《中国丛报》，并参加布道工作。10 月 18 日，卫三畏的第一个孩子（儿子）出生，取名为沃尔沃斯。《中国商务指南》第 3 版在广州出版。

1849 年　37 岁

卫三畏返回美国一趟。是年，他已经可以用汉语主持定期和公开的礼拜仪式了。由于 1847 年裨治文前往上海，《中国丛报》工作完全由卫三畏一人承担，直至停刊。接手继续编辑出版《英华合历》（The Anglo-Chinese Calendar），即《华番通书》，8 开本，8 册，每本约 100—120 页，内容简要介绍上一年中国发生的大事。该书马礼逊曾编辑过，去世后停办，裨治文接着只编辑过一年。9 月，开始考虑停办英文月刊《中国丛报》，以利腾出时间和精力来办一份中文杂志。

1850 年　38 岁

5 月 19 日，卫三畏的第二个孩子（女儿）凯瑟琳出生。6 月 10 日，卫三畏的父亲威廉·威廉斯在纽约的伊萨卡去世。

1851 年　39 岁

12 月，《中国丛报》停办。《中国丛报》共发行 20 年，出版 21000 册。他为丛报编写了总目录，达 168 页。据统计，他撰写并在丛报上刊发的文章有 114 篇。

1852 年　40 岁

6 月 22 日，卫三畏的第三个孩子（儿子）出生，取名为奥立芬，以表达对好友、纽约商人奥立芬先生的感激。

1853 年　41 岁

4 月 6 日，卫三畏在香港接待了美国海军远征日本舰队（东印度海军舰队）指挥官佩里准将。佩里来访，目的在于邀请懂得日语的卫三畏担任"和平"出征日本的日语翻译。9 日，卫三畏接受翻译官一职。4 月 23 日，卫三畏同意陪同佩里将军前往日本。5 月 12 日，登上泊在澳门的萨拉托加号军舰，启程前往琉球。开始了第二次琉球和日本之行。后在琉球的那霸港，与佩里将军的舰队会合。他搬到旗舰萨斯奎哈纳号上，一直到出征结束。6 月 6 日，卫三畏一行访问琉球首都首里（时琉球不是日本的属国，而是日本藩主萨摩的属地），琉球当局接受对美国远征队关于提供住房和给养的两项要求。此后，舰队又访问了奄美诸岛之一的大岛港，他研究岛上的矿石和植物，使萨斯奎哈纳号满载而归。在这里，他显示出博物学家的见识。7 月 2 日，舰队启程开往日本，两周后到达日本浦贺，开始对日的短暂访问，7 月 14 日进行美日会谈。返航途中，舰队再次登陆琉球的那霸，卫三畏作为谈判代表，协定了美国与当地贸易集市与通商等事宜。8 月 7 日，卫三畏回到澳门，结束他的第二次日本之旅。一周后，他回到广州的印刷所，重新开始他的词典编写工作。但他没有将他们在日本的所见所闻撰写成书。12 月，卫三畏生病，这是他到中国 20 年来的第一次生病，受寒感冒。多亏伯驾博士的精心治疗，十余天后痊愈出院。

1854 年　42 岁

1 月 14 日，卫三畏随同佩里将军的舰队离开香港，开始了美国舰队的第二次琉球和日本之行（对卫三畏而言，是第三次日本之行）。2 月 1 日，和另外三人一起被派遣去首里送信给琉球的摄政王。2月8日，参加佩里将军和日本天皇派来的特使在江户横滨会谈仪式。两周后，正式会谈开始。3月1日，陪同布坎南上校在旗舰"波瓦坦号"上宴请日本代表伊左卫门和他的朋友。10个日本人和6个美国人同桌共进晚餐。其后，在日方对美方条约草案答复的基础上，他翻译了佩里将军给天皇的回信，表达美国总统与日本发展两国关系、缔结友好条约的希望。3月13日，目睹了美日第一份条约的签订过程，即《神奈川条约》。该条约规定开放下关和函馆为通商口岸，允许美国在这两处派驻领事。而条约的第九条就是根据他的建议制定的，即谋得最惠国待遇。在他看来，这份条约之后将是基督福音能借这一途径传到日本民族之始。4月10日，随舰队北上江户，却在离江户8英里的地方停下来。至此，他已是第三次前往日本首都江户而未成，着实遗憾。在江户湾沿岸各地进行一系列会谈后，亚当斯上校带着新签订的条约返回美国。他与其他人一起前往下关。在下关一月内，他与莫诺医生一起研究当地植物学和地理学，其中有一种植物是以他的名字命名的，即"威廉铁线莲"。5月21日，随舰队访问日本另一个通商口岸函馆，达两星期。他认为，这是他在亚洲最为愉快的一番经历：他的能力得到最充分的展现，独自担任翻译任务，还用日语完成了劝说工作。6月25日，随舰队离开下关港口，启航回美。7月1日，卫三畏所乘舰队到达琉球的那霸。佩里将军就此年2月一位美国海员遇害事件，与琉球政府签订一份协议，琉方许诺不论何时美国人来琉球都将受到优待和礼遇。7月20日，乘坐的旗舰"波瓦坦号"达到宁波。从此次出访日本至回到宁波时，他在公务之外，主要精力放在中国历史小说《列国志》的英文翻译上，共19章，330页。这是他唯一一次不带任何目的而做的一项纯文学性的工作。随后，"波瓦坦号"沿着中国海岸南下，中途停靠福州和厦门，最后到达香港。8月11日，卫三畏从香港回到广州。8月15日（星期二）晚上又赶回澳门与家人团聚。两天后返回广州，继续日常的传教和印刷工作。同时，他还将在舰队中担任（首席）翻译的全部薪水2100美元如数交给传教团。

1855年　43岁

是年夏，伯驾继任美国驻华（广州）公使团公使一职，启程赴华。卫三畏同意暂时接任伯驾空出的使团秘书兼翻译一职。10月1日，收到美国总统签发的委任他为美国使团秘书兼翻译的任命书。也从是年夏开始，卫三畏代理全权公使职务，直到伯驾12月31日到达广州①，这种带薪职位可谓位高权重。对卫三畏而言，是他在华事业的一个转折点。从此，他由一个传教士印刷工转变为一位传教士外交家。卫三畏的第四个孩子（女儿）在广州出生。是年秋，卫三畏将长子沃尔沃斯托付给返美的"波瓦坦号"军舰上的一个军官，带回纽约休养。

1856年　44岁

10月，卫三畏来到上海，主要是作为美国驻华公使团的中文翻译处理一些公务，顺便休养一下劳累的身心。在上海，他从1849年开始编写、历时六年的以广州方言为基础的《英华分韵撮要》(Dictionary of the Canton Dialect)终于完成。对他而言，该书的问世是一件大事。这个8开本的词典，约7800个条目，加上引言、附录和目录，长达900页。是年秋，卫三畏的《中国商务指南》第4版编写完成并印刷出版，共384页。这是卫三畏的（澳门）贝鲁因印刷所印刷的最后一本书。②该书出版所得的全部收入，如同卫三畏所有著述的收入一样，如数用来支持传教事业和印刷所运转。12月14日，卫三畏还在上海时，他居住的广州外国商馆被毁。他的印刷所、家当和手头所有书籍都焚毁了，库存的《中国丛报》也全都付之一炬，只有新近出版的词典《英华分韵撮要》和《中国商务指南》得以幸免。全部活字和其他材料的价值约2万美元，都是美部会的财产。在第二次鸦片战争开始后，外国商馆被毁事件，是两广总督叶名琛对于"亚罗号事件"之后的防范行为，引起了中英关系的紧张，中英第二次鸦片战争在即。

1857年　45岁

1月27日，卫三畏在信中表示决定正式接受美国驻华公使馆秘书一职。28日，向美部会提出辞呈。广州印刷所被毁似乎成为一个契机，使卫氏在华

---

① 这是卫三畏第二次代办公使一职。1854年春，麦莲公使未到广州时，也是卫三畏代办，只不过没有正式任命书和薪水。

② 《中国商务指南》第1版是马儒翰的著作与版权，第2版1844年由卫三畏出版，仍署名马儒翰，第3版1848年卫三畏出版，开始署名卫三畏，第4版也署名卫三畏，都在澳门出版；第5版1863年署名卫三畏，在香港出版。

事业出现新的变化。此后，卫三畏一直住在澳门，以观察中英之间在广州的局势。7月，卫三畏的小弟弟约翰在他的澳门家中去世。约翰是随同佩里将军的舰队来华后就留在广州的，负责管理一艘在广州附近河面上航行的船只。10月，因为代办伯驾回美，卫三畏第三次暂时全权代理公使团工作，直到11月25日伯驾博士的继任者列卫廉来华履职。12月，卫三畏近距离地经历了英法联军攻陷广州并俘虏两广总督的重大历史事件。是年，第五个孩子（儿子）在澳门出生，即卫斐列。[①]

1858年　46岁

3月，卫三畏准备随同英法俄美四国使团北上。之前，他把夫人和孩子送上一艘返回美国的帆船，离开香港。4月17日，卫三畏乘坐的使团"密西西比号"舰船到达天津白河口港。4月24日，卫三畏一行被俄国海军司令邀请共进晚餐。这是他第一次与俄国人一起用餐，品尝俄国菜肴。5月3日，担任美国使节列卫廉先生和中国钦差大臣直隶总督谭廷襄在大沽炮台第一次会谈的记录员，美国长老会传教士丁韪良担任翻译。5月10日，卫三畏一行再次上岸拜访中美会谈的中方钦差大臣谭廷襄一行。5月14日，转告列卫廉公使关于清廷允许外国使节进京的让步，之后，他立即着手拟订一份条约的草案。而此时停泊在大沽口外海面的各国军舰总数达到31艘。5月19日，卫三畏和丁韪良奉公使之命上岸拜访中方钦差大臣、直隶布政司钱忻，就中美双方签订条约的问题进行磋商。但会谈中断，因为他接到公使的密信，说次日各国舰队在给中方最后通牒送达2小时后攻打大沽炮台。5月20日，近距离地目睹英法联军攻陷大沽炮台，打通了通向天津的河道，进逼天津。6月7日，陪同公使列卫廉拜访清政府委任的全权处理涉外事务的两位新钦差大臣：大学士桂良和礼部尚书花沙纳。会谈在河岸上的一座寺庙里举行，中美双方很快达成一项协议。6月中旬，卫三畏重逢耆英（早在美国专使顾盛到达澳门后，准备签订《望厦条约》之际，钦差大臣耆英接见了顾盛，卫三畏当时在场）。6月18日，卫三畏、丁韪良两人与中方代表常大

[①] Frederick Wells Williams, 1857—1928。他1879年毕业于耶鲁大学，获学士学位，曾在卫三畏逝世后继任耶鲁大学汉学讲座教授，著有《蒲安臣与中国第一次遣使外国》《卫三畏生平及书信》等书。

人谈判,最终促成在条约中添加"允许在中国传播基督教"这个重要条款。晚上,他与丁韪良等三人陪同列卫廉公使前往海光寺,与清廷的两位钦差签订了《中美天津条约》,四份中文本,三份英文本。6月25日,卫三畏随同列卫廉公使拜见清廷两位钦差,就广州战事中美国方面所受损失向中方提出索赔50万两白银。双方达成协议,中方将在四年内付清。7月12日,卫三畏一行乘坐"明尼苏达号"船从天津到达上海。他和裨治文博士就天津谈判签约情况以及传教自由等话题,为上海的传教士们讲解新的条约对传教事业的影响。7月31日,从来自奥地利驱逐舰诺瓦纳号上的一位海军将领口中得知《中国总论》一书已经被译成德语本,在德国甚是流行。9月20日,陪同列卫廉公使乘坐"明尼苏达号"船到达日本的长崎,访问两周。这是卫氏第四次日本之行。10月7日,他们返回上海。10月15日,从陶尔博特·奥利芬特的来信中,得知次子(第三个孩子)奥立芬去世的噩耗。10月26日,参加会见了从北京来沪的五位钦差大臣,中美双方在上海的赫德公司举行会谈,讨论两国的贸易和关税问题。晚上,他给上海相关人士作了一次演讲,讲述日本的情况,受到了赫德公司主人康斯托克先生、裨治文博士、额尔金勋爵和史密斯主教的首肯和赞扬。11月13日,随同美国使团乘坐"明尼苏达号"船沿着海岸南下前往香港。12月8日,与结下深厚友谊的列卫廉先生在香港告别。列卫廉公使乘舰经过欧洲回美述职。从此时起,到1859年5月18日华若翰公使尚未到任的这段时期,由卫三畏代理公使职务,这是他第四次代办公使一职。随后离开香港返回上海,途中在宁波稍歇两星期,意外购买到一套中文活字。

1859年　47岁

6月13日,卫三畏随同美国驻华公使团公使华若翰,及英法俄三国公使和清廷几位钦差启程去北京(对卫氏而言,这是第三次。前两次都未能真正进入北京)。美部会的艾奇逊和长老会的丁韪良是此行北京谈判的助手。卫三畏不再兼任使团秘书,只担任翻译。6月25日,身处中英之战的现场,在美国公使乘坐的"波瓦坦号"战舰上目睹英军在白河口战役中的惨败。此后,美国公使率先接受清廷要求经过北塘进京的安排。6月20日,卫三畏在内的美国使团20人在署直隶总督崇厚的陪伴下,从北塘启程,26日到达北京东边的通州河港，27 日换乘马车，真正进入北京城。7 月 30 日，卫三畏在使团的秘书之职，由公使华若翰的弟弟华为士替任。在嘉兴寺，中美双方开始新一轮谈判，目的是进京就《中美天津条约》换约。8 月 10 日，参加中美双方的国书交接仪式。双方约定在北塘交换正式签署过的条约文本。次日，美国使团乘坐来时相同的马车离开北京。归途中，艾奇逊病重，不幸离世。8 月 22 日，卫三畏等使团人员到达上海。在沪期间，卫三畏就香港报界对于美国使团访问北京的丑化评论和对中国人的攻击展开回击，其中，他在《字林西报》上发表文章，客观而详细地记述北京之行。10 月 25 日，卫三畏在上海举行的皇家亚洲学会北华支会的会议上，宣读其所写的《美国使团北京之行纪实》，以严肃公正和一丝不苟的态度，阐论了出使北京的全过程。该文后来刊登在该学会的会刊上。10 月 31 日，在公使华若翰出访日本之时段，与一位英国传教士游览嘉兴和杭州两星期后，返回上海。后随同使团去苏州，拜访两江总督何桂清，商谈中美条约中的一些细节问题。年底，卫三畏写就了他的唯一一本中文小册子，题为《对卖身异国者的警言》，揭露葡萄牙人贩卖中国劳工的恶行。

1860 年　48 岁

年初，卫三畏运用自己的影响力协助拯救了一船被贩卖的中国劳工。2 月，离开澳门，开始他的休假。这是他来华工作后的第二次正式回国探亲（来华后第三次回美）。休假期间，适逢美国内战，他支持废奴运动，捐赠不少，还在华盛顿、纽约、伊萨卡、波士顿美部会总部等许多地方发表演讲。

1861 年　49 岁

6 月，卫三畏偕同夫人和最小的女儿最后一次从纽约港乘船前往中国。三个月后，他们到达香港。9 月，卫三畏一家到达香港不久，从美国来的第一批邮件带来了他们的大儿子沃尔沃斯在伊萨卡病倒并去世的噩耗。10 月，卫三畏得到一个噩耗：对他而言更像兄长而不仅仅是朋友的裨治文在沪英年早逝。是年冬，卫三畏利用咸丰皇帝去世和美国蒲安臣公使团滞留南方的空闲，在澳门重写《中国商务指南》。

1862 年　50 岁

年初，《中国商务指南》（第五版）修订完成。3 月，卫三畏在香港伦敦会印刷所印刷了 8 开本 190 页的一本资料集，内容是东方国家与美国的所有条约，"相关的法令、规定、通告"，以及《天津条约》中文本，目的是便于使用和提供权威的参考。7 月 14 日，随同蒲安臣公使团离开上海，前往北京。20 日，到达北京。蒲安臣是中美外交双边关系意义上的美国第一位驻华公使，也是驻北京的美国第一任公使。在北京，卫三畏为自己居家购买了一套房子，暂住进施约瑟和包尔腾两位牧师。同时，还监管蒲安臣公使即将居住的一套房子的修葺工作。11 月，卫三畏离开北京，途经上海，回广州。

1863 年　51 岁

卫三畏修订《中国商务指南》第五版出版，该版 8 开本，670 页，包括最新条约涉及的政治和商业内容。5 月，携妻女举家离开澳门，从香港乘船至天津大沽。6 月 16 日，到达北京。他暂时和蒲安臣公使住在一起，为在北京建立美国使馆而努力。10 月 21 日，卫三畏一家搬进了修葺一新的拥有八个房间的新家，生活相对稳定、轻闲。他开始修改《英华分韵撮要》，加入一些官话的语音和词语。11 月，参与处理李泰国—阿思本舰队事件。

1864 年　52 岁

4 月 7 日，卫三畏致稿纽约《观察者报》，发表其传教主张。

1865 年　53 岁

5 月，卫三畏在公使蒲安臣回国述职后，以副使身份第五次暂时代理公使职务，全权负责使馆工作。其间，处理白齐文事件。

1866 年　54 岁

10 月，卫三畏开始在北京新建一栋合适的住所，以安置回任的蒲安臣公使。作为美国在华代表，他动用 1859 年清廷对美赔款中未使用部分的利息，建造了体现西方建筑特点的美国驻华公使馆。

1867 年　55 岁

2 月，卫三畏的一部关于年表和地名的书已经脱稿，准备出版。10 月，卫三畏一家在喀尔喀和蒙古高原旅行 25 天。11 月，在退休的公使蒲安臣接受带领清政府使团出使各签约国任务而辞职后，第六次代理公使，全权负责公使馆工作（一直到 1869 年 9 月 29 日）。

1868 年　56 岁

是年初，卫三畏这位业余建筑师聘人在紧邻公使馆官邸的同一块圈地内，建造了秘书的住所，从而完成了他筹建美国驻华公使馆的全部计划。8 月 24 日，在致 R. S. 威廉斯牧师的信中，提出他对自己是否接受驻华公使一职的切实答复。

1869 年　57 岁

在代理公使期间，凭借与清廷官员良好的人际关系，帮助瑞典公使与中国成功缔结一份条约。为此，卫三畏意外地获得一枚金质奖章。7 月 21 日，在劳罗斯公使离职后，第七次以副使身份代理公使，负责公使馆全部事务（一直到 1870 年 4 月 20 日）。但谢绝了美国国内和中国朋友们劝说其担任公使的好意。在他看来，华盛顿政府只会任命同党之人，而且认为他的字典编撰也许会比他从 1855 年起为国务院做的所有工作更有影响。对此，美国国务卿西华德称卫氏"……太善良、太有天赋。总之，各方面太完美"。10 月，卫三畏送妻子萨拉和孩子前往上海，然后妻儿南下广州，取道欧洲，于 1870 年 1 月回到美国。12 月，卫三畏独自一人从上海返回北京公使馆，忙碌承担起使馆的全部工作。

1870 年　58 岁

3 月 24 日，卫三畏得知蒲安臣先生在俄国彼得堡病逝，深为悲哀，并致蒲夫人唁电。6 月 21 日，天津教案发生。11 月，随同美国驻华公使镂斐迪在北京接待了西华德先生亲自率领的一支庞大的美国访华代表团。

1871 年　59 岁

4 月 11 日，卫三畏在镂斐迪公使出访朝鲜而离京之后，第八次代理公使，全面负责使馆工作（一直到 9 月 29 日）。5 月，最亲爱的弟弟弗雷德里克·威廉斯牧师在美索不达米亚平原的许多城市传教二十二年后，死于当地恶劣气候，这对他的打击重大。11 月 9 日，卫三畏离开北京南下，21 日，到达上海。在上海传教站华万印刷厂排印他修订完成的词典《汉英韵府》（*A Syllabic Dictionary of the Chinese Language*），住在传教站印刷厂的一个环境不错的房间里，还有惠志德、马约翰和厂长戈登作伴，平文博士每天也在一起共进午餐。

1872 年　60 岁

7月，卫三畏在西尔博士、"中国留学生之父"容闳的陪同下从上海启程，前往日本，开始他的第五次日本之行。在横滨口岸登陆后，到江户（第三次到达）游览了三个星期。

1873 年　61 岁

3月，卫三畏给夫人发电报，让她来上海相聚。夫人和女儿及时赶到，并一起回到北京。7月，在公使镂斐迪回美述职后，担任使馆的负责工作，第九次也是最后一次出任代理公使（1873.7—1874.10）。是年秋，卫三畏开始将主要精力用在词典《汉英韵府》的收尾工作上，撰写词典的序言（70页的论文），并为词典的12527个汉字编辑了索引。

1874 年　62 岁

7月，卫三畏收到上海传教站印刷厂邮来的词典的第一个样本。这是卫三畏11年艰辛努力的成果。词典为4开本，1356页，印刷平整精美。随后，《汉英韵府》整部词典在上海出版，反响很大。11月29日，卫三畏第一次目睹了中国皇帝（同治帝）接见美国公使艾忭敏的场景，当时他担任翻译工作。去年，同治帝接见五国公使时，他正巧在上海。不久，同治帝驾崩，新帝光绪即位。

1875 年　63 岁

是年春，卫三畏离开中国，与家人一起踏上了取道欧洲（奥地利、中欧、英国）回国的旅程（第四次回美）。这次回国的六个月旅行，主要是帮助他恢复健康。他平生第一次严肃地面对自己的健康问题。在美休养期间，由于身体健康状况不佳，近视日重，取消一切演讲活动，只是拜访一下亲友。同时决定在失明之前从北京公使馆退休。

1876 年　64 岁

3月，为了尽快处理完在北京的事务，卫三畏经过旧金山返回中国。5月，到达北京后，与美国国务院协商将使馆的财产租让给政府。6月，向汉密尔顿·费什国务卿提出辞呈，请辞其在公使馆担任的秘书与翻译的职务。7月14日，参加美国北京公使馆举行的美国建国百年的欢庆午宴，并当众赋诗。但这些即兴之作未见诸报章。正是在这年，美国国会颁布第一个禁止中国人移居美国的草案，激起中国人以及在中国居住的一些美国人的极大愤懑。卫三畏希望改变被蒙蔽的美国人对中国人的偏见，他决定离开中国回国，仗义执言。10月25日，卫三畏离开北京取道上海回美（第五次回国，也是最后一次）。这次离开北京，距他第一次来华，恰好43年整。临行前，公使西华、威妥玛、丁韪良、艾约瑟、怀定等人为其饯行。九位中国官员，如恭亲王、宝鋆、徐继畬等赠扇纪念。12月，卫三畏从上海乘船返回美国。

1877年

回到美国后，卫三畏定居在纽黑文大学城。不久，他接受邀请担任耶鲁大学汉学讲座第一位中国语言文学教授一职，开始新的工作。同时，他也开始考虑着手修改《中国总论》。7月，在耶鲁大学这届毕业典礼上，接受该大学授予的名誉文学硕士学位。同时，晤见与会的J. T. 狄金先生、伯驾博士、伍尔塞先生等人。

1878年　66岁

2月，卫三畏致信吉登·纳尔先生，强烈谴责美国国会的排华法案，认为至少对美国人来说，这是一个不可饶恕的罪恶，而在美的每个中国人都有贝阿德的能量、参孙的气力和阿提拉的暴躁。是年，对中国北方的大饥荒给予巨大的同情，还为救灾工作而奔走，他和在华各差会传教士私交甚笃，使他成为传达消息和在美国筹款的得力合作者。

1879年　67岁

9月，卫三畏反驳排华法案的最有力杰作，一篇关于中国移民的论文，在萨拉托加的社会科学会上宣读，后来由斯克雷伯勒兄弟公司以小册子形式出版。

1880年　68岁

2月19日，卫三畏为了更直接地抑制席卷国会的偏见狂潮，向海斯总统递交了由他起草、耶鲁大学全体员工签名的请愿书，呼吁总统否决中国移民法案。后来，总统否决了法案，并于同年派遣一个代表团前往中国协商修改条约，用合法方式结束对中国人移民美国的限制。

1881年　69岁

1月26日，卫三畏的夫人萨拉去世。他将夫人和两个儿子都葬在他父母墓穴的近旁，伊萨卡的一个很美的山坡上。3月7日，接受了美国圣经协会主席一职。3月9日，完成对《中国总论》老版本的文字部分的修改，剩下的是补写它1848年出版之后所发生的事情。4月7日，到达纽约，第一次走进圣经协会的办公室，参加就职典礼。是年，卫三畏还当选为美国东方学会的主席（会长）。他从1846年起就是东方学会的成员，但他给东方学会会刊的唯一一次投稿是1880年的《评述马端临关于扶桑和中国以东国家的考证》。12月，卫三畏收到一份别致而令人愉快的圣诞祝福：哈佛大学华裔汉学教授戈鲲化先生的贺卡。遗憾的是，1882年2月戈教授不幸去世。

1882年　70岁

1月，卫三畏摔倒、跌伤，出现失语症、贫血、中风等症状。在耶鲁大学图书馆做一些装订图书切边的工作，以消闲、休养。

1883年　71岁

7月，卫三畏和弟弟德怀特·威廉斯前往新罕布什霍尔德内斯的怀特山休假。10月，新版《中国总论》面世。

1884年　72岁

2月16日，卫三畏辞世。2月19日，葬礼在耶鲁大学的教堂里举行。学院牧师巴勃尔博士主持，波特校长、克拉克博士、美部会的秘书等人出席并致辞。次日，在他弟弟R. S. 威廉斯的伊萨卡家中又举行一个私人的告别仪式。随后，他被安葬在"常青墓地"，紧挨着他的父亲、妻子和先他而去的亲友。

附录二：卫三畏的主要著作一览[①]

（一）论文类（卫三畏发表《中国丛报》上的114篇文章）[②]

1. 地理（Geography）

（1）《中国省、府、州的字母顺序列表》，卷13，第320、357、418、478、513页（Alphabetical list of all the provinces, departments, and districts in China. Vol. XIII. pp. 320, 357, 418, 478, 513）。

（2）《中国最大的那些城镇以及省区域外的分界地点的分类列表》，卷13，第561页（Descriptive list of the largest towns and divisions in extra-provincial China. Vol. XIII. p. 561）。

（3）《记1819年从海南到广州的一次陆路旅行》，卷18，第225页（Journal of a trip overland from Háinán to Canton, in 1819, by J. R. supercargo of the Friendship. Vol. XVIII. p. 225）。

（4）《贵州省地志》，卷18，第525页（Topography of the province of

[①] 卫三畏一生著述丰硕，是名副其实的美国第一代汉学家之首。因无法搜集齐全并进行共识性的归类，只能粗略类别如下，有待新发掘和研究。本览主要参考资料有：1. Frederick Wells Williams（卫斐列），*The Life and Letters of Samuel Wells Williams*, L. L. D.: *Missionary*, *Diplomatist*, *Sinologue*, Reprint edition published in 1972 by Scholarly Resources, Inc. Wilmington, Delaware. 2. 王树槐：《卫三畏与〈中华丛刊〉》，载林治平主编《近代中国与基督教论文集》，宇宙光出版社1990年版。3.［美］卫斐列著，顾钧、江莉译：《卫三畏生平及书信：一位美国来华传教士的心路历程》，桂林：广西师范大学出版社2004年版。4. 孔陈焱《卫三畏与美国汉学研究》，上海：上海辞书出版社2010年9月第1版，附录一，第250—251页。

[②] 在《中国丛报》停刊后，卫三畏亲自汇总编写了总目录索引，分30大类，但仍有不少遗漏和失误。王树槐先生认为卫三畏发表在《中国丛报》上的文章有114篇。仇华飞博士所著《早期中美关系研究（1784—1844）》的附录也不全面。顾钧博士在《卫三畏与美国早期汉学》第83—88页中，认为卫三畏在丛报上共发表160篇文章，并附录"卫三畏《中国丛报》汉学论文目录"100篇的篇名，译文与114篇说法也有不同。本附录根据《中国丛报（1—20卷）》目录索引1940年上海重印本和中山大学图书馆藏《中国丛报》总目录的英文文本（LIST OF THE ARTICLES IN THE VOLUMES OF THE CHINESE REPOSITORY）进行比对，之间亦有几处核对不一致的地方。若不计连载的篇数，则不足114篇，反之，则超过114篇。下面数据，是将所见的全部列出。对114篇、160篇等说，仍需考订并重新统计之，翘首来者。

Kweichau. Vol. XVIII. p. 525)。

（5）《云南省地志》，卷 18，第 588 页（Topography of the province of Yunnán. Vol. XVIII. p. 588）。

（6）《美国双桅船海豚号访问台湾基隆港加煤》，卷 18，第 392 页（Visit of the U. S. brig Dolphin to the port of Kilung in Formosa for coal. Vol. XVIII. p. 392）。

（7）《湖北省地志》，卷 19，第 97 页（Topography of the province of Húpeh. Vol. XIX. p. 97）。

（8）《湖南省地志》，卷 19，第 156 页（Topography of the province of Húnán. Vol. XIX. p. 156）。

（9）《陕西省地志》，卷 19，第 220 页（Topography of the province of Shánxí. Vol. XIX. p. 220）。

（10）《关于库页河与河口对面的塔拉开岛》，卷 19，第 289 页（Notices of the Sagalien river and the island of Tarakai opposite its mouth. Vol. XIX. p. 289）。

（11）《四川省地志》，卷 19，第 317、394 页（Topography of the province of Sz'chuen. Vol. XIX. p. 317, 394）。

（12）《黄河的流域》，卷 19，第 499 页（Course of the Yellow river, or Hwáng-ho. Vol. XIX. p. 499）。

（13）《甘肃省地志》，卷 19，第 554 页（Topography of the province of Kánsuh. Vol. XIX. p. 554）。

（14）《省区域外中国的地志与分界，及山脉等》，卷 20，第 57 页（Topography and divisions of extre-provincial China, ranges of the mountains, &c. Vol. XX. p. 57）。

（15）《珠江，或也称广州河的流域与地志》，卷 20，第 105、113 页（Course and topography of the Chú kiáng, or Pearl river, also called the Canton river. Vol. XX. p. 105, 113）。

（16）《克拉普罗特描述的满洲长白山》，卷 20，第 296 页（Klaproth's account of the Chángpeh Shán, or Long White Mts. Of Manchuria. Vol. XX.

p. 296)。

（17）《河南省地志》，卷20，第546页（Topography of the province of Honán. Vol. XX. p. 546)。

2. 中国政府与政治（Chinese Government and Politics）

（18）《谈苗族，及汉人对苗族人行为的公正性》，卷14，第106、113页（Account of the Miáutsz', and justice of the dealings of the Chinese with them. Vol. XIV. p. 106, 113)。

（19）《三合会誓词译文与三合会构成的分析》，卷18，第281页（Translation of the oath of the Triad Society, and account of its formation. Vol. XVIII. p. 281)。

（20）《道光之死与咸丰的继位诏书》，卷19，第165、231、282页（Death of Táukwáng, and papers connected with the accession of Hienfung to the throne. Vol. XIX. pp. 165, 231, 282)。

3. 财经与海陆军（Revenue, Army, and Navy）

4. 中国人民（Chinese People）

（21）《中国人的饮食与生活花费》，卷3，第457页（Diet of the Chinese, and cost of living. Vol. III. p. 457)。

（22）《24位孝子的事例》，卷6，第130页（Examples of twenty-four filial children. Vol. VI. p. 130)。

（23）《3位贞节女子的故事》，卷6，第568页（Three examples of female constancy. Vol. VI. p. 568)。

（24）《替父报仇的例子》，卷8，第345页（Example of revenging a father's death. Vol. VIII. p. 345)。

（25）《康熙乾隆给予帝国内老年人的节日》，卷9，第258页（Festivals given by the emperors Kánghí and Kienlung to old men in the empire. Vol. IX. p. 258)。

（26）《图解中国的人和事》，卷9，第366、506、635页（Illustrations of men and things in China. Vol. IX. pp. 366, 506, 635)。

（27）《评鹿洲的〈女学〉，中国女性的地位和教育》，卷9，第545页

(Review of Lulichau's Nü Hioh, or position and education of femaies in China. Vol. IX. p. 545)[①]。

(28)《图解中国的人和事》,卷 10,第 104、172、472、519、613、662 页(Illustrations of men and things in China. Vol. X. pp. 104,172,472,519,613,662)。

(29)《图解中国的人和事》,卷 11,第 325、434 页(Illustrations of men and things in China. Vol. XI. pp. 325,434)。

(30)《一幅寿屏的翻译和描述》,卷 13,第 535 页(Description and translation of a Shau Ping, or Longevity Screen. Vol. XIII. p. 535)。

(31)《图解中国的人和事》,卷 17,第 591 页(Illustrations of men and things in China. Vol. XVII. p. 591)。

(32)《中国学者用以阐明人类道德行为的一些铁事》,卷 17,第 646 页(Auecdotes from Chinese authors to illustrate human conduct, with a moral. Vol. XVII, p. 646)。

(33)《中国学者用以阐明人类道德行为的一些铁事》,卷 18,第 159 页(Auecdotes from Chinese authors to illustrate human conduct, with a moral. Vol. XVIII. p. 159)。

(34)《Shang SanKwan 小姐的复仇故事》,卷 18,第 400 页(Revenge of Miss Sháng Sánkwán. Vol. XVIII, p. 400)。

5. 中国历史(Chinese History)

6. 自然史(Natural History)

(35)《中国自然史的探索者们,广州附近地理概况》,卷 3,第 83 页(Explorers in the natural history of China, and sketch of the geology near Canton. Vol. III. p. 83)。

(36)《中国的农业》,卷 3,第 121 页(Agriculture of the Chinese. Vol. III. p. 121)。

(37)《水稻种植法》,卷 3,第 231 页(Mode of raising rice. Vol. III. p. 231)。

---

① 鹿洲,即清代的福建学者蓝鼎元。

(38)《谈竹子和棕榈》，卷 3，第 261 页（Description of the bamboo and palm. Vol. III. p. 261）。

(39)《关于罗雷骆的交趾支那植物志》，卷 5，第 118 页（Review of Loureiro's Flora Cochinchinensis. Vol. V. p. 118）。

(40)《在琉球与日本的航海途中收集到的自然史的物种》，卷 6，第 406 页（Specimens of natural history collected in a voyage to Lewchew and Japan. Vol. VI. p. 406）。

(41)《中国人谈貘和穿山甲》，卷 7，第 44 页（Chinese account of the tapir and pangolin. Vol. VII. p. 44）。

(42)《中国人谈蝙蝠和飞鼠》，卷 7，第 90 页（Chinese account of the bat and flying squirrel. Vol. VII. p. 90）。

(43)《中国人谈犀牛和象等》，卷 7，第 136 页（Description of the rhinoceros, elephant, &c. Vol. VII. p. 136）。

(44)《中国人的龙和其他神话中的动物，以及关于它们的观念》，卷 7，第 212、250 页（Dragon and other fabulous animals of the Chinese, and their ideas respecting them. Vol. VII. pp. 212, 250）。

(45)《由动物习性启发而来的中国谚语和隐喻》，卷 7，第 321 页（Proverbs and metaphors among the Chinese drawn from the habits of animals. Vol. VII. p. 321）。

(46)《中国人谈马和驴》，卷 7，第 393 页（Chinese account of the horse and ass. Vol. VII. p. 393）。

(47)《中国人对蜜蜂和马蜂的看法》，卷 7，第 485 页（Chinese notions of bees and wasps. Vol. VII. p. 485）。

(48)《关于鸬鹚》，卷 7，第 541 页（Account of the cormorant. Vol. VII. p. 541）。

(49)《中国人谈狮子和猫等》，卷 7，第 595 页（Chinese account of the lion, Cat, &c. Vol. VII. p. 595）。

(50)《评郭实腊的〈开放中国〉》，卷 8，第 84 页（Review of Gutzlaff's China Opened. Vol. VIII. p. 84）。

(51)《谈茶叶种植》，卷8，第132页（Description of the tea plant. Vol. VIII. p. 132）。

7. 艺术及科学与工艺（Arts，Science，and Manufactures）

(52)《中国人的度量衡》，卷2，第444页（Chinese weights and measures. Vol. II. p. 444）。

(53)《关于中国活字的巴黎字体，以及铅版活字印刷的实践》，卷3，第528页（Notice of the Parisian font of Chinese types, and of an experiment of block stereotyping. Vol. III. p. 528）。

(54)《中国的风箱》，卷4，第37页（Description of the Chinese bellows. Vol. IV. p. 37）。

(55)《中国人使用的一般农具》，卷5，第485页（Description of the common agricultural implements used by the Chinese. Vol. V. p. 485）。

(56)《中国人关于自然力量和作用的流行观念》，卷10，第49页（Popular ideas of the Chinese relating to the powers and operations of nature. Vol. X. p. 49）。

(57)《中国人关于自然力量和作用的流行观念》，卷11，第434页（Popular ideas of the Chinese relating to the powers and operations of nature. XI. p. 434）。

(58)《麻类植物种植的论文和报告，以及蓑衣的制作》（卫三畏与N. Rondot合写），卷18，第216页（Memoir and account of the cultivation of hemp, and the manufacture of grasscloth; by N. Rondot. Vol. XVIII. p. 216）。

(59)《中国的金属活字》，卷19，第247页（Movable metallic types among the Chinese. Vol. XIX. p. 247）。

(60)《广州城内外的宝塔：它们的用途和建立的时间》，卷19，第535页（Pagodas in and near Canton: their uses and times of their erection. Vol. XIX. p. 535）。

(61)《香港制造的三行菱形中国活字的样品，与中国可活动的字体》，卷20，第281页（Specimen of three-lined diamond Chinese type made in

Hongkong, and Chinese movable type. Vol. XX. p. 281)。

(62)《评桑姆斯关于商朝中国古代花瓶的著作》,卷 20,第 489 页(Notice of P. P. Thoms' work on ancient Chinese vases of the Sháng dynasty. Vol. XX. p. 489)。

8. 旅行或游记(Travels)

(63)《埃尔曼的西伯利亚之旅和访问恰克图》,卷 20,第 18 页(Erman's Travels in Siberia, and visit to Kiakhta. Vol. XX. p. 18)。

(64)《对 1851 年开封犹太会堂调查的报告》,卷 20,第 436 页(Narrative of a mission of inquiry to the Jewish synagogue in Kaifung fú in 1851. Vol. XX. p. 436)。

9. 语言与文学(Language, Literature, &. c.)

(65)《为学习英语的中国人编的词汇表》,卷 6,第 276 页(Vocabularies for Chinese to learn English. Vol. VI. p. 276)。

(66)《关于汉字表音系统的评论和改进意见》,卷 7,第 490 页(Remarks on, and alterations proposed in the system of orthography for Chinese. Vol. VII. p. 490)。

(67)《采茶歌谣的译文》,卷 8,第 195 页(Translation of a ballad on picking tea. Vol. VIII. p. 195)。

(68)《中国三种方言发音对照表》,卷 11,第 28 页(Table of sounds in three dialects of China. Vol. XI. p. 28)。

(69)《罗伯聃的伊索寓言被戴尔和斯特罗那译成了汕头和潮州口语》,卷 13,第 98 页(Thom's Esop's Fables rendered into the Chángchiú and Tiéchiú colloquial, by Dyer and Stronach. Vol. XIII. p. 98)。

(70)《毕奥关于中国公共教育历史和文学团体的评论》,卷 18,第 57 页(Biot's Essay on the history of public instruction in China, and of the corporation of letters. Vol. XVIII. p. 57)。

(71)《巴赞的〈中国戏剧选〉(法文本)》,卷 18,第 113 页(Bazin's Théatre Chinois, ou choix de Pièces de Théatre, composées sur les empereurs Mongols. Vol. XVIII. p. 113)。

(72)《关于中国语言学特性、翻译和游记的外国著作清单》,卷 18,第 402、657 页(List of foreign works upon China, of a philological nature, translations, travels, &c. Vol. XVIII. p. 402, 657)。

(73)《密迪乐的满语翻译,以及对这种语言的评论》,卷 18,第 607、617 页(T. T. Meadows' translations from the Manchú, and an essay on the language. Vol. XVIII. pp. 607, 617)。

(74)《徐继畬的〈瀛环志略〉》,卷 20,第 169 页(Ying Hwán Chí-lioh, or General survey of the Maritime Circuit, by Sii Kíyü. Vol. XX. p. 169)。

(75)《马高温的中国哲学年鉴,以及对电报的评论》,卷 20,第 284 页(Macgoman's Philosophical almanac in Chinese, and account of the electric telegraph. Vol. XX. p. 284)。

(76)《〈榕园全集〉和一个所谓的伪作》,卷 20,第 340 页(Yung Yuen Tsiuen-tsih, or collection of Garden of Banians, and examination of an alledged forgery. Vol. XX. p. 340)。

(77)《关于汉语罗马字化的评论》,卷 20,第 472 页(Chhòng Sè Toan, &c., with remarks on Romanizing the Chinese Language. Vol. XX. p. 472)。

10. 贸易与商业(Trade and Commerce)

(78)《广州贸易中进出口的货物种类》,卷 2,第 447 页(Description of the articles of export and import known in the trade of Canton. Vol. II. p. 447)。

(79)《毛皮贸易的范围,以及毛皮动物》,卷 3,第 548 页(Extent of the fur trade, and an account of the fur-bearing animals. Vol. III. p. 548)。

(80)《中国人中的纸币,和一张来自福州的钞票》,卷 20,第 289 页(Paper money among the Chinese, and description of a bill from Fuhchau. Vol. XX. p. 289)。

11. 船运(Shipping)

12. 鸦片(Opium)

(81)《郭姓商人因经营鸦片被处决》,卷 6,第 607 页(Execution of

Kwoh Siping for dealing in opium. Vol. VI. p. 607)。

（82）《艾伦医师对鸦片贸易的评价》，卷 20，第 479 页（Essay on the opium trade by N. Allen, M. D. Vol. XX. p. 479)。

13. 广州与洋行（Canton, Foreign Factories, & c.）

（83）《广州的土话》（广州英语），卷 4，第 428 页（Jargon spoken in foreign intercourse at Canton. Vol. IV. p. 428)。

（84）《英国领事馆的骚乱和纵火》，卷 11，第 687 页（Riot and burning of the English Consulate. Vol. XI. p. 687)。

（85）《1849 年 4 月为阻止英国人进入广州而进行的联合和准备》，卷 18，第 162 页（Combinations and preparations to prevent entrance of English into Canton in April, 1849. Vol. XVIII. p. 162)。

（86）《对发展进城问题的思考，以及其他相关文件》，卷 18，第 216、335 页（Question of entry into the city of Canton considered, and papers relating thereto. Vol. XVIII. pp. 216, 335)。

（87）《关于乡坟，广州附近一个回教清真寺和墓地》，卷 20，第 77 页（Account of the Hiáng-fan, a Mohammedan mosque and burying-ground near Canton. Vol. XX. p. 77)。

14. 中国外交（Foreign Relations）

（88）《艾德斯出使北京的评论》，卷 8，第 520 页（Review of Ideas' ambassy to Peking. Vol. VIII. p. 520)。

（89）《澳门总督阿马拉被暗杀，以及相关文件》，卷 18，第 449、532 页（Assassination of H. E. Gov. Amaral of Macao, and papers connected therewith. Vol. XVIII. pp. 449, 532)。

（90）《澳门总督阿马拉被暗杀，以及相关文件》，卷 19，第 50 页（Assassination of H. E. Gov. Amaral of Macao, and papers connected therewith. Vol. XIX. p. 50)。

15. 中英关系（Relations with Great Britain）

16. 中英战争（War with England）

（91）《皇帝的议和诏书，以及广州的一个反英宣告》，卷 11，第 627 页

(Emperor's rescript on peace, and a manifesto against the English at Canton. Vol. XI. p. 627)。

17. 香港（Hong Kong）

18. 中美关系（Relations with America）

（92）《广州的骚乱和由一个美国人引起的徐阿满之死》，卷 13，第 333 页（Disturbances at Canton and death of Sü Amún caused by an American. Vol. XIII. p. 333）。

（93）《1848 年德庇时总督与中国官员徐的会晤》，卷 17，第 540 页（Interview between Gov. -Gen. Sü and H. E. John W. Davis in 1848. Vol. XVII. p. 540）。

19. 日本与韩国等（Japan, Corea, &. c.）

（94）《1837 年马礼逊号前往琉球和日本之行》，卷 6，第 289、353 页（Voyage of the ship Morrison to Lewchew and Japan in 1837. Vol. VI. pp. 289, 353）。

（95）《英国船对日本的访问》，卷 7，第 588 页（Visits of English ships to Japan. Vol. VII. p. 588）。

（96）《日本使节往见罗马教皇》，卷 8，第 273 页（Embassy to the Pope from Japan. Vol. VIII. p. 273）。

（97）《关于炼铜的文集的译文》，卷 9，第 86 页（Translation of a memoir on smelting copper. Vol. IX. p. 86）。

（98）《格林司令的美国战船巡航至那霸和长崎》，卷 18，第 315 页（Cruise of the U. S. sloop-of-war Preble, Commander J. Glynn, to Napa and Nagasaki. Vol. XVIII. p. 315）。

（99）《法国捕鲸船那尔瓦号在朝鲜失事，和蒙替尼救助船员的努力》，卷 20，第 500 页（Loss of the French whaler Narwal on Corea and efforts of M. Montigny to recover the crew. Vol. XX. p. 500）。

20. 交趾支那半岛（Siam and Cochinchina 暹罗和越南）

21. 其他亚洲诸国（Other Asiatic Nations）

22. 南洋群岛（Indian Archipelago 印第安多岛屿）

23. 异教（Paganism）

（100）《皇天上帝的神话以及对他的崇拜》，卷18，第102页（Mythological account of Hiuen-tien Shángtí, with notices of his worship. Vol. XVIII. p. 102）。

（101）《中国人的祖先崇拜，和葬礼等》，卷18，第363页（Worship of ancestors among the Chinese, and account of funerals, & c. Vol. XVIII. p. 363）。

24. 传教活动（Missions）

（102）《1849年新教在五个口岸和香港的地位和传教活动》，卷18，第48页（Position and operations of the Protestant missions at the five ports and Hong Kong in 1849. Vol. XVIII. p. 48）。

（103）《厦门的教堂，和沿闽江旅行》，卷18，第444页（Church at Amoy, and trip up the Min. Vol. XVIII. p. 444）。

（104）《耆英对基督教真实情况的陈述，和布恩主教的评说》，卷20，第41页（Testimony of the truth of Christianity given by Kíying, and remarks by Bishop Boone. Vol. XX. p. 41）。

（105）《1852年送到中国以至日本的新教传教士名单，和他们现在的传教任务》，卷20，第513页（List of Protestant missionaries sent to the Chinese up to Jan. 1852, and present position of their missions. Vol. XX. p. 513）。

25. 医药传教（Medical Missions）

（106）《关于洛克哈德在上海的医院和马高温在宁波的医院的报告》，卷18，第505页（Report of Lockhart's hospital at Shánghái, and Macgowan's at Ningpo, 1848. Vol. XVIII. p. 505）。

26. 圣经修订（Revision of the Bible）

（107）《斯当东关于God一词的翻译，和麦都思对"神"一词真实含义的解释》，卷18，第607页（Staunton on rendering the word God, and Medhurst on the True Meaning of the word Shin. Vol. XVIII. p. 607）。

（108）《传教士们在一些口岸的行动，和〈圣经〉派发的继续》，卷19，第544页（Proceedings of missionaries at the several ports, and of the delegates upon the version of the Testaments. Vol. XIX. p. 544）。

（109）《关于中译本的继续，美国圣经学会一个委员会的报告》，卷 20，第 216 页（Proceedings relating to the Chinese version, report of a committee of the Am. Bibl Society, &c. Vol. XX. p. 216）。

（110）《回复麦都思牧师、米怜牧师和斯特罗那牧师的信，关于圣经的中文译本》，卷 20，第 485 页（Reply to letter from Rev. Messrs. Medhurst, Milne and Stronach, on the Chinese version of Bible. Vol. XX. p. 485）。

27. 学会（Education Societies, &. c.）

28. 宗教信徒（Religious）

（111）《一位中国传教士对安息日的评论，和用〈易经〉进行的简评》，卷 18，第 159 页（Remarks of a Chinese preacher on the Sabbath, and notice of it in the Yih King. Vol. XVIII. p. 159）。

29. 传记评论（Biographical Notices）

（112）《简述孔子的生平与性格》，卷 11，第 411 页（Sketch of life and character of Confucius. Vol. XI. p. 411）。

（113）《韦廉臣为雅裨理牧师写的传记》，卷 18，第 260 页（Willianson's memoir of Rev. David Abeel. Vol. XVIII. p. 260）。

（114）《奥立芬和郭实腊牧师的讣告》，卷 20，第 609 页（Obituaries of D. W. C. Olyphant and of the Rev. C. Gutzlaff. Vol. XX. p. 609）。

30. 其他（Miscellaneous）

（二）字典类

1. 《拾级大成》（*Easy Lessons in Chinese: or progressive exercises to facilitate the study of that language, especially adapted to the Canton dialect*），或译《华语初阶》，8 开本。Macao：Printed at the Office of the Chinese Repository 香山书院，1842 年。

2. 《英华韵府历阶》（*Ying Hwa Yun-fu Lih-Kiai, An English And Chinese Vocabulary, In The Court Dialect*），或译《英汉对照词汇表》，8 开本。Macao：Printed at the Office of the Chinese Repository 香山书院，1844 年初版，1846 年再版。

3.《英华分韵撮要》(Ying Wá Fan Wan Tsut Iú：A Tonic Dictionary of the Chinese Language in the Canton Dialect)，或译《华英韵府，按广东音编排》，8开本。Canton：Printed at the office of the Chinese Repository 羊城中和行梓行，1856年。

4.《汉英韵府》(A Syllabic Dictionary of the Chinese Language)，Shanghai：American Presbyterian Mission Press 上海美国传教团华万书馆，1871年初版，1874年再版。1909年又由北通州协和书院（the North China Union College，Tung Chou，Near Peking，China）出版。

5.《汉语拼音字典汕头话索引》(A Swatow Index to the Syllabic Dictionary of Chinese)，Swatow：English Presbyterian Mission Press，1886年。

（三）小册子类

1.《英华合历》(The Anglo-Chinese Calendar for The Year 1849—1856)，或译《华番通书》，8开本。1832—1856年的《英华合历》，每年一本，1832年马礼逊编第一本，1841—1848年裨治文续编八本，1849—1856年卫三畏续编八本。

2.《对卖身异国者的警言》(Words to Startle Those Who are Selling Their Bodies Abroad)，澳门，1859年。这是卫三畏的唯一一本以中文写作的小册子。

3. 编写了一本资料集，内容是东方国家与美国的所有条约、相关的法令、规定、通告，以及《天津条约》的中文本，目的是为了便于使用和提供权威的参考，该书于1862年3月在香港的伦敦会印刷所印刷，8开本，190页。

4. Chinese Immigration：A Paper Read Before the Social Science Association of Saratoga，September 10，1879，New York：C. Scribner's Sons，1879.

5. Notices of Fu-sang，and Other Countries Lying East of China，in the Pacific Ocean，New Haven：Tuttle，Morehouse & Taylor，Printers，1881.

（四）译著类

《列国志》(Lieh Kwoh Chi)，共19章，近330页。卫三畏将之全部译成英文，包括了 330 个故事。他将前两章做些修改后发表于 1880 年 1 月的美国《新英格兰人》杂志上。晚年的《中国历史》就是参阅过这本译书写成的。

（五）专著类

1.《中国地志》（Chinese Topography, Being An Alphabetical List of the Provinces, Departments and Districts in the Chinese Empire with Their Latitudes and Longitueds），8 开本。Reprinted from the Chinese Repository，1844 年。

2.《中国商务指南》（The Chinese Commercial Guide），8 开本。其中，《中国商务指南》第 1 版是马儒翰的著作与版权，第 2 版是以马儒翰 1834 年编的一本指南的第二版形式出现，由卫三畏出版，仍署名马儒翰。第 3 版于 1848 年出版。第 4 版于 1856 年出版。前四版都在澳门出版。第 5 版于 1861 年冬重写，1863 年在香港出版。后三版的署名为卫三畏。

3.《中国总论》（The Middle Kingdom）。1847 初版时书名全称《中国总论：概览中华帝国及其居民的地理、政府、教育、社会生活、艺术、宗教等》（The Middle Kingdom: A Survey of the Geography, Government, Education, Social Life, Arts, Religion, &c., of the Chinese Empire and Its Inhabitants），由美国纽约的威利和帕特南公司（Wiley and Putnam）出版，此后多次印刷 1857 年出到第四个重印本，1879 年纽约的威利公司（J. Wiley）还重印了一版。1883 年修订版时书名全称《中国总论：概览中华帝国及其居民的地理、政府、文学、社会生活、艺术和历史等》（The Middle Kingdom: A Survey of the Geography, Government, Literature, Social Life, Arts, and History of the Chinese Empire and its Inhabitants），由纽约的 Charles Scribners & Sons 和伦敦的 W. H. Allen &. Co. Ltd 出版公司出版，新版的影响力更大，美国不同的出版商多次重印，在日本也有重印。

4.《我们与中华帝国的关系》（Our Relations With The Chinese Empire），San Francisco，1877 年。

5.《中国历史》（A History of China: Being the Historical Chapters from the Middle Kingdom, with a Concluding Chapter Narrating Recent Events by Frederick Wells Williams），New York: C. Scribner's Sons，1897 年。

附录三：美国来华新教传教士名录表（1830—1851）

传教士姓名	差会名称	到华时间	在华传教地点
裨治文（Elijah Coleman Bridgman）	美部会（公理会）	1830	广州　上海
雅裨理（David Abeel）	美部会（公理会）	1830	广州　厦门
杜里时（特雷西，Ira Tracy）	美部会（公理会）	1833	广州　澳门
卫三畏（Samuel Wells Williams）	美部会（公理会）	1833	广州　澳门
约翰逊（Stephen Johnson）	美部会（公理会）	1833	福州
伯驾（Peter Parker）	美部会（公理会）	1834	广州
史蒂芬（史蒂文斯，Edwin Stevens）	美部会（公理会）	1835	广州
邻为仁（粦为仁，William Dean）	美国浸礼会真神堂	1835	香港
骆亨利（骆武，Henry Lockwood）	美国圣公会	1835	广州
韩法兰（汉森，Fransis R. Hanson）	美国圣公会	1835	广州
叔未士（J. Lewis Shuck）	美国南浸信会	1835	澳门　香港　广州　上海
罗孝全（I. J. Roberts）	美国南浸信会	1836	澳门　香港　广州
罗啻（Elihu Doty）	美部会（公理会）	1836	厦门
文惠廉（W. J. Boone）	美国圣公会	1837	厦门　上海
波乃耶（鲍尔，Dyer Ball）	美部会（公理会）	1838	广州
卜尔蒙（波罗满 William J. Pohlman）	美部会（公理会）	1838	厦门
勃朗（布朗 Samuel Robbins Brown）	美国长老会　马礼逊教育会	1839	澳门　香港　上海
高德（Josiah Goddard）	美国浸礼会真神堂	1839	宁波
弼来门（弼，Lyman B. Peet）	美部会（公理会）	1839	福州
德威（戴弗，William B. Diver）	美部会（公理会）	1839	澳门

续表

传教士姓名	差会名称	到华时间	在华传教地点
马赖德（Thomas L. McBryde）	美国北长老会	1840	厦门　澳门
合　文（平文，James C. Hepburn）	美国北长老会	1841	厦门
娄理华（Walter M. Lowrie）	美国北长老会	1842	澳门　宁波
孔　聪（库明，W. H. Cummings）	美国北长老会	1842	厦门
玛高温（Daniel J. Macgowan）	美国浸礼会真神堂	1843	宁波
神雅各（James G. Bridgman）	美部会（公理会）	1844	香港　广州
科　理（Richard Cole）	伦敦会 美国北长老会	1844	澳门　宁波　香港
麦嘉缔（Davie B. McCartee）	美国北长老会	1844	宁波
韦理哲（Robert Q. Way）	美国北长老会	1844	宁波
地　凡（T. T. Devan）	美国浸礼会真神堂	1844	香港　广州
劳埃德（John Lloyd）	美国北长老会	1844	厦门
哈巴安德（Andrew P. Happer）	美国北长老会	1844	澳门　广州
克陛存（M. S. Culbertson）	美国北长老会	1844	宁波
罗密士（A. Ward Loomis）	美国北长老会	1844	宁波
休·勃朗（Hugh A. Brown）	美国北长老会	1845	厦门
邦　尼（Samuel W. Bonney）	美部会（公理会）	1845	广州
林亨理（H. W. Woods）	美国圣公会	1845	上海
格雷厄姆（R. Graham）	美国圣公会	1845	上海
西　利（Edward W. Syle）	美国监理会	1845	上海
梅　西（William A. Macy）	马礼逊教育会	1846	香港
高立敦（Samuel C. Clopton）	美国南浸信会	1846	广州
啤　士（拔士，George Pearcy）	美国南浸信会	1846	广州　上海
施惠廉（William Speer）	美国北长老会	1846	广州
花琏治（John B. French）	美国北长老会	1846	广州
卦德明（John W. Quarterman）	美国北长老会	1846	宁波
罗尔梯（Edward C. Lord）	美国浸礼会真神堂	1847	宁波

续表

传教士姓名	差会名称	到华时间	在华传教地点
贾本德（Solomon Carpenter）	美国安息日浸礼会	1847	上海
华纳荪（Nathan Warder）	美国安息日浸礼会	1847	上海
打马字（John V. N. Talmage）	美部会（公理会）	1847	厦门
怀　德（Morse C. White）	美以美教会	1847	福州
柯　林（J. D. Collins）	美以美教会	1847	福州
赞　臣（Francis C. Johnson）	美国南浸信会	1847	广州
菲尼亚斯·斯鲍丁（Phineas D. Spaulding）	美国圣公会	1847	上海
褚多马（Thomas W. Tobey）	美国南浸信会	1847	上海
晏玛太（M. T. Yates）	美国南浸信会	1847	上海
约翰逊（John Johnson）	美国浸礼会真神堂	1848	香港
麦利和（Robert S. Maclay）	美以美教会	1848	福州
亨利·希科克（Henry Hickok）	美以美教会	1848	福州
简　明（Seneca Cummings）	美国公理会	1848	福州
摩　怜（Caleb C. Baldwin）	美国公理会	1848	福州
威廉·理查兹（William L. Richards）	美国公理会	1848	福州
塞克斯登·詹姆斯（J. Sexton James）	美国南浸礼会	1848	上海
查里斯·泰勒（Charles Taylor）	美国监理会	1848	上海
秦　右（Benjamin Jenkins）	美国监理会	1848	上海
兰　金（Henry V. Rankin）	美国长老会	1849	宁波
怀　特（J. K. Wight）	美国长老会	1849	上海
库尔特（M. S. Coulter）	美国长老会	1849	宁波
布雷弗尔德·韦尔敦（Brayfield W. Whilden）	美国南浸信会	1849	广州
卢公明（Justus Doolittle）	美部会（公理会）	1850	福州
塞缪尔·马丁（Samuel N. D. Martin）	美国北长老会	1850	宁波
丁韪良（W. A. P. Martin）	美国北长老会	1850	宁波
詹姆士·科德尔（James Colder）	美以美教会	1851	福州
怀　礼（John W. Wiley）	美以美教会	1851	福州

续表

传教士姓名	差会名称	到华时间	在华传教地点
啤 士（George Pearcy）	独立	1851	香港
金内帕（J. Von Gennap）	独立	1851	香港
克利夫兰·凯恩（Cleaveland Keith）	美国圣公会	1851	上海
内尔森（Nelson）	美国圣公会	1851	上海
波因兹（Poynts）	美国圣公会	1851	上海

（资料来源：取自1832—1851年《中国丛报》上记录的传教士名单翻译整理，姓名多采用汉名。参见梁碧莹：《龙与鹰：中美交往的历史考察》，广东人民出版社2004年10月第1版，第159—161页；仇华飞：《早期中美关系研究1784—1844》，北京：人民出版社2005年6月第1版，第430—441页。）

附录四：美国驻晚清中国公使表[①]

姓名	任职	离职
易维利 Edward Everett	道光二三年二月十三日（1843.3.3）任命	未到任
顾盛 Caleb Cushing	道光二三年四月九日（1843.5.8）任命 二四年四月廿五日（1844.6.12）任	道光二四年七月十四日（1844.8.27）卸
璧珥 Commodore James Biddle	道光二五年十一月廿八日（1845.12.26）代到广州	道光二六年（1846）卸
伯驾 Peter Parker	道光二六年三月廿日（1846.4.15）由参赞代	道光二六年八月廿一日（1846.10.10）卸
义华业 Alexander HillEverett	道光二五年二月六日（1845.3.13）任命 二六年八月廿一日（1846.10.10）任	道光二七年五月十六日（1847.6.28）卒
伯驾 Peter Parker	道光二七年五月十六日（1847.6.28）由参赞代	道光二八年七月廿六日（1848.8.24）卸
德威士 John Wesley Davis	道光二七年十一月廿七日（1848.1.3）任命 二八年七月廿六日（1848.8.24）任	道光三十年四月十四日（1850.5.25）卸

[①] 下述表格源自本人自2004年以来参与福建师范大学社会历史学院教授林金水先生主持国家清史编纂委员会的课题之一《史表·清代各国驻华使领表》研究成果的一部分。整个课题包括20个国家向晚清中国派遣过公使（包括代理公使），31个国家向晚清中国陆续开放的通商口岸派驻过领事（包括副领、总领）。其中，美国先后向30个口岸派驻领事。在此只选取美国在第一次鸦片战争后开放的广州、厦门、福州、宁波、上海和第二次鸦片战争后开放的天津等6个口岸派驻过领事的表格，以突出卫三畏在华期间的中美政府间的外交关系的资讯。外国向晚清中国派遣使领的这方面资料因收集艰难，难以完备，故而遗漏或差错之处难免。在拙著《卫三畏与晚清中国》的写作过程中又发现新资料，故将其中的公使表不断修正。该表仍是需要修订的，希冀后来者予以补正。

续表

姓名	任职	离职
伯驾 Peter Parker	道光三十年四月十四日（1850.5.25）由参赞代	咸丰二年（1853）卸
尼尔森 Thomas A. R. Nelson	咸丰元年二月四日（1851.3.6）任命	未到任
布兰特 Joseph Blunt	咸丰元年闰八月二一日（1851.10.15）任命	未接受任命
马沙利 Humphrey Marshall	咸丰二年六月十九日（1852.8.4）任命 三年五月廿九日（1853.7.4）任	咸丰三年十二月廿九日（1854.1.27）卸
卫廉士（卫三畏） Samuel Wells Williams	咸丰三年（1854.1）代	咸丰四年（1854.4）卸
华克（吴克） Robert J. Walker	咸丰三年五月十五日（1853.6.21）任命	未接受任命
麦莲 Robert Milligan Mclane	咸丰三年九月十六日（1853.10.18）任命 四年三月十八日（1854.4.15）任	咸丰四年十月廿三日（1854.12.12）卸
卫廉士（卫三畏） Samuel Wells Williams	咸丰五年（1855）夏由参赞代	咸丰五年十一月廿三日（1855.12.31）卸
伯驾 Peter Parker	咸丰四年（1854）十月由参赞代 六年四月二三日（1856.5.26）任命 六年六月十四日（1856.7.15）任	咸丰七年七月六日（1857.8.25）卸
卫廉士（卫三畏） Samuel Wells Williams	咸丰七年（1857.10）由参赞代	咸丰七年十月十日（1857.11.25）卸
列卫廉 William B. Reed	咸丰七年三月廿四日（1857.4.18）任命 七年十月十日（1857.11.25）任	咸丰八年十月六日（1858.11.11）卸
卫廉士（卫三畏） Samuel Wells Williams	咸丰八年十一月四日（1858.12.8）由参赞代	咸丰九年四月十六日（1859.5.18）卸

续表

姓名	任职	离职
华若翰 John E. Ward	咸丰八年十一月十一日（1858.12.15）任命 九年七月十二日（1859.8.10）任	咸丰十年十一月四日（1860.12.15）卸
司百龄 C. K. Stribling	咸丰十年十一月四日（1860.12.15）由海军上将代	咸丰十一年九月十一日（1861.10.14）卸
蒲安臣 Anson Burlingame	咸丰十一年九月廿一日（1861.10.24）任命 同治元年七月廿五日（1862.8.20）到北京	同治四年四月十八日（1865.5.12）卸
卫廉士（卫三畏） Samuel Wells Williams	同治四年四月十八日（1865.5.12）由副使代	同治五年九月廿五日（1866.11.2）卸
蒲安臣 Anson Burlingame	同治五年九月廿五日（1866.11.2）回任	同治六年十月廿六日（1867.11.21）卸
卫廉士（卫三畏） Samuel Wells Williams	同治六年十月廿六日（1867.11.21）由副使代	同治七年八月十四日（1868.9.29）卸
劳文罗斯 J. Ross Browne	同治七年二月十八日（1868.3.11）任命 七年八月十四日（1868.9.29）任	同治八年六月十三日（1869.7.21）卸
霍华德 William A. Howard	同治八年三月六日（1869.4.17）任命	未到任
卫廉士（卫三畏） Samuel Wells Williams	同治八年六月十三日（1869.7.21）由副使代	同治九年三月廿日（1870.4.20）卸
镂斐迪 Frederick Ferdinand Low	同治八年八月廿三日（1869.9.28）任命 九年三月廿日（1870.4.20）任	同治十年二月廿二日（1871.4.11）卸
卫廉士（卫三畏） Samuel Wells Williams	同治十年二月廿二日（1871.4.11）由副使代	同治十年八月十五日（1871.9.29）卸

续表

姓名	任职	离职
镂斐迪 Frederick Ferdinand Low	同治十年八月十五日（1871.9.29）回任	同治十二年闰六月一日（1873.7.24）卸
卫廉士（卫三畏） Samuel Wells Williams	同治十二年闰六月一日（1873.7.24）由副使代	同治十三年九月廿日（1874.10.29）卸
艾忭敏 Benjamin P. Avery	同治十三年二月廿四日（1874.4.10）任命 十三年九月廿日（1874.10.29）任	光绪元年十月十一日（1875.11.8）卒于北京
何天爵 Chester Holcombe	光绪元年十月十一日（1875.11.8）由头等参赞代	光绪元年十二月五日（1876.1.1）卸
西华 George F. Seward	光绪元年十二月五日（1876.1.1）由上海总领兼，二年四月一日（1876.4.24）任	光绪四年五月八日（1878.6.8）卸
何天爵 Chester Holcombe	光绪四年五月八日（1878.6.8）由头等参赞代	光绪五年五月二日（1879.6.21）卸
西华 George F. Seward	光绪五年五月二日（1879.6.21）回任	光绪六年七月十一日（1880.8.16）卸
安吉立 James B. Angell	光绪六年三月一日（1880.4.9）任命 六年七月十一日（1880.8.16）任	光绪七年八月廿一日（1881.10.13）卸
何天爵 Chester Holcombe	光绪七年八月廿一日（1881.10.13）由参赞代	光绪八年七月四日（1882.8.17）卸
杨约翰 John Russell Young	光绪八年正月廿六日（1882.3.15）任命 八年七月四日（1882.8.17）任	光绪十一年二月廿五日（1885.4.10）卸
石米德 Enoch J. Smithers	光绪十一年二月廿五日（1885.4.10）由天津领事代	光绪十一年八月廿三日（1885.10.1）卸

续表

姓名	任职	离职
田贝 Charles Denby	光绪十一年四月十六日（1885.5.29）任命 十一年八月廿三日（1885.10.1）任	光绪二十年（1894）二月卸
布莱尔（伯莱尔） Henry W. Blair	光绪十七年正月十九日（1891.2.27）任命	未到任
田夏礼 Jr. Denby Charles	光绪二十年（1894）二月由参赞代	光绪二十年（1894）十月卸
田贝 Charles Denby	光绪二十年（1894）十月回任	光绪二二年（1896）三月卸
田夏礼 Jr. Denby Charles	光绪二二年（1896）三月由参赞代	光绪二二年（1896）七月卸
田贝 Charles Denby	光绪二二年（1896）七月回任	光绪二四年五月十八日（1898.7.6）卸
布赖恩 Charles P. Bryan	光绪二三年十月十六日（1897.11.10）任命	未到任
康格 Edwin H. Conger	光绪二三年十二月廿七日（1898.1.19）任命 二四年五月十八日（1898.7.6）任	光绪二七年正月廿一日（1901.3.11）卸
司快尔 Herbert Goldsmith Squiers	光绪二七年正月廿一日（1901.3.11）由头等参赞代	光绪二七年七月四日（1901.8.17）卸
康格 Edwin H. Conger	光绪二七年七月四日（1901.8.17）回任 三十年十二月九日（1905.1.14）假	光绪三一年四月廿九日（1905.6.1）卸
固立之 John Gardner Coolidge	光绪三十年十二月九日（1905.1.14）由参赞代	光绪三一年四月廿九日（1905.6.1）卸
柔克义 William Woodville Rockhill	光绪三一年二月三日（1905.3.8）任命 三一年四月廿九日（1905.6.1）任	光绪三二年九月十九日（1906.11.5）卸

续表

姓名	任职	离职
固立之 John Gardner Coolidge	光绪三二年九月十九日（1906.11.5）由参赞代	光绪三二年十月七日（1906.11.22）卸
莫多马 T. E. Moore	光绪三二年十月八日（1906.11.23）由参赞代	光绪三二年十月廿三日（1906.12.8）卸
柔克义 William Woodville Rockhill	光绪三二年十月廿三日（1906.12.8）回任	光绪三三年八月廿三日（1907.9.30）卸
费勒器 Henry Prather Fletcher	光绪三三年八月廿三日（1907.9.30）由参赞代	光绪三四年三月十五日（1908.4.15）卸
柔克义 William Woodville Rockhill	光绪三四年三月十五日（1908.4.15）回任 宣统元年四月十九日（1909.6.6）假	宣统二年三月七日（1910.4.16）卸
费勒器 Henry Prather Fletcher	宣统元年四月十九日（1909.6.6）由参赞代	宣统二年三月七日（1910.4.16）卸
柯兰 Charles R. Crane	宣统元年六月七日（1909.7.23）任命	未到任
嘉乐恒 William J. Calhoun	宣统元年十一月九日（1909.12.21）任命 二年三月七日（1910.4.16）任	宣统三年六月二日（1911.6.27）卸
韩慈敏 Percival S. Heintzleman	宣统三年六月二日（1911.6.27）由二等参赞代	宣统三年闰六月十七日（1911.8.11）卸
卫理 Edward T. Williams	宣统三年闰六月十七日（1911.8.11）由参赞代	宣统三年九月廿二日（1911.11.12）卸
嘉乐恒 William J. Calhoun	宣统三年九月廿二日（1911.11.12）回任	民国二年正月廿一日（1913.2.26）卸

（主要资料来源：故宫博物院明清档案部、福建师范大学历史系合编：《清季中外使领年表》，中华书局1985年10月第1版，第60页。褚德新等主编《中外约章汇要1689—

1949》,哈尔滨:黑龙江人民出版社1991年1月第1版,第93、129、188、348页。杨生茂主编:《美国外交政策史1775—1989》北京:人民出版社,1991年11月第1版,(附录三)第651页。[美]马士:《中华帝国对外关系史》第三卷,上海:上海书店出版社2005年1月第1版,第532页。王立:《1973—2005美国驻华大使传奇》,北京:世界知识出版社2005年8月第1版,第263—266页(附录三:美国驻旧中国使节一览表1843—1949)。习贤德:《孙中山与美国》,上海:上海人民出版社2008年6月第1版,第320—321页。[美]卫斐列著,顾钧、江莉译:《卫三畏生平及书信》,桂林:广西师范大学出版社2004年版,等等。)

附录五：美国早期汉学家名录简表（晚清部分）[①]

姓名	来华情况	汉学主要成果
裨治文 Elijah Coleman Bridgman （1801—1861）	第一个来华的美国公理会传教士。在华生活了30多年。	美国汉学的先驱者之一，美国汉学研究的开山鼻祖。著有《美理哥合省国志略》《广州方言中文文选》等，在《中国丛报》上发表350篇左右论文。1842年任美国东方学会会员，晚年曾出任上海亚洲文会会长。
雅裨理 David Abeel 1804—1846	美国归正教传教士，1830年与裨治文一道来华。1842年赴厦门传教。	著有《1830—1833年居留中国和邻近国家日记》（Journal of Residence in China and the Neighboring Countries from 1830 to 1833, 1835）
卫三畏 Samuel Wells Williams （1812—1884）	1833年来到广州布教，在华生活43年。参与和主编《中国丛报》。1856年任美国驻华公使馆头等参赞兼翻译。1857—1876年为公使馆秘书，九次代理公使。1876年离华。	"美国汉学之父"，耶鲁大学和美国汉学史上的第一位汉学教授。代表作有《汉英韵府》《中国总论》等。

[①] 简表所列美国汉学家，多为出生年或汉学研究成果起始在晚清间的历史人物。从严格意义上将，这些人物并非都是汉学家，有的仅是汉学研究者或爱好者，因为成就一"家"毕竟是需要一定有数量和质量的汉学论著成果。今将曾对汉学有研究的美国人名列出。当然，挂一漏万在所难免。同时，该表还能说明初兴的西方最年轻的美国和东方最古老的中国之间的从一接触就开始了渐行渐盛的学术研究氛围和文化交流现象，借以鼓励两国人民思考和展望中美关系发展的美好未来。

续表

姓名	来华情况	汉学主要成果
亨特 William C. Hunter (1812—1891)	1825 年来华,在广州一家美国公司代理处见习。先后在马六甲、广州学习汉语。1829 年任职于美商旗昌洋行,后为该行合伙人。	写有大量有关中国的文章,发表于《澳门杂录》和《中国丛报》上。专著有《广州番鬼录》(The "Fan Kwae" at Canton. Before Treaty Days 1825—1844, by an Old Resident, 1882)、《古中国拾零》(或译《旧中国杂记》Bits of Old China, 1885)。
晏玛太 Matthew Tyson Yates (1819—1888)	美国南浸信传道会传教士,1847 年来华,在上海传教 40 年,一度任美驻沪副领事。死于上海。	著有《汉语基础》(First Lessons in Chinese, 1871)、《祖先的崇拜》(Ancestral Worship, 1878)、《太平军叛乱》(Taiping Rebellion)等。
施惠廉 William Speer (1822—1904)	美国长老会传教医师。1846 年在广州组织了第一座长老会的教堂。	著有《最古老和最新的帝国:中国和美国》(The Oldest and the Newest Empire: China and the United States, 1871)。
卢公明 Justus Doolittle (1824—1880)	美国公理会传教士,1850 年来华传教,主要在福州活动,1878 年返回美国。	汉学家,著有《中国人的社会生活:他们的宗教、政府、教育、生意经及观点的一些记述》(2 卷)(1865)、《英华萃林韵府》(2 卷)(1872)。
麦利和 Robert Samuel MaClay (1824—1907)	美国卫斯理会传教士。1848 年来华,在福州传教。1881 年回福州创办鹤龄英华书院。	著有《生活在中国人中间》(Life among the Chinese, 1861)

续表

姓名	来华情况	汉学主要成果
丁韪良 William Alexander Parsons Martin (1827—1916)	美国北长老会传教士。1850年来华在宁波传教。1863年到北京传教。1869—1894年北京同文馆总教习。1898年京师大学堂（北京大学前身）成立，聘为总教习。义和团运动后返美。1908年再次来北京传教。累计在华传教60余年。死于北京。	曾用中文编译了8种国际法和外交方面的著作，尤其是《中国古世公法》（1884）和《万国公法》(1864)。著有《中国人：他们的教育、哲学和文字》(1876)、《花甲记忆》(1896)、《北京被围：中国对抗世界》(1900)、《中国知识》(1901)、《中国之觉醒》(1907)、《天道溯源》。
倪维思 John Livingstone Nevius (1829—1893)	美国北长老会传教士。在山东登州、烟台传教。死于烟台。	著有《中国和中国人》(China and Chinese: A General Description of the Country and its Inhabitants，1869)、《魔附体和有关的故事》(1893)。
田贝 Charles Denby (1830—1904)	外交官，1885—1898年任驻华公使。	著有《中国和中国人民：一个美国外交官的观察、回忆和结论》(2卷)(1906)。
狄考文 Calvin Wilson Mateer (1836—1908)	美国北长老会传教士，曾在山东登州传教。1864年设立文会馆（后并入济南齐鲁书院）。死于中国青岛。	美国近代著名的汉学家，曾被英国传教士李提摩太称之为"中国近代科学教育之父"。编有《笔算数学》、《代数备旨》、《官话讲义》(1906)。
林乐知 Young John Allen (1836—1907)	美国监理会传教士，1860年来华传教。1881年重做传教工作，次年在上海创办中西书院，自任院长。1890年又发起创办上海中西女塾。从1868年起主编《教会新报》（后改称《万国公报》）直到去世。	曾在中国政府机关工作，在18年间为上海江南制造局和海关翻译了390余部书籍。著有《中东战纪本末》(8卷)、《各国妇女》(Woman in All Lands)、《中国在国际间的地位》(China's Place among the Nations)、《文学兴国策》、《李傅相历聘欧美记》等。

续表

姓名	来华情况	汉学主要成果
科士达 John Waston Foster (1836—1917)	外交家，美国国务卿，律师出身。1895 年以外交顾问的身份被清政府聘用，参与《马关条约》签订和割让台湾的交接。后曾任中国驻美国使馆咨议并代表中国参加 1907 年第二届海牙会议。	著有《美国外交百年史》（*A Century of American Diplomacy*，1776—1876，1900）、《美国的东方外交》(1903)、《外交实践》(1906)、《外交回忆录》（2 卷）（*Diplomatic Memoirs*，1909）、《李鸿章传》(*Menioris of the Viceroy Li Hung Chang*，1913)。
裴来尔 Lucian Nathan Wheeler (1839—1893)	美国美以美会传教士。1866 年到福州传教。次年创办《教务杂志》。1870 年调北京美以美会，1873 年回美。1881 年和 1890 年又两度来华，在重庆等地传教。	著有《外国人在中国》（*The Foreigner in China*，1881）。
谢卫楼 Devello Zelotos Sheffield (1841—1913)	美国公理会传教士。1869 年来中国通州办学（潞河中学），自任校长。1902 年该校升格为华北协和大学，谢氏为首任校长。死于北戴河。	著有《万国史》（*Universal History*，1881）。
何天爵 Chester Holcombe (1844—1912)	传教士，外交官。1869 年来华，在北京进行教会工作。1871 年任驻华使馆翻译，1876 年一等参赞，后几度出任代办。协助起草 1880 年关于华人移居美国的条约。1885 年返回美国。	著有《真正的中国人》（*The Real Chinaman*，1895）、《真正的中国问题》（*The Real Chinese Question*，1899）。1904 年重订后改名为《中国的过去和未来》（*China's Past and Future*）。

续表

姓名	来华情况	汉学主要成果
明恩溥 Arthur Henderson Smith (1845—1932)	美国公理会传教士。在天津、山东传教。1905年辞去教职,居留在通州从事写作。	美国近代著名汉学家。著有《中国文明》（1885）、《中国的特色》（1892）又称《中国人的素质》《中国人的德行》《中国人的特性》、《汉字研究》（1894）、《中国乡村生活：社会学研究》（1899）、《动乱中的中国》（2卷）（1901）、《基督之王：对中国概括性研究》（1903）、《中国社会的进步》（1906）、《今日中国和美国》（1907）。编有《汉语谚语俗语集》（1902）。
杜步西 Hampden Coit Du Bose (1845—1910)	美国南长老会传教士。1872年来华，先后在杭州、苏州传教。	研究中国宗教，著有《中国的三教：儒释道》（1866）或译《龙、观念和恶魔》、《"姑苏"——江苏省会》（1899）。
柏赐福 Bishop James Whitford Bashford (1849—1919)	传教士，1904年来北京。曾任上海卫斯理会会督。	著有《中国与卫斯理会》（China and Methodism，1906）、《中国论述》（China: An Interpretation，1916）。编有《卫斯理会在华百年文集》（1907）。
香便文 Benjamin Couch Henry (1850—1901)	美国北长老会传教士。1873年来华后在广州传教。岭南学堂第二任监督。	著有《基督教与中国》（The Cross and the Dragon）、《岭南：华南纵观——包括在未开发的海南岛的探险》（1886）。

续表

姓名	来华情况	汉学主要成果
柔克义 William Woodwill Rockhill （1854—1914）	1884年来华任北京美国使馆二等参赞（书记官），1885—1888年一等参赞。1901年代表美国签订《辛丑条约》。1905年再度来华，继康格出任美国驻华公使（1905—1909）。先后在华15年。1914年受聘袁世凯为私人秘书，赴华时途经檀香山病卒。	外交官出身的汉学家，美国最早研究藏学的著名人物。任公使期间，曾踏查蒙古，并在《美国东方学会杂志》上发表有关中国地理、文化和民俗的文章，研习汉、藏、梵文，著述颇丰。著有《释迦牟尼的生平及其教派的早期历史》（1884）、《喇嘛之国》（1891）、《1891和1892年蒙藏旅行日记》（1894）、《藏族人类学笔记》（1895）、《西藏》（1981）、《拉萨的达赖喇嘛及其和清朝的关系》（1910）。译注《罗柏鲁游记》《诸蕃志》。 编有《中朝约章》（1894—1904）。
卫理 Edward Thomas Williams （1854—1944）	美国卫斯理会传教士，外交官。曾在中国南京传教。1896年辞去教会职务，任上海领事馆的翻译。1901—1908年北京美国使馆汉务参赞。1908—1909年天津总领事。1909年离华回美，出任国务院远东司副司长。1911—1913年驻华使馆参赞。1914—1918年美国国务院远东司司长。	1918—1927年加利福尼亚大学汉文教授。著有《中国的昨天和今天》（1923）、《中国简史》（1928）。编译《最近中国关于商业、铁路和矿山事业的立法》（1904）。

续表

姓名	来华情况	汉学主要成果
马士 Hosea Ballou Morse （1855—?）	曾在美国驻华海关税务司任职。	汉学专家，中国经济研究家。著有《中国的行会》（1909）、《中华帝国之国际关系》（1910）、《中朝制度考》、《1635—1834年东印度公司对华贸易记录》等，与宓亨利合著《远东国际关系史》。
卫斐列 Frederick Wells William （1857—1928）	外交官卫廉士（卫三畏）之子。出生于中国澳门。1867年离华回美。曾随父亲在北京生活过。	传教士、汉学家。1879年耶鲁大学毕业，后任该校图书馆助理。1893—1925年历任耶鲁大学远东史讲师、副教授、教授。曾助其父修订《中国总论》。著有《传教士、外交官、中国学家卫廉士传记和信札》（1888）、《蒲安臣与中国第一次赴外国的使团》（1912）。
李佳白 Gilbert Reid （1857—1927）	美国北长老会传教士。1882年起在烟台和济南传教十余年。1892年脱离差会。1894年再次来华。1897年在北京发起组织尚贤堂。1903年尚贤堂在上海成立，出任院长。1917年任《北京晚报》社长。1921年再度来华，恢复尚贤堂的活动。1926年赴上海。1927年死于上海。	著有《中国排外骚乱的根源》（*The Sources of the Anti-Foreign Disturbances in China, With a Supplementary Account of the Uprising of* 1900，1903）、《中国一瞥》、《中国，自由还是不自由：中国纠纷的研究》（1920）、《一个基督教徒对异教的评说》（1921）。

续表

姓名	来华情况	汉学主要成果
何德兰 Isaac Taylor Headland （1859—1942）	美国卫斯里传教士。1888年来华，在北京汇文书院文科和神科任教习。	研究中国美术。著有《中国童谣集》（1901）、《中国的儿童》（1901）、《中国的英雄们：中国基督教徒们在义和团叛乱中所受的迫害记事》（1902）、《我们的中国小兄弟》（1903）、《北京旅游指南》（1907）、《中国宫廷生活：京城的官民》（1909）、《中国的新时代——对令其来到的大事件的研究》（1912）、《中国的家庭生活》（1914）。
麦美德 S. Luella Miner （1861—1935）	美国公理会女传教士。曾在保定学习汉语。1888—1901年在通州潞河及华北协和大学任教。1903—1913年北京贝满女校校长。同时又创立华北女子协和大学，自任校长。该校并入燕京大学后，她出任女部主任。后转到济南齐鲁大学任教并任女部主任兼宗教学教授，直到去世。	著有《两个中国豪杰：费起鹤和孔祥熙》（Two Heroes of Cathay, 1903）、《中国殉教者传》（China's Book of Martyrs, 1903）。
满乐道 Jr. Robert Coltman （1862—1931）	1885年来华济南传教。1896年任北京国文馆生理教习，后兼任京师大学堂教习。1901年在天津行医，从商后任美孚石油公司天津代理人。1919—1926年在北京任北京美孚石油公司总经理。	著有《中国人现在与未来：医药、政治、社会》（The Chinese, Their Present and Future: Medical, Political and Social, 1891）、《北京被围》（Beleaguered in Peking, 1901）。

续表

姓名	来华情况	汉学主要成果
卜舫济 Francis Lister Pott (1864—1947)	美国圣公会牧师。1887—1930年任上海圣约翰大学校长。抗战胜利后任该校名誉校长直至去世。	著有《中国的爆发：它的起因》(1900)、《中国史纲》(1903)、《中国的紧急关头》(1913)、《上海租界简史》(1928)。
密勒 Thomas Franklin Fairfax Millard (1868—1942)	报界出身。1911年在上海创办《大陆日报》，自任编辑。1916年创办《密勒氏评论报》，后易名为《中华每周评论》。曾任北洋政府和南京国民党政府的顾问。	著有《新远东》(1906)、《美国和远东问题》(1909)、《我们的东方问题》(1916)、《民主政治与远东问题》(1919)、《华盛顿会议上的山东问题》、《亚洲政策的冲突》(1924)、《中国：今天的问题何在，为什么？》(1928)、《在华治外法权的结束》(1931)。
芮恩施 Paul Samuel Reinsch (1869—1923)	外交官。1913年任驻华公使。1919年被北洋政府聘为法律顾问。后又先后两次来华。死于上海。	1901—1913年任教于威斯康星大学。著有《19世纪末的国际政治》(1900)、《远东思想和政治潮流》(1911)、《一个美国外交官在中国》(1922)、《秘密外交：多大程度上能被消除？》(1922)。
来会理 D. Willard Lyon (1870—1949)	教职人员。1895年来华，在天津创办第一个基督教青年会，后在上海、北京等地组织基督教青年会。	著有《在华新教差会史略》(Sketch of the History of Protestant Missions in China, 1895)、《中国的福音教化》(The Evangelisation of China, 1897)。
大卫生 James Wheeler Davidson (1872—1933)	美国领事官。曾在中国军队中任随军记者。1897—1898年驻台湾领事。1904年后驻上海、安东、南京等地领事。	著有《台湾：1430—1900年历史概览》(The Land of Formosa: Historical View from 1430 to 1900, 1903)。

续表

姓名	来华情况	汉学主要成果
高厚德 Howard Spilman Galt (1872—1951)	美国公理会传教士。1899 年来华在通州传教。1902—1911 年在通州协和大学任教，1911—1918 年任校长。1919—1940 年燕京大学教育系教授兼系主任，数度代理校长和校务长。	著有《中国教育制度史》(A History of Chinese Educational Institutions，1951)。
司徒雷登 John Leighton Stuart (1876—1962)	出生于中国杭州，父母均为美国在华传教士。1904 年来华传教，任金陵神学院新约教授。1918 年起任美国在华开办的中国教会大学燕京大学校长，1929 年改任校务长。1946 年 7 月 11 日重任美国驻华大使。	美国著名教育家，专著《启示录注释》、《希腊文教程》(Greek Lessons，1916)、《传教士和大使司徒雷登在华 50 年回忆录》(Fifty Years in China：The Memoirs of John Leighton Stuart, Missionary and Ambassador，1954)。
恒慕义 Arthur William Hummel (1884—1975)	美国公理会传教士。1914—1924 年中国汾州铭义中学英文教员。1924—1927 年北京华北协和华语学校中国史讲师。	中国学家，美国东方学会会员 (1939 年副会长，1940 年会长)。主要研究中国历史和哲学。著有《清代名人传略 (1644—1912 年)》，编有《一个中国史学家的自传》(1931)。
赖德烈 Kenneth Scott Latourette (1884—1968)	1909 年来华。1910—1917 年中国长沙雅礼书院教员。1934—1939 年中国雅礼会和湘雅医学院理事。1938 年获得中国翡翠勋章。	汉学专家，美国历史协会会员 (1945 年会长)。著有《早期中美关系史，1784—1844 年》《中国的发展》、《基督教在华传教史》、《未来中国》、《中国基督教史》等。

（主要资料来源：孙越生、陈书梅主编：《美国中国学手册》（增订本），中国社会科学出版社 1993 年版，何寅、许光华主编：《国外汉学史》，上海外语教育出版社 2002 年版，何培忠主编：《当代国外中国学研究》，商务印书馆 2006 年版，刘正：《图说汉学史》，广西师范大学出版社 2005 年版，莫东寅：《汉学发达史》，大象出版社 2006 年版，等等。

后　记

（致谢）

　　而立年前的人穷志短，是用最宝贵的时间糜杀为代价来换取人际间的蝇头小利，却在无意识间被命理小人们的困扰而得不偿失。就像从未出海的水手首航于浩渺的水乡，笔者恍若溺水者呼救的苍白无力，祈愿着一种海市蜃楼的爱惜帮扶终而不得。穿梭岁月，瞬间五十余载已逝，其间能够自嘲的一项成功，就是付出最大努力后的学历证书颁发，倒也成就了一种不拟为而不得不为的学问职守。无由忏悔，个人成长是时间流失的人间正道。每个人是一种风景，也是一个界碑。风景千奇，界碑万象，林林总总，杂布人潮。沧海横流，各显本色，或歌或叹，或扬或隐。因此，笔者已学会在宁静与踌躇的平衡中塑造自我，在奋发与停滞的比较中激励自己，在创造与享受的实践中感受生命，在拥有与付出的快乐中感激关怀。

　　自我关怀是一种福音，被人关怀是一种幸福。幸福是需要表达，也需要适时的感恩。感恩会让幸福更稳定，让表达更真诚，也让生命更充实。书稿《卫三畏与晚清中国》的完成，是笔者在适时的自感幸福下的一种精神产物，是在表达的感恩里的一种物质实践，在此谨将这部拙著献给林金水夫妇，因为二十多年前，是他们给了笔者进入历史学研究这个学术领域最初的精神鼓舞。对这种鼓舞的感恩，也只有这部小书了。离开福州已逾八年，过往的物是人非，都在渐行渐远的微薄机缘消耗中相互淡忘。其间虽有多年清史课题的若即若离的联络，已经不能耽搁下自筹而来的学问深读之功，所以除了在出人意料地成为潇洒的旁观者之外，笔者已经无能为力于往日记忆。在超越冷板凳二十年后的自我安慰中，需要等待一种转机的贵人出现，在酝酿学问之巅的追求中，孤芳自赏也好，韬光养晦也罢，都是一种解脱与轻松。时间精力有限，要求一个无冕的学问家必须毫不分神地心力投入方能有所成就。

笔者早进知天命年，先前就很淡泊的名利之心更加单薄，因为酷爱而最擅长学问一途规定了只在乎要实现一种学术理想，希望得到合理的支持和帮助。自幼不断的阅人无数，就是读书万卷，而书不是拿来读的，它只是用来参考。人情世故，千年不变，无须读书，只要读懂人，就能万事大吉。所以，停下来冷眼看人，就能知道自己的志在何方。种瓜得瓜和种豆得豆都是一种己业，成败无关荣耀，而在于经历。经历和经验不可分，知识和智慧不可分，四者同归于命，在人而非在书也。因此，我懂的简单之道，就是看到高人，模仿高人，超过高人，不要越过高人，就是高人，因为世界需要很多的高人齐头并进。梁启超留世的学术文字在1400万左右，这是笔者积极学问的一个文字目标。费正清留世的各类著作有66部之巨，更是笔者努力超过的一个文字目标。而这些可超不可越的学问目标是根本不能说给那些傲慢妒忌或以势压人的在位先生们的，包括我不得不接触的一些师长。虽然几乎用忍让、谦逊或规避的诸多方式让那些对笔者抱有偏见或谬见的人越来越缺少或明或暗的攻击的话柄或由头了，但是这些最精致的相互攻防已经损耗了很多时间和精力。虽然有些消耗是不得不付出的自护代价，却在总体上拖累了自我宁静。老祖宗的三十六计走为上计，早已暗示着未必花完前面的三十五计，才能识破当世冷暖的。所以，在老吾老的未必真情的时代中，笔者不再去计较这些乱象了，因为要在余生里撰写出超过66部书稿的文字难度是可以想到的。人生苦短，时间最宝贵。以人为镜可以知得失，更能明察"得"之神韵，就在于以圣人为榜样。独孤天下也为人，不要与人自拟高下。费正清从1940年开始培养出了首位博士，并在1942年被选为哈佛大学终身教授，是年仅35岁。而真正为他赢得自己的学术声誉，是1953年专著《中国沿海的贸易与外交》的出版，翌年他又领衔带领约三十位学者联合努力，主编出版了另部新的"大书"《1839—1923年中国对西方的反应》，使其著名的冲击反应的中国研究范式初具雏形。乘着二战后美国的远东研究迅速繁荣的东风，费正清在学术上迅速猛进，很快成长为极负盛名的"中国问题研究专家"，此后他逐渐成为哈佛大学中国研究的顶梁柱，开创了中国研究的"哈佛学派"。费正清在哈佛培养的人才不计其数，他们几乎垄断了美国各主要大学的中国研究和教学，不乏华人友徒，可谓"桃李满天下"，不少华人学者将费正清尊为"费公"。

后 记

而笔者撰此薄书，意在树立"费学"之境，以正中美文化互动的长治久安。

自博士毕业之日起，笔者就坚定地迈进书斋式的学术学问洪流中，以单枪匹马的长期叩问的勇气，以史学为核心而兼顾左右的波浪式推进，总算"胜己者强"地自控于隐匿廿年多的空洞无人的无绝期的文字动感世界中。就像老祖宗明喻的阴阳两辩的厚重之道，物质文明与精神文明的并行不悖，以及中西文化的缺一不可，笔者岂能脱离历史人物而独存于世，潜念一个老有好死的圆满谢幕，就必须常与历史人物隔空对话，因为以史为鉴可以知兴替。拙书《卫三畏与晚清中国》就是当以沉潜学问以来接触的首位历史人物卫三畏作为一种境界：卫三畏的"三畏"实在可以承前启后，警钟长鸣。笔者无论在得失、善恶、大小、进退等之间的权衡利弊，都有避害趋利的保全之策，而"畏天命"自不待言，一路勤劳而来的天道酬勤，就在天命年以来的贵人莅临；"畏大人"也成为一种心灵依靠，并在谙熟人杂意乱的现时代中赢取一种传帮带的相助无欺，笔者的大人今何在，不在多寡而要乎切中要旨；"畏圣人之言"则更加激励着笔者去慎读圣贤书，见贤思齐，开拓前进，创造新的文化成绩，将圣人之大同之图化为普世的幸福之规。拙书也是对《美国汉学家卫三畏研究》的一种修缮、补充和归正，其间所包括到的笔者之情感和世界观已经不足以表达对于过往人事挂念的游离，而诚然在于实践一种畏天畏地畏圣人的放下，不仅是对自己小格局的放下。

拙稿写成到翰墨飘香，间距已经很多年了，其间纷乱不乏稳步之行。拐进福州，路过南昌，逛上京津，思往湘西，东西南北中，就无傍身之侧，实乃命里所无不强求，已有自乐不忘怀。小小陋室，几次迁居，如今书斋里的意气风发，已经剔除了先前的不知今夕是何年和自古忠孝难双全的心境，笔者不再落魄梦呓和慌张无措，尽管觅寻天堂无期，却已显天堂有路苦作舟。埋头书堆，抬头观象，落笔记事，搁笔观人，已然乐将大同之世瞻望在胸。父母在不远游，早成戏言；父母在不言寿，自成规章。2024 年法律意义上的工作年头已达三十周年，尽管户外还有歌舞升平，也有炮火连天，更有萧杀人性，但都不足以耳闻目染。和谐社会在路上，所以迟到的正义也会来临。未来会更美好，每代人都是这样想的。在拙书付梓之际，笔者在此存照，以为余生仍须自励之透镜：黄涛，安徽桐城人，字三寿，自号隐衷楼衰人，历史学博士,安徽师范大学马克思主义学院教师,讲授文史哲等课程十余门,在文史哲领域已出版专著十部,发表论文七十余篇。笔者自幼学文偃武,以笔为媒,持正公学,三十而立以来就坚信,要和所有活着的地球人一起,用勤奋良知祈盼推动全人类从无知和苦难中解脱出来,承前启后地继续创造更多更美的文化成果来。

最后,还能说什么呢?一句话,就是对比先贤,我们应该做什么。在当下全球治理的时代,没有一点平和、包容和共同进步的精神,还能收获什么"财富"呢,不然就是共同衰落甚至同归于尽。笔者自视为和平主义者,也是追求至高的道德主义者,自觉或不自觉地选择与文字为伍,就只能在无穷尽的文化富矿里寻觅一种自善其身的文字堆砌之功法,从自励和励人的双重角度锤炼自己著书立说的两维出路:蒙难之路和新生之路。人类蒙难和自己蒙难的共性的疏离,就是新生之路的开启。学术与生命同在,学问与人类共生,就是笔者余生的最惬意的国际视域和快乐之源。如今梧桐凤凰有期,继续耕读之业,继续著书立说,继续立德树人……善之善者也。总之,每天都有做不完的事情、写不完的书稿、理不清的探索,既劳人又独乐,拿起和放下,也都在一念间,要在如何平衡情绪。人在做事,天在看人,事在人为,也可不为,这就是修心修行。马克思教导我们:"在科学上没有平坦的大道,只有不畏劳苦沿着陡峭山路攀登的人,才有希望达到光辉的顶点。"马克思博览群书、广泛涉猎,毕生忘我工作,经常每天工作16个小时。马克思做到了,就是一个不过时的榜样,笔者正在紧追,期待另种成就。在这一充满艰辛的文字征途上,笔者内心深处非常感激和歉意于妻女的无私无尽支持。笔者的平安未来就是全家幸福的保证,孤胆英雄是困难重重后的一种抉择,更是在世演绎的一种典范。无论是被逼就范还是刳心戮力,只要能够成就一种传奇,都不枉为人尊严。更期待后辈再度披荆斩棘,构造一种学问传承的接力,也更要创一种不到长城非好汉的问鼎之功。

感谢现求学于北京航天航空大学外国语学院的学生黄千容对本书英文材料译用、英文内容校对和排版规整等工作表示感谢,她还参与第四章和附录内容的几万字撰写。

谨以这部拙书献给林金水先生及其夫人,祈愿他们晚年生活幸福,健康快乐!

  谨对福建教育出版社严于职守的诸位编辑表示深深的敬意!

黄涛

2024 年 3 月 21 日